A DOUTRINA SECRETA

Vol. I

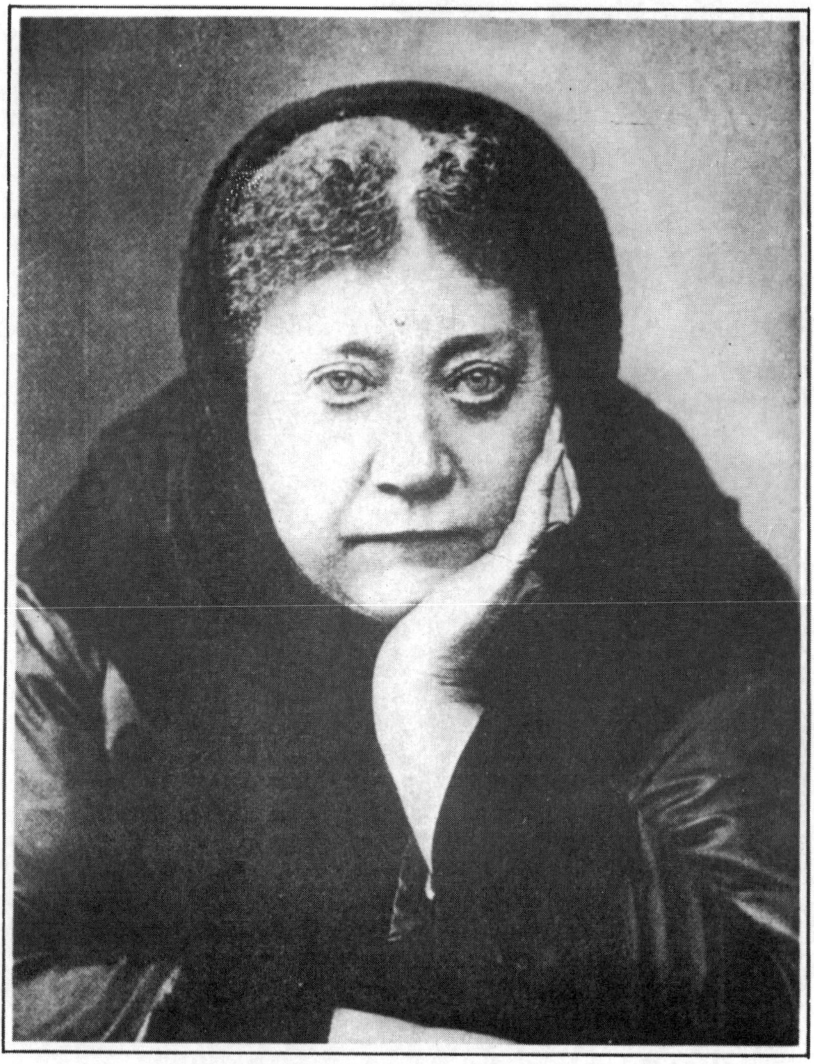

HELENA PETROVNA BLAVATSKY

A DOUTRINA SECRETA
Síntese de Ciência, Filosofia e Religião

Tradução de
RAYMUNDO MENDES SOBRAL

VOLUME I
COSMOGÊNESE

Editora
Pensamento
SÃO PAULO

Tradução do original inglês: *The Secret Doctrine – The Synthesis of Science, Religion and Philosophy.*

Edição Adyar.

Theosophical Publishing House, 1938.

Copyright © 1973 Sociedade Teosófica no Brasil.

Copyright da edição brasileira © 1980 Editora Pensamento-Cultrix Ltda.

1ª edição 1980.

29ª reimpressão 2025.

Todos os direitos reservados. Nenhuma parte deste livro pode ser reproduzida ou usada de qualquer forma ou por qualquer meio, eletrônico ou mecânico, inclusive fotocópias, gravações ou sistema de armazenamento em banco de dados, sem permissão por escrito, exceto nos casos de trechos curtos citados em resenhas críticas ou artigos de revistas.

Direitos reservados
EDITORA PENSAMENTO-CULTRIX LTDA.
Rua Dr. Mário Vicente, 368 – 04270-000 – São Paulo, SP – Fone: (11) 2066-9000
E-mail: atendimento@editorapensamento.com.br
http://www.editorapensamento.com.br
Foi feito o depósito legal.

NÃO HÁ RELIGIÃO SUPERIOR À VERDADE

Esta obra
é dedicada aos verdadeiros Teósofos
de todos os países,
seja qual for a raça a que pertençam.
Eles a solicitaram e para eles foi escrita.

HELENA PETROVNA BLAVATSKY.

NOTA DO TRADUTOR

Esta é a primeira tradução completa, em língua portuguesa, da monumental obra de Helena Petrovna Blavatsky — The Secret Doctrine, cuja edição original saiu impressa no ano de 1888, simultaneamente em Londres e Nova Iorque. Contém todos os prefácios, anotações, apêndice e notas adicionais insertos na última edição inglesa, a de 1938, chamada Edição de Adyar.

Observar-se-á que foi aqui respeitada a grafia original dos nomes próprios que não têm forma vernácula ou tradução consagrada em português, e de alguns outros que, apesar de o terem, nos pareceu conveniente não alterar, a fim de melhor evidenciar os étimos que entraram em sua formação, e facilitar a percepção da idéia oculta e filosófica que encerram, e das identidades e analogias conceptuais com outros nomes, que nos depara o estudo das escrituras e sistemas religiosos e cosmogônicos, assim exotéricos como esotéricos, de todas as nações e de todos os tempos. Estão nesse caso, por exemplo, os nomes: Brahma, Buddha, Krishna, Jehovah, Elohim; além de outros, que o leitor discernirá sem dificuldade.

Que a presente tradução contribua para tornar mais acessíveis e difundir, entre os que falam a nossa língua, os conhecimentos e a sabedoria revelados e transmitidos à humanidade, em fins do século passado, por aquela Mestra incomparável que foi H. P. B., outro não é o objetivo ou o desejo do tradutor. E, para os erros ou imperfeições, a que certamente não foi imune, na realização de sua tarefa, exora a indulgência do leitor.

R. M. S.

Rio de Janeiro, 1969.

SUMÁRIO

Prefácio da Primeira Edição	11
Prefácio da Terceira Edição Revista	13
Prefácio da Quarta Edição (Edição de Adyar)	15
H. P. Blavatsky: Sinopse de sua vida	19
Como foi escrita A Doutrina Secreta	24
Introdução	43

A necessidade de um livro desta espécie. A antiguidade dos Documentos e Manuscritos. O objetivo desta obra.

Volume I

COSMOGÊNESE

Proêmio — Páginas de uns anais pré-históricos   71

O mais antigo Manuscrito do Mundo e seu Simbolismo — A Vida Una, Ativa e Passiva — A Doutrina Secreta — Panteísmo — Ateísmo — "O Espaço" em todas as Religiões e no Ocultismo — Os sete Elementos Cósmicos — As sete Raças da Humanidade — As três proposições fundamentais da Doutrina Secreta — Descrição das Estâncias do Livro de Dzyan.

Parte I

A Evolução Cósmica

Sete Estâncias do "Livro Secreto de Dzyan" com Comentários

A evolução cósmica nas sete estâncias do Livro de Dzyan   94

Comentários

Estância I — A Noite do Universo   100

As Sete Eternidades — O Tempo — A Mente Universal e os Dhyân-Chohans — Nidânas ou Causas da Existência — Mâyâ ou Ilusão — Trevas, a Matriz Eterna — Os Princípios masculino e feminino na Natureza-Raiz — Os Sete Espíritos Criadores, os Dhyân Chohans — O Grande Sopro — A Causa do Universo Material — O Ser Uno é o Número de todos os Números — A Forma Una de Existência — O olho aberto de Dangama, um Jivanmukta — Âlaya, a Vida Una, ou Alma Universal — O Mistério do Ser Absoluto — O mistério da hierarquia dos Anupadâka.

Estância II — A Idéia de Diferenciação   114

Os Construtores — Paranishpanna — O Absoluto — A diferença entre o Ser consciente e o Inconsciente — Espaço, o Elemento Eterno e Único — A

Consciência Absoluta contém o Conhecedor — O Raio de Vida penetra no "Germe" — O Lótus, símbolo do Cosmos — O Quaternário: Pai-Mãe-Filho, como Unidade — O Filho: em cima, é todo o Cosmos; em baixo, é a Humanidade — Svabhâvat; a Essência Plástica Universal de Mûlaprakriti — O Universo ainda estava oculto no Pensamento Divino.

Estância III — O Despertar dos Cosmos 121

Mahat (Inteligência Universal), o primogênito de Sabedoria — A última Vibração — O significado esotérico de Manvantara — O Sopro Eterno se move sobre as Águas da Vida, Caos — O Pensamento Divino impregna o Caos — O Ovo Virginal como símbolo do Universo — O Poder dos Números — O simbolismo Oculto — A Luz, o Onipresente Raio Espiritual — As Trevas, única realidade verdadeira — O resplandecente Dragão de Sabedoria — A Substância Cósmica se converte em Matéria Astral — O Fogo, a Inteligência que move o Universo — O Mistério dos Números — O Cisne, símbolo do Raio divino — Eletricidade, a Vida Una — Os primeiros Dhyân Chohans são "Naturezas Primárias" — A Trama do Ser — Fohat põe a Matéria Cósmica em Movimento — A Trama dilata-se e contrai-se — Fohat, a Eletricidade Cósmica.

Estância IV — As Hierarquias Setenárias 140

Os "Filhos do Fogo" — Os Sete Sentidos Místicos — "Não-Número", seu Significado — Os Primeiros Seres "Primordiais" — A Ciência Sagrada dos Números — Os Animais Sagrados — O Mistério do Som e da Linguagem — O "Exército da Voz", ou a "Palavra" — A Alegoria oculta da Linguagem e da Mente — A Matéria Cósmica constituindo-se em Elementos — Svabhâvat, a Raiz plástica da Natureza física — O Círculo sem Limites — O Sol de nosso Sistema, o "Excluído" — A Doutrina Secreta da Evolução dos Planetas — Os Sóis são os Primeiros Centros de Força — Os Lipika, Registradores da Lei de Retribuição no Livro da Vida.

Estância V — Fohat, o Filho das Hierarquias Setenárias 156

Filhos da Luz — A raiz do Homem Espiritual se converte em Divina por meio da própria experiência — Cada Átomo possui potencialmente o Eu-consciência — Os sete Dhyân-Budhas — Fohat, a Força Criadora Potencial — A Mente Universal representa as Legiões dos mais elevados Dhyân Chohans criadores — O Sistema Solar é constituído por sete Princípios — Fohat, em seu aspecto secundário, é a Energia Solar — Os "Três" e os "Sete" grandes passos de Vishnu — Círculos, curvas e Chakras — O Sete, um Número Sagrado — A Lei de Movimento vertical — A Evolução dos Princípios da Natureza — A Unidade, uma lei fundamental na Ciência Oculta — O Mistério do Fogo — O Regente Celeste dos Quatro Pontos Cardiais — O significado real do Tabernáculo — O caráter das Rodas Aladas — Os Espíritos Planetários e os Lipika — O Anel "Não passarás" — O Dia "Vem a Nós".

Estância VI — Nossso Mundo, seu Crescimento e Desenvolvimento 182

A Mãe, ou Matéria abstrata e ideal, a Raiz da Natureza — Palavra, Voz e Linguagem — Os Centros Laya são pontos de diferenciação — Fohat, o Espírito guia da Lei e da Vida — Os Átomos da Ciência — A Evolução dos Elementos — Ilusão e Realidade — As Forças da Natureza — O Átomo Primordial, como "Soma Total", carece de Limites.

Alguns Conceitos Teosóficos Primitivos Errôneos Referentes aos Planetas, às Rondas e ao Homem 196

Princípios do Homem e Divisão Planetária — Classificação dos Princípios do Homem — A Transmigração do Homem através de diferentes reinos — A Cadeia Setenária — Explicações acerca da "Quinta" e da "Sexta Ronda". Marte e Mercúrio em relação ao nosso Sistema Solar — Aquisição de Conhecimentos e Poderes — O Problema das 777 Encarnações — Os sete Ramos da Árvore do Conhecimento.

Fatos e Explicações Adicionais Referentes aos Globos e às Mônadas — 213

As Mônadas estão divididas em sete Classes ou Hierarquias — A Terra e as Cadeias Lunares — A Terra, Filha da Lua — As Legiões Monádicas classificadas — A Mônada floresce na Mônada Divina — A Mônada Espiritual é Única e Universal — As sete Classes de Pitris Lunares — Um tríplice esquema evolutivo na Natureza — O estado humano — Não podem entrar mais Mônadas, a Porta está fechada — A Doutrina Secreta e a Teoria de Darwin — Os Dhyân Chohans encarnados na Terceira Raça-Raiz — Os Antepassados dos Símios.

Estância VI — Continuação — 232

A Quarta Ronda, o Equilíbrio entre o Espírito e a Matéria — A Queda do Espírito na Matéria — A Primeira Causa do Pecado — O Mistério do "Tetraktys" — Significado de Satã — Os Mundos "sem forma" e os Mundos "formativos" — A Guerra no Céu — O Nascimento dos Mundos — A Vitalidade Cósmica e Terrestre (Eletricidade) — Uma Idade de Brahmâ — Quatro Graus de Iniciação — Os Filhos da Vontade e do Yoga — O Iniciado Único e a Ilha Sagrada — Filhos de Kriyâshakti — O Sopro de Vida.

Estância VII — Os Progenitores do Homem na Terra — 250

A Hierarquia dos Poderes Criadores — Os Sopros Ígneos Informes ou Tríade Sephirothal Superior — O "Homem Celeste" ou Adão Kadmon — A Primeira Ordem de Seres Celestiais — Uma Chama-Pai; Inumeráveis Chamas — A Segunda Ordem: Fogo e Éter — A Terceira Ordem: Âtma-Buddhi-Manas — A Quarta Ordem: os "Jivas Imperecíveis" — A Quinta Ordem: a Estrela de cinco pontas, que representa o Homem — As Ordens Sexta e Sétima, e as qualidades inferiores do Quaternário — O Mistério do Ser — O Ser Humano, Um Mistério esotérico Tríplice — O Mistério Oculto da Antropografia — O Homem promana de um Homem Celeste — O significado de uma "Ronda" — Arcanjos e Demônios — A Tríade Espiritual Imortal — O Fio da Vida — Metafísicos Caldeus — Doutrinas Ocultas e Cabalísticas — A Mônada é um Raio do Absoluto — O Homem Perfeito — A Vida e as Vidas — As Quatro Dimensões do Espaço — Permeabilidade, o próximo Sentido — Rondas e Dimensões — A Química Oculta — O Símbolo do "Sanctum Sanctorum" — A Mônada é um Dhyân Chohan Individual — A Terra povoada desde os Céus.

Resumo — 301

Ocultismo nos Upanishads — O poder e a importância do Ocultismo — A natureza dos Homens Celestes — O Espírito é dotado de Inteligência — Os Dhyân Chohans são duplos em seus caracteres — A Matéria Eterna é a Sombra do Espírito — A Eternidade das Formas Humanas — O Vishnu Purana e Hermes Trismegisto comparados — Alguns Aforismos Ocultos — As Sete Shaktis (forças) — Tudo é Relativo — Os Ocultistas são os campeões da Verdade.

Notas Adicionais — 328
Bibliografia — 331
Glossário — 337

PREFÁCIO DA PRIMEIRA EDIÇÃO

A AUTORA — ou mais propriamente a escritora — sente-se no dever de justificar a demora no aparecimento desta obra. As causas foram o seu estado de saúde e a magnitude do empreendimento. Os dois volumes que saem à luz ainda não completam o plano, nem esgotam o assunto que lhes constitui o objeto. Já se acha preparada boa quantidade de materiais referentes à história do Ocultismo, proporcionados pelas vidas dos grandes Adeptos da Raça ariana e que nos mostram a influência da Filosofia Oculta no comportamento da vida, tal como é e como deve ser. Se os presentes volumes tiverem acolhida favorável, não serão poupados esforços para levar avante e completar a obra.

Quando pela primeira vez se anunciou a elaboração deste trabalho, não era o plano atual que se tinha em vista. Conforme fora noticiado de início, havia a intenção de que a *Doutrina Secreta* representasse uma versão ampliada e corrigida de *Ísis sem Véu*. Não se tardou, porém, a verificar que as explicações a serem dadas ao mundo, em aditamento às constantes do último livro, e de outros que também se ocuparam da Ciência Esotérica, exigiam, por sua natureza, um método diferente de exposição; e é por isso que os volumes atuais não contêm, em sua totalidade, sequer vinte páginas reproduzidas de *Ísis sem Véu*.

A autora não julga necessário pedir a indulgência dos leitores e dos críticos para os numerosos defeitos no tocante ao estilo literário e ao manejo da língua inglesa, que possam ser observados nestas páginas. É uma estrangeira, e o conhecimento desse idioma lhe veio em idade já algo avançada. O inglês foi adotado por ser o meio de mais ampla difusão para servir de veículo às verdades que lhe cumpre apresentar ao mundo.

Tais verdades não são, de modo algum, expostas com o caráter de *revelação*; nem a autora tem a pretensão de se fazer passar por uma reveladora de conhecimentos místicos que fossem agora trazidos à luz pela primeira vez na história. A matéria contida nesta obra pode-se encontrar esparsa nos milhares de volumes que encerram as Escrituras das grandes religiões asiáticas e das primitivas religiões européias — oculta sob hieróglifos e símbolos, e até então despercebida por causa desse véu. O de que aqui se cogita é reunir as mais antigas doutrinas e sobre elas formar um conjunto harmônico e contínuo. A única vantagem em que sobrelevo aos meus predecessores é a de não precisar recorrer a especulações ou teorias pessoais. Porque esta obra não representa mais do que uma exposição parcial de ensinamentos recebidos de estudantes mais adiantados, com o adminículo tão-somente, no que concerne a alguns pormenores, dos resultados do meu próprio estudo e observação. A publicação de muitos dos fatos aqui mencionados se torna necessária em razão das estranhas e fantásticas especulações a que se deram vários teósofos e estudantes de misticismo nestes últimos anos, no afã de construírem um sistema completo, deduzido do pequeno número de fatos que lhes foram transmitidos.

Escusado é dizer que esta obra não é a Doutrina Secreta em sua totalidade; contém apenas um número selecionado de fragmentos dos seus princípios fundamentais, dando-se especial atenção a certos fatos com os quais diversos escritores se têm preocupado, desfigurando-os, porém, ao ponto de retirar-lhes toda verossimilhança.

Apesar disso, será talvez conveniente declarar, em termos inequívocos, que os ensinamentos consubstanciados nestes dois volumes, por mais incompletos e fragmentários que sejam, não pertencem exclusivamente nem à religião hindu, nem à de Zoroastro, nem à da Caldéia, nem à egípcia; e tampouco ao Budismo, ao Islamismo ou ao Cristianismo. A Doutrina Secreta é a essência de todas elas. E como os diferentes sistemas religiosos tiveram sua origem na Doutrina Secreta, trataremos de fazê-los retroagir ao seu elemento original, de onde todos os mistérios e dogmas se desenvolveram, vindo a materializar-se.

É bem provável que grande parte do público considere a obra como uma novela das mais extravagantes. Quem já ouviu alguma vez falar do *Livro de Dzyan*?

Sem embargo, está a escritora resolvida a assumir inteira responsabilidade por tudo quanto se contém neste livro, e ainda arrostar com a acusação de haver tudo inventado. Que há muitas deficiências, ela o sabe perfeitamente; mas a única coisa que deseja e solicita em favor da obra é que, embora a muitos se afigure romântica, a sua tessitura lógica e a sua coerência confiram títulos a este novo Gênesis, que o ponham ao nível, pelo menos, das 'hipóteses fecundas' tão livremente aceitas pela Ciência moderna. A obra, ademais, merece ser considerada, não porque invoque alguma autoridade dogmática, mas por se manter em íntima relação com os fatos da Natureza e seguir as leis da uniformidade e da analogia.

O objetivo deste trabalho pode ser assim expresso: demonstrar que a Natureza não é 'uma aglomeração fortuita de átomos', e assinar ao homem o lugar que por direito lhe compete no plano do Universo; evitar que sejam desvirtuadas as verdades arcaicas que constituem a base de todas as religiões; descobrir, até certo ponto, a unidade fundamental que se acha na raiz de todas elas; e, finalmente, mostrar que a Ciência da civilização hodierna jamais se aproximou do lado Oculto da Natureza.

Se isso for de algum modo conseguido, a autora dar-se-á por satisfeita. Ela escreveu a serviço da Humanidade; deve ser julgada pela Humanidade e as gerações futuras. Não reconhece tribunal de apelação inferior a esse. Está acostumada às injúrias, e em contato diário com a calúnia; e encara a maledicência com um sorriso de silencioso desdém.

De minimis non curat lex.

H. P. B.

Londres, outubro de 1888.

PREFÁCIO DA TERCEIRA EDIÇÃO REVISTA

Ao PREPARAR esta reedição para ser impressa, procuramos corrigir alguns pormenores de pouca importância, no que respeita à forma literária, sem tocar, de leve que fosse, nos assuntos de mais elevado alcance. Se a nova edição viesse à luz ainda em vida de H. P. Blavatsky, sem dúvida que ela a teria corrigido e ampliado consideravelmente. Que tal coisa não houvesse acontecido, é uma das muitas perdas menores ocasionadas pela grande perda.

Corrigiram-se as frases obscuras, devidas ao imperfeito conhecimento do inglês; comprovou-se a maior parte das citações, e as referências foram consignadas com exatidão — tarefa sobremodo penosa, pois nas primeiras edições as referências constaram, não raro, de forma algo imprecisa; adotou-se também um sistema uniforme para a transliteração das palavras sânscritas. Repudiando a forma geralmente preferida pelos orientalistas do Ocidente, como passível de induzir em erro o leitor, demos às consoantes que não existem no alfabeto inglês combinações capazes de exprimir aproximadamente os respectivos valores sonoros, e sinalamos com todo o cuidado as *quantidades* sobre as vogais, sempre que necessário. Em alguns casos fizemos incorporar notas ao texto, mas usando de bastante parcimônia e somente quando aquelas, evidentemente, podiam integrá-lo.

Acrescentamos ainda um índice minucioso [1], para ajudar os estudantes, e o fizemos constar de volume em separado, a fim de facilitar as buscas. Devemos a magna tarefa de sua elaboração a Mr. A. J. Faulding.

ANNIE BESANT
G. R. S. MEAD

Londres, 1893.

---

(1) Esse Índice ainda não foi traduzido para o português (N. do T.).

PREFÁCIO DA QUARTA EDIÇÃO

(Edição de Adyar)

Para comemorar o cinqüentenário da publicação de A Doutrina Secreta, ficou assente que seria promovida, em Adyar, uma nova e completa edição em seis volumes de fácil manuseio, tornando a obra acessível ao grande público, a um preço assaz reduzido, praticamente o preço de custo.

Graças à "Fundação Blavatsky", organização que tem por objetivo difundir e divulgar os grandes ensinamentos da Teosofia, foi possível a realização do empreendimento, assim como o preparo de outras publicações da literatura teosófica. Aqui ficam os nossos agradecimentos.

Só em Adyar podia levar-se a termo esta edição de A Doutrina Secreta. E isso porque, além de indispensável o concurso da experiência dos membros mais versados em Teosofia e na história da Sociedade Teosófica, havia mister de freqüentes consultas aos arquivos da Sociedade, onde se conservam os elementos originais a que se devia recorrer para o necessário confronto dos textos impressos com os manuscritos e cartas, e para a certeza da feitura de uma edição o mais possível conforme às intenções originais de Blavatsky.

A edição, de qualquer modo, não estaria completa se não abrangesse aquela parte que foi considerada como o terceiro volume, e que certas pessoas, laborando em erro, julgavam não pertencer propriamente à obra de Blavatsky. Existem provas internas de que esse terceiro volume inclui boa quantidade de matéria que ela preparou para ulterior publicação, achando-se em Adyar as cópias dos manuscritos originais, com a letra da Condessa de Wachtmeister e, possivelmente, a de outros auxiliares.

A fim de facilitar o estudo desta monumental obra, julgamos de interesse acrescentar o seguinte:

— "Como foi escrita A Doutrina Secreta", compilação dos Anais e Registros da Sociedade.
— "H. P. Blavatsky: Sinopse de sua Vida".
— Bibliografia (no fim de cada volume).
— Um Glossário resumido (em aditamento ao Índice).

Os Índices foram revistos. Para o quinto volume (antigo volume III), elaborou-se mais um Índice, inteiramente novo.

Incluíram-se em cada volume, à guisa de referência, os nomes de várias obras científicas, e de outros livros.

Sinto-me particularmente feliz em ver o meu mandato de Presidente assinalado com a republicação da obra que contém a mais importante revelação da Eterna Sabedoria nos tempos modernos, assim posta ao alcance de todos, e manifesto a minha gratidão a quantos contribuíram para tornar possível esta realidade.

Desejo mui especialmente agradecer a um dos mais talentosos estudantes de A Doutrina Secreta, e grande autoridade na matéria, a Sra. Josephine Ransom, por haver-se consagrado com toda a alma à supervisão dos trabalhos, durante considerável espaço de tempo. Sem ela, não teria vindo à lume a nova edição. Coube-lhe o exame atento e cuidadoso das mínimas particularidades, de modo que cada palavra, em cada página, fosse, o mais possível, a vera expressão de sua eminente autora. A Sra. Ransom desempenhou, com maestria, a tarefa de fundir em uma as edições de 1888 e 1893; assim, absolutamente nada se perdeu da edição de 1888, e, ao mesmo tempo, certas transposições, ditadas por conveniências de leitura, e que constituem a principal diferença entre as duas edições, foram fielmente observadas na Edição de Adyar. Deste modo, a Edição de Adyar representa, em verdade, duas edições em uma.

Faltaríamos ao nosso dever para com os leitores de A Doutrina Secreta se deixássemos em silêncio a cooperação dedicada e inteligente de dois dos maiores discípulos de H. P. Blavatsky — Annie Besant e G. R. S. Mead.

A Sra. Ransom contou ainda, nos seus trabalhos de maior responsabilidade, com a ajuda de numerosos estudantes. A todos eles, também os nossos sinceros agradecimentos.

O preparo geral e a revisão foram orientados e dirigidos pela Sra. Ransom, assistida pelos Srs. A. J. Hamerster e Sidney Ranson. A Sra. Ethelwyn M. Amery tomou a si o encargo da revisão, com o auxílio de alguns colaboradores voluntários. O Sr. Rohit Mehta cooperou de modo eficiente na organização do novo índice, tarefa sobremaneira cansativa. Os trabalhos de pesquisa foram efetuados pela Srta. G. Watkins, bibliotecária de Adyar, pelos Pandits da Biblioteca de Adyar, especialmente na parte relativa às línguas sânscritas, tibetana e chinesa, e por companheiros daqui e de outros países no tocante aos textos em grego, latim e hebraico. O Sr. Hirendranath Datta, vice-presidente da Sociedade Teosófica, prestou valiosa assistência nos assuntos relacionados com a Filosofia Hindu. Devo igualmente agradecer a diversos membros da Sociedade Teosófica na Inglaterra, que se incumbiram de verificar as citações de obras antigas que não existiam na Biblioteca de Adyar, e também as referências a obras de caráter científico.

A fase última da apresentação da nova edição coube às mãos hábeis do Sr. H. J. Nt van de Poll, Administrador Honorário da Casa Publicadora Teosófica, de Adyar, e às do Sr. C. Subbarayudu, Superintendente da Imprensa Vasanta, de Adyar.

Foi, assim, no Quartel-General da Sociedade Teosófica, o verdadeiro lar de H. P. Blavatsky, onde ainda se respira a fragrância da irradiante atmosfera que ela criou, e onde se sente o influxo de sua admirável obra, que demos início à presente reencarnação daquele forte jorro espiritual, produto da atividade criadora dos dois Fundadores Ocultos da Sociedade Teosófica e de sua principal colaboradora no mundo externo; obra que recebeu forma definitiva em 1888, com A Doutrina Secreta.

Pela influência do Segundo Logos, eles criaram em 1875 a forma — Sociedade Teosófica. Pela influência do Terceiro Logos, eles infundiram em 1888 a vida — A Doutrina Secreta.

Em 1893 esta vida foi renovada. Em 1938 opera-se mais uma renovação.

Portanto, H. P. Blavatsky será sempre considerada como aquele ser de quem, sob a inspiração dos Fundadores Ocultos, promanou a vida que há de um dia construir um mundo inteiramente novo.

No exercício de seu apostolado, ela foi perseguida e caluniada. Mas tempo virá em que ela será conhecida pelo que realmente foi: um Portador de Luz da nova era.

George S. Arundale
Presidente da Sociedade Teosófica

Adyar, 1938.

H. P. BLAVATSKY:
SINOPSE DE SUA VIDA

HELENA PETROVNA BLAVATSKY foi uma das figuras mais notáveis do mundo no último quartel do século XIX. Ela abalou e desafiou de tal modo as correntes ortodoxas da Religião, da Ciência, da Filosofia e da Psicologia, que é impossível ficar ignorada. Foi uma verdadeira iconoclasta — ao rasgar e fazer em pedaços os véus que encobriam a Realidade. Mas, porque estivesse a maioria presa às exterioridades convencionais, tornou-se o alvo de ataques e injúrias, pela coragem e ousadia de trazer à luz do dia aquilo que era blasfêmia revelar. Lenta mas seguramente, os anos se encarregaram de fazer-lhe justiça. Apesar das invectivas, considerava-se feliz por trabalhar "a serviço da humanidade', e deu provas de sabedoria ao deixar que as futuras gerações julgassem a sua magnífica obra [1].

Helena Petrovna Hahn nasceu prematuramente à meia-noite de 30 para 31 de julho (12 de agosto pelo calendário russo) de 1831, em Ekaterinoslav, na província do mesmo nome, ao sul da Rússia. Tão estranhos foram os incidentes ocorridos na hora do seu nascimento e por ocasião do seu batismo, que os serviçais da família lhe predisseram uma existência cheia de tribulações.

Helena foi uma criança voluntariosa, oriunda de uma linhagem tradicional de homens e mulheres influentes e poderosos. A história dos seus antepassados é a história mesma da Rússia. Séculos atrás, os nômades eslavos erravam através da Europa central e oriental. Tinham formas de governo próprias; mas, quando se estabeleceram em Novgorod, fracionaram-se em feudos, que se desavieram entre si, não sendo possível chegarem a uma conciliação. Chamaram em seu auxílio Rurik (862 A.D.), chefe de uma das tribos errantes de "Russ", homens do Norte ou escandinavos, que andavam à cata de mercado e procurando estender o seu domínio. Rurik veio e organizou em Novgorod o primeiro governo civil, que se constituiu em um centro opulento de comércio com o Oriente e o Ocidente. Foi ele o primeiro soberano e reinou pelo espaço de quinze anos. Durante sua vida, o filho Igor e o sobrinho Oleg consolidaram-lhe o domínio no Oeste e no Sul. Kiev tornou-se um grande Principado, e aquele que o governava era virtualmente o soberano da Rússia. Ao longo dos séculos, os descendentes

---

(1) Veja-se o Prefácio de H. P. B. à edição de 1888.

de Rurik ampliaram as suas conquistas e a sua autoridade sobre todo o país. Vladimir I (m. 1015) escolheu o Cristianismo como religião do seu povo, e o chamado "paganismo" desapareceu. Yaroslav o Sábio (m. 1034) elaborou Códigos e os "Direitos Russos". O sexto filho de Vladimir II (1113-24) foi Yuri, o ambicioso ou "dolgorouki". Este apelido persistiu como título de família. Yuri fundou Moscou, e sua dinastia deu origem aos poderosos Grão-Duques, cujos governos se caracterizaram por lutas violentas entre eles próprios. As hordas mongóis, em 1224, tiraram partido das divergências e sujeitaram os grupos turbulentos que se rivalizavam em sede de poder e posição. Mas Ivan III, um Dolgorouki, libertou-se em 1480 do jugo mongol; e Ivan IV exigiu ser coroado Czar, arrogando-se a autoridade suprema. Com a morte de seu filho terminou a longa e brilhante dinastia dos Dolgorouki. Mas a família ainda exercia influência nos dias dos Romanoff, até a morte da avó da Senhora Blavatsky, a talentosa e culta Princesa Elena Dolgorouki, que se casou com André Mikaelovitch Fadeef, o "mais velho" da linhagem Dolgorouki, da qual os Czares Romanoff eram considerados um dos ramos "mais novos".

Vê-se, pois, que a família de Helena pertencia à classe superior, na Rússia, com tradição e dignidade a preservar, sendo conhecida em toda a Europa. Helena era uma rebelde, e desde a infância sempre manifestou desprezo pelas convenções, o que não a impedia de compreender que as suas ações não deviam molestar a família, nem ferir-lhe a honra. Seu pai, o Capitão Peter Hahn, descendia de velha estirpe dos Cruzados de Mecklemburg, os Rottenstern Hahn. Em virtude de, aos onze anos de idade, haver perdido a mãe, mulher inteligente e devotada à literatura, Helena passou a adolescência em companhia de seus avós, os Fadeef, em um antigo e vasto solar de Saratov, que abrigava muitos membros da família e grande número de criados e servidores, por ser o seu avô Fadeef governador da província de Saratov.

A natureza de Helena estava fortemente impregnada de uma inata capacidade psíquica, de tal modo que constituía sua característica predominante. Ela se dizia (e o demonstrava) dotada da faculdade de comunicar-se com os habitantes de outras esferas ou mundos invisíveis e sutis, e com os entes humanos que consideramos "mortos". Essa potencialidade natural foi posteriormente disciplinada e desenvolvida. Sua educação recebeu a influência da posição social da família e dos fatores culturais então imperantes. Assim, ela era hábil poliglota e tinha excelentes conhecimentos musicais; de sua erudita avó herdou o senso científico e a experiência; e partilhava dos pendores literários que pareciam correr nas veias da família.

Em 1848, com a idade de 17 anos, Helena contraiu matrimônio com o General Nicephoro V. Blavatsky, governador da província de Erivan, que era um homem já entrado em anos. Existem muitas versões sobre a razão desse casamento; que não foi do seu agrado, ela o demonstrou desde o primeiro momento. Após três meses, abandonou o marido e fugiu para a casa da família, que a encaminhou ao pai. Receando ser obrigada a voltar para o General Blavatsky, tornou a fugir, no caminho; e durante vários anos correu o mundo em viagens cheias de aventuras. O pai conseguiu comunicar-se com ela e fez-lhe remessa de dinheiro. Ao que parece, manteve-se ela ausente da Rússia o tempo suficiente para poder legalizar a sua separação do marido.

Em 1851 Helena, agora Senhora Blavatsky ou H. P. B., teve o seu primeiro encontro físico com o Mestre, o Irmão Mais Velho ou Adepto, que fora sempre o seu protetor e a havia preservado de sérios perigos em suas irrequietas travessuras da infância. A partir desse momento, passou ela a ser a sua fiel discípula, obedecendo-lhe inteiramente à influência e diretiva. Sob a orientação do Mestre, aprendeu a controlar e dirigir as forças a que estava submetida em razão de sua natureza excepcional. Essa orientação conduziu-a através de várias e extraordinárias experiências nos domínios da "magia" e do ocultismo. Aprendeu a receber mensagens dos Mestres e a transmiti-las aos seus destinatários, e a enfrentar valentemente todos os riscos e incompreensões no seu caminho. Seguir o rastro de suas peregrinações durante o período desse aprendizado é vê-la em constante atividade pelo mundo inteiro. Parte do tempo ela o passou nas regiões do Himalaia, estudando em mosteiros onde se conservam os ensinamentos de alguns dos Mestres mais esclarecidos e espirituais do passado. Estudou a Vida e as Leis dos mundos ocultos, assim como as regras que devem ser cumpridas para o acesso a eles. Como testemunho desse estágio de sua educação esotérica, deixou-nos uma primorosa versão de axiomas espirituais em seu livro *The Voice of Silence* (*A Voz do Silêncio*).

Em 1873, H. P. Blavatsky viajou para os Estados Unidos da América, a fim de trabalhar na missão para a qual fora preparada. A alguém de menos coragem a tarefa havia de parecer impossível. Mas ela, uma russa desconhecida, irrompeu no movimento espiritualista, que então empolgava tão profundamente a América e, em menor escala, muitos outros países. Os espíritos científicos ansiavam por descobrir o significado dos estranhos fenômenos, e se defrontavam com dificuldades para abrir caminho em meio às numerosas fraudes e mistificações. De duas maneiras tentou H. P. B. explicá-los: 1.º pela demonstração prática de seus próprios poderes; 2.º afirmando que havia uma ciência antiquíssima das mais profundas leis da vida, estudada e preservada por aqueles que podiam usá-la com segurança e no sentido do bem, seres que em suas mais altas categorias recebiam a denominação de "Mestres", embora outros títulos também lhes fossem conferidos, como os de Adeptos, Chohans, Irmãos Mais Velhos, Hierarquia Oculta, etc.

Para ilustrar suas afirmações, H. P. B. escreveu *Isis Unveiled* (*Ísis sem Véu*), em 1877, e *The Secret Doctrine* (*A Doutrina Secreta*), em 1888, obras ambas "ditadas" a ela pelos Mestres. Em *Ísis sem Véu* lançou o peso da evidência colhida em todas as Escrituras do mundo e em outros anais contra a ortodoxia religiosa, o materialismo científico e a fé cega, o ceticismo e a ignorância. Foi recebida com agravos e injúrias, mas não deixou de impressionar e esclarecer o pensamento mundial.

Quando H. P. B. foi "enviada" aos Estados Unidos, um de seus objetivos mais importantes consistiu em fundar uma associação, que foi formada sob a denominação de THE THEOSOPHICAL SOCIETY (Sociedade Teosófica), "para pesquisas e difundir o conhecimento das leis que governam o Universo"[2]. A Sociedade apelou para a "fraternal cooperação de todos os que pudessem compreender o seu campo de ação e simpatizassem com os objetivos que ditaram a sua organização"[3]. Essa "fraterna cooperação" tornou-se a primeira das Três Metas do trabalho da Sociedade, as quais foram durante muitos anos enunciadas nestes termos:

Primeira — Formar um núcleo de Fraternidade Universal na Humanidade, sem distinção de raça, credo, sexo, casta ou cor.

Segunda — Fomentar o estudo comparativo das Religiões, Filosofias e Ciências.

Terceira — Investigar as leis inexplicáveis da Natureza e os poderes latentes do homem.

Foi recomendado à Senhora Blavatsky que persuadisse o Coronel Henry Steel Olcott a cooperar com ela na formação da Sociedade. Era um homem altamente conceituado e muito conhecido na vida pública da América, e tanto ele como H. P. B. tudo sacrificaram em prol da realização da tarefa que os Mestres lhes haviam confiado.

Ambos foram para a Índia em 1879, e ali construíram os primeiros e sólidos alicerces do seu trabalho. A Sociedade expandiu-se rapidamente de país em país; sua afirmação de serviço pró-humanidade, a amplitude de seu programa, a clareza e a lógica de sua filosofia e a inspiração de sua orientação espiritual ecoaram de modo convincente em muitos homens e mulheres, que lhe deram o mais firme apoio. H. P. B. foi investida pelos Mestres com a responsabilidade de apresentar ao mundo a Doutrina Secreta ou Teosofia: ela era a instrutora por excelência; ao Coronel Olcott foi delegada a incumbência de organizar a Sociedade, o que ele fez com notável eficiência. Como era natural, esses dois pioneiros encontraram a oposição e a incompreensão de muita gente; especialmente H. P. B. Mas ela estava preparada para o sacrifício. Como escreveu no Prefácio de A DOUTRINA SECRETA: "Está acostumada às injúrias, e em contato diário com a calúnia; e encara a maledicência com um sorriso de silencioso desdém."

A fase mais brilhante e produtiva de H. P. B. foi talvez a que se passou na Inglaterra entre os anos de 1887 e 1891. Os efeitos do injusto Relatório da "Sociedade de Investigações Psíquicas" (1885) acerca dos fenômenos que ela produzia, assim como os dos ataques desfechados pelos missionários cristãos da Índia, já haviam em parte desaparecido. Ao seu incessante labor de escrever, editar e atender à correspondência, somava-se a tarefa de formar e instruir discípulos capazes de dar prosseguimento à sua obra. Para este fim, organizou, com a aprovação oficial do Presidente (Coronel Olcott), a Seção Esotérica da Sociedade Teosófica. Em 1890 contava-se em mais de um milhar o número de membros que se achavam sob a sua direção em muitos países.

---

(2) Capítulo XI dos Estatutos primitivos.
(3) Preâmbulo original.

A Doutrina Secreta se define por seu próprio título. Expõe "não a Doutrina Secreta em sua totalidade, mas um número selecionado de fragmentos dos seus princípios fundamentais". 1.º) Mostra: que é possível obter uma percepção das verdades universais, mediante o estudo comparativo da Cosmogonia dos antigos; 2.º) proporciona o fio que conduz à decifração da verdadeira história das raças humanas; 3.º) levanta o véu da alegoria e do simbolismo para revelar a beleza da Verdade; 4.º) apresenta ao intelecto ávido, à intuição e à percepção espiritual os "segredos" científicos do Universo, para sua compreensão. Segredos que continuarão como tais enquanto não forem *entendidos*.

H. P. B. faleceu a 8 de maio de 1891, deixando à posteridade o grande legado de alguns pensamentos dos mais sublimes que o mundo já conheceu. Ela abriu as portas, há tanto tempo cerradas, dos Mistérios; revelou, uma vez mais, a verdade sobre o Homem e a Natureza; deu testemunho da presença, na Terra, da Hierarquia Oculta que vela e guia o mundo. Ela é reverenciada por muitos milhares de pessoas, porque foi e é um farol que ilumina o caminho para as alturas a que todos devem ascender.

Josephine Ransom

Adyar, 1938.

COMO FOI ESCRITA
A DOUTRINA SECRETA

1879. H. P. BLAVATSKY principiou a "desbravar o terreno para o seu novo livro" na sexta-feira 23 de maio de 1879 [1]. O Coronel Olcott "preparou-lhe um esquema para esta obra, com idéias tão rudimentares como as que podiam originar-se de quem não pretendia ser o autor" [2]. Em 25 de maio ele mesmo "ajudou H. P. B. a escrever o Prefácio do novo livro" [3]; e na quarta-feira 4 de junho "ajudou H. P. B. a terminar o Prefácio..." [4]. Durante vários anos nada mais se fez, porque H. P. B. e o Coronel Olcott estavam seriamente ocupados em organizar a Sociedade Teosófica na Índia com o seu esforço pessoal, editando a revista *The Theosophist* e atendendo a volumosa correspondência.

1884. Em *The Theosophist,* Suplemento de Janeiro, apareceu um aviso sobre A DOUTRINA SECRETA. Uma nova versão de "Ísis sem Véu". O aviso dizia: "Numerosas e urgentes solicitações vêm chegando de todas as partes da Índia para a adoção de um plano que ponha a matéria contida em 'Ísis sem Véu' ao alcance daqueles que não dispõem de recursos para adquirir de uma só vez obra tão custosa. Por outro lado, muitas pessoas, considerando demasiado confuso o esboço da doutrina exposta, clamam por 'maiores luzes', e naturalmente, não havendo compreendido os ensinamentos, supuseram erroneamente que estavam em contradição com as revelações posteriores, sendo estas últimas de todo mal interpretadas em não poucos casos. Por isso, a autora, a conselho de alguns amigos, propõe-se editar a obra em uma forma melhor e com mais clareza, para entregas mensais. Tudo o que há de importante em *Ísis sem Véu* para a perfeita compreensão dos temas ocultos e filosóficos ali tratados será conservado, mas reformulando-se o texto de maneira tal que os materiais relativos a determinado assunto se agrupem e se articulem o mais possível... Serão apresentadas muitas informações adicionais aos temas ocultos, informações que não era aconselhável dar ao público na primeira edição da obra, mas que tiveram o caminho preparado nos oito anos decorridos, especialmente com a publicação de 'The Occult World' ('O Mundo Oculto'), do 'Esoteric Buddhism' ('Budismo

---

(1) Coronel Olcott, *Diary.*
(2) *Ibid.,* 24 de maio.
(3) *Ibid.*
(4) *Ibid.* Veja também *Old Diary Leaves,* II, pág. 90.

Esotérico') e de outras obras teosóficas. Encontrar-se-ão também sugestões que virão lançar luz sobre muitos ensinamentos contidos naquelas obras e até agora mal compreendidos... De acordo com o plano traçado, cada entrega constará de setenta e sete páginas em oitavo (vinte e cinco páginas mais do que cada vigésima quarta parte do livro original)... devendo completar-se dentro de uns dois anos."

No princípio desse ano a Senhora Blavatsky escreveu ao Sr. A. P. Sinnett dizendo-lhe que, tendo ele, em sua obra *Budismo Esotérico* (1883), dado "ao mundo algumas migalhas das genuínas doutrinas ocultas", não eram, contudo, senão "fragmentos", que não deviam ser tomados pelo todo. Apesar de bastante enferma, estava ela disposta "a passar outra vez noites em claro para reescrever toda a matéria de *Ísis sem Véu,* sob o título de DOUTRINA SECRETA, passando a três ou quatro volumes os dois originais, com a ajuda de Subba Row, que escreveria a maior parte dos comentários e explicações" [5].

O próximo aviso apareceu na página 68 do Suplemento de abril de *The Theosophist,* na seguinte forma: "A DOUTRINA SECRETA, versão nova de *Ísis sem Véu.* Com uma nova distribuição da matéria, grandes e importantes acréscimos, e copiosas Notas e Comentários, por H. P. Blavatsky, Secretária Correspondente da Sociedade Teosófica. Com a colaboração de T. Subba Row Garu, B. A., B. L., F. T. S., Conselheiro da Sociedade Teosófica..." A primeira parte devia "sair em 15 de junho". O aviso foi repetido; mas na edição de junho, página 92, a data da publicação foi adiada para 15 de agosto, e depois para 15 de setembro — não havendo mais avisos posteriores.

O Dr. A. Keightley declara que a primeira notícia que teve a respeito de A DOUTRINA SECRETA foi o aviso em *The Theosophist.* "Disseram-me em 1884" — conta ele — "que a Senhora Blavatsky estava ocupada em escrever um livro... cujo título seria A DOUTRINA SECRETA; que várias pessoas foram consultadas quanto à sua elaboração, e que todos os pontos discutíveis da Filosofia Hindu haviam sido submetidos a... T. Subba Row, o qual por sua vez fizera algumas sugestões relativas ao plano da obra. Soube posteriormente que ele cumpriu o prometido, traçando um esboço muito vago, que não foi adotado" [6].

Quando H. P. B. viajou para a Europa, levou consigo os manuscritos, e trabalhava neles todos os seus momentos disponíveis. Achando-se em Paris, de abril a junho, escreveu ao Sr. Sinnett que "uma das razões da vinda de Mohini M. Chatterji foi a de ajudar-me na parte de sânscrito da Doutrina Secreta... Agradeço-vos a *intenção* de escreverdes o Prefácio da DOUTRINA SECRETA — não solicitei que o fizésseis porque os Mahâtmas e Mohini, aqui, e Subba Row, aí, são suficientes para o auxílio de que necessito. Se entendeis que 'o esquema não é praticável na forma anunciada', só me cabe lamentá-lo por vossa causa e pela intuição que tivestes. Uma vez

---

(5) *The Letters of H. P. Blavatsky to A. P. Sinnett,* editado por A. T. Baker, pág. 64 (1925).

(6) *Reminiscences of H. P. Blavatsky and the 'Secret Doctrine',* pela Condessa C. Wachtmeister e outros, pág. 96 (1893).

que o Guru pensa de outra forma, devo seguir o seu conselho e orientação, de preferência aos vossos... Dizer que eu 'obraria com prudência restituindo o dinheiro das subscrições e retirando o aviso' é uma completa insensatez. Não foi para o meu próprio deleite que me abalancei ao trabalho e ao ônus de escrever de novo esse livro infernal... Mas as minhas predileções e desejos nada têm com o meu dever. O Mestre quer e ordena que a obra seja reescrita, e *eu o farei*; tanto melhor para os que se disponham a ajudar-me nesta pesada tarefa, e *tanto pior para os que* não o fizerem nem queiram fazê-lo. Quem sabe se, apesar de tudo, e com a ajuda e proteção de Deus, o trabalho não virá a converter-se em uma 'esplêndida obra'. Tampouco poderei... concordar convosco em que 'é uma loucura tentar escrever semelhante livro para entregas mensais' — *visto que é o Guru quem assim o ordena*... Em todo caso, já se acha pronto um capítulo 'sobre os Deuses e os Pitris, os Devas e os Daimonia, os Elementares e os Elementais, e outros fantasmas semelhantes'. Encontrei e pus em prática um método muito simples que me foi indicado; e, capítulo por capítulo, parte por parte, será tudo reescrito com toda a facilidade. Vossa sugestão de que a nova obra não 'deve parecer uma simples reedição de Ísis' tem contra si os termos do aviso... Já que este promete unicamente 'interpretar a matéria contida em *Ísis*', a fim de pô-la ao alcance de todos', e explicar e demonstrar que as 'revelações posteriores', como o *Budismo Esotérico* e outros assuntos de *The Theosophist*, não se acham em contradição com as linhas gerais da doutrina exposta — por mais *confusa* que esta última se apresente em *Ísis*; e fazer constar de A Doutrina Secreta tudo aquilo que é *importante* em *Ísis*, reunindo os materiais relativos a um determinado tema, em vez de ficarem dispersos pelos dois volumes, como estão agora — daí se segue que me vejo obrigada a reproduzir *páginas inteiras de Ísis*, com o fim unicamente de ampliá-las e oferecer esclarecimentos adicionais. E, a não ser incluindo muitas transcrições de *Ísis*, a obra poderá ser Ísis ou Hórus — não será nunca o que se prometeu originariamente no 'Aviso do Editor' — o qual peço o favor de lerdes" [7].

O Sr. Q. W. Judge, que também se encontrava em Paris (março e abril), foi atraído ao trabalho, como todo aquele que H. P. B. julgasse em condições de prestar auxílio. Na casa de campo do Conde e da Condessa de Adhemar, pediu-lhe H. P. B. que "repassasse cuidadosamente as páginas de *Ísis sem Véu* e anotasse à margem os assuntos versados... e... tais anotações foram de suma utilidade para ela" [8].

1885. Em seu *Diary*, anota o Coronel Olcott a 9 de janeiro: "H. P. B. recebe do (Mestre M.)[9] o plano para sua 'Doutrina Secreta'. É excelente. Oakley e eu havíamos tentado fazê-lo a noite passada; este, porém, é muito melhor" [10].

---

(7) *The Letters of H. P. Blavatsky to A. P. Sinnett*, págs. 87-9.
(8) *Reminiscences*, pág. 102.
(9) Só o seu criptograma figura no *Diary*.
(10) Oskley era Mr. A. J. Cooper-Oskley. Veja-se também *Old Diary Leaves*, III, págs. 199-200.

A conspiração Coulomb obrigou H. P. B. a partir de Adyar para a Europa em março, levando consigo o precioso manuscrito. "Quando me preparava para tomar o vapor, Subba Row me pediu que, à medida da elaboração de A DOUTRINA SECRETA, lhe remetesse semanalmente a parte escrita. Eu lho prometi, e o farei... devendo ele acrescentar notas e comentários, e depois a Sociedade Teosófica fazer a publicação"[11].

Foi neste ano que o Mestre K. H. escreveu[12]: "A DOUTRINA SECRETA, quando estiver pronta, será uma tríplice produção de M..., Upasika e minha."[13]

Depois de haver H. P. B. trabalhado sozinha durante alguns meses em Wurzburg, foi "enviada", para ajudá-la, a Condessa Constance Wachtmeister, a quem ela declarou que a obra, uma vez terminada, constaria de quatro volumes, e "revelaria ao mundo tanto da doutrina esotérica quanto era possível fazê-lo no estádio atual da evolução humana". Acrescentou H. P. B. que "não seria senão no próximo século que os homens começariam a compreender e discutir o livro de maneira inteligente"[14]. À Condessa "foi confiada a tarefa de preparar cópias nítidas do manuscrito de H. P. B."[15]. Ela descreve a profunda mágoa de H. P. B. causada pelo Relatório da Sociedade de Investigações Psíquicas, e como isto influiu em seu trabalho, obrigando-a a escrever dozes vezes uma página que não conseguia redigir corretamente devido ao estado perturbado de sua mente[16].

A Condessa relata que a circunstância que mais lhe atraiu a atenção e lhe provocou surpresa foi a pobreza da "biblioteca ambulante" de H. P. B. Não obstante, os seus manuscritos abundavam em referências, transcrições e alusões, provenientes de um cúmulo de obras raras e secretas sobre temas da mais variada índole". Algumas dessas obras ou documentos somente podiam ser encontrados no Vaticano ou no Museu Britânico. "Era, porém, a única verificação de que ela necessitava." A Condessa pôde verificar, por intermédio de seus amigos, aquelas passagens "que H. P. B. havia visto na Luz Astral, com o título do livro, o capítulo, as páginas e os números, todos corretamente citados" — às vezes na Biblioteca Bodleian de Oxford, e outras vezes em um manuscrito do Vaticano[17].

Houve freqüentes pedidos a H. P. B. no sentido de instruir outras pessoas, tal como o fizera com o Coronel Olcott e Mr. Judge; mas ela respondia que, se fosse preocupar-se em ensinar, teria que desistir de escrever A DOUTRINA SECRETA[18]. Foi também tentada com o oferecimento

---
(11) *The Theosophist*, março de 1925, pág. 784.
(12) *Letters from the Masters of Wisdom* (Segunda Série); transcrição e anotações de C. Jinaradasa, pág. 126 (1925).
(13) "O Mestre e Kashmiri ditavam, ora um ora outro" — escreveu H. P. B. a H. S. O., em 6 de janeiro de 1886.
(14) *Reminiscences*, pág. 23.
(15) *Ibid.*, pág. 24. "Ela copia tudo", escreveu H. P. B. a H. S. O. em 6 de janeiro de 1886.
(16) *Ibid.*, pág. 33.
(17) *Ibid.*, pág. 35. Veja-se tamém *Lucifer*, pág. 355 (1888).
(18) *Ibid.*, pág. 41.

de alta remuneração, se consentisse em escrever para jornais russos, sobre qualquer tema de sua escolha. Ela recusou, declarando que "para elaborar uma obra como A Doutrina Secreta devo ter a mente concentrada inteiramente nesse objetivo" [19]. "Dia após dia ela tinha que permanecer ali sentada escrevendo durante longas horas..." [20]

H. P. B. manifestou ao Coronel Olcott sua disposição de enviar-lhe os três capítulos já ultimados, para Subba Row proceder à revisão e "fazer acréscimos, correções ou cortes... Mas ficará a vosso cargo o exame da *Introdução*. Sinnett... insiste em querer fazê-lo, mas eu não posso consentir só pelo fato de que o seu inglês seja mais elegante e de que tenha boas idéias para uma distribuição mecânica e literária, porém não metafísica..." [21].

1886. Em sua carta datada de 6 de janeiro de 1886 [22] ao Coronel Olcott, H. P. B. deixou claro que havia abandonado a idéia de que o novo livro seria uma revisão de *Ísis sem Véu*. Olcott enviou-lhe um *Prefácio* para a obra *Ísis* revista, mas ela imediatamente o queimou, recomendando-lhe que selecionasse dos dois volumes de *Ísis* tudo o que lhe aprouvesse, fazendo a sua publicação em fascículos e destinando o dinheiro à Sociedade. Isto foi, sem dúvida, para aquietar os subscritores, aos quais se havia prometido A Doutrina Secreta em entregas mensais. No que lhe dizia respeito pessoalmente, estava ela ansiosa por levar avante A Doutrina Secreta, porque esta devia ser a sua "justificação". Tinha, com "esta Doutrina Secreta, que demonstrar se existiam ou não os Mestres", para responder à Sociedade de Investigações Psíquicas, cujo Relatório, acusando-a de impostora, estava ainda presente na memória do público. De novo ela instou o Coronel Olcott a assegurar a colaboração de Subba Row em todos os pontos relacionados com o Advaitismo e o ocultismo da antiga Religião Ária. Queria o auxílio dele no tocante à inclusão, na obra, de citações dos velhos textos, com o respectivo significado oculto. A Doutrina Secreta devia ser vinte vezes mais erudita, oculta e explicativa. E dizia que tencionava mandar-lhe dois ou três capítulos; de outro modo, teria iniciado a publicação imediatamente.

Em 3 de março H. P. B. escreveu ao Sr. Sinnett que, em relação à Doutrina Secreta, surgia, "cada manhã, uma nova revelação e um novo cenário. *Eu vivo novamente duas vidas*. Julga o Mestre que para mim é demasiado difícil estar fitando conscientemente a luz astral para a minha Doutrina Secreta, e por isso... estou preparada para ver tudo o que devo ver como se fosse através de sonhos. Vejo grandes e largos rolos de papel, sobre as quais estão escritas as coisas, e as registro. Deste modo me foram mostrados todos os Patriarcas, desde Adão a Noé — paralelamente aos Rishis; e, no meio deles, o significado de seus símbolos — ou personificações. Por exemplo, Seth de pé com Brighu, representando a primeira *sub*-raça da Raça-Raiz; significando, *antropologicamente* — a pri-

---
(19) *Ibid.*, pág. 48.
(20) *Ibid.*, pág. 55.
(21) H. P. B. a H. S. O., 25 de novembro de 1885.
(22) Publicada em *The Theosophist* de agosto de 1931, págs. 644-8.

meira sub-raça humana *dotada de palavra,* pertencente à Terceira Raça; e, *astronomicamente* — (seus anos, 912) significando ao mesmo tempo a duração do ano solar daquele período, a duração de sua raça e muitas outras coisas. Finalmente, Enoch, que significa a duração do ano solar quando foi estabelecida nos 365 dias atuais — (Deus o levou quando ele tinha 365 anos de idade); e assim por diante. Tudo isso é muito complexo, mas eu espero explicá-lo de forma suficientemente clara. Terminei um extenso capítulo de introdução, *Preâmbulo* ou Prólogo, chamem-no como quiserem, justamente para mostrar ao leitor que o texto, tal qual se desenvolve, iniciando-se cada seção com uma página traduzida do Livro de *Dzyan* e do Livro Secreto de 'Maitreya Buddha'..., não é uma ficção. Foi-me ordenado que assim o fizesse para dar uma sucinta exposição do que se sabia historicamente e em literatura, através dos escritos clássicos, profanos e sagrados — durante os 500 anos que precederam a era Cristã e os 500 anos posteriores — acerca da *magia* e da existência de uma Doutrina Secreta Universal, conhecida dos filósofos e Iniciados de todos os países, inclusive por vários padres da Igreja Cristã, tais como Clemente de Alexandria, Orígenes e outros, que por sua vez foram iniciados. Igualmente para descrever os mistérios e alguns ritos; e posso assegurar-vos que serão agora divulgadas as coisas mais extraordinárias, toda a história da Crucificação, etc., mostrando-se que está baseada em um rito tão velho quanto o mundo — a Crucificação do Candidato sobre o *Torno* — provas, descida ao Inferno, etc., tudo de origem ariana. A história completa, até hoje não referida pelos orientalistas, se encontra também em forma exotérica nos *Purânas* e *Brâhmanas,* sendo explicada e suplementada com o que proporcionam as interpretações Esotéricas... Disponho de *informações* que dariam para encher vinte volumes iguais aos de *Ísis;* o que me falta é a expressão, a habilidade para as compilar. Bem; logo vereis esse Prólogo, *breve* resenha dos Mistérios que se seguirão no texto, ocupando 300 páginas de papel almaço" [23].

"Quadros semelhantes, panoramas, cenas, dramas *antediluvianos,* em tudo isso." [24]

Escrevendo de Wurtzburg em 12 de março ao Sr. Sinnett, dizia a Condessa Wachmeister que chegara a "ficar tão confusa quanto às 'Estâncias' e os 'Comentários' que nada conseguia fazer a esse respeito. Então a Senhora Blavatsky escreveu as primeiras com *tinta vermelha* e os últimos com *tinta preta,* e agora são mais fáceis de entender, desaparecendo a confusão de idéias...." [25].

H. P. B. resolveu passar o verão deste ano em Ostende, e levou consigo o manuscrito de A DOUTRINA SECRETA. Houve demora na viagem, mas finalmente ela ali chegou a 8 de julho e encontrou acomodações adequadas, indo a Condessa reunir-se a ela daí a poucos meses. Em 14 de julho H. P. B. escreveu ao Coronel Olcott [26] que lhe estava remetendo o manuscrito e

---

(23) *Letters of H. P. B. to A. P. S.,* págs. 194-5.
(24) *Ibid.,* pág. 244.
(25) *Ibid.,* pág. 294.
(26) H. P. B. a H. S. O., carta reproduzida em *The Theosophist* de maio de 1908, pág. 756.

recomendando que o não retivesse por mais de um mês, devendo a publicação em fascículos iniciar-se neste outono e os subscritores pagar adiantadamente só o que estivesse em mãos dos editores. A obra devia ser publicada simultaneamente por Redway, na Inglaterra [27], e por Bouton (o editor de Ísis), na América [28]. Ela enviaria a Olcott "o Prefácio ao Leitor e o primeiro capítulo de A DOUTRINA SECRETA propriamente dita. Há mais de 600 páginas em papel almaço num Livro Introdutório Preliminar"; e repete que já havia previamente escrito ao Sr. Sinnett sobre o conteúdo deste rascunho. Sua remessa seria feita logo que Subba Row aprovasse o primeiro capítulo, do qual constavam as "Sete Estâncias de Dzyan, tomadas do LIVRO DE DZAN (ou DZYAN)..." com os comentários. Ela não podia desfazer-se do manuscrito porque não dispunha de cópia, nem tinha quem o copiasse.

Mas, ao que parece, a Condessa regressou a tempo de copiar a maior parte, senão tudo, do que H. P. B. havia terminado. Esta escreveu tanto ao Sr. Sinnett, em 21 de setembro [29], como ao Coronel Olcott, em 23 do mesmo mês [30], dizendo que remetera para Adyar o Volume I da DOUTRINA SECRETA e que agora estava trabalhando no Arcaico. Advertiu que havia "no primeiro volume *introdutivo* sete Seções (ou Capítulos) e 27 Apêndices, vários Apêndices anexos a cada Seção, de 1 a 6, etc. É bem de ver que tudo isso formará mais de um volume, ou pelo menos um, que não é A DOUTRINA SECRETA, mas um Prefácio a ela. Tal volume se faz absolutamente necessário, porque de outro modo o leitor, começando pelo tomo atinente ao Arcaico, ficaria desnorteado quando prosseguisse na leitura de páginas tão metafísicas..." Permitia alguma liberdade quanto à disposição do livro, mas pediu que não se deixasse perder as folhas soltas nem mutilar o manuscrito. "...Lembrai-vos de que esta é a minha última *grande obra*, que eu não poderia escrever novamente, se se perdesse, para aproveitar a minha vida, ou a da Sociedade, que é mais importante..." "Quase tudo é proporcionado pelo 'Velho Senhor' e 'Mestre'." [31]

O manuscrito foi recebido a 10 de dezembro pelo Coronel Olcott [32], que disse em seu discurso anual [33]: "O manuscrito do primeiro volume chegou às minhas mãos e está sendo revisto...", acrescentando que este primeiro tomo ou Volume Introdutivo seria logo publicado em Londres e Nova Iorque. Mas Subba Row se recusou a fazer outra coisa além da simples leitura, porque a obra se achava tão cheia de erros que ele precisaria escrever tudo novamente [34].

---

(27) George Redway, Editor, Londres.
(28) O Sr. Judge aconselhou H. P. B. a proteger a sua DOUTRINA SECRETA nos Estados Unidos, o que podia ser feito, já que ela era cidadã norte-americana (naturalizou-se em 1879). *Letters of H. P. B. to A. P. S.*, pág. 244.
(29) *Letters of H. P. B. to A. P. S.*, pág. 221.
(30) *The Theosophist*, março de 1909, "Ecos do Passado".
(31) O "Velho Senhor" era o Mestre Júpiter, o Rishi Agastya. Carta de H. P. B. a H. S. O. em 21 de outubro de 1886.
(32) *Diary*.
(33) *General Report*, 1886, pág. 8.
(34) *Old Diary Leaves*, III, pág. 385.

O manuscrito de 1886 é um documento extremamente interessante. É do punho da Condessa Wachtmeister e de outras pessoas, e algumas das Estâncias foram escritas em tinta vermelha, tal como sugerido. Inicia-se com uma seção sob o título "Aos Leitores". O primeiro parágrafo começa com esta frase: "O erro desce por um plano inclinado, ao passo que a verdade tem que subir penosamente a escarpa da colina." [35] A *Introdução* da obra publicada foi consideravelmente ampliada. Nela foi incluída a parte que diz: "O Volume I de 'Ísis' começa com uma referência a um velho livro..." [36], e que era a Seção I do Capítulo I do manuscrito, apesar de parcialmente utilizada e modificada. Relacionava-se com os Livros Herméticos e outros da antiguidade. A Seção II, sobre "Magia Branca e Negra, na teoria e na prática', foi publicada com acréscimos e alterações no terceiro Volume (1893) e em essência, e sobretudo literalmente, permanece a mesma. A Seção III, que se referia à Álgebra Transcendental e às representações de "Revelações Divinas" através de Nomes Místicos, corresponde à Seção X do Volume III, com a subseção 1, Matemática e Geometria — as Chaves dos Problemas Universais; enquanto que a subseção 2 do manuscrito passou a ser a Seção XI do Volume III — o Hexágono com o ponto central, etc. No manuscrito esta parte começa assim: "Discutindo sobre a virtude dos números (Baalshem), as opiniões de Molitor, etc.". A Seção IV, com a subseção 1 "Quem era o Adepto de Tyana", que principia por: "Como a maioria dos heróis históricos da mais vetusta antiguidade...", está na página 130 do Volume III. A subseção 2 "A Igreja Romana teme a publicação da Vida Real de Apolônio" não se acha terminada no manuscrito, interrompendo-se nas palavras "ou Alexandre Severo...", pág. 136 do Volume III.

A Seção V, "Os Cabiros ou Deuses Misteriosos — O que dizem sobre eles os clássicos antigos", figura no Volume III, pág. 315, sob o título de Simbolismo do Sol e das Estrelas, e começa da mesma forma, com a citação de Hermes. No Apêndice I sobre "O Culto dos Anjos e das Estrelas na Igreja Romana, sua restauração, desenvolvimento e história", H. P. B. começa dizendo que a matéria "foi compilada de várias fontes, documentos dos arquivos do Vaticano", etc. O texto assim principia: "Em meados do século VIII A.D. o Arcebispo Adalberto de Magdeburgo...". Esse Apêndice foi publicado em *Lucifer,* número de julho de 1888, págs. 355-65. H. P. B. ampliou-o e acrescentou-lhe outras notas.

No que ficou exposto os leitores já viram o suficiente para se certificarem de que o Volume III, publicado em 1887, estava integrado por material autêntico de H. P. B.

Na oportunidade do centenário do nascimento de H. P. B., em 1931, a Casa Editora Teosófica de Adyar (The Theosophical Publishing House) tencionava publicar pela primeira vez o rascunho original do Volume I de

---

(35) Edição de 1888, página XVII; edição de 1893, pág. 1. Veja-se *The Teosophist* de agosto de 1931, págs. 601-7, onde se reproduz esta parte do primeiro rascunho.

(36) Edição de 1888, pág. XIII; de 1893, pág. 25.

A DOUTRINA SECRETA, tal como foi preparado por H. P. B. em 1886 e enviado ao Coronel Olcott para o referendo de Subba Row. Esse projeto foi abandonado devido à grande dificuldade em adaptar o manuscrito para a impressão, corrigindo-se página por página, sem afastar-se do original; pela ausência de método no emprego de aspas, parênteses, etc., e pelas dúvidas no discernir onde as vírgulas significavam travessões ou *vice-versas*...[37].

A segunda parte do manuscrito de 1886 está intitulada: A DOUTRINA SECRETA. Parte I. Período Arcaico. Capítulo I. Uma visão da Eternidade. A Evolução Cósmica em Sete Estádios.

A Seção Primeira traz o título "Páginas de uma Era Pré-histórica" e abre com as palavras: "Ante os olhos da escritora está um manuscrito arcaico, uma coleção de folhas de palma que se tornaram impermeáveis à água e imunes à ação do fogo e do ar, por algum processo específico desconhecido." Logo a seguir o texto se refere ao círculo com um ponto no centro, silenciando, porém, quanto ao disco branco imaculado. Depois de vinte e quatro páginas é apresentada a primeira Estância e prometido um glossário geral para cada capítulo em um Apêndice. As notas relativas a cada Estância vêm ao pé da página, e não no texto como na edição de 1888. O comentário correspondente à primeira Estância começa com estas palavras: "A DOUTRINA SECRETA estabelece três proposições fundamentais." As mesmas palavras se encontram no Proêmio, página 14, da edição de 1888, e na página 42 da edição de 1893. Segue-se a parte que constituiu os Comentários no volume publicado, e *todas* as notas referentes a cada Estância são apresentadas seguidamente e não Shloka por Shloka.

Do Volume ou Livro II, há somente algumas páginas no manuscrito, dezenove ao todo. Tem por título "Cronologia Arcaica, Ciclos, Antropologia", e são em grande parte um molde tosco das "Notas Preliminares" do volume publicado e em parte uma breve indicação da linha de ensinamento referente a Cronologia e Raças, de que se vai ocupar o livro[38].

Ao receber o manuscrito, declarou o Coronel Olcott: "Ainda que uma rápida leitura tenha satisfeito mais aos críticos do que a mim mesmo, considero a obra como uma das mais importantes contribuições já oferecidas ao conhecimento filosófico e científico, um monumento à sua douta autora e uma distinção para a Biblioteca Adyar, da qual ela é um dos fundadores."[39] Em seu Discurso Anual disse que a obra deveria estender-se a cinco volumes, o primeiro dos quais estava para ser publicado em Londres e em Nova Iorque[40].

1887. Escrevendo ao Coronel Olcott em 4 de janeiro, H. P. B. manifestou que estava contente por lhe haver agradado o Proêmio, mas que se

---

(37) *The Theosophist*, número de julho de 1931, página 429. Uma série ulterior foi publicada em *The Theosophist*, LIV (1), 1932-1933, págs 27, 140, 265, 538 e 623.
(38) Veja-se *The Theosophist*, março de 1925, páginas 781-3, em que C. Jinarâjadâsa se refere ao conteúdo do manuscrito.
(39) *The Theosophist*, janeiro de 1887, Suplemento, página XLVII.
(40) *General Report*, 1886, pág. 8.

tratava apenas de um volume preliminar e que a verdadeira doutrina seria exposta em seguida. Ela menciona um jovem inglês chamado E. D. Fawcett, que lhe prestou auxílio em Wurtzburg e em Ostende e mais tarde na Inglaterra, especialmente naquelas partes do segundo volume que se referiam à hipótese evolucionista. "Ele sugeriu, corrigiu e escreveu, e várias páginas de seu manuscrito foram incorporadas à obra por H. P. B." "Proporcionou muitas citações de obras científicas, assim como muitas corroborações das doutrinas ocultas, derivadas de fontes similares." [41]

H. P. B. pediu novamente que Subba Row procedesse à revisão do manuscrito, autorizando-o a fazer o que bem entendesse: "dou-lhe carta branca". "Tenho mais confiança em sua sabedoria que na minha, pois em muitos pontos posso não ter compreendido bem tanto o Mestre como o Velho Senhor. Eles apresentaram-me somente os fatos, e raramente ditaram em forma continuada... Sei que todos estes fatos são originais e novos..." [42]

Em janeiro ela escreveu ao Sr. Sinnett dizendo que lhe havia enviado a Doutrina Arcaica antes que estivesse realmente concluída, e que a estava "reescrevendo, com acréscimos e retificações, cortes e substituições, à vista de notas recebidas de minhas AUTORIDADES" [43]. O texto foi mostrado ao Professor (Sir) William Crookes. Mais tarde H. P. B. informava o Sr. Sinnett de que A DOUTRINA SECRETA "cresce, cresce e cresce" [44].

Em Ostende prosseguiu o paciente labor, mas H. P. B. sentiu-se doente e esteve às portas da morte, chegando a "pensar que o Mestre finalmente a deixaria libertar-se". Ficou "muito preocupada com A DOUTRINA SECRETA" e recomentou à Condessa que "tivesse o maior cuidado com os manuscritos e os entregasse todos ao Coronel Olcott, com instruções para a sua impressão" [45]. Mas H. P. B. foi "milagrosamente" curada uma vez mais. Disse ela: "O Mestre esteve aqui e deu-me a opção: ou morrer, libertando-me, ou continuar viva para terminar A DOUTRINA SECRETA... e então eu pensei naqueles estudantes a quem me era dado ensinar algumas coisas, e na Sociedade Teosófica em geral, à qual eu havia já sacrificado o sangue do meu coração, e aceitei o holocausto..." [46]

O Dr. A. Keightley encontrou H. P. B. residindo em Ostende e trabalhando com afinco. Disse ele: "Foi-me confiada uma parte do manuscrito, com o pedido de emendar, cortar e alterar a redação do texto inglês, procedendo enfim como se fosse meu próprio... O manuscrito achava-se então separado por seções, semelhantes àquelas incluídas sob os títulos de 'Simbolismo' e 'Apêndices' nos volumes depois publicados. O que eu tinha ante os olhos era um monte de manuscritos sem ordenação definida, dos quais muitos haviam sido copiados com paciência e cuidados pela Condessa Watchmeister. A idéia, então, era conservar um exemplar na Europa e

---

(41) *Reminiscences*, págs. 94-7.
(42) Reproduzido de *The Theosophist*, agosto de 1931, pág. 683.
(43) *Letters of H. P. B. to A. P. S.*, págs. 226-7.
(44) *Ibid.*, pág. 224.
(45) *Reminiscentes*, pág. 73.
(46) *Ibid.*, pág. 75.

mandar o outro para a Índia a fim de ser corrigido por vários colaboradores nativos. A maior parte seguiu posteriormente, mas algum motivo obstou à colaboração. O que mais me impressionou na parte que me foi dado ler... foi o número considerável de citações provenientes de vários autores. Eu sabia que não havia ali biblioteca para consultar, e pude ver que todos os livros de H. P. B. não chegavam a trinta, dos quais alguns eram dicionários e outros eram obras que se compunham de dois ou mais volumes. Nessa ocasião não vi as ESTÂNCIAS DE DZYAN, apesar de estarem incluídos no manuscrito diversos fragmentos do *Catecismo Oculto*." [47]

Na primavera, vários membros da Sociedade Teosófica instaram H. P. B. a que viesse para Londres, onde poderia ser assistida com melhores cuidados. Ela para ali se transferiu com todos os seus manuscritos no dia 1.º de maio. Durante todo o verão os dois Keightleys ocuparam-se em ler, reler, copiar e corrigir o manuscrito, que formava uma pilha de três pés de altura. Em setembro, depois de passar alguns meses em Norwood, H. P. B. instalou-se em Landsdown Road 17. Ela entregou aos dois inteligentes e devotados jovens, o Dr. Keightley e seu sobrinho Bertram Keightley, todo o maço de manuscritos, para que classificassem o material e formulassem sugestões, já que nessa época não havia um plano básico e os assuntos não guardavam a continuidade desejável. Eles, finalmente, recomendaram que a obra fosse dividida em quatro volumes, a saber: 1.º Evolução do Cosmos; 2.º Evolução do Homem; 3.º Vidas de alguns grandes Ocultistas; 4.º Ocultismo Prático; e que cada volume, por sua vez, se dividisse em três partes: 1.º ESTÂNCIAS e Comentários; 2.º Simbolismo; 3.º Ciência. A tudo isso H. P. B. deu aprovação.

"O próximo passo foi ler novamente o manuscrito, do princípio ao fim, e fazer um ordenamento geral da matéria pertinente aos temas que vinham sob as epígrafes de Cosmogonia e Antropologia, os quais deveriam formar os dois primeiros volumes da Obra. Quando tudo isso foi ultimado e H. P. B., devidamente consultada, expressou sua aprovação, todo o manuscrito, assim ordenado, foi passado à máquina por mãos profissionais, relido, corrigido e comparado com o texto original, sendo as citações em grego, hebraico e sânscrito inseridas por nós. Verificou-se então que todo o texto dos Comentários sobre as Estâncias não ocupava mais de vinte páginas da obra, porque ao escrevê-lo H. P. B. não lhe dera o desenvolvimento que cabia. Então nós lhe falamos seriamente e sugerimos que escrevesse uns comentários apropriados, visto que em suas palavras iniciais prometera aos leitores fazê-lo...' O problema ficou assim solucionado: "Cada Shloka das Estâncias foi escrito (ou recortado da cópia datilografada e colado no alto de uma folha de papel), e depois, em uma folha solta que se anexou, eram escritas todas as perguntas que julgávamos oportuno formular a propósito de cada Shloka... H. P. B. suprimia grande número delas, fazia-nos consignar esclarecimentos mais completos ou as nossas próprias idéias... acerca do que os seus leitores esperavam que ela dissesse,

---

(47) *Ibid.*, págs. 96-7.

escrevia mais ela própria, incorporando o pouco que havia escrito anteriormente sobre aquele particular Shloka, e assim foi realizado o trabalho..." [48]

Escreveu Bertram Keightley: "Dos fenômenos relacionados com A DOUTRINA SECRETA, muito pouco tenho que dizer. Vi e comprovei não poucas citações acompanhadas de copiosas referências provenientes de livros que nunca estiveram na casa, verificação feita depois de horas de pesquisas, algumas vezes no Museu Britânico, à cata de um livro raro. Ao cotejar essas citações, deparei-me ocasionalmente com o fato curioso de que as referências numéricas estavam invertidas, por exemplo, página 321 por página 123, o que ilustra o avesso dos objetos quando vistos na luz astral..." [49] Afora isso, as citações eram "corretas no mais alto grau" [50].

O Coronel Olcott fez a seguinte declaração em *The Theosophist* [51]: "É agradável saber que A DOUTRINA SECRETA prossegue auspiciosamente. Escreve-nos o Sr. Sinnett que já se preparou material que daria para um volume de *Ísis*... Não obstante haver o administrador anunciado há tempo a devolução do dinheiro adiantado pelos subscritores (cerca de 3.000 rupias), quase ninguém se prevaleceu disso..." No seu Discurso Anual, em dezembro, o Coronel Olcott disse que H. P. B. lhe havia remetido "os manuscritos de quatro dos cinco prováveis volumes de A DOUTRINA SECRETA para exame, e que esperava seria o primeiro volume editado em Londres durante a primavera próxima" [52].

1888. No início deste ano H. P. B. propôs mais uma vez submeter o manuscrito a Subba Row, mas com idêntico resultado. Em fevereiro ela comunicou a Olcott que Tookarâm Tatya escrevera dizendo que Subba Row se prontificava a prestar ajuda e a corrigir "minha DOUTRINA SECRETA, *sob condição* de que eu suprimisse toda referência aos Mestres!... Quer dizer que eu deveria renegar os Mestres, ou que não os compreendo e deturpo os fatos que me são proporcionados... Fui eu quem apresentou ao mundo e à Sociedade Teosófica... a prova da existência dos nossos Mestres. Eu o fiz, porque eles me mandaram executar essa tarefa, como uma experiência nova (e inédita) neste século XIX; tarefa que cumpri com o melhor dos esforços de que era capaz..." [53].

As repetidas negativas de Subba Row em prestar o auxílio desejado tornaram-se conhecidas. Um grupo americano, com o Sr. Judge à frente, escreveu a H. P. B. dizendo ter notícia de que ela fora solicitada a não publicar A DOUTRINA SECRETA, sob o pretexto de que a obra podia contrariar alguns Pandits indianos, os quais talvez a combatessem e ridicularizassem. Pediram-lhe que não desse atenção ao caso e que levasse adiante a publicação da DOUTRINA SECRETA o mais breve possível [54]. Um grupo

---
(48) *Reminiscences*, págs. 92-3. (Veja-se também *The Theosophist* de setembro de 1931, pág. 708, "Reminiscences of H. P. B.", por Bertram Keightley.
(49) *Ibid.* pág. 94.
(50) A. Keightley, *The Theosophist*, número de julho de 1889, pág. 598.
(51) *The Theosophist*, outubro de 1887, pág. 62.
(52) *General Report*, 1887, pág. 9.
(53) De uma carta existente nos Arquivos, datada de 24 de fevereiro de 1888.
(54) *The Path*, fevereiro de 1888, págs. 354-5.

de hindus, chefiados por N. D. Khandalavala e Tookarâm Tatya, constituíram exceção àqueles reparos, e manifestaram que, se H. P. B. estivesse na Índia, há muito que o livro teria saído à luz. Eram de opinião que H. P. B. não se encontrava corretamente informada quanto às sugestões de tornar mais exato o livro em suas alusões à literatura hindu, e que alguns amigos simpatizantes poderiam resolver facilmente a questão relacionada com a revisão da obra [55].

De Londres, Bertram Keightley escreveu que tivera início a publicação de A Doutrina Secreta, e que, tão logo a magnitude e o custo da obra pudessem ser definitivamente calculados, seria arbitrado o preço para os subscritores, aos quais se expediria uma circular dando-lhe a opção de receberem o livro ou a devolução do dinheiro, que ficara depositado no Banco e intocável desde o pagamento por eles efetuado. "A Doutrina Secreta é um tema tão vasto e se ramifica em tantas direções que o seu manejo requer ingente labor, não sendo possível determinar por antecipação o número ou tamanho dos volumes necessários" [56].

"...quando o manuscrito desta obra ainda não havia saído da minha mesa de trabalho", escrevia H. P. B., "e A Doutrina Secreta era totalmente desconhecida do mundo, já estava sendo denunciada como o produto do meu cérebro e nada mais. Eis os termos lisonjeiros em que o *Evening Telegraph* (da América), em sua edição de 30 de junho, se referiu a esta obra ainda não publicada: *"Entre os livros fascinantes para leitura no mês de julho* acha-se o novo livro da Senhora Blavatsky sobre Teosofia...(!) A Doutrina Secreta. Mas a circunstância de que ela possa elevar-se acima do ignorantismo dos Brâmanes... (!?) *não é prova de que tudo o que diz seja verdade...*" [57]

Quando o Coronel Olcott viajava para a Inglaterra, em agosto, recebeu em seu camarote uma carta em que o Mestre K. H. lhe dizia: "Tenho observado também os vossos pensamentos sobre A Doutrina Secreta. Podeis ficar certo de que tudo o que ela não *anotou* de livros científicos ou de outras obras lhe foi proporcionado ou *sugerido* por nós. Os erros e as noções errôneas, por ela corrigidos e explicados, das obras de outros Teósofos, *foram corrigidos por mim ou sob a minha orientação*. É um livro mais valioso que o precedente, um epítome de verdades ocultas que será uma fonte de informações e ensinamentos para estudantes sérios, durante muitos anos vindouros." [58] Ao chegar em Londres, o Coronel Olcott encontrou H. P. B. trabalhando em sua secretária da manhã à noite, preparando cópias e lendo provas de A Doutrina Secreta. Os dois volumes deviam aparecer naquele mês (agosto). Ao redor dela havia um grupo de Teosofistas devotados, que haviam adiantado 1.500 libras esterlinas para a edição

---

(55) *The Path,* junho de 1888, págs. 97-8.
(56) *The Theosophist,* maio de 1888. Suplemento, pág. XXXVII.
(57) THE SECRET DOCTRINE, Vol. II, edição de 1888, pág. 441. Na edição de 1893, nota ao pá da página 460.
(58) Carta reproduzida em *Letters from the Masters of the Wisdom,* compilação de C. Jinarâjadâsa, pág. 54 (1919).

de A Doutrina Secreta e outras publicações. "Inclusive para A Doutrina Secreta, tenho uma meia dúzia de Teosofistas que se vem ocupando da edição e em ajudar-me a ordenar toda a matéria, corrigir o inglês imperfeito e prepará-la para a impressão. Mas o que nenhum deles, do primeiro ao último, jamais poderá vindicar é haver contribuído com a doutrina fundamental, as conclusões e os ensinamentos filosóficos. Não que fosse eu quem inventou tudo isso: simplesmente transmiti a outros o que me foi ensinado" [59].

Durante esse tempo, sobrecarregada de trabalho, ressentiu-se a saúde de H. P. B. "Era uma tarefa pesada, tendo que levantar-se tão cedo e trabalhar até muito tarde... Foram examinados os orçamentos do impressor. Certos requisitos, como o tamanho das páginas e os das margens, eram pontos particulares a discutir com H. P. B.; assim também a espessura e a qualidade do papel... Solucionados estes pontos, começou o livro a entrar no prelo... passou por três ou quatro mãos, além das de H. P. B., em seus dois jogos de provas de granel, assim como na revisão. Foi ela a sua própria e mais severa revisora, chegando ao ponto de quase tratar as provas como se fossem um manuscrito, com resultados alarmantes no item da fatura que se referia às correções. Seguiu-se a elaboração do Prefácio, e por fim o livro saiu" [60], "um tesouro sem igual de sabedoria oculta" [61].

"H. P. B. sentiu-se feliz naquele dia." [62]

Na Introdução ao Volume I, escreveu ela: "Aos meus juízes, pretéritos e futuros... nada tenho a dizer... Mas ao público em geral e aos leitores de A Doutrina Secreta posso repetir o que nunca deixei de afirmar e que agora sintetizo nas palavras de Montaigne: "Senhores, eu fiz apenas um ramalhete de flores escolhidas: nele nada existe de meu, a não ser o cordão que as prende" [63].

Em outubro, a tão esperada doutrina secreta foi "publicada simultaneamente em Londres e em Nova Iorque... A primeira edição inglesa de 500 exemplares esgotou-se antes do dia de sua publicação, e uma segunda já se acha em preparo" [64]. A segunda edição apareceu antes do fim do ano.

A edição completa foi impressa por *The H. P. B. Press, Printers to the Theosophical Society*, e a edição inglesa foi registrada no *Stationer's Hall*, enquanto que a simultânea edição americana havia sido "Registrada de acordo com a Lei do Congresso no ano de 1888, por H. P. Blavatsky, na repartição da Biblioteca do Congresso em Washington, D.C.".

Os jornais deram mui pouca notícia sobre A Doutrina Secreta, mas a procura da obra foi contínua. "É um fato curioso", comentou o *London Star*, "considerando que o livro tem um caráter mais oculto e difícil que outro qualquer dos anteriores" [65].

---

(59) H. P. B. em "My Books", *Lucifer*, de maio de 1891, pág. 246.
(60) *Reminiscences*, pág. 94.
(61) *The Theosophist*, novembro de 1888, pág. 69.
(62) *Reminiscences*, pág. 85.
(63) Na edição de 1888, pág. XLVI; na de 1893, pág. 29.
(64) *The Theosophist*, dezembro de 1888. Suplemento, pág. XXX.
(65) Citado em *Lucifer*, dezembro de 1888, pág. 346.

No Prefácio, H. P. B. justifica-se da grande demora no aparecimento da obra, ocasionada pelo seu precário estado de saúde e pela magnitude do empreendimento. Escreveu ela: "Os dois volumes que saem à luz ainda não completam o plano, nem esgotam o assunto que lhes constituem o objeto... Se os presentes volumes tiverem acolhida favorável, não serão poupados esforços para levar avante e completar a obra. O terceiro volume se acha inteiramente pronto, e o quarto em via de o ser." [66]

"Quando pela primeira vez se anunciou a elaboração deste trabalho, não era o plano atual que se tinha em vista." H. P. B. refere-se depois à sua intenção original de fazer da obra uma revisão de *Ísis sem Véu*; mas, porque se impôs uma diferença de tratamento, "os presentes volumes não contêm, em sua totalidade, sequer vinte páginas de *Ísis sem Véu*."

Aludindo aos volumes que deveriam sair em futuro próximo, disse ela: "No Volume III desta obra (esse e o IV estão quase concluídos) se apresentará uma breve história, em ordem cronológica, de todos os grandes Adeptos conhecidos dos antigos e dos modernos, como também uma vista geral dos *Mistérios*, sua gênese, crescimento, decadência e desaparecimento final — na Europa. Esta matéria não teria cabimento no que agora foi publicado. O Volume IV será quase exclusivamente dedicado a *Ensinamentos Ocultos*." [67] Tratando das especulações errôneas dos orientalistas em relação aos "Dhyani-Buddhas e seus correspondentes terrestres, os Mânushi-Buddhas", menciona H. P. B. que "o verdadeiro princípio pode ser entrevisto em um volume subseqüente (veja-se 'O Mistério sobre Buddha'), e será explicado com mais pormenores no seu lugar próprio" [68]. Refere-se ao "Mistério de Buddha", sem dúvida" [69]. É provável que fosse isso o que ela quis significar quando disse em 1886: "O tríplice Mistério é divulgado." [70]

Suas palavras finais em A DOUTRINA SECRETA, na edição de 1888, foram: "O primeiro passo consistiu em derrubar e arrancar pela raiz as árvores venenosas e letais da superstição, do preconceito e da ignorância presunçosa, de modo que estes dois volumes fossem um prelúdio adequado aos Volumes III e IV. Enquanto os resíduos dos séculos não forem eliminados das mentes dos Teósofos, a quem são dedicados estes volumes, será impossível que possam compreender os ensinamentos de caráter mais prático constantes do Volume III. Do acolhimento que os Teósofos e os Místicos dispensarem aos Volumes I e II dependerá, portanto, a publicação ou não daqueles dois últimos volumes, apesar de já se acharem *quase* terminados." [71]

---
(66) Vol. I, pág. 1. Na edição de 1893 a última frase foi omitida, pág. XIX. Veja-se também a pág. 369 da edição de 1888, assim como a página 366 da de 1893, para uma referência mais ampla ao Vol. III.
(67) Vol. II, pág. 437, edição de 1888.
(68) Volume I, pág. 52, na edição de 1888. Veja-se o Volume III, 1893, págs. 376 e seguintes.
(69) Volume III, 1893, págs, 359 e seguintes.
(70) *Reminiscences*, pág. 68.
(71) Volume II, págs, 797-8, edição de 1888.

A comparação de tais declarações com os fatos mostra que estes confirmaram aquelas; assim, por exemplo, as páginas 1-432 do Volume III contêm o resumo histórico da vida de alguns dos grandes Adeptos do mundo; e as páginas 433-594 expõem o Ocultismo Prático que H. P. B. ensinava a seus discípulos e que "era, de início, transmitido em caráter privado a um número regular de estudantes... As apostilas... foram agora publicadas, e deste modo se esgotaram as relíquias literárias de H. P. B. [72].

1890. Escrevendo em *Lucifer* [73], disse H. P. B. que a procura do "ensinamento místico" se tornara tão grande que era difícil satisfazer os pedidos. "Até A DOUTRINA SECRETA, a mais complexa de nossas publicações — não obstante o seu preço proibitivo, a conspiração do silêncio e as grosseiras e ineptas zombarias de que foi alvo por parte de alguns jornais — teve excelente resultado financeiro."

1891. Ao findar-se o ano de 1891, a Segunda Edição de A DOUTRINA SECRETA estava esgotada. O Sr. G. R. S. Mead e a Senhora Annie Besant se encarregaram de tirar uma nova edição. O Sr. Mead fora secretário particular de H. P. B. durante vários anos e afirmava haver editado, de uma ou outra forma, quase tudo o que ela havia escrito em inglês... [74]. Foi ele a figura principal relacionada com a nova edição, aplicando a sua admirável erudição e o seu conhecimento das preferências de H. P. B. na tarefa de corrigir a parte gramatical e outros erros do texto. Um "Aviso Importante" foi publicado nas principais revistas teosóficas nestes termos: "Edição Revista de A DOUTRINA SECRETA. Estando esgotada a segunda edição da obra-mestra de H. P. B., cogita-se de fazer sair imediatamente uma terceira edição. Estão sendo envidados todos os esforços para rever totalmente a nova edição, e os editores pedem encarecidamente a todos os estudiosos que lerem este aviso que enviem listas, tão completas quanto possível, dos erros observados. Todas as indicações de referências e citações que forem verificadas, de falhas de ortografia, erros do índice, passagens obscuras, etc., etc., serão recebidas com os maiores agradecimentos. É muito importante que a ERRATA da primeira parte do Volume I seja encaminhada imediatamente. Annie Besant. G. R. S. Mead." [75]

1895. "A edição revista foi cometimento sobremodo trabalhoso, e os editores empregaram todos os esforços para verificar o maior número possível de citações, e corrigir os erros de forma das edições anteriores. Não tinham o direito de corrigir os erros de conceito..." [76] Os Índices da primeira e da segunda edição não eram muito adequados. O Sr. A. J. Faulding dispôs-se a preparar um novo e mais amplo Índice, que foi enca-

---

(72) G. R. S. Mead, em *Lucifer*, julho de 1897, pág. 353.
(73) Março de 1890, pág. 7.
(74) G. R. S. Mead em *Lucifer*, julho de 1897, pág. 354.
(75) Veja-se *The Vahan*, dezembro de 1891, página 8; *The Theosophist*, dezembro, Suplemento, página XXXII; e *The Path*, dezembro de 1891, pág. 296.
(76) G. R. S. Mead em *Lucifer*, julho de 1897, pág. 353.

dernado separadamente. "Por esse valioso trabalho, nós e todos os estudantes lhe somos devedores..."[77] Ficou evidenciado que tal Índice era de todo o ponto satisfatório. Algumas ampliações foram introduzidas na edição de Adyar, na qual os Índices de todos os volumes se encontram combinados em um só.

1896. Havia, naturalmente, algumas partes dos manuscritos de H. P. B. que não foram utilizados. A Senhora Besant recolheu-as e preparou-as para a publicação. No curso dessa preparação viu-se que alguns dos manuscritos aparentemente não formavam parte de A DOUTRINA SECRETA; foram publicados em *Lucifer*, a saber: (*a*) "Espíritos" de várias categorias [78]; (*b*) Budismo, Cristianismo e Falicismo [79]; (*c*) Fragmentos: Idolatria; Avatares; Iniciações; Sobre os Ciclos e Falácias Modernas [80].

1897. O Terceiro Volume foi posto à venda em 14 de junho, com toda a pontualidade, em Chicago e Londres ao mesmo tempo. Foi saudado calorosamente e obteve uma venda ininterrupta...[81].

Quando o Sr. Jinarâjadâna se encontrava investigando nos Arquivos e recolhendo material disperso, deparou com uma página solitária de um rascunho diferente, do próprio punho de H. P. B., contendo Comentários e notas sobre a Estância I. Um fac-símile foi publicado em *The Theosophist* [82]. A Senhora Besant declarou o seguinte a respeito da redação de A DOUTRINA SECRETA: "H. P. B. escrevia e reescrevia, corrigindo até mesmo quando as páginas de prova final estavam prontas para entrar em impressão... As substituições de palavras, as supressões e o reajustamento das matérias efetuadas por H. P. B. oferecem um interesse fascinante para os estudiosos. Uma hipótese extravagante surgida ultimamente nos Estados Unidos pretende que a segunda edição (1893) de A DOUTRINA SECRETA, realizada pela T. P. H. após a morte de H. P. B., não estava de acordo com os desejos da extinta. Insinuou-se que H. P. B. foi "editada" por aqueles que tinham a seu cargo a segunda edição. Os depositários a quem ela confiou a salvaguarda de seus manuscritos, publicados e não publicados, foram todos seus próprios discípulos, que conviveram com ela durante anos, e só procederam às alterações que a própria mestra havia indicado, e que consistiam na correção de erros de palavras e de construção gramatical, bem como no ordenamento do material do Volume III" [83].

"Para fazer justiça ao Sr. Mead e à Senhora Besant... desejo testemunhar, de ciência própria, que as acusações freqüentemente repetidas de que teria um deles, ou ambos, efetuado alterações não autorizadas na

---
(77) Prefácio da Terceira Edição revista, 1893.
(78) Junho de 1896, pág. 273.
(79) Julho de 1896, pág. 361.
(80) Agosto de 1896, págs. 449 e seguintes.
(81) Veja-se *The Theosophist*, setembro de 1897, pág. 766.
(82) Agosto de 1931, pág. 560.
(83) *The Theosophist*, março de 1922, pág. 534.

edição revista (terceira) de A Doutrina Secreta, adulterando o manuscrito do terceiro volume e suprimido o quarto, são de todo em todo falsas e sem nenhum apoio em qualquer fato... pois eu mesmo estive por quatro anos na sede em Londres, como encarregado do Serviço de Publicações, quando se imprimia A Doutrina Secreta revista, e naturalmente tive todas as oportunidades de saber o que se passava..."

"A primeira impressão de A Doutrina Secreta se dividiu em duas "edições", que eram, porém, idênticas, salvo as palavras "Segunda Edição" no frontispício de uma delas. A impressão se fez com tipos, mas foram preparadas matrizes de estereótipo para o caso de se tornar necessária outra impressão. Quando tal ocorreu, verificamos, no entanto, que as matrizes haviam sido acidentalmente destruídas, e de minha parte fiquei satisfeito por essa perda, que dava oportunidade a uma revisão da qual muito precisava o texto, árdua tarefa empreendida pelo Sr. Mead e a Senhora Besant... Como a Senhora Besant só podia dispor de pouco tempo por causa de suas outras atividades teosóficas, o trabalho de revisão foi em sua maior parte executado pelo Sr. Mead, assistido por outros membros do "staff" na verificação das citações e referências..."

"Ao rever a primeira edição de A Doutrina Secreta, repetiu ele precisamente o mesmo trabalho que fizera anteriormente em relação aos manuscritos de H. P. B. — somente isso e nada mais. Para qualquer pessoa familiarizada com as particularidades literárias e mecânicas da publicação de livros, era óbvio que o manuscrito não se achava preparado em forma conveniente para o impressor e que a revisão de provas fora de tal modo descuidada que até erros gramaticais evidentes, cometidos inadvertidamente pela autora, continuaram como estavam. Nenhuma alteração foi feita pelo Sr. Mead ou pela Senhora Besant, senão aquelas por que devia ter passado o manuscrito original antes de ser impresso."

"Por seu trabalho erudito e escrupuloso no fazer a revisão, o Sr. Mead tornou-se credor da gratidão de todos os leitores esclarecidos de A Doutrina Secreta, como igualmente o merece a Senhora Besant pela parte que lhe coube na árdua tarefa."

"Quando eu ultimei a impressão dos Volumes I e II, a Senhora Besant depositou em minhas mãos o manuscrito do Volume III... H. P. B. havia reescrito algumas das páginas várias vezes, com emendas e alterações, mas sem indicar qual das cópias era a definitiva; a Senhora Besant teve que decidir da melhor maneira que lhe pareceu."

"Como o Volume III contivesse muito menos matéria que os outros, disse-me a Senhora Besant que ia ampliá-lo, acrescentando as Instruções da E. S. T., uma vez que para tal recebera autorização de H. P. B. Essas Instruções, como é de ver, ocupam o maior espaço do Volume IV proposto, do qual não foram encontradas senão algumas páginas, o suficiente apenas para marcar o ponto em que H. P. B. tinha parado de escrever. Estou inclinado a crer que a autora tencionava incorporar aquelas Instruções ao Volume IV, e que era isso o que ela tinha em mente quando escreveu, com tanto otimismo, que os dois últimos volumes estavam 'quase concluídos'. Uma grande pilha de manuscritos foi encontrada depois da morte de H. P. B., mas ficou apurado que se tratava apenas dos velhos manuscritos dos Volumes I e II, devolvidos pelo impressor..." [84].

A Senhora Besant escreveu em *Lucifer* [85]: "O valor de A DOUTRINA SECRETA não está em seus materiais considerados isoladamente, mas na incorporação deles em um todo amalgamado e coerente, assim como o valor de um projeto elaborado pelo arquiteto não diminui de mérito por ser o edifício construído com tijolos fabricados por outras mãos... H. P. B. era bastante descuidada em seus métodos literários, e usava citações para substanciar seus argumentos tirando-as de qualquer fonte, física ou astral, sem muita consideração para o emprego de aspas. Quanto não sofremos por esse motivo, eu e o Sr. Mead, ao preparar a última edição de A DOUTRINA SECRETA?... Meus irmãos de todos os países, os que aprendemos de H. P. B. verdades profundas que fizeram da vida espiritual uma realidade, devemos manter-nos firmes em sua defesa, sem apregoar sua infalibilidade, nem reclamar que seja reconhecida como "autoridade" — mas sustentando a verdade de seus conhecimentos e a de sua vinculação com os Mestres, o esplêndido sacrifício de sua vida e o inestimável serviço que ela prestou à causa da espiritualidade no mundo. Quando todos os ataques estiverem esquecidos, permanecerão para sempre aqueles títulos imortais à gratidão da posteridade."

Compilação de Josephine Ransom.

Adyar, 1938.

---

(84) Declarações de James Morgan Pryse em *The Canadian Theosophist*, setembro de 1926, págs. 140-1941. O Sr. Pryse teve a seu cargo *The Theosophist Publishing Company, Ltd.*, que publicou A DOUTRINA SECRETA e outras literaturas teosóficas.

(85) Maio de 1895, págs. 179-81.

INTRODUÇÃO

> "Sê amável no ouvir,
> bondoso no julgar."
> Shakespeare

DESDE QUE surgiu na Inglaterra a literatura teosófica, adotou-se o costume de dar aos seus ensinamentos o nome de "Budismo Esotérico". E, uma vez adquirido o hábito, sucede o que diz um velho provérbio baseado na experiência de todos os dias: "O erro desce por um plano inclinado, ao passo que a verdade tem que subir penosamente a escarpa da colina."

Os antigos aforismos são, com freqüência, os mais sábios. É quase impossível à mente humana o livrar-se inteiramente dos preconceitos ou o evitar a formação de juízos definitivos antes que um assunto seja examinado, por completo, em todas as suas facetas. Disso adveio o erro corrente que, de um lado, restringe a Teosofia ao Budismo e, de outro, confunde os princípios da filosofia religiosa predicada por Gautama, o Buddha, com as doutrinas expostas em largos traços do livro *Esoteric Buddhism* de A. P. Sinnett. Difícil imaginar um erro maior. Ele deu aos nossos adversários uma arma eficaz contra a Teosofia, porque, como observou com justa razão um eminente sábio páli, naquela obra não havia "nem Esoterismo, nem Budismo". As verdades apresentadas no livro do Sr. Sinnett deixavam de ser esotéricas a partir do momento em que eram entregues ao público; e não era a religião de Buddha o que ali se divulgava, mas tão somente alguns dados de ensinamentos até então ocultos, dados que ora nos propomos desenvolver e complementar com muitos outros, nos presentes volumes. Estes últimos, ainda assim, apesar de trazerem à luz muitos pontos fundamentais da DOUTRINA SECRETA do Oriente, não fazem mais que levantar uma nesga do denso véu que os envolve. Porque a ninguém, nem mesmo ao mais graduado de todos os Adeptos vivos, seria permitido lançar aos azares de um mundo incrédulo e zombeteiro aquilo que tão zelosamente há sido preservado durante séculos e idades sem conta.

Esoteric Buddhism é uma obra excelente, com um título pouco feliz, embora de sentido idêntico ao do presente trabalho: A DOUTRINA SECRETA. Se o considero infeliz, é porque geralmente as coisas são julgadas mais pela aparência do que pelo seu conteúdo real; e ainda porque o erro se tornou de tal modo universal que dele foram vítimas inúmeros membros da própria Sociedade Teosófica. Verdade é que, desde o princípio, alguns Brâmanes e outras pessoas protestaram contra o título; e, à guisa de justificativa, eu mesma devo acrescentar que o manuscrito me foi mostrado em forma já acabada, sem que me fosse declinado o título que iria receber, nem muito menos a maneira pela qual o autor se propunha grafar a palavra "Budh-ism".

A responsabilidade pelo erro cabe àqueles que, tendo sido os primeiros a chamar a atenção pública para os assuntos dessa ordem, não se lembraram de advertir que há uma diferença entre "Buddhism", sistema moral e religioso fundado por Gautama *Buddha* — título este que significa "o Iluminado" — e "Buddhism", de *Budha,* "Sabedoria ou Conhecimento (*Vidya*)", palavra derivada da raiz sânscrita *Budh,* conhecer. Os teósofos da Índia somos os verdadeiros culpados, embora depois tivéssemos feito todo o possível para corrigir o erro[1]. Era, aliás, fácil elidir a confusão: bastaria retificar a grafia da palavra, escrevendo-a com um só *d* e observando que "Buddhism", religião, devia antes revestir a forma e pronunciar-se "Buddhaism".

Tal esclarecimento se faz de todo indispensável no início de uma obra como esta. A "Religião-Sabedoria" é a herança comum de todas as nações do mundo, em que pese à afirmação que figura no *Esoteric Buddhism*[2] de que "até dois anos antes (ou seja, até 1883) nem o autor *nem qualquer outro europeu vivo* conheciam o alfabeto da Ciência, aqui apresentada pela primeira vez em termos científicos", etc. Este equívoco deve ser levado à conta de inadvertência. A que escreve as presentes linhas conhecia tudo quanto se "divulgou" no *Esoteric Buddhism,* e muitas coisas mais, *vários anos* antes de ter recebido a incumbência (no ano de 1880) de transmitir uma pequena parcela da DOUTRINA SECRETA a dois europeus, um dos quais foi precisamente o autor daquele livro; e a esta escritora não se pode, certamente, negar o privilégio — ainda que algo equívoco para ela — de haver nascido na Europa e ter-se aqui educado. Além disso, boa parte da filosofia exposta pelo Sr. Sinnett foi ensinada na América, ainda antes da publicação de *Ísis sem Véu,* a outros dois europeus e ao meu colega Coronel H. S. Olcott. Dos três mestres deste último, o primeiro foi um Iniciado húngaro, o segundo egípcio e o terceiro hindu. Por especial permissão, o Coronel Olcott divulgou alguns desses ensinamentos, de várias maneiras; e só o não fizeram os outros porque não tiveram autorização para tal, uma vez que ainda não havia chegado a hora de se dedicarem à atividade externa. Essa hora, porém, chegou para alguns, sendo uma prova tangível disso os interessantes livros do Sr. Sinnett. Cumpre deixar bem claro que nenhuma obra teosófica sobe de valor ou adquire importância especial em razão de qualquer parcela de autoridade que o seu autor porventura invoque.

Âdi ou Âdhi Budha, o Uño, ou a Primeira e Suprema Sabedoria, é um termo usado por Âryâsanga em seus tratados secretos, e também atualmente por todos os místicos budistas do Norte. É uma palavra sânscrita,

---

(1) Veja-se *The Theosophist* de junho de 1883.
(2) *Prefácio* da edição original.

e uma denominação dada pelos primitivos Arianos à Divindade desconhecida; não se encontra a palavra "Brahmâ" nem nos *Vedas* nem nas escrituras anteriores. Significa a Sabedoria Absoluta, e Fitzedward Hall traduz Âdhi-bhûta com a "causa primordial incriada de todas as coisas". Evos e evos devem ter-se passado antes que o epíteto de Buddha viesse, por assim dizer, a ser humanizado, aplicando-se aos mortais, e apropriado finalmente ao indivíduo cujas virtudes e sabedoria incomparáveis o tornassem digno do título de "Buddha da Sabedoria Imutável". *Bodha* significa a posse inata da inteligência ou entendimento divino; *Buddha*, a sua aquisição pelos esforços e méritos pessoais; e *Buddhi* é a faculdade de conhecer, o canal por onde o conhecimento divino flui até o Ego, o discernimento do bem e do mal, e também a consciência divina, e a alma espiritual, que é o veículo de Âtmâ. "Quando Buddhi absorve (destrói) o nosso Egotismo com todos os seus Vikâras [3], Avalokieteshvara se manifesta em nós, e o Nirvâna ou Mukti é alcançado"; Mukti é o mesmo que Nirvâna: a libertação dos laços de Maya ou ilusão. *Bodhi* é igualmente o nome de um estado particular de êxtase, chamado Samâdhi, durante o qual o indivíduo atinge o ápice do conhecimento espiritual.

Ignorantes os que, por ódio ao Buddhismo e, por via reflexa, ao *Buddhismo* — ódio cego e intempestivo nos dias de hoje —, negam os seus ensinamentos esotéricos, que são também os dos Brâmanes, simplesmente porque o nome está associado a princípios e doutrinas que para eles, como monoteístas, são perniciosos. *Ignorantes* — é bem o termo que lhes cabe, pois só a Filosofia Esotérica é capaz de resistir, nesta época de materialismo crasso e ilógico, aos repetidos ataques a tudo quanto o homem tem de mais caro e sagrado em sua vida espiritual interna. O verdadeiro filósofo, o estudante da Sabedoria Esotérica, perde inteiramente de vista as personalidades, as crenças dogmáticas e as religiões particulares. Além disso, a Filosofia Esotérica concilia todas as religiões, despe-as de suas vestimentas humanas exteriores e demonstra que a raiz de cada uma delas é a mesma de todas as demais religiões. A Filosofia Esotérica prova a necessidade de um Princípio Divino e Absoluto na Natureza. Ela não nega a Divindade, como não nega o Sol, e jamais deixou de reconhecer a "Deus na Natureza", nem a Divindade como *Ens* absoluto e abstrato. Recusa-se unicamente a aceitar os Deuses das chamadas religiões monoteístas, criados pelo homem à sua imagem e semelhança, tristes e ímpias caricaturas do Eterno Incognoscível. Por outro lado, a documentação que vamos pôr ante os olhos do leitor abrange as doutrinas esotéricas do mundo inteiro, desde os primórdios da humanidade; e nela o ocultismo budista ocupa o lugar que lhe corresponde — nada mais. Em verdade, os pontos secretos do *Dan* ou *Jan-na* (*Dhyâna*)[4] da metafísica de Gautama, por mais amplos

---

(3) Transformações, modificações.
(4) *Dan* (*Ch'an* na moderna fonética chinesa e tibetana) é o nome genérico das escolas esotéricas e de sua literatura. Nos livros antigos, a palavra *Janna* é definida como " reforma do indivíduo por meio da meditação e do conhecimento", um segundo nascimento *interno*. Donde Dzan, Djan foneticamente, o Livro de Dzyan. Veja-se Edkins, *Chinese Buddhism*, pág. 129, nota.

que pareçam aos que desconhecem os princípios da Religião-Sabedoria, não representam senão uma parcela mínima do todo. O Reformador indiano confinou seus ensinamentos ao aspecto puramente moral e fisiológico da Religião-Sabedoria, ao homem e à ética simplesmente. Das coisas "invisíveis e incorpóreas", do mistério do Ser fora de nossa esfera terrestre, não se ocupou o grande Instrutor em seus ensinamentos públicos: as verdades ocultas eram reservadas para um círculo seleto de seus Arhats. Estes últimos recebiam a iniciação na famosa Gruta Saptaparna (a Sattapanni de Mahâvansa), perto do Monte Baibhâr (o Webhâra dos manuscritos pális). A gruta ficava em Râjâgriha, a antiga capital de Magadha, e era a gruta de Fa-hian, tal como supõem alguns arqueólogos [5].

O tempo e a imaginação humana não tardaram em alterar a pureza e a filosofia desses ensinamentos quando foram transplantados do círculo secreto e sagrado dos Arhats, no curso de sua obra de proselitismo, para um solo menos preparado que o da Índia para as concepções metafísicas — ou seja, assim que foram levados para a Birmânia, o Sião, a China e o Japão. Pode-se ver quanto sofreu a pureza original daquelas importantes revelações estudando alguns dos chamados sistemas budistas "esotéricos" da antiguidade em seu aspecto moderno, não só na China como em outros países budistas em geral, inclusive em não poucas escolas do Tibete, abandonadas ao cuidado de Lamas não iniciados e de inovadores mongóis.

Chamamos a atenção do leitor para a grande diferença que existe entre o Budismo *ortodoxo,* ou seja, os ensinamentos públicos de Gautama o Buddha, e o seu *Budismo* esotérico. Sua Doutrina Secreta, contudo, em nada diferia da dos Brâmanes iniciados do seu tempo. O Buddha era filho da terra ariana, um hindu de nascimento, um Kshatrya, discípulo dos "nascidos duas vezes" (os brâmanes iniciados) ou Dvijas. Os ensinamentos do primeiro não podiam, pois, ser diferentes da doutrina destes últimos, já que toda a reforma budista consistiu em revelar uma parte do que havia permanecido secreto para todos aqueles que estavam fora do "círculo encantado" dos ascetas e dos iniciados do Templo. Impedido, por força de seu juramento, de ensinar *tudo quanto* lhe havia sido comunicado, e embora anunciasse uma filosofia formada com a tessitura da verdadeira ciência esotérica, Buddha não apresentou ao mundo senão o corpo material e externo dessa filosofia, reservando a alma para os seus eleitos. Vários sinólogos ouviram falar da "doutrina da alma", mas nenhum parece haver compreendido sua verdadeira significação e importância.

Essa doutrina foi conservada em segredo dentro do santuário — talvez em excessivo segredo. O mistério que envolvia seu dogma principal e seu objetivo supremo, o Nirvana, aguçou e irritou a tal ponto a curiosidade dos sábios que o têm estudado, que, não sendo capazes de resolvê-lo de maneira lógica e satisfatória, desatando o nó Górdio, preferiram cortá-lo, declarando que o Nirvana significa o *aniquilamento absoluto.*

---
(5) Beglor, engenheiro-chefe em Buddha Gâya, e arqueólogo eminente, foi, segundo cremos, o primeiro a fazer essa descoberta.

Ao findar o primeiro quartel deste século, apareceu no mundo uma classe especial de literatura, cujas tendências se foram acentuando mais nitidamente de ano em ano. E, alegando basear-se em investigações eruditas de sanscritistas e orientalistas em geral, chegou a assumir foros de científica. Religiões, mitos e emblemas da Índia, do Egito e de outras nações antigas foram interpretadas segundo o entendimento que aos simbologistas lhes aprouve dar; a sua forma grosseira e *exterior* passou muitas vezes a exprimir o seu sentido *interno*. Apareceram em rápida sucessão obras notáveis por suas especulações e deduções engenhosas formadas em *círculo vicioso*, por apresentarem conclusões geralmente preconcebidas, em vez de premissas, nos silogismos de vários sábios em sânscrito e em páli; e assim inundaram as bibliotecas com dissertações muito mais sobre o culto fálico e sexual que sobre o verdadeiro simbolismo, e contradizendo-se umas com as outras.

Essa é, talvez, a razão por que se permite que hoje venham à luz, após milênios de silêncio e do mais profundo segredo, os lineamentos de algumas verdades fundamentais da Doutrina Secreta das Idades Arcaicas. Menciono de propósito *"algumas verdades"*, pois o que ainda deve permanecer em silêncio não caberia em uma centena de volumes como este, nem pode ser comunicado à presente geração de saduceus. Mas o pouco que agora se divulga é ainda preferível ao silêncio total acerca dessas verdades vitais. O mundo atual, em sua desabalada corrida para o desconhecido — que o físico tanto se apressa em confundir com o incognoscível, sempre que o problema lhe escapa à compreensão — progride rapidamente em direção oposta à espiritualidade. O mundo converteu-se hoje em uma vasta arena, em um verdadeiro vale de discórdia e de luta sem fim, em uma necrópole onde são sepultadas as mais elevadas e santas aspirações de nossa alma espiritual. Esta alma se atrofia e paralisa, cada vez mais, em cada geração nova. Os "amáveis infiéis e consumados libertinos" da sociedade de que fala Greeley muito pouco se interessam pelo renascimento das ciências *mortas* do passado; mas existe uma nobre minoria de estudantes sérios e entusiastas que merecem aprender as poucas verdades que hoje lhes podem ser oferecidas; e *agora* muito mais que há dez anos, quando surgiu a obra *Ísis sem Véu* ou vieram a público as últimas tentativas para explicar os mistérios da ciência esotérica.

Uma das maiores e provavelmente a mais importante das objeções contra a veracidade do presente livro, e a confiança que deva inspirar, manifestar-se-á no que se refere às Estâncias preliminares. Como comprovar as declarações nelas contidas? Em verdade, se grande parte das obras sânscritas, chinesas e mongóis, citadas nestes volumes, são conhecidas de alguns orientalistas, a obra principal, aquela da qual foram recolhidas as Estâncias, não figura em nenhuma das bibliotecas européias. O LIVRO DE DZYAN (ou DZAN) é completamente ignorado dos nossos filólogos, ou pelo menos jamais ouviram falar dele sob aquele nome. Eis, sem dúvida, um grave obstáculo para todos os que seguem os métodos de investigação prescritos pela ciência oficial. Para os estudantes de Ocultismo, porém, e para todo verdadeiro Ocultista, isso não terá maior importância. O corpo principal das doutrinas expostas se encontra disseminado em centenas e até milhares de manuscritos sânscritos, alguns já traduzidos, e, como de costume, desfigurados em sua significação, outros à espera de que lhes chegue a vez. Todo homem de ciência tem, portanto, oportunidade para verificar os assertos e a maior parte das citações que se fazem. Alguns fatos novos há (*novos* unicamente para o orientalista profano), assim como certas passagens dos Comentários, cuja fonte será difícil identificar. Vários ensinamentos, além disso, só foram até agora objeto de transmissão oral; em todo caso, porém, existem referências a eles nos volumes quase inumeráveis da literatura dos templos bramânicos, chineses e tibetanos.

De qualquer modo, e seja qual for a sorte reservada à autora por parte da crítica malévola, há pelo menos uma coisa que não pode ser posta em dúvida. Os membros de várias escolas esotéricas, cujo centro está situado além dos Himalaias e de que se podem encontrar ramificações na China, no Japão, no Tibete e até mesmo na Síria, como também na América do Sul, afirmam que têm em seu poder a *soma total* das obras sagradas e filosóficas, manuscritas ou impressas, enfim, todas as obras que têm sido escritas, nas diversas línguas ou caracteres, desde os hieróglifos ideográficos até o alfabeto de Cadmo e o Devanâgari.

Dizem e repetem constantemente que, a partir da destruição da biblioteca de Alexandria [6], todas as obras que podiam levar ao conhecimento da Ciência Secreta hão sido objeto de cuidadosas buscas, graças aos esforços combinados dos membros daquela Fraternidade. E os entendidos acrescentam que, uma vez descobertas, essas obras foram destruídas, com exceção de três exemplares de cada uma, que foram conservadas sob rigorosa custódia. Na Índia, os últimos destes preciosos manuscritos foram guardados em um sítio oculto durante o reinado do Imperador Akbar.

O Professor Max Muller declara que nem o suborno nem as ameaças de Akbar foram capazes de arrancar aos Brâmanes o texto original dos *Vedas*; mas logo se vangloria de que os orientalistas europeus o possuem [7]. É muito duvidoso que a Europa tenha o texto completo; e o futuro talvez venha a reservar surpresas desagradáveis para os orientalistas.

Diz-se também que todos os livros sagrados dessa espécie, cujo texto não se achava suficientemente velado pelo simbolismo, ou continha alusões muito diretas aos antigos mistérios, foram então copiados em caracteres criptográficos, tais que pudessem desafiar a argúcia do mais competente paleógrafo, e depois destruídos até o último exemplar. No reinado de Akbar, alguns cortesãos fanáticos, vendo com pesar o interesse pecaminoso que o seu soberano demonstrava pelas religiões dos infiéis, chegaram até a ajudar os Brâmanes na ocultação dos manuscritos. Um daqueles foi Badâoni, que sentia um *horror não dissimulado* à mania de Akbar pelas religiões idólatras.

---

(6)) Veja-se *Ísis sem Véu*, vol. II.
(7) *Introduction to the Science of Religion*, pág. 23.

Foi Badâoni que escreveu em seu *Muntakhab at Tawârikh*:

"Como eles (os Shrâmanas e Brâmanes) sobrepujam todos os homens eruditos em seus tratados de moral ou de ciências físicas e religiosas, e alcançam um altíssimo grau em seu *conhecimento do futuro*, em seu poder espiritual e em perfeição humana, apresentaram provas com fundamento em razões e em testemunhos... e inculcaram suas doutrinas com tanta segurança... que ninguém poderia levantar a menor dúvida no espírito de Sua Majestade, ainda que as montanhas se desfizessem em pó ou o céu se rasgasse em pedaços... Sua Majestade houve por bem entrar em averiguações sobre as seitas desses infiéis, que não podem ser contados, tão numerosos são, e possuem quantidade imensa de *livros revelados*." [8]

É de ver que a obra de Badâoni "foi mantida em segredo e não foi publicada antes do reinado de Jahângu".

Por outra parte, em todas as grandes e ricas lamaserias existem criptas subterrâneas e bibliotecas em grutas cavadas na rocha, sempre que os Conpa e os Lhakhang se achem situados nas montanhas. Além do Tsaydam ocidental, nos solitários desfiladeiros do Kuen-lun, há vários destes sítios ocultos. Ao longo dos cumes de Altyn-tag, onde a terra ainda não foi tocada por nenhum pé europeu, existe uma aldeia perdida no interior de profunda garganta. É um pequeno aglomerado de casas, mais um lugarejo do que propriamente um mosteiro, com um templo pobre de aspecto, guardado apenas por um velho lama, que mora em uma ermida próxima. Dizem os peregrinos que as galerias e salas subterrâneas do templo encerram uma coleção de livros, em tão grande número que, segundo as informações, dariam para ocupar o próprio Museu Britânico.

Reza a mesma tradição que as regiões atualmente desoladas e áridas do Tarim (um verdadeiro deserto no coração do Turquestão) estavam outrora cobertas de cidades ricas e florescentes. Hoje apenas alguns verdes oásis quebram a monotonia daquela terrível solidão. Um deles, que recobre o sítio de uma vasta cidade sepultada no solo arenoso do deserto, não tem dono conhecido, mas é visitado com freqüência por mongóis e budistas. A tradição fala também de imensos recintos subterrâneos, de amplas galerias cheias de estelas e cilindros. Pode não passar de um simples rumor, mas também pode ser um fato real.

É provável que tudo isso provoque um sorriso de incredulidade. Que o leitor, apesar disso, antes de dar por assente a inverossimilhança da versão, se detenha um pouco e procure refletir nos seguintes fatos, bem conhecidos. As investigações coletivas dos orientalistas, e em especial os trabalhos levados a efeito nestes últimos anos pelos que se dedicaram ao estudo da Filosofia comparada e da Ciência das Religiões, trouxeram-lhes a convicção de que um número incalculável de manuscritos e também de obras impressas, que se sabe *terem existido*, já *não podem ser encontrados* atualmente. Desapareceram, sem deixar o menor vestígio. Se eram obras sem importância, é de admitir que as tivessem deixado perecer no curso ordinário do tempo, e que até os seus nomes se apagassem da memória

---

(8) *Ain i Akbâri*, traduzido pelo Dr. Blochmann, citação de Max Muller, *op. cit.*

humana. Mas não é assim; pois, conforme está hoje comprovado, a maior parte delas continha verdadeiras chaves de outras que ainda existem, embora sejam *de todo incompreensíveis* para a maioria de seus leitores, *por falta daqueles volumes adicionais de comentários e explicações.*

Tal é o que sucede, por exemplo, com as obras de Lao-tse, o precursor de Confúcio. Diz-se que ele escreveu 930 livros sobre ética e religião, e 70 sobre magia; *mil* ao todo. Sua grande obra, o *Tao-te-King*, o coração de sua doutrina e a escritura sagrada do *Tao-sse* contém apenas, como é demonstrado por Stanislas Julien, "umas 5.000 palavras"[9], em uma escassa dúzia de páginas; no entanto, acha o Professor Max Muller que "o texto é ininteligível sem comentários, sendo Julien obrigado, para sua tradução, a consultar mais de 60 comentadores", o mais antigo dos quais escreveu por volta do ano 163 antes de Cristo", e não *em época anterior*. Durante os quatro séculos e meio que antecederam a este "mais antigo" dos comentadores, houve tempo mais que suficiente para que a verdadeira doutrina de Lao-tse fosse velada à compreensão de todo o mundo, exceto à dos sacerdotes iniciados. Os japoneses, entre os quais se encontram hoje os mais sábios sacerdotes e adeptos de Lao-tse, limitam-se a sorrir em face das suposições e disparates dos sinólogos europeus; e a tradição afirma que os comentários chegados ao conhecimento dos nossos orientalistas ocidentais não representam os *lídimos anais ocultos,* senão véus intencionais; e que tanto os comentários reais como quase todos os textos há muito *desapareceram* aos olhos dos profanos.

Sobre as obras de Confúcio, diz Max Muller:

"Se voltarmos nossa atenção para a China, veremos que a religião de Confúcio assenta suas bases nos Cinco *King* e nos quatro livros *Shu,* já por si de considerável extensão, entremeados de amplos comentários, sem os quais os letrados, inclusive os mais sábios, não se aventurariam a sondar as *profundezas do seu cânone sagrado.*"[10]

Mas eles não as sondaram, e esta é precisamente a queixa dos confucionistas, como externava em Paris, em 1881, um dos mais ilustres membros dessa corporação religiosa.

Se os nossos eruditos dirigirem a vista para a antiga literatura das religiões semíticas, para as Escrituras da Caldéia, a irmã maior e inspiradora, senão a fonte, da Bíblia Mosaica, base e ponto de partida do Cristianismo — que encontrarão? Que ficará para perpetuar a memória das antigas religiões da Babilônia, evocar o vasto ciclo de observações astronômicas dos magos caldeus, explicar as tradições de sua literatura esplêndida e eminentemente oculta? Nada, a não ser alguns fragmentos *atribuídos* a Berose.

Estes, aliás, são quase desprovidos de valor, até mesmo como fio condutor para descobrir o sentido verdadeiro daquilo que desapareceu, por-

---
(9) *Tao-te-King,* pág. XXVII.
(10) Max Muller, *op. cit.,* pág. 114.

quanto passaram pelas mãos de S. Excelência o Bispo de Cesaréia[11], o qual chamou a si a função de censor e editor dos anais sagrados das religiões alheias; e trazem, sem dúvida, até hoje, o selo de sua mão por todos os títulos veraz e digna de fé. Qual é, com efeito, a história daquele tratado sobre a outrora tão importante religião da Babilônia?

Escrito em grego para Alexandre Magno, por Berose, sacerdote do templo de Bel, de acordo com os anais astronômicos e cronológicos conservados pelos sacerdotes do mesmo templo, e que compreendiam um período de 200.000 anos, o tratado se encontra desaparecido. No primeiro século que antecedeu à nossa era, Alexandre Polyhistor dele fez uma série de compilações, que *também se perderam*. Eusébio, bispo de Cesaréia, serviu-se dessas compilações para escrever o seu *Chronicon* (270--340 A.D.). Os pontos de semelhança, quase de identidade, entre as Escrituras dos Judeus e as dos Caldeus[12], tornavam estas últimas um verdadeiro perigo para Eusébio, em seu papel de defensor e campeão da nova fé, que havia adotado as Escrituras hebraicas e, com elas, uma cronologia absurda. É absolutamente certo que Eusébio não poupou as tábuas sincrônicas de Manethon; tanto é assim que Bunsen[13] o acusa de haver mutilado a história sem o menor escrúpulo; e tanto Sócrates, historiador do século V, como Syncellus, vice-patriarca de Constantinopla no começo do século VIII, o denunciam como um dos mais ousados e cínicos falsificadores. Não seria, pois, de estranhar que Eusébio tratasse com mais respeito os anais caldeus, os quais naquele tempo ameaçavam a nova religião tão apressadamente aceita.

Assim, com exceção daqueles mais que duvidosos fragmentos, toda a literatura sagrada dos caldeus sumiu da vista dos profanos, de maneira tão completa como a perdida Atlântida. Alguns poucos fatos contidos na história de Berose são mencionados mais adiante, e poderão projetar muita luz sobre a vera origem dos Anjos Caídos, personificados por Bel e o Dragão.

Volvendo agora ao mais vetusto modelo da literatura ária, o *Rig Veda*, e seguindo aqui, rigorosamente, as indicações dos próprios orientalistas, verá o estudante que, se bem não contenha o *Rig Veda* mais de 10.580 versículos, ou 1.028 hinos, não foi ele ainda interpretado corretamente, apesar da contribuição dos *Brâhmanas* e da massa de glosas e comentários. E por quê? A razão, evidentemente, é que os *Brâhmanas*, "os mais antigos tratados escolásticos sobre os primitivos hinos", *chamam por sua vez uma chave*, que aos orientalistas não foi dado encontrar.

Que dizem os sábios no que entendem por literatura budista? Terão conseguido conhecê-la em sua totalidade? Certamente que não. Apesar

---

(11) Eusébio.

(12) Esta concordância só *recentemente* foi descoberta e documentada, graças ao trabalho de George Smith (veja-se o seu *Chaldean Account of Genesis*); de modo que foi a falsificação do armênio Eusébio que induziu todas as "nações civilizadas" a aceitar, durante mais de 1.500 anos, as derivações judaicas como *direta* Revelação Divina.

(13) *Egypt's Place in History*, I, 200.

dos 325 volumes do *Kanjur* e do *Tanjur* dos budistas do Norte (cada volume, segundo se diz, "pesa de quatro a cinco libras"), nada, em verdade, se sabe a respeito do autêntico lamaísmo. Há, porém, a informação de que o cânon sagrado contém 29.368.000 letras no *Saddharmâlankâra* [14], ou seja, não contando os tratados e os comentários, cinco ou seis vezes a matéria existente na Bíblia, que, segundo o Professor Max Muller, contém apenas 3.567.180 letras. E quanto àqueles 325 volumes (na realidade são 333 volumes: 108 do *Kanjur* e 225 do *Tanjur*), "os tradutores, em vez de se limitarem a dar-nos as versões corretas, entremearam-nas com os seus próprios comentários, no afã de justificar os dogmas das diversas escolas" [15].

Ademais, "de acordo com uma tradição conservada pelas escolas budistas, assim as do Norte como as do Sul, o cânon sagrado compreendia, em sua origem, de 80.000 a 84.000 tratados; a maior parte deles, porém, se perdeu, tendo restado apenas uns 6.000", acrescenta o Professor. Perdidos para os europeus, naturalmente. Mas estará ele bem seguro de que igualmente se perderam para os budistas e os brâmanes?

Levando em conta o caráter sagrado em que os budistas tinham tudo o que se escrevia sobre Buddha e a Boa Lei, a perda de cerca de 76.000 tratados parece fantástica. Se fosse o caso *inverso,* qualquer pessoa que conhece o curso natural de acontecimentos subscreveria a afirmação de que *podiam ter sido destruídos,* daquele número, uns 5.000 ou 6.000 tratados, durante as perseguições ou as emigrações da Índia. Como, porém, está confirmado que os Arhats budistas, com o propósito de propagar a nova fé além de Cachemira e dos Himalaias, iniciaram seu êxodo religioso no ano 300 antes de Cristo [16], e que chegaram à China no ano 61 de nossa era [17], quando Kashyapa, a convite do imperador Ming-ti, foi ali para ensinar ao "Filho do Céu" as doutrinas budistas, parece estranho que os orientalistas venham falar de semelhante perda como se fosse realmente possível. Nem por um momento parecem admitir a possibilidade de que os textos estejam perdidos somente para o Ocidente e para eles; ou que os povos asiáticos observem a inusitada atitude de conservá-los ciosamente fora do alcance dos estrangeiros, recusando-se a entregá-los à profanação e ao mau emprego por parte de outras raças, ainda que sejam estas consideradas "muitíssimo superiores" a eles.

Tendo em vista as numerosas confissões e queixas procedentes de quase todos os orientalistas [18], pode o público estar certo do seguinte: 1.º) Que os estudantes das religiões antigas dispõem realmente de escassas informações em que assentar conclusões definitivas, como geralmente fazem, a respeito das velhas crenças. 2.º) Que, não obstante, essa carência de dados

---

(14) Spence Hardy: *The Legends and Theories of Buddhists,* pág. 66.
(15) E. Schlagintweit: *Buddhism in Tibet,* pág. 77.
(16) Lassen (Ind. Althersumkunde, II, 1072) fala de um mosteiro budista construído nos montes Kailâs no ano 137 antes de Cristo; e o general Cunningham de outro anterior.
(17) Rev. J. Edkins: *Chinese Buddhism,* pág. 87.
(18) Vejam-se, por exemplo, os discursos de Max Muller.

não os impede de dogmatizar. Poder-se-ia supor que, graças aos inúmeros anais da teogonia egípcia e dos mistérios, conservados pelos clássicos e por vários autores da antiguidade, os ritos e dogmas do Egito dos Faraós deviam, pelo menos, ser mais bem compreendidos; em todo caso, melhor que as filosofias abstratas e o panteísmo da Índia, sobre cuja língua e religião não tinha a Europa a menor idéia, por assim dizer, antes do início deste século. Ao longo do Nilo e em toda a superfície do Egito vêem-se, ainda hoje, relíquias que falam eloqüentemente da própria história; e outras são exumadas todos os anos e até diariamente.

Entretanto, assim não acontece. E o próprio sábio e filólogo de Oxford confessa a verdade, dizendo:

"Apesar de... contemplarmos as pirâmides ainda de pé, e as ruínas de templos e labirintos com os seus muros cobertos de inscrições hieroglíficas e de estranhas pinturas de deuses e deusas...; apesar de possuirmos, em rolos de papiros que parecem desafiar a ação destruidora do tempo, fragmentos dos chamados livros sagrados dos Egípcios; apesar de se haver decifrado muita coisa dos antigos documentos daquela misteriosa raça — a fonte principal da religião do Egito e a intenção original do seu culto e cerimônias estão ainda muito longe de ser por nós completamente descobertas."[19]

Nesse particular, estão aí os misteriosos documentos hieroglíficos; mas as chaves, que — só elas — podiam fazê-los inteligíveis, desapareceram totalmente. Os nossos grandes egiptólogos conhecem tão pouco sobre os ritos funerários do Egito, assim como dos sinais exteriores da diferença de sexo nas múmias, que vão ao ponto de cometer os erros mais ridículos. Há cerca de um ou dois anos foi descoberto um desses enganos em Bulaq, Cairo. A múmia que se acreditava pertencer à esposa de um faraó de menor importância veio a converter-se, graças à inscrição num amuleto pendente do pescoço, na de Sesóstris, o maior rei do Egito!

Apesar de tudo, tendo concluído que "existe uma relação natural entre a língua e a religião", e que "houve uma religião ária *comum* antes da divisão da raça ariana"; "uma religião semítica *comum* antes da divisão da raça semítica", e "uma religião turaniana *comum* antes da separação dos chineses e de outras tribos pertencentes à raça turaniana"; mas havendo, de fato, descoberto somente "três antigos centros de religião" e "três centros de linguagem"; e apesar de permanecer na mais completa ignorância tanto em relação àquelas religiões e línguas primitivas como à sua origem, — não vacila o Professor em declarar que "foi encontrada uma base *realmente histórica* para o estudo científico das religiões do mundo".

Um "estudo científico" do assunto não é garantia de sua "base histórica"; e, com tal escassez de dados à mão, nenhum filólogo, por mais eminente que seja, está autorizado a apresentar suas próprias conclusões como fatos históricos. Sem dúvida, o ilustre orientalista provou à saciedade e em termos satisfatórios para o mundo que, consoante a lei de Grimm, relativa às regras fonéticas, Odin e Buddha são dois personagens diferentes, completa-

---

(19) *Op. cit.*, pág. 118.

mente distintos um do outro; e o provou *cientificamente*. Mas quando, não se limitando a isso, acrescenta logo a seguir que "Odin era adorado como a suprema divindade em uma época muito anterior à do *Veda* e de Homero" [20], avança uma afirmativa que não tem a menor base "histórica". Assim, ele subordina a *história* e os *fatos* a suas conclusões pessoais — o que poderá ser muito "científico" aos olhos dos orientalistas, mas está muito longe da verdade. As opiniões contraditórias dos diversos filólogos e orientalistas eminentes, desde Martin Haug até o próprio Max Muller, a propósito dos assuntos de cronologia, como sucede no caso dos *Vedas,* são a melhor prova de que o enunciado não se ajusta a nenhuma base "histórica", não passando a tal "evidência intrínseca", muitas vezes, do clarão de um fogo fátuo, em lugar de ser um farol que possa servir de guia seguro. E a novel ciência da mitologia comparada não dispõe de argumentos mais convincentes para opor à afirmação de eruditos escritores que, desde um século aproximadamente, insistiram em que devia haver "fragmentos de uma revelação primitiva, feita aos antecessores do gênero humano... fragmentos conservados nos templos da Grécia e da Itália". É isto precisamente o que todos os Iniciados e os Pandits do Oriente têm proclamado ao mundo de tempos em tempos.

Por outra parte, um ilustrado sacerdote cingalês asseverou à autora destas linhas ser coisa sabida que os mais importantes tratados sagrados do cânon budista permaneciam guardados *em países e lugares inacessíveis aos pandits europeus*; e o saudoso Swâmi Dayânand Sarasvati, o maior sanscritista indiano de seu tempo, fez idêntica declaração a alguns membros da Sociedade Teosófica a respeito de antigas obras bramânicas. Quando o informaram de que o Professor Max Muller havia sustentado perante os ouvintes de suas conferências que "a teoria de uma *revelação primitiva e sobrenatural* outorgada aos progenitores da raça humana não encontra hoje senão um reduzido número de partidários", aquele santo e sábio homem desatou a rir. Sua resposta foi significativa: "Se o Sr. Moksh Mooller (como ele pronunciava o nome) fosse um brâmane e viesse procurar-me, eu poderia levá-lo a uma caverna *gupta* (uma cripta secreta), perto de Okhee Math, nos Himalaias, onde ele não tardaria em certificar-se de que o que transpôs o Kâlapâni (as negras águas do Oceano), da Índia para a Europa, não representa senão *fragmentos de cópias inautênticas de alguns trechos dos nossos livros sagrados. Existiu* uma 'revelação primitiva', que ainda se conserva; e não ficará perdida para o mundo, porque nele há de reaparecer; simplesmente, terão os Mlechchhas [21] que esperar." Interrogado sobre este ponto, nada mais quis adiantar o Swami. Passou-se isto em Meerut, no ano de 1880.

Sem dúvida, foi cruel a mistificação de que foram vítimas, no século passado, em Calcutá, o Coronel Wilford e Sir William Jones, por parte dos brâmanes. Mas foi bem merecida, e no caso não há que censurar senão os missionários e o próprio Coronel Wilford. Os primeiros, segundo o teste-

---

(20) *Op. cit.,* pág. 318.
(21) Estrangeiros, não pertencentes à raça ariana.

munho pessoal de Sir William Jones [22], foram sobremodo imprudentes ao sustentar que "os hindus, mesmo hoje, eram quase cristãos, porque os seus Brahmâ, Vishnu e Mâhesha não eram outra coisa senão a Trindade cristã" [23]. Foi uma boa lição; fez com que os orientalistas se tornassem duplamente cautelosos; mas é possível que haja contribuído para que alguns deles ficassem demasiado suspicazes, e desse causa, como reação, a que o pêndulo das conclusões precedentes oscilasse de modo exagerado em sentido oposto. Porque "aquela primeira provisão do mercado bramânico", oferecida à procura do Coronel Wilford, provocou de parte dos orientalistas modernos a necessidade evidente e o desejo de apregoarem que quase todos os manuscritos sânscritos arcaicos são tão modernos que justificam plenamente os missionários, quando se valem da oportunidade. E estes o fazem na medida em que o facultam os recursos de sua inteligência, como dão prova as tentativas absurdas ultimamente empreendidas no sentido de demonstrar que toda a história de Krishna, narrada nos purânas, *era um plágio da Bíblia, perpetrado pelos Brâmanes!*

Mas os fatos referidos pelo professor de Oxford em suas *Conferências*, no tocante às hoje famosas interpolações que beneficiaram o Coronel Wilford (embora depois lhe servissem de irrisão), não contradizem em coisa alguma as conclusões que se impõem a quem quer que estude a Doutrina Secreta. Porque, se os resultados mostram que nem o *Novo* nem ainda o *Velho Testamento* copiaram algo das religiões antigas dos brâmanes e dos budistas, não se segue daí que os judeus não tivessem ido buscar nas escrituras dos Caldeus tudo o que sabiam, nessas mesmas escrituras que foram mais tarde mutiladas por Eusébio. Quanto aos Caldeus, é certo que deviam sua primitiva ciência aos brâmanes: Rawlinson demonstra ser incontestável a influência védica na antiga mitologia da Babilônia, e o Coronel Vans Kennedy declarou, há muito tempo, com notável exatidão, que a Babilônia foi, em suas origens, um centro de estudos sânscritos e bramânicos. Mas é preciso acreditar que todas estas provas perdem o seu valor em presença da última teoria do Professor Max Muller...

Todo o mundo sabe em que consiste essa teoria. O código das leis fonéticas passou a ser um dissolvente universal para todas as identificações e conexões entre os deuses de vários povos. Assim, embora a mãe de Mercúrio (Buddha, Thoth-Hermes, etc.) fosse Maia; embora a mãe de Gautama Buddha também se chamasse Mâyâ; e embora a mãe de Jesus fosse igualmente Mâyâ (Ilusão, por que Maria é *Mare,* o Mar, símbolo da grande Ilusão) — esses três personagens não têm nenhuma conexão entre si, nem podem tê-la, desde que Bopp "estabeleceu o seu código de leis fonéticas".

Em seu afã de reunir os diversos fins da história não escrita, os nossos orientalistas dão um passo por demais ousado quando negam *a priori* tudo

---

(22) *Asiatic Researches*, I, pág. 272.
(23) Veja-se Max Muller, *op. cit.*, págs. 288 e segs. Trata-se aqui da hábil falsificação, mediante folhas insertas em velhos manuscritos purânicos e grafadas em sânscrito arcaico e correto, de tudo quanto os pandits tinham ouvido o Coronel Wilford dizer acerca de Adão e Abraão, Noé e seus três filhos, etc., etc.

o que se não ajusta a suas conclusões especiais. Assim, enquanto diariamente se fazem novos descobrimentos de grandes artes e ciências, que remontam à noite dos tempos, contesta-se até o simples conhecimento da escrita por algumas das nações mais antigas, que são qualificadas como bárbaras e desprovidas de cultura. No entanto, são ainda visíveis os traços de uma imensa civilização, inclusive na Ásia Central. Tal civilização é indubitavelmente pré-histórica. E como poderia existir civilização sem literatura, de uma ou de outra forma, sem anais ou crônicas? O senso comum deveria ser suficiente para suprir os elos partidos na história das nações que se foram. A muralha gigantesca e ininterrupta de montanhas que circunda todo o planalto do Tibete, desde o curso superior do rio Khuan-Khé até as colinas de Karakorum, foi testemunha de uma civilização que durou milhares de anos, e poderia revelar à humanidade os mais estranhos segredos. Foi num tempo em que as partes oriental e central daquelas regiões — o Nan-Chang e o Alty-Tâgh — estiveram semeadas de cidades que podiam rivalizar com Babilônia. Escoou-se todo um período geológico sobre essas terras, após haver soado a derradeira hora de tais cidades, conforme o atestam os montes de areia movediça e o solo ainda hoje estéril das imensas planícies centrais da bacia do Tarim, de que apenas as orlas são conhecidas superficialmente pelos viajantes. No interior destas mesetas arenosas existe água, e há frescos e florescentes oásis, onde nenhum pé europeu se aventurou a penetrar, pelo receio de um solo traiçoeiro. Entre os verdes oásis se encontram alguns inteiramente inacessíveis aos profanos, inclusive os viajantes indígenas.

Podem os furacões "fender as areias e varrer planícies inteiras": são impotentes para destruir o que está fora de seu alcance. Os subterrâneos construídos nas entranhas da terra garantem os tesouros ali encerrados; e como o seu acesso permanece oculto, não é de temer que venham a ser descobertos, ainda que vários exércitos invadissem os ermos arenosos, onde

> Nem lago, nem árvore, nem casa se divisam,
> E a cordilheira forma uma áspera defesa
> Em torno da árida paisagem do deserto...

Mas não é necessário mandar o leitor através do deserto, já que idênticas provas de uma civilização antiga se vêem nos pontos relativamente povoados daquela região. O oásis de Tchertchen, por exemplo, situado a uns 4.000 pés sobre o nível do rio Tchertchen-Darya, acha-se rodeado em todas as direções pelas ruínas de vilas e cidades arcaicas. Uns 3.000 seres humanos representam ali os restos de cem raças e nações extintas, cujos nomes os nossos etnólogos desconhecem por completo. Um antropólogo sentir-se-ia sobremodo embaraçado para os classificar, dividir e subdividir; tanto mais que os descendentes de todas essas raças e tribos antediluvianos sabem tão pouco a respeito dos seus antepassados como se tivessem caído da Lua. Quando inquiridos sobre a sua origem, respondem não saber de onde vieram seus pais, mas que ouviram dizer que seus primeiros ou primitivos ascendentes foram governados pelos grandes Gênios daqueles desertos. Pode isto ser levado à conta de ignorância e superstição. Em face, porém, dos ensinamentos da Doutrina Secreta, pode-se admitir que a resposta seja o eco de uma tradição antiga. Só a tribo de Khoorassan pretende ter vindo do país conhecido hoje por Afeganistão, em época muito anterior a Alexandre; e para apoiar essa afirmativa invoca os contos e legendas do seu povo.

O viajante russo Coronel Prjevalsky (posteriormente General) encontrou, próximo ao oásis de Tchertchen, as ruínas de duas grandes cidades, a mais antiga das quais, segundo a tradição local, foi destruída há 3.000 anos por um herói gigante, e a outra pelos Mongóis no século X de nossa era.

"Os sítios das duas cidades estão agora cobertos, por causa das areias movediças e do vento do deserto, de relíquias estranhas e heterogêneas, fragmentos de porcelana, utensílios de cozinha e ossos humanos. Os indígenas encontram com freqüência moedas de cobre e de ouro, lingotes de prata fundida, diamantes e turquesas, e, o que é ainda mais notável, vidro quebrado... Vêem-se também ataúdes feitos de um material ou madeira incorruptível, contendo corpos embalsamados em perfeito estado de conservação... As múmias de homens revelam indivíduos de estatura elevada e compleição forte, com longas cabeleiras onduladas... Descobriu-se uma cripta com doze cadáveres sentados. De outra vez, em um ataúde separado, deparamos com o de uma mulher jovem. Os seus olhos estavam cerrados com discos dourados, e os maxilares solidamente presos por uma argola de ouro, que passava sob o queixo e pela parte superior da cabeça. Estava vestida com uma túnica justa de lã, tinha o peito coberto de estrelas de ouro e os pés desnudos." [24]

Acrescenta o famoso viajante que, durante todo o seu caminho ao longo do rio Tchertchen, chegaram aos seus ouvidos lendas referentes a vinte e três cidades sepultadas há muito tempo pelas areias movediças do deserto. A mesma tradição observa-se na região do Lob-nor e no oásis de Kerya.

Os vestígios de tal civilização, juntamente com estas e outras tradições semelhantes, nos autorizam a dar crédito a várias lendas confirmadas por indianos e mongóis educados e cultos, que falam de imensas bibliotecas desenterradas das areias, assim como de relíquias diversas do antigo Saber Mágico, tudo isso guardado em lugar seguro.

Recapitulando: A Doutrina Secreta foi a religião universalmente difundida no mundo antigo e pré-histórico. As provas de sua difusão, os anais autênticos de sua história, uma série completa de documentos que demonstram o seu caráter e a sua presença em todos os países, juntamente com os ensinamentos de seus grandes Adeptos, existem até hoje nas criptas secretas das bibliotecas pertencentes à Fraternidade Oculta.

A afirmativa cresce em verossimilhança quando atentamos para os seguintes fatos: a tradição de que milhares de pergaminhos antigos foram salvos por ocasião da destruição da Biblioteca de Alexandria; os milhares de obras sânscritas desaparecidas na Índia durante o reinado de Akbar; a tradição universal, existente tanto na China como no Japão, de que os verdadeiros textos antigos, como os comentários sem os quais não podem ser

---

(24) De uma conferência de N. M. Prjevalsky.

entendidos, se encontram desde há muito tempo fora do alcance de mãos profanas; o desaparecimento da vasta literatura sacra da Babilônia; a perda das chaves que unicamente poderiam decifrar os mil enigmas das inscrições hieroglíficas do Egito; a tradição corrente na Índia de que os genuínos comentários secretos, os únicos que podem tornar inteligíveis os *Vedas,* embora subtraídos às vistas dos profanos, estão à disposição do Iniciado, escondidos em subterrâneos e criptas secretas; e há crença idêntica entre os budistas, no que se refere aos seus livros sagrados.

Afirmam os Ocultistas que todos esses documentos existem, a recato das mãos espoliadoras dos ocidentais, e deverão reaparecer em uma época mais esclarecida — época que, segundo as palavras do Swâmi Dayânand Sarasvati, "tão cedo ainda não virá para os Mlechchhas" (isto é, para os estrangeiros e selvagens, que vivem fora da civilização ariana).

Não é por culpa dos Iniciados que tais documentos se acham atualmente "perdidos" para o profano; e a atitude daqueles não foi ditada pelo egoísmo, nem pelo desejo de monopolizarem a ciência sagrada que dá a vida. É que há certos aspectos da Doutrina Secreta que devem permanecer ocultos a olhos profanos durante idades sem conta. Porque revelar segredos de tal magnitude às massas não preparadas seria o mesmo que entregar uma vela acesa a uma criança dentro de um paiol de pólvora.

A resposta a uma pergunta que amiúde fazem os que se dedicam a estudos desta natureza, quando se deparam com uma afirmativa tal como a anteriormente expressa, pode ser aqui tracejada.

Compreendemos — dizem — a necessidade de ocultar do público segredos como o do *Vril,* ou seja, o da força que J. W. Keely, de Filadélfia, acreditava haver descoberto, capaz de destruir a rocha; o que, porém, não podemos compreender é que se veja perigo na revelação de uma doutrina puramente filosófica, qual, por exemplo, a da evolução das Cadeias Planetárias.

O perigo está em que doutrinas como as da Cadeia Planetária ou a das Sete Raças proporcionam, desde logo, uma chave sétupla do homem; pois cada um dos princípios humanos está em correlação com um plano, um planeta e uma raça; e os princípios humanos estão, em cada plano, em correspondência com as forças ocultas de natureza sétupla — sendo as dos planos superiores dotadas de uma potência espantosa. Assim, toda classificação setenária é uma chave que pode abrir imediatamente as portas de tremendos poderes ocultos, cujo abuso daria origem a incalculáveis males para a humanidade; uma chave que talvez não fosse utilizada pela geração atual, especialmente pelos ocidentais, protegidos por sua própria cegueira e por sua ignorante incredulidade materialista no tocante às coisas ocultas; mas, em todo caso, uma chave, que seria uma força de efeitos bem reais nos primeiros séculos da era cristã, quando os homens estavam plenamente convencidos da realidade do ocultismo e entravam num ciclo de degradação que os predispunha a abusar dos poderes ocultos e a praticar a feitiçaria da pior espécie.

Ocultavam-se os documentos, é verdade; mas a ciência propriamente dita e sua existência real jamais eram tratadas como segredos pelos Hierofantes do Templo, onde os MISTÉRIOS foram sempre uma disciplina e um estímulo para a virtude. São novidades bem antigas, tantas vezes reveladas pelos grandes Adeptos, desde Pitágoras e Platão até os Neoplatônicos.

Foi a nova religião dos Nazarenos que fez operar-se uma reviravolta na regra de conduta seguida durante séculos.

Há, por outra parte, um fato bastante conhecido e sobremodo curioso, que foi confirmado à autora por um cavalheiro respeitável e digno de fé, adido a uma embaixada russa durante muitos anos: a existência, nas Bibliotecas Imperiais de São Petersburgo, de vários documentos pelos quais se comprova que, ainda em época recente, quando a Franco-maçonaria e as Sociedades Secretas de místicos floresciam livremente na Rússia, ou seja, em fins do século passado e começo do presente, mais de um místico russo se dirigiu ao Tibete atravessando os montes Urais, para adquirir o saber e a iniciação *nas criptas desconhecidas da Ásia Central.* E mais de um regressou, anos depois, com um tesouro de conhecimentos que lhe não seria dado encontrar em nenhum lugar da Europa.

Poderíamos citar inúmeros casos, inclusive nomes bem conhecidos, se tal publicidade não tivesse o inconveniente de causar constrangimento aos descendentes, que ainda vivem, das famílias desses modernos Iniciados. Quem desejar certificar-se do fato não precisará senão consultar os anais e a história da Franco-maçonaria nos arquivos da metrópole russa.

Tudo isso vem corroborar afirmações tantas vezes repetidas, algumas até com demasiada indiscrição. As virulentas acusações de invencionice premeditada e de embuste, lançadas contra aqueles que apenas veicularam fatos reais, ainda que não muito conhecidos, têm servido unicamente para engendrar um mau Carma para os caluniadores, em vez de contribuir para o benefício da humanidade. Agora, porém, que o dano está consumado, não se deve sonegar a verdade por mais tempo, sejam quais forem as conseqüências.

É então a Teosofia uma nova religião? — eis a pergunta. De nenhum modo; não é uma "religião", nem é "nova" a sua filosofia; pois, conforme temos declarado, é tão velha quanto o homem pensador. Seus princípios não são agora publicados pela primeira vez, mas hão sido cautelosamente revelados e ensinados por mais de um Iniciado europeu, especialmente pelo falecido Ragon.

Sábios eminentes já disseram que não houve um só fundador de religião, seja ário, semita ou turaniano, que tivesse *inventado* uma religião nova ou revelado uma verdade nova. Todos esses fundadores foram *mensageiros* — não mestres originais — e autores de formas e interpretações novas; mas as verdades, em que se apoiavam seus ensinamentos, eram tão antigas quanto o gênero humano. Assim, escolhiam e ensinavam às multidões uma ou mais de uma dessas grandes verdades, reveladas oralmente à humanidade nos seus primórdios, preservadas e perpetuadas por transmissão pessoal, feita de uma a outra geração de Iniciados no *Adyta* dos templos durante os Mistérios — realidades visíveis tão somente para os verdadeiros Sábios e Videntes.

Desse modo, cada nação recebeu a seu tempo algumas das verdades aludidas, sob o véu de seu próprio simbolismo, local e peculiar, simbolismo que, com o correr dos anos, evolucionou para um culto mais ou menos filosófico, um Panteão de aparência mítica. É por isso que Confúcio (na cronologia histórica um legislador muito antigo, mas um sábio bem moderno na história do mundo) foi assinalado pelo Dr. Legge [25] como um *mensageiro*, e não como um criador. E ele próprio dizia: "Eu não faço mais que transmitir; não posso criar nenhuma coisa nova. Creio nos antigos, e portanto os venero." [26]

A autora também os venera e neles acredita, assim como nos modernos herdeiros de sua Sabedoria. E, com essa dupla fé, transmite agora, a todos aqueles que o desejem, o que ela própria recebeu e aprendeu. Aos que lhe recusem o testemunho — e que serão a grande maioria — não guardará o menor ressentimento, pois, negando, eles estão no seu direito, do mesmo modo que a ela assiste o de afirmar. As duas partes estarão contemplando a Verdade de ângulos inteiramente diversos. Segundo as regras da crítica científica, deve o orientalista rejeitar *a priori* toda proposição que ele não possa cabalmente verificar por si mesmo. E como poderia um sábio ocidental aceitar, por ouvir dizer, coisas sobre as quais nada conhece?

Em verdade, o que se contém nestes volumes foi recolhido tanto de ensinamentos orais como escritos. Esta primeira apresentação da doutrina esotérica se acha baseada nas *Estâncias*, que representam os anais de um povo que a etnologia desconhece. Foram escritas, segundo se afirma, em um idioma ausente da nomenclatura das línguas e dialetos que a Filologia conhece; assegura-se que promanam de uma fonte que a ciência repudia, ou seja, do Ocultismo; e, finalmente, são oferecidas ao público por intermédio de uma pessoa desacreditada, sem cessar, perante o mundo, por todos os que odeiam as verdades importunas ou têm algum interesse particular a defender. Devemos, portanto, contar com o repúdio destes ensinamentos, e conformar-nos com isso desde já. Nenhum daqueles que se consideram "sábios", em qualquer dos ramos da ciência exata, se dignará de levá-los a sério. Escarnecê-los e rejeitá-los *a priori* — tal será a atitude que prevalecerá no século atual; mas somente neste, porque no século XX da era cristã os eruditos principiarão a reconhecer que a Doutrina Secreta não foi nem inventada nem exagerada, mas, pelo contrário, simplesmente delineada; e, por fim, que os seus ensinamentos são anteriores aos *Vedas*. Não vai nisso pretendermos o dom da profecia: é uma simples e despresumida afirmação baseada no conhecimento dos fatos. De cem em cem anos surge uma tentativa de mostrar ao mundo que o Ocultismo não é uma vã superstição. Uma vez que se possa de algum modo entreabrir a porta, ela ir-se-á abrindo cada vez mais nos séculos sucessivos. Os tempos estão propícios para o advento de conhecimentos mais sérios que os permitidos até agora, se bem que ainda tenham de ser muito limitados.

---

(25) *Life and Teachings of Confucius*, pág. 96.
(26) Lun-Yu (§ I.a.), Schott: *Chinesische Literatur*, pág. 7; citado por Max Muller.

Não foram os *Vedas* também escarnecidos e repudiados, e havidos como "uma falsificação moderna", não faz ainda cinqüenta anos? Não houve um tempo em que o sânscrito foi declarado filho do grego, e um dialeto derivado dessa língua, segundo Lemprière e outros eruditos? Até 1820, diz o Professor Max Muller, os livros sagrados dos brâmanes, dos magos e dos budistas "eram desconhecidos; duvidava-se mesmo de sua existência, e não havia um só erudito que pudesse traduzir uma linha dos *Vedas*... do *Zend Avesta*... ou do *Tripitaka* budista; e hoje está provado que os *Vedas* pertencem à mais remota antiguidade, sendo a sua conservação quase uma maravilha".

Outro tanto se dirá da Doutrina Secreta Arcaica, quando se produzirem provas irrecusáveis de sua existência e de seus anais. Mas passarão ainda muitos séculos antes que se publique muita coisa mais do que agora. Falando da chave para os mistérios do Zodíaco, quase perdida para o mundo, teve a autora oportunidade de observar, em *Ísis sem Véu*, há cerca de dez anos: "A esta chave devem dar-se *sete* voltas antes que todo o sistema possa ser divulgado. Não daremos aqui senão *uma* volta, para permitir ao profano uma rápida visão do mistério. Feliz aquele que puder apreender o todo!"

O mesmo se dirá de todo o Sistema Esotérico. Uma volta à chave, e não mais, se deu em *Ísis sem Véu*. Muito mais coisas são explicadas nos presentes volumes. Naqueles dias a autora conhecia pouca a língua em que a obra foi escrita, e estas revelações, que agora podem ser feitas, lhe eram então vedadas.

No século XX, algum discípulo mais bem informado, e com qualidades mui superiores, poderá ser enviado pelos Mestres da Sabedoria para dar provas definitivas e irrefutáveis de que existe uma Ciência chamada Gupta Vidyâ; e de que, assim como as nascentes do Nilo outrora envoltas em mistério, a fonte de todas as religiões e filosofias atualmente conhecidas permaneceu esquecida e perdida para a humanidade durante séculos, mas foi afinal encontrada.

A uma obra tal como esta não podia servir de introdução um simples prefácio, exigindo antes um volume; e um volume que expusesse fatos, não meras dissertações, porque A DOUTRINA SECRETA não é um tratado ou série de teorias vagas, senão uma explanação de tudo o que pode ser dado ao mundo neste século.

Seria inútil incluir, nas páginas do livro propriamente dito, aqueles pontos dos ensinamentos esotéricos que escaparam à interdição, sem que, preliminarmente, ficasse estabelecida a autenticidade ou, pelo menos, a propabilidade da existência de semelhantes ensinamentos. As afirmações que vamos fazer devem trazer o abono de várias autoridades, tais como as de antigos filósofos, de escritores clássicos e até de eruditos Padres da Igreja, alguns dos quais conheceram e estudaram essas doutrinas, viram e leram obras escritas sobre este assunto, notando-se entre eles os que chegaram a ser pessoalmente iniciados nos mistérios antigos, durante cuja celebração eram representadas alegoricamente as doutrinas ocultas. Terão que ser citados nomes históricos e dignos de confiança, autores bem conhecidos, antigos e modernos, de competência indiscutível, julgamento reto e veracidade comprovada; nomeados também alguns dos mais esclarecidos e famosos discípulos das artes e ciências secretas, juntamente com os mistérios destas últimas, tal como foram divulgados, ou melhor, apresentados ao público, em sua estranha forma arcaica.

Como proceder? Qual o melhor caminho para alcançar esse objetivo? Eis a questão que nos temos sem cessar proposto.

Para tornar mais claro o que temos em mente, vamos tentar uma comparação. Quando um viajante, procedente de regiões bem exploradas, chega de súbito às fronteiras de uma *terra incógnita,* circundada e oculta à vista por imensa barreira de rochas inacessíveis, pode, apesar disso, negar-se a reconhecer que se viu frustrado em seus planos de observação. O obstáculo o impede de passar adiante. Mas, se lhe não é dado visitar pessoalmente a misteriosa terra, pode, sim, encontrar meios de examiná-la do ponto mais próximo a que tenha acesso. Auxiliado pelo conhecimento das paisagens que deixou atrás, pode formar uma idéia geral e suficientemente correta da perspectiva adiante da barreira, bastando, para isso, subir às elevações da vizinhança. Uma vez ali, ser-lhe-á fácil contemplar à vontade o panorama que além se descortina, e comparar o que confusamente percebe com o que lhe ficou para trás; pois, mercê de seus esforços, conseguiu transpor a linha das brumas e dos cimos cobertos de nuvens.

Tal ponto de observação preliminar não o podemos oferecer nestes volumes àqueles que ambicionem conhecer de maneira mais completa os mistérios dos períodos pré-arcaicos referidos nos textos. Se o leitor, porém, quiser ter paciência e se dispuser a um lance de vista sobre o estado atual das diversas crenças existentes na Europa, comparando-as ao que a história refere das épocas que imediatamente precederam e seguiram a era cristã, poderá encontrar tudo isso em um futuro volume da presente obra [27].

Nesse volume se apresentará uma breve recapitulação dos principais Adeptos historicamente conhecidos; dar-se-á notícia de como os Mistérios decaíram, principiando em seguida a desaparecer, e apagando-se finalmente da memória dos homens, a verdadeira natureza da Iniciação e da Ciência Sagrada. Passaram desde então a ser ocultos os seus ensinamentos, e a Magia não persistiu senão, quase sempre, sob as cores veneráveis, mas por vezes enganosas, da Filosofia Hermética. Assim como o verdadeiro Ocultismo havia prevalecido entre os místicos durante os séculos que antecederam a nossa era, assim a Magia, ou antes a Feitiçaria com suas artes ocultas, seguiu-se ao advento do Cristianismo.

Naqueles primeiros séculos desdobrou-se o fanatismo em ingentes e pertinazes esforços no sentido de obliterar todo e qualquer vestígio da obra mental e intelectual dos pagãos. Mas foi tudo em vão, ainda que o mesmo espírito do obscuro gênio do fanatismo e da intolerância haja, desde esse tempo, adulterado sistematicamente todas as brilhantes páginas escritas nos períodos anteriores ao Cristianismo. A própria história, apesar de seus anais

---

(27) A edição de 1888 dizia: "no volume III desta obra".

imperfeitos, conservou alguns fragmentos que sobreviveram àquele período, suficientes para lançar uma luz imparcial sobre o conjunto.

Que o leitor se detenha um instante em companhia da autora no ponto de observação escolhido, e concentre toda a sua atenção nos 1.000 anos que, correspondendo aos períodos anteriores e posteriores ao Cristianismo, se acham divididos em duas partes pelo ano U*m* da Natividade. Este acontecimento, seja ou não historicamente exato, constituiu-se o primeiro de uma série de baluartes levantados para se oporem a um possível retorno, e até mesmo à simples observação retrospectiva, das tão odiadas religiões do passado: odiadas e temidas, porque projetavam uma luz demasiado intensa sobre a interpretação nova e intencionalmente velada do que hoje se chama a "Nova Lei".

Por sobre-humanos que fossem os esforços dos primeiros Padres da Igreja para riscar a Doutrina Secreta da memória dos homens, todos eles se frustraram. A verdade jamais pode ser destruída; e por isso não surtiu efeito a tentativa de eliminar inteiramente da face da Terra todo vestígio da antiga Sabedoria, nem de aguilhoar e amordaçar todos aqueles que dela possam dar testemunho. Se se atentar para os milhares e talvez milhões de manuscritos queimados; os monumentos reduzidos a pó com suas inscrições por demais indiscretas e pinturas de um simbolismo excessivamente sugestivo; a multidão de eremitas e ascetas que passaram a percorrer as ruínas das cidades do alto e do baixo Egito, os desertos e as montanhas, os vales e as terras altas, buscando com ardor obeliscos e colunas, rolos e pergaminhos, para destruir os que contivessem o símbolo do Tau ou qualquer outro signo de que a nova fé se havia apropriado — compreender-se-á facilmente por que sobrou tão pouco dos anais do passado.

A verdade é que o obsediante espírito de fanatismo dos cristãos dos primeiros séculos e da Idade Média, como também ocorreu depois com os sectários do islamismo, preferiu sempre viver no obscurantismo e na ignorância. Uns e outros converteram.

> .... o sol em sangue,
> E fizeram da terra uma tumba,
> Da tumba um inferno, e deste inferno
> Inda muito mais profundas trevas!

Ambas as religiões conquistaram seus prosélitos com a ponta da espada; ambas construíram seus templos sobre enormes hecatombes de vítimas humanas. No pórtico do século I de nossa era brilharam fatidicamente estas palavras ominosas: "O Carma de Israel". Sobre os umbrais do XIX poderão ler os profetas do futuro outras palavras que farão referência ao Carma da história ardilosamente falseada dos fatos deturpados de propósito e dos grandes caracteres caluniados ante a posteridade e destruídos até ficarem irreconhecíveis, entre os dois carros de Jagannâtha: o Fanatismo e o Materialismo — um que tudo aceita e o outro que tudo nega. Sábio é aquele que se mantém tranqüilo entre os dois extremos, e que confia na justiça eterna das coisas.

Diz Faiza Dîwân, "testemunha dos maravilhosos discursos de um livre pensador que pertence a mil seitas":

"Na assembléia do dia da ressurreição, quando serão perdoadas as coisas do passado, deixarão de existir os pecados da Ka'bah, graças ao pó das igrejas cristãs."

A isso responde o Professor Max Muller:

"Os pecados do Islam são *tão indignos como o pó do Cristianismo; no dia da ressurreição, tanto os maometanos como os cristãos verão a inanidade de suas doutrinas religiosas. Os homens combatem pela religião na terra;; no céu compreenderão que só existe uma religião verdadeira: a adoração do* ESPÍRITO DE DEUS." [28]

Em outras palavras: "NÃO HÁ RELIGIÃO SUPERIOR À VERDADE" — *Satyat Nâsti Paro Dharmah* — o lema do Mahârâjah de Benares, adotado pela Sociedade Teosófica.

Como já se disse no *Prefácio*, A DOUTRINA SECRETA não representa outra versão de *Ísis sem Véu*, conforme era a intenção original. É antes uma obra que explica a anterior e, conquanto dela independe, seu indispensável corolário. Muita coisa exposta em *Ísis sem Véu* era de difícil compreensão para os teósofos naquele tempo. A DOUTRINA SECRETA vem trazer luz a muitos problemas que ficaram sem solução no primeiro livro, especialmente em suas páginas iniciais.

Como o nosso objetivo ali era ocupar-nos simplesmente do que tinha relação com os sistemas filosóficos compreendidos em nossos tempos históricos, e com os diversos simbolismos das nações desaparecidas, não nos era possível, nos dois volumes de *Ísis,* senão um rápido lance de olhos sobre o panorama do Ocultismo. Na presente obra daremos, com certa minúcia, a cosmogênese e a evolução das quatro Raças que precederam a nossa quinta Raça humana, publicando-se agora dois grandes volumes [29], em que se explicam o que foi dito só nas primeiras páginas de *Ísis sem Véu* e em algumas alusões esparsas aqui e ali no contexto do livro. Não caberia intentarmos apresentar nestes volumes o vasto catálogo das Ciências Arcaicas, antes de nos havermos ocupado de problemas de tanta magnitude como os da Evolução cósmica e planetária, e o do gradual desenvolvimento das misteriosas humanidades e raças que precederam a nossa Humanidade Adâmica. Assim, a tentativa que ora se empreende para esclarecer alguns mistérios da Filosofia Esotérica nada tem a ver, em verdade, com a obra anterior. Permita-se que a autora dê um exemplo, à guisa de explicação.

O volume I de *Ísis* começa com uma referência a um livro antigo:

"É tão antigo que, se os antiquários contemporâneos meditassem sobre suas páginas durante horas e dias intermináveis, nem assim chegariam a pôr-se de acordo quanto à natureza do material em que foi escrito. É o único exemplar original que atualmente existe. O mais velho documento hebreu referente à sabedoria oculta — o *Siphrah Dzenioutha* — é uma compilação daquela vetusta obra, feita numa época em

---
(28) *Op. cit.*, pág. 257.
(29) Da primeira edição inglesa.

que a mesma já era considerada uma relíquia literária. Uma de suas vinhetas representa a Essência Divina emanando de Adão [30], à maneira de arco luminoso que se expande em um círculo. Depois de haver alcançado o ponto mais alto da circunferência, a Glória inefável retrocede para voltar à terra, trazendo em seu vértice um tipo superior de humanidade. À medida que se aproxima do nosso planeta, a emanação se torna cada vez mais obscura, até que, ao tocar a terra, é já negra como a noite."

Esse livro tão antigo é a obra original de que foram compilados os numerosos volumes do *Kiu-ti*. E não somente este último e o *Siphrah Dzenioutha*, senão também o *Sepher Yetzirah* [31] — a obra atribuída pelos cabalistas hebreus ao seu patriarca Abraão (!); o *Shu-King*, a bíblia primitiva da China; os volumes sagrados do Thoth-Hermes egípcio; os *Purânas* da Índia; o *Livro dos Números* caldeu; e o próprio *Pentateuco* — são todos derivados daquele pequeno livro. Reza a tradição que foi escrito em *senzar*, a língua secreta dos sacerdotes, consoante as palavras dos Seres Divinos que o ditaram aos Filhos da Luz, na Ásia Central, quando se iniciava a nossa Quinta Raça: naqueles tempos o *senzar* era conhecido dos Iniciados de todas as nações, e os antepassados dos Toltecas o entendiam tão bem como os habitantes da perdida Atlântida; estes últimos o herdaram, por sua vez, dos sábios da Terceira Raça, os Mânushis, que o aprenderam diretamente dos Devas da Segunda e da Primeira Raça. A vinheta de que se fala em *Ísis* relaciona-se com a evolução destas raças e com a de nossa humanidade das Raças Quarta e Quinta, durante a Ronda ou Manvantara de Vaivasvata. Cada Ronda se compõe de Yugas dos seis períodos da humanidade, quatro dos quais já se passaram em *nosso* Ciclo de Vida, estando quase alcançado o ponto médio do quinto. O desenho é simbólico, como facilmente se percebe, e abrange o conjunto desde o princípio.

O antigo livro, depois de descrever a evolução cósmica e explicar a origem de tudo o que existe sobre a terra, inclusive o homem físico, depois de traçar a verdadeira história das Raças, da Primeira à Quinta (a nossa), não vai mais adiante: termina bruscamente no início do Kâli Yuga, ou seja, há precisamente 4.989 anos, quando se deu a morte de Krishna, o resplandecente deus solar, que foi um herói e grande reformador daqueles tempos.

Há, porém, outro livro. Nenhum de seus possuidores o considera muito antigo, por datar apenas do começo da Idade Negra, contando aproximadamente 5.000 anos. Dentro de uns nove anos terá fim o primeiro período de cinco milênios que deu início ao grande ciclo de Kali Yuga [32], e então se

---

(30) Este nome é usado no sentido da palavra grega, άνθρωπος.

(31) O rabino Jehoshua Ben Chananea, que morreu no ano 72 A.D., declarou abertamente que realizava "milagres" por meio do livro *Sepher Yetzirah*; e desafiava os céticos. Franck, citando o *Talmud* babilônico, fala de dois outros taumaturgos, os rabinos Chanina e Oshoi. (Veja-se *Jerusalem Talmud, Sanhedrin*, cap. VII, etc.; e Franck, *Die Kabbalah*, págs. 55, 56). Muitos dos ocultistas, Alquimistas e Cabalistas da Idade Média pretenderam a mesma coisa, e o último dos magos modernos, Eliphas Levi, o assegura publicamente em seus livros de magia.

(32) Nota da Edição de Adyar, 1938, pág. 65:
H. P. B. escreveu no *Vahan*, em dezembro de 1890, pág. 2:

cumprirá a última profecia contida nesse livro, que é o primeiro dos Anais proféticos da Idade Negra. Não temos que esperar muito tempo: muitos de nós veremos a aurora do novo Dia, no fim do qual serão acertadas várias contas e diferenças entre as raças. O segundo volume das profecias se acha quase terminado; o seu preparo principiou nos tempos de Shankarâcharya, o grande sucessor de Buddha.

Deve chamar-se a atenção para outro ponto importante, que é o principal dos que constituem a série de provas da existência de uma Sabedoria primitiva e universal; importante pelo menos para os cabalistas cristãos e os eruditos. Tais doutrinas eram conhecidas, ainda que em parte, de vários Padres da Igreja. Afirma-se, com base rigorosamente histórica, que Orígenes, Sinésio e até mesmo Clemente de Alexandria haviam sido iniciados nos Mistérios, antes de reunirem, sob um véu cristão, o sistema dos Gnósticos ao Neoplatonismo da escola de Alexandria. E mais ainda: alguns dos ensinamentos secretos (não todos) foram conservados no Vaticano; e desde então passaram a fazer parte integrante dos Mistérios, sob a forma de aditamentos que, desfigurados, a Igreja Latina introduziu no programa cristão original. Como exemplo, temos o dogma da Imaculada Conceição, hoje materializado. Explicam-se por isso as grandes perseguições movidas pela Igreja Católica Romana ao Ocultismo, a Maçonaria e ao Misticismo heterodoxo em geral.

Os dias de Constantino foram o último ponto crítico da história, o período da luta suprema que acabou por destruir as velhas religiões no mundo ocidental, em favor do novo credo, edificado sobre os corpos daquelas. Desde então, a perspectiva de um passado remoto, de períodos pré-históricos anteriores ao Dilúvio e ao Jardim do Éden, começou a ser interceptada por todos os meios, lícitos e ilícitos, aos olhares indiscretos e às indagações da posteridade. Todas as saídas foram interditadas, e destruídos todos os documentos que podiam estar ao alcance. Contudo, entre esses documentos, assim eliminados ou mutilados, ficou ainda um saldo suficiente para nos autorizar a dizer que neles se continha toda a prova exigível da existência de uma Doutrina-Máter. Alguns fragmentos escaparam aos cataclismos geológicos e políticos, para contar a sua história; e o que se salvou demonstra que a Sabedoria Secreta foi em tempos a única fonte, a fonte perene e inesgotável de que se alimentavam todas as correntes — as religiões posteriores dos diversos povos, desde a primeira à última.

"...Se quereis realmente ajudar a nobre causa, deveis fazê-lo agora: porque *dentro de mais alguns anos os vossos esforços, assim como os nossos, serão improfícuos*... Estamos em plena metade das trevas egípcias do Kâli Yuga, a Idade Negra, cujo primeiros 5.000 anos — seu primeiro ciclo sombrio — estão prestes a findar neste mundo, entre 1897 e 1898. A menos que sejamos bem sucedidos em colocar a S. T., antes dessa data, na posição segura da corrente espiritual, ver-se-á ela projetada irremediavelmente no abismo da Frustração, e as gélidas ondas do esquecimento se fecharão sobre a sua cabeça condenada. Desse modo, terá ingloriamente perecido a *única* associação cujo objeto, normas e propósitos originais correspondem, sob todos os aspectos e particularidades, — se levados a cabo sem desfalecimentos — ao mais profundo e essencial pensamento de todos os grandes Adeptos Reformadores: o esplêndido sonho de uma FRATERNIDADE UNIVERSAL DO HOMEM."

A fase que se inicia com Buddha e Pitágoras, e finda com os Neoplatônicos e os Gnósticos, é o único foco, que a história nos depara, aonde pela última vez convergem os cintilantes raios de luz emanados de idades remotíssimas e não obscurecidos pelo fanatismo.

Tudo isso evidencia a necessidade, em que se viu freqüentemente a autora, de invocar fatos recolhidos do mais vetusto passado com apoio em provas fornecidas pelo período histórico. Não dispunha de outros meios à sua disposição, e corria o risco de sofrer, uma vez mais, a acusação de falta de método e de sistema.

É preciso, porém, que o público seja inteirado dos esforços de muitos Adeptos que viveram no mundo, de poetas e escritores clássicos iniciados de todos os tempos, para conservar nos anais da humanidade pelo menos o conhecimento da existência de tal filosofia, se não o de seus verdadeiros princípios. Os Iniciados de 1888 seriam realmente um mito incompreensível, se não ficasse demonstrado que outros iniciados semelhantes existiram em todas as épocas da história. E somente é possível fazê-lo citando os capítulos e versículos dos livros que se referiram a esses grandes personagens, aos quais precedeu e seguiu uma longa e interminável série de outros Mestres nas artes ocultas, assim anteriores como posteriores ao Dilúvio. Esse é o único meio de comprovar, com o testemunho meio histórico e meio tradicional, que a ciência do Oculto e os poderes que o homem confere não representam nenhuma ficção, mas fatos tão velhos quanto o próprio mundo.

Aos meus juízes, pretéritos e futuros, nada tenho, portanto, que dizer — sejam eles críticos sinceros ou esses *dervixes* literários que fazem tanto alarido e julgam uma obra pela popularidade ou impopularidade do autor, e, sem atentar no seu conteúdo, investem contra ela, à maneira de bacilos mortíferos nos pontos mais fracos do corpo. Não me preocupam tampouco aqueles caluniadores de cabeça vazia, em número reduzido felizmente, que esperam atrair para si a atenção do público lançando o descrédito sobre todo escritor cujo nome é mais conhecido que os deles, e assim ladram e escumam ante a própria sombra. Estes sustentaram durante alguns anos que as doutrinas expostas em *The Theosophist*, e mais tarde no *Esoteric Buddhism*, haviam sido *inventadas* pela autora que escreve estas linhas; e agora, variando inteiramente de tática, denunciam *Ísis sem Véu* e todas as demais obras como plágios de Elifas Lévi (!), de Paracelco (!), e, *mirabile dictu*, do budismo e do bramanismo (!!!). É o mesmo que acusar Renan de haver roubado dos Evangelhos a sua *Vida de Jesus*, e Max Muller os seus *Livros Sagrados do Oriente*, ou os seus *Fragmentos*, das filosofias dos brâmanes e de Gautama Buddha. Mas ao público em geral, e aos leitores de A Doutrina Secreta em particular, posso repetir o que nunca deixei de afirmar, e que agora sintetizo nas palavras de Montaigne:

Senhores, eu fiz apenas um ramalhete de flores escolhidas: nele nada existe de meu, a não ser o laço que as prende.

Rompei o cordão ou desatai o laço, como vos parecer melhor. E quanto ao ramalhete de fatos, jamais podereis destruí-lo. Podeis ignorá-lo, e nada mais.

Concluiremos com mais algumas palavras a propósito deste primeiro volume.

Na introdução que serve de prefácio à parte de uma obra que versa principalmente sobre Cosmogonia, pode parecer que alguns pontos focados se encontrem fora de lugar. Mas outras considerações, além das que foram mencionadas, assim nos obrigaram a proceder. É natural e inevitável que cada um dos leitores julgue as nossas afirmações através do prisma de seus próprios conhecimentos, experiência e foro íntimo. E este é um fato que a autora deve sempre levar em conta. Daí a necessidade de referir-se freqüentemente, neste primeiro volume, a temas que com mais propriedade dizem respeito à última parte da obra, mas que não podiam passar em silêncio sem o risco de vermos o livro considerado como um conto de fadas ou como ficção de algum cérebro moderno.

O Passado ajudará a conhecer o Presente, e o Presente servirá para compreender melhor o Passado. Os erros do dia devem ser explicados e desfeitos. Contudo, é mais que provável, é mesmo certo que ainda desta vez o testemunho das idades passadas e da história não deixará impressão, a não ser nos entendimentos intuitivos, o que vale dizer — em muitos poucos. Em todo caso, nesta como em outras oportunidades, semelhantes, as pessoas sinceras e fiéis podem consolar-se trazendo perante os céticos saduceus modernos o depoimento matemático e histórico da obstinação e da estreiteza do critério humano. Ainda existe nos Anais da Academia de Ciências da França um estudo que ficou célebre acerca da lei de probabilidades, deduzida pelos matemáticos em benefício dos céticos, valendo-se de um processo algébrico, que conclui pela seguinte fórmula: — Se duas pessoas reconhecem a evidência de um fato, e cada uma delas lhe comunica $5/6$ de certeza, este fato possuirá então $35/36$ de certeza; significando que sua probabilidade estará em relação com sua improbilidade na razão de 35 para 1. Se me reúnem três evidências semelhantes, a certeza passa a ser de $215/216$. O testemunho de dez pessoas, cada qual com $1/2$ de certeza, produzirá $1023/1024$, e assim por diante.

O ocultista pode dar-se por satisfeito com esta certeza, e de mais não necessita.

Volume I

COSMOGÊNESE

PROÊMIO

PÁGINAS DE UNS ANAIS PRÉ-HISTÓRICOS

ANTE OS OLHOS da escritora está um manuscrito arcaico, uma coleção de folhas de palma que se tornaram impermeáveis à água e imunes à ação do fogo e do ar, por algum processo específico desconhecido. Vê-se na primeira página um disco de brancura sem mácula, destacando-se sobre fundo de um negro intenso. Na página seguinte aparece o mesmo disco, mas com um ponto no centro. O primeiro (sabem todos aqueles que se dedicam a estes estudos) representa o Cosmos na Eternidade, antes do despertar da Energia ainda em repouso, a emanação do Verbo em sistemas posteriores. O ponto no círculo, até então imaculado, Espaço e Eternidade em Pralaya, indica a aurora da diferenciação. É o ponto dentro do Ovo do Mundo, o germe interno de onde se desenvolverá o Universo, o Todo, o Cosmos infinito e periódico; germe que é latente e ativo, revezando-se periodicamente os dois estados. O único círculo é a Unidade Divina, de onde tudo procede e para onde tudo retorna: sua circunferência, símbolo forçosamente limitado, porque limitada é a mente humana, indica a PRESENÇA abstrata e sempre incognoscível, e seu plano, a Alma Universal, embora os dois sejam *um*. Sendo branca a superfície do disco e negro todo o fundo que o rodeia, isso mostra que esse plano é o único conhecimento, não obstante ainda obscuro e nebuloso, que ao homem é dado alcançar. No plano têm origem as manifestações manvantáricas, porque é naquela ALMA que, durante o Pralaya, dorme o Pensamento Divino [1], no qual jaz oculto o plano de todas as cosmogonias e teogonias futuras.

---

(1) Quase não é necessário recordar ao leitor que as expressões Pensamento Divino e Mente Universal não devem ser interpretadas, nem por analogia, como um processo intelectual semelhante ao que se manifesta no homem. O "Inconsciente", segundo Von Hartmann, chegou ao vasto plano da criação, ou melhor, da evolução, "por meio de uma sabedoria clarividente superior a toda consciência", o que, em linguagem vedantina, significa Sabedoria Absoluta. Só aquele que compreende quanto a intuição paira muito acima dos lentos processos do raciocínio pode formar uma concepção, ainda vaga, daquela Sabedoria absoluta que transcende as idéias de Tempo e espaço. A mente, tal qual a conhecemos, se resolve em uma série de estados de consciência, cuja duração, intensidade, complexidade e demais atributos são variáveis, baseando-se todos, em última análise, na sensação, que é sempre Maya. A sensação,

É a VIDA UNA, eterna, invisível — mas onipresente; sem princípio nem fim — mas periódica em suas manifestações regulares (em cujos intervalos reina o profundo mistério do Não-Ser); inconsciente — mas Consciência absoluta; incompreensível — mas a única realidade existente por si mesma; em suma, "um Caos para os sentidos, um Cosmos para a razão". Seu atributo único e absoluto, que é Ele mesmo, o Movimento eterno e incessante, é chamado, esotericamente, o Grande Alento[2], que é o movimento perpétuo do Universo, no sentido de Espaço sem limites e sempre presente. O que é imóvel não pode ser Divino. Mas, de fato e na realidade, nada existe absolutamente imóvel na Alma Universal.

Quase cinco séculos antes de nossa era, Leucipo, preceptor de Demócrito, sustentava que o espaço estava cheio de átomos animados de um movimento incessante, que dava origem, no fim de certo tempo, e quando eles se agregavam a um movimento rotatório, ocasionado pelas colisões mútuas e os movimentos laterais daí resultantes. A mesma coisa ensinaram Epicuro e Lucrécio, acrescentando apenas ao movimento lateral dos átomos a idéia de afinidade, que é um princípio oculto.

Desde o começo do que constitui a herança do homem, desde o primeiro aparecimento dos arquitetos do globo em que vivemos, a Divindade não revelada foi reconhecida e considerada sob o seu único aspecto filosófico — o Movimento Universal, a vibração do Alento criador na Natureza. O Ocultismo sintetiza assim a Existência Una: *"A Divindade é um fogo misterioso vivo (ou movente), e as eternas testemunhas desta Presença invisível são a Luz, o Calor e a Umidade"*, tríade esta que abrange todos os fenômenos da Natureza e lhes é a causa[3]. O movimento intracósmico é

---

aliás, implica necessariamente limitação. O Deus pessoal do Teísmo ortodoxo percebe, pensa e sente emoções; arrepende-se e deixa-se tomar de "grande ira". Mas a noção desses estados mentais leva claramente consigo o indispensável postulado da exterioridade dos estímulos excitantes, por nada dizer da impossibilidade de atribuir caráter imutável a um ser cujas emoções flutuam ao sabor dos acontecimentos que se passam no mundo ao qual preside. O conceito de um Deus pessoal como imutável e infinito é, portanto, antipsicológico e, o que é pior, antifilosófico.

(2) Platão demonstra ser um Iniciado quando em seu *Cratylus* diz que θεός é derivado do verbo θεειν, mover, correr, porque os primeiros astrônomos que observaram os movimentos dos corpos celestes chamaram os planetas θεοί, deuses. Mais tarde a palavra deu origem a outro termo, ἀλήθεια, "o sopro de Deus".

(3) Os nominalistas, entendendo, com Berkeley, que "é impossível... formar-se uma idéia abstrata do movimento independentemente do corpo que se move" (*Principles of Human Knowledge*, Introdução, 10.º parágrafo), podem perguntar: Que é o corpo produtor de tal movimento? Será uma substância? Então credes em um Deus pessoal?, etc., etc. Nós daremos a resposta mais tarde, em outra parte do presente livro; por enquanto, reivindicamos nossa posição de conceptualistas, contrária às opiniões materialistas de Roscelini sobre o Realismo e o Nominalismo. "Revelou a Ciência", pergunta Edward Clodd, um de seus mais hábeis defensores, "algo que possa contravir ou opor-se às antigas palavras em que se acha expressa a essência de todas as religiões passadas, presentes ou futuras: conduzir-se com retidão, ser compassivo e permanecer com humildade perante Deus?" Estamos de acordo, contanto que seja a palavra Deus entendida, não no sentido do antropomorfismo grosseiro que constitui ainda a estrutura de nossa teologia atual, mas como o conceito simbólico daquilo que é Vida e Movimento no Universo: conhecê-lo, na ordem física, é conhecer o

eterno e incessante; o movimento cósmico, o que é visível ou objeto da percepção, é finito e periódico. Como eterna abstração, é o Sempre Presente; como manifestação, é finito, na direção do futuro e na direção do passado, sendo estes dois o Alfa e o Ômega das reconstruções sucessivas. O Cosmos — o Númeno — não tem nada que ver com as relações causais do mundo fenomenal. Só em relação à Alma intracósmica, ao Cosmos ideal no imutável Pensamento Divino é que podemos dizer: "Jamais teve começo, nem jamais terá fim." Quanto ao seu corpo ou organismo cósmico, ainda que se não possa dizer que haja tido uma primeira construção ou deva ter uma última, em cada novo Manvantara pode esse organismo ser havido como o primeiro e o último de sua espécie, pois evoluciona cada vez para um plano mais elevado...

Dizíamos nós há alguns anos:

"A Doutrina Esotérica ensina, tal como o budismo e o bramanismo, e também a Cabala, que a Essência una, infinita e desconhecida existe em toda a eternidade, e que é ora ativa, ora passiva, em sucessões alternadas, regulares e harmônicas. Na linguagem poética de Manu, chamam-se esses estados Dias e Noites de Brahmâ. Este último se encontra 'desperto' ou 'adormecido'. Os Svâbhâvikas, ou filósofos da mais antiga escola do budismo (e que ainda existe no Nepal), limitam suas especulações ao estado ativo da 'Essência', a que dão o nome de Svâbhâvat, e pensam que é insensato construir teorias acerca do poder abstrato e 'incognoscível' em sua condição passiva. Daí o serem chamados ateus pelos teólogos cristãos e pelos sábios modernos, incapazes uns e outros de compreender a lógica profunda daquela filosofia. Os teólogos não querem admitir outro Deus senão o que personifica as potências secundárias que deram forma ao universo visível — aquele que passou a ser o Deus antropomórfico dos cristãos, o Jehovah masculino, branindo no meio dos trovões e dos raios. Por sua vez, a ciência racionalista considera os budistas e os svâbhâvikas como os "positivistas" das idades arcaicas. Se olharmos a filosofia destes últimos em apenas um de seus aspectos, poderão os nossos materialistas ter razão à sua maneira. Sustentam os budistas que não há Criador, mas uma infinidade de potências criadoras, que formam em seu conjunto a substância una e eterna, cuja essência é inescrutável e, por conseguinte, insuscetível de qualquer especulação por parte de um verdadeiro filósofo. Sócrates recusava-se invariavelmente a discutir sobre o mistério universal, e nem por isso ocorreu a ninguém acusá-lo de ateísmo, exceto aqueles que desejavam sua morte. Ao iniciar-se um período de atividade — diz a Doutrina Secreta — dá-se uma expansão daquela Essência Divina, de fora para dentro e de dentro para fora, em virtude da lei eterna e imutável, e o universo fenomenal ou visível é o resultado último da longa cadeia de forças cósmicas, postas assim em movimento progressivo. Do mesmo modo, quando sobrevém a condição passiva, efetua-se a contração da Essência Divina, e a obra anterior da criação se desfaz gradual e progressivamente, o universo visível se desintegra, os seus materiais se dispersam, e somente as "trevas" solitárias se estendem, uma vez mais, sobre a face do "abismo". Para usar uma metáfora dos livros secretos, que tornará ainda mais clara a idéia, uma expiração da "essência desconhecida" produz o mundo, e uma inspiração o faz desaparecer. É um processo que se observa por toda a eternidade, e o nosso atual universo não representa senão um dos termos da série infinita — que não teve princípio nem terá fim." [4]

---

tempo passado, presente e futuro, na existência das sucessões de fenômenos; e conhecê-lo, na ordem moral, é conhecer o que foi, é e será, dentro da consciência humana. (Veja-se *Science and the Emotion,* Discurso pronunciado na South Place Chapel, Finsbury, Londres, 27 de dezembro de 1885).

(4) *Isis sem Véu,* II, págs. 264-265. Veja-se também a Seção VII, Parte II, Vol. II da presente obra, "Os Dias e as Noites de Brahmâ".

O trecho acima será explicado, até onde for possível, na presente obra. E se bem que nada contenha de novo para o orientalista, tal como se acha escrito, sua interpretação esotérica pode encerrar muita coisa que até o momento permaneceu completamente ignorada dos eruditos ocidentais.

A primeira figura é um disco simples: ◯. A segunda é um disco com um ponto no centro,' ⊙, um símbolo arcaico que representa a primeira diferenciação nas manifestações periódicas da Natureza eterna, sem sexo e infinita, "Aditi em AQUILO" [5], ou o Espaço potencial no Espaço abstrato. Na terceira fase, o ponto se transforma em um diâmetro, ⊖ é o símbolo da Mãe-Natureza, divina e imaculada, no Infinito absoluto, que abrange todas as coisas. Quando o diâmetro horizontal se cruza com um vertical, ⊕, o símbolo se converte na cruz do mundo. A humanidade alcançou sua Terceira Raça-Raiz: é o signo do começo da vida humana. Quando a circunferência desaparece, ficando apenas a cruz, +, este signo representa a queda do homem na matéria, começando então a Quarta Raça. A Cruz inscrita no círculo simboliza o Panteísmo puro; suprimido o círculo, passa a ser um símbolo fálico. Tinha o mesmo significado, afora outros especiais, que o Tau inscrito no círculo, ⊖, ou que o martelo de Thor, a chamada cruz Jaina, ou simplesmente Suástica, dentro de um círculo ⊛.

Por meio do terceiro símbolo — o círculo dividido em dois pelo diâmetro horizontal — se dava a entender a primeira manifestação da Natureza criadora, ainda passiva (porque feminina). A primeira percepção vaga que o homem tem da procriação é feminina, pois o homem conhece mais de perto a mãe que o pai. As divindades femininas eram, por isso, mais sagradas que as masculinas. A Natureza é, portanto, feminina, e até certo ponto objetiva e tangível; e o Princípio espiritual que a fecunda permanece oculto [6]. Acrescentando uma linha perpendicular ao diâmetro horizontal, formou-se o Tau — T — a mais antiga forma desta letra. — Este foi o símbolo da Terceira Raça-Raiz até o dia de sua queda simbólica, ou seja, a separação dos sexos por evolução natural; então a figura passou a ⓓ, ou a vida assexual modificada e dividida — um duplo signo ou hieróglifo. Com as sub-raças de nossa Quinta Raça, veio a ser em simbologia o Sacr', e em hebreu o N'cabvah, das Raças primitivamente formadas; transformou-se depois no

---

"Muitas alterações do texto original de *Isis sem Véu* foram feitas por H. P. B. ao transcrevê-lo; aqui são rigorosamente mantidas.' (Nota ao pé da página 57 do Vol. III da edição de 1897.)

(5) *Rig Veda*.

(6) Os matemáticos ocidentais e alguns cabalistas americanos dizem que também na Cabala "o valor do nome Jehovah é o do diâmetro de um círculo". A isto se deve acrescentar que Jehovah é o terceiro dos Sephiroth, Binah, palavra feminina, e ter-se-á a chave do mistério. Esse nome, que é andrógino nos primeiros capítulos do *Gênesis*, converte-se, por meio de certas transformações cabalísticas, em masculino, cainita e fálico. A idéia de escolher uma divindade entre os deuses pagãos, para constituí-la um deus nacional e invocá-la como "o Deus Único, o Deus vivo", "o Deus dos Deuses", proclamando-se monoteísta o seu culto, não pode fazer de tal divindade aquele Princípio Uno, "cuja Unidade não admite multiplicidade ou mudança, nem forma", nem muito menos uma divindade priápica, como hoje está demonstrado que o é Jehovah.

emblema egípcio da vida, ♀, e, mais tarde ainda, no signo de Vênus, ♀. A seguir vem a Suástica (o martelo de Thor, ou a Cruz Hermética atual), separada completamente do círculo e, portanto, fálica. O símbolo esotérico do Kali Yuga é a estrela de cinco pontas invertida, isto é, com duas pontas viradas para cima (cornos), ⛤ — signo da feitiçaria humana — posição que todo Ocultista reconhecerá como pertencente à "mão esquerda", e empregada na magia cerimonial.[7].

É de esperar que a leitura do presente livro contribua para modificar as idéias errôneas que em geral o público tem a respeito do Panteísmo. Erram e cometem injustiça os que consideram ateus os Ocultistas, budistas e Adwaítas. Se todos não são filósofos, mostram-se pelo menos lógicos, baseando-se os seus argumentos e objeções no mais estrito raciocínio. Em verdade, se encararmos o Parabrahman dos hindus como representante das divindades ocultas e inominadas de outras nações, veremos que esse Princípio absoluto é o protótipo do qual foram copiadas todas as demais. Parabrahman não é "Deus", como não é um Deus. "É o Supremo e o não-Supremo (Parâvara)"[8]. É o Supremo como causa, e o não-Supremo como efeito. Parabrahman é simplesmente, como Realidade sem par, o Cosmos que tudo contém — ou melhor, o Espaço cósmico infinito — no sentido espiritual mais elevado, naturalmente. Sendo Brahman (neutro), a Raiz suprema, imutável, pura, livre, incorruptível, "a verdadeira Existência Una, Paramârthika", e o absoluto Chit ou Chaitanya (Inteligência, Consciência), não pode conhecer, "porque AQUILO não pode ser sujeito de cognição". Pode-se dizer que a chama é a Essência do Fogo? A Essência é "a Vida e a Luz do Universo; o fogo e a chama visíveis são a destruição, a morte e o mal". "O Fogo e a Chama destroem o corpo deum Arhat; sua Essência o torna imortal."[9] "O conhecimento do Espírito absoluto, tal como a refulgência do sol e o calor do fogo, não é outra coisa senão a própria Essência absoluta", diz Sankarâchârya. É "o Espírito do Fogo", não o Fogo em si mesmo; portanto, "os atributos deste último, o Calor e a Chama, não são atributos do Espírito, e sim daquilo de que o Espírito é a causa inconsciente". Não é a proposição anterior a verdadeira chave da filosofia dos últimos Rosacruzes? Parabrahman, em suma, é a agregação coletiva do Cosmos em sua infinidade e eternidade, o "AQUILO" e o "ISTO", a que se não podem aplicar agregados distributivos [10]. "No princípio ISTO era Ele Mesmo, um somente"[11]; o grande Sankârachârya esclarece que "ISTO" se refere ao Universo (Jagat), e que as palavras "no princípio" significam: antes da reprodução do Universo fenomenal.

---

(7) Veja-se a mui sugestiva obra *The Source of Measures*, em que o autor explica o verdadeiro sentido da palavra *Sacr'*, da qual se derivam "sagrado", "sacramento", palavras que passaram a ser sinônimas de "santidade", apesar de serem puramente fálicas.
(8) *Mândûkya, Upanishad*, I, 28.
(9) *Bodhimur*, Livro II.
(10) Veja-se o *Vedânta Sâra*, do Major G. A. Jacob, e também *The Aphorisms of Shândilya*, tradução de Cowell, pág. 42.
(11) *Aitarey Upanishad*.

Quando, pois, os Panteístas se fazem eco dos *Upanishads,* que declaram — como também a Doutrina Secreta — que "ISTO" não pode criar, não estão negando a existência de um Criador, ou melhor, de um agregado coletivo de criadores; o que fazem é simplesmente recusar, com muita lógica, atribuir o ato de "criação", e especialmente o da formação — coisas que são finitas — a um Princípio Infinito. Para eles, Parabrahman é uma causa passiva, porque absoluta; é o Mukta incondicionado. Recusam-lhe apenas a Onisciência e a Onipotência limitadas, já que também se trata de atributos, refletidos nas percepções dos homens; e porque, sendo Parabrahman o TODO Supremo, o Espírito e a Alma, sempre invisíveis, da Natureza imutável e eterna, não pode ter atributos: o Absoluto exclui naturalmente a possibilidade de toda relação com a idéia de finito ou condicionado. E quando os Vedantinos afirmam que só a emanação de Parabrahman possui atributos — emanação que eles chamam ISHVARA em união com Mâyâ, e Avidyâ (Agnosticismo ou Ciência negativa, antes que ignorância) — dificilmente se verá ateísmo em tal concepção [12]. Pois que é impossível existirem dois Infinitos ou dois Absolutos em um Universo, que se supõe sem limites, como se há de conceber aquela Existência-em-Si-Mesma criando pessoalmente? Para os sentidos e percepções dos *seres* finitos, AQUILO é o Não-*Ser,* no sentido de que é a *Seidade* Una; porque neste TODO jaz latente sua coeterna e coeva emanação ou irradiação inerente, a qual, ao se converter periodicamente em Brahmâ (a Potência masculino-feminina), se expande no Universo manifestado. "Nârâyana movendo-se sobre as Águas (abstratas) do Espaço" transforma-se nas Águas de substância concreta, impulsionadas por ele, que vem a ser agora o Verbo ou Logos manifestado.

Os brâmanes ortodoxos, aqueles que mais se opõem aos panteístas e aos advaítas, classificando-os como ateus, têm que admitir, se Manu é alguma autoridade na matéria, a morte de Brahmâ, o Criador, ao terminar cada ciclo desta divindade (100 Anos Divinos, período que exigiria quinze cifras para ser expresso em anos comuns). No entanto, nenhum de seus filósofos entende essa "morte" em outro sentido que não o de um desaparecimento temporário do plano manifestado da existência ou como um repouso periódico.

Os ocultistas estão, assim, de acordo com os filósofos vedantinos advaítas a respeito desta doutrina; e demonstram a impossibilidade de aceitar-se, no terreno filosófico, a idéia de TODO absoluto fazer surgir, pela criação, ou até mesmo pela evolução, aquele "Ovo Áureo", no qual se diz que penetrou para se transformar em Brahmâ, o Criador, desdobrando-se este, depois, nos Deuses e em todo o Universo visível.

Sustentam os Ocultistas que a Unidade absoluta não pode converter-se na Infinidade, porque o Infinito pressupõe a extensão ilimitada de "algo"

---

(12) Não obstante, orientalistas cristãos imbuídos de preconceitos, e mais fanáticos do que outra coisa, pretendem provar que isto é puro ateísmo. Como exemplo, veja-se o *Vedânta Sâra* do Major Jacob. Mas toda a antiguidade repete este pensamento:
Omnis enim per se divum natura necesse est
Immortali aevo summa cum pace fruatur
— segundo diz Lucrécio; um conceito puramente vedantino.

e a duração deste algo; e o Todo Uno não é — como o Espaço, sua única representação mental e física em nosso plano de existência, a Terra — nem sujeito nem objeto de percepção. Se se pudesse admitir que o Todo eterno e infinito, a Unidade onipresente, em vez de *ser* na Eternidade, se transformasse, por manifestações periódicas, em um Universo múltiplo ou em uma Personalidade múltipla, tal Unidade deixaria de ser una. A idéia de Locke, de que "o espaço puro não é capaz nem de resistência nem de movimento", é incorreta. O Espaço não é nem um "vazio sem limites" nem uma "plenitude condicionada"; mas uma e outra coisa. E sendo, no plano da abstração, a Divindade sempre ignota, que é um vazio só para a mente finita [13], e, no plano da percepção mayávica, o Plenum, o continente absoluto de tudo o que é, seja manifestado ou não manifestado — é, por conseguinte, aquele TODO ABSOLUTO. Não há diferença alguma entre as palavras do Apóstolo cristão: "Nele vivemos, nele nos movemos e temos o nosso ser", e o que diz o Rishi hindu: "O Universo vive em Brahmâ, dele procede e a ele voltará"; porque Brahman (neutro), o não manifestado, é aquele Universo *in abscondito;* e Brahmâ, o manifestado, é o Logos macho-fêmea [14] dos dogmas ortodoxos. O Deus do Apóstolo Iniciado, assim como o do Rishi, é ao mesmo tempo o Espaço Invisível e o Visível. Em simbolismo esotérico, o Espaço é chamado "Mãe-Pai Eterno de Sete Peles"; e é constituído de sete capas, desde sua superfície não diferenciada até a diferenciada.

"*Que é que foi e será... haja ou não um Universo, existam ou não deuses?*" — pergunta o Catecismo Esotérico Senzar. E a resposta é: "*O Espaço.*"

O que se recusa aceitar não é o Deus Uno desconhecido, sempre presente na Natureza, ou a Natureza *in abscondito*; mas o "Deus" do dogma humano e o seu "Verbo" *humanizado*. Em sua incomensurável presunção, e no orgulho e vaidade que lhe são inerentes, criou o homem o seu Deus, pelas próprias mãos sacrílegas e com os materiais que encontrou em sua mísera substância cerebral, e o impôs ao gênero humano como uma revelação direta do ESPAÇO uno e não revelado [15].

---

(13) Os próprios nomes das divindades principais — Brahmâ e Vishnu — deveriam ter sugerido, há muito tempo, os seus significados esotéricos. Porque a raiz de Brahman, ou Brahm, conforme se afirma, é a palavra *brih,* crescer ou expandir-se (veja-se a *Calcutta Review,* vol. LXVI, pág. 14); e a de Vishnu é *wish,* penetrar, entrar na natureza da essência. Assim, Brahmâ-Vishnu é aquele Espaço infinito, do qual os Deuses, os Rishis, os Manus e tudo o que há neste Universo são simplesmente as potências (Vibhûtayah).

(14) Veja-se em *Manu* o relato da separação do corpo de Brahmâ em macho e fêmea; esta última parte é a Vach fêmea, na qual ele cria Virâj. Compare-se ainda com o esoterismo dos capítulos II, III e IV do *Gênesis.*

(15) Sente-se "no ar" o Ocultismo neste fim de século. Entre muitas outras obras publicadas recentemente, há uma que recomendamos especialmente aos estudantes do Ocultismo teórico que não desejam aventurar-se muito além dos domínios do nosso plano humano em particular. Seu título é: *New Aspects of Life and Religion,* por Henry Pratt, M. D. Esse livro está cheio de filosofia e de doutrinas esotéricas; algo limitada a filosofia, nos capítulos finais, pelo que nos parece um espírito de positivismo condicionado. Apesar disso, o que refere sobre o Espaço como "Causa Primeira Desconhecida" merece ser citado:

O ocultista aceita a revelação como procedente de Seres Divinos, mas finitos; das Vidas manifestadas, mas não da Vida Una não manifestada; daquelas Entidades chamadas Homens Primordiais, Dhyâni-Buddhas ou Dhyân Chohans, os Rishi-Prajâpati dos hindus, os Elohim ou Filhos de Deus dos Judeus, os Espíritos Planetários de todas as nações, que foram considerados Deuses pelos homens. O Ocultista considera também Âdi-Shakti — a emanação direta de Mûlaprakriti, a ETERNA RAIZ DE AQUILO, e o aspecto feminino da Causa Criadora, Brahmâ, em sua forma âkâshica de Alma Universal — como Mâyâ, filosoficamente, e causa da Mâyâ humana. Esse modo de ver não o impede, porém, de crer em sua existência por todo o tempo em que esta perdura, isto é, durante um Mahâmanvantara; nem de aplicar o Âkâsha, a irradiação de Mûlaprakriti, a fins práticos [16], visto que a Alma do Mundo está relacionada com todos os fenômenos naturais, conhecidos ou desconhecidos da ciência.

As religiões mais antigas do mundo — exotericamente, porque todas têm uma só raiz ou fundamento esotérico — são a indostânica, a masdeísta

---

"Este algo desconhecido, assim identificado como forma corpórea primária da Unidade Simples, é invisível e impalpável!" (como espaço *abstrato*, de acordo); "e, sendo invisível e impalpável, é portanto incognoscível. E desta incognoscibilidade foi que nasceu o erro de supor-se que é um simples vazio, mera capacidade receptiva. Mas, ainda quando seja considerado um vácuo absoluto, não há como deixar de admitir que o Espaço ou existe para si mesmo, infinito e eterno ou teve uma causa primeira, além, atrás e fora dele."

"E, no entanto, se tal causa pudesse ser encontrada e definida, isso tão somente importaria em transferir para ele os atributos que de outro modo correspondem ao espaço; no que estaríamos apenas fazendo recuar um passo mais longe a dificuldade de origem, sem obtermos nenhum suplemento de luz quanto à causa primeira." (*Op. cit.*, pág. 5.)

É exatamente o que têm feito os que acreditam num criador antropomórfico, num Deus extracósmico, posto no lugar do Deus intracósmico. Muitos dos conceitos do Dr. Pratt, e podemos dizer que a maioria deles, correspondem a velhas idéias e teorias cabalistas, que ele apresenta em uma forma inteiramente nova. "Novos Aspectos" do Oculto na Natureza, certamente. Contudo, o espaço, encarado como uma Unidade Substancial (a Fonte Divina da Vida), é, como a Causa Desconhecida e sem causa, o mais antigo postulado do Ocultismo, anterior milhares de anos ao *Pater-aeter* dos Gregos e Latinos. Sucede o mesmo com "a Força e a Matéria, como potencialidades do Espaço, inseparáveis e reveladoras incógnitas do Desconhecido". Tudo isso se encontra na filosofia ariana, sob a personificação de Vishvakarman, Indra, Vishnu, etc.; estando, porém, expresso mui filosoficamente, com aspectos inusitados, na obra a que nos referimos.

(16) Por oposição ao universo manifestado da matéria, o termo Mûlaprakriti (de *mûla*, raiz, e *prakriti*, natureza), ou a matéria primordial não manifestada — a que os alquimistas ocidentais deram o nome de Terra de Adão — é aplicado pelos Vedantinos e *Parabrahman*. A matéria é dual na metafísica religiosa, e sétupla nos ensinamentos esotéricos, como todas as coisas no Universo. Como Mûlaprakriti, é não diferenciada e eterna; como Vyakta, vem a ser diferenciada e condicionada, segundo o *Shvetâshvatâra Upanishad*, I, 8, e o *Devi Bhâgavata Purâna*. O autor das quatro conferências sobre o *Bhagavad Gîtâ* diz, referindo-se a Mûlaprakriti: "Do ponto de vista objetivo (do Logos), Parabrahman aparece no Logos como Mûlaprakriti... Naturalmente que este Mûlaprakriti para ele é material, como todo objeto material o é para nós... Parabrahman é uma realidade incondicionada e absoluta, e *Mûlaprakriti* uma espécie de véu lançado sobre ele." (*The Theosophist*, vol. VIII, pág. 304).

e a egípcia. Segue-se a dos Caldeus, produto das anteriores, hoje inteiramente perdida para o mundo, exceto no Sabeísmo desfigurado pela interpretação atual dos arqueólogos. Depois, passando por certo número de religiões de que falaremos mais adiante, vem a judaica, que esotericamente acompanha a linha do magismo babilônico, como se vê na *Cabala*, e exotericamente é, como no *Gênesis* e no *Pentateuco*, uma coletânea de lendas alegóricas. Lidos à luz do *Zohar*, os quatro primeiros capítulos do *Gênesis* são os fragmentos de uma página altamente filosófica de cosmogonia. Vistos em sua aparência simbólica, não passam de um conto para crianças, um espinho incômodo cravado no flanco da ciência e da lógica — efeito evidente de Carma. Deixá-los servir de prólogo ao Cristianismo foi como que uma cruel vindita dos rabinos, que sabiam melhor o que significava o seu *Pentateuco*. Foi um protesto mudo contra a espoliação de que eram alvo, e em verdade os judeus levam hoje vantagem sobre os seus perseguidores tradicionais. As crenças esotéricas de que se trata serão explicadas à luz da Doutrina universal no curso desta exposição.

O Catecismo Oculto contém as seguintes perguntas e respostas:

Que é aquilo que sempre é? — *O Espaço, o eterno Anupâdaka (que não tem pais).*

Que é aquilo que sempre foi? — *O Germe na Raiz.*

Que é aquilo que sem cessar vai e vem? — *É o Grande Alento.*

Então há três Eternos? — *Não, os três são um.* — *O que sempre é, é um; o que sempre foi, é um; o que sempre está sendo e vindo a ser, é também um; e este é o Espaço.*

Explica, ó Lanu! (discípulo) — *O Uno é um Círculo não interrompido (Anel) e sem circunferência, porque não está em parte alguma e está em toda parte; o Uno é o Plano sem limites do Círculo, que manifesta um Diâmetro somente durante os períodos manvantáricos; o Uno é o Ponto indivisível que não está situado em parte alguma, e percebido em toda parte durante aqueles períodos. É a Vertical e a Horizontal, o Pai e a Mãe, a cúspide e a base do Pai, as duas extremidades da Mãe, que em realidade não chegam a parte alguma; porque o Uno é o Anel, como também os Anéis que estão dentro desse Anel. É a Luz nas Trevas, e as Trevas na Luz: "o Alento que é eterno". Atua de fora para dentro, quando está em toda parte, e de dentro para fora, quando não está em parte alguma — ou seja, Mâyâ* [17], *um dos centros* [18]. *Expande-se (expiração e inspiração). Quando se expande,*

---

(17) A filosofia esotérica, considerando como Mâyâ (ou a ilusão da ignorância) todas as coisas finitas, deve necessariamente olhar do mesmo modo todos os corpos e planetas intracósmicos, porque representam algo organizado e, portanto, finito. Assim, a expressão "atua de fora para dentro, etc." se refere, na primeira parte, à aurora do Mahâmanvantara, ou grande revolução após uma das completas dissoluções periódicas de todas as formas compostas da natureza, em sua última essência ou elemento, do planeta à molécula; e, na segunda parte, ao Manvantara parcial ou local, que pode ser solar ou somente planetário.

(18) Por "centro" aqui se entende um centro de energia ou foco cósmico. Quando a chamada "Criação", ou formação de um planeta, é realizada por esta força que os Ocultistas designam como Vida, e a Ciência como Energia, então se dá o

a Mãe se difunde e se dispersa; quando se contrai, a Mãe se encolhe e se concentra. Assim se produzem os períodos de Evolução e de Dissolução, Manvantara e Pradaya. O Germe é indivisível e ígneo; a Raiz (o plano do Círculo) é fria; mas durante a Evolução e o Manvantara, o seu revestimento é frio e radiante. O Alento quente é o Pai que devora a progênie dos Elementos de múltiplas faces (heterogêneos) e deixa os que têm uma só face (homogêneos). O Alento frio é a Mãe que os concebe, que os forma, que os faz nascer e que os recolhe novamente em seu seio para tornar a formá-los outra vez na Aurora (do Dia de Brahmâ, ou Manvantara).

Para melhor compreensão dos leitores em geral, devemos esclarecer que a Ciência Oculta reconhece a existência de *sete* Elementos cósmicos, quatro dos quais são inteiramente físicos, e o quinto semimaterial (o Éter); este último chegará a ser visível no ar até o final de nossa Quarta Ronda, e terá a supremacia sobre os outros na Quinta Ronda. Os dois restantes ainda estão absolutamente fora do alcance da percepção humana. Aparecerão, todavia, como pressentimentos, durante as Raças Sexta e Sétima da Ronda atual, e se tornarão de todo conhecidos na Sexta e na Sétima Ronda, respectivamente [19]. Estes sete Elementos, com seus inumeráveis subelementos (que são muito mais numerosos que os admitidos pela ciência) não passam de modificações *condicionadas* e aspectos do Elemento Uno e único. Este último não é o Éter [20], nem sequer o Âkâsha, mas a *fonte* de ambos. O

---

processo de dentro para fora, tendo em vista que todos os átomos contêm em si mesmos a energia criadora do Alento divino. Assim é que — enquanto, depois de um Pralaya Absoluto, quando o material preexistente consiste em só Um Elemento, o Alento "está em toda parte", este último atua de fora para dentro — depois de um Pralaya menor, havendo tudo permanecido em *statu quo* (um estado de resfriamento, por assim dizer, como a Lua), ao primeiro estremecimento do Manvantara o planeta ou os planetas começam o seu retorno à vida, de dentro para fora.

(19) É curioso observar como, no evolucionar cíclico das idéias, o pensamento antigo parece refletir-se na especulação moderna. Cabe indagar, por exemplo, se Herbert Spencer teria lido e estudado os antigos filósofos hindus, quando escreveu certas passagens de seus *First Principles* (pág. 482), ou se foi por acaso uma centelha independente de percepção interna que o fez dizer semicorretamente: "Por ser, do mesmo modo que a matéria, uma quantidade indestrutível e fixa (?), deve-se supor que, ao atingir o movimento um limite — seja qual for a direção do impulso recebido (?) — à mudança por ele operada na distribuição da matéria sucederá, então e necessariamente, uma distribuição em sentido inverso. Ao que parece, as forças universalmente coexistentes de atração e de repulsão, que, conforme vimos, atuam ritmicamente em todas as mudanças menores do Universo inteiro, atuam também ritmicamente na totalidade de suas transformações, e produzem ora um período incomensurável, durante o qual as forças de atração, predominando, originam uma concentração universal, ora um período igualmente longo em que as forças de repulsão, prevalecendo, dão lugar a uma difusão universal — ou seja, eras alternadas de evolução e dissolução."

(20) Sejam quais sejam os pontos de vista da ciência física sobre este assunto, tem a ciência oculta ensinado, desde há séculos, que o Âkâsha (do qual o Éter é a forma mais grosseira), o quinto Princípio Cósmico universal — a que corresponde e de onde procede o Manas humano — é, cosmicamente, uma matéria radiante, fria, diatérmana e plástica, criadora em sua natureza física, correlativa nos seus aspectos e partes mais grosseiras, e imutável nos seus princípios superiores. Na sua condição criadora, é chamada a Sub-Raiz; e em conjunção com o calor radiante "faz retornar

Quinto Elemento, que a ciência hoje tende a admitir, não é o Éter imaginado por Sir Isaac Newton, ainda que este lhe desse tal nome associando-o provavelmente com AEther, "o Pai-Mãe" da antiguidade. Como disse Newton por intuição: "A Natureza trabalha perpetuamente em ciclos, fazendo gerar fluidos de sólidos, coisas fixas de coisas voláteis, e voláteis das fixas; coisas sutis das grosseiras, e coisas grosseiras das sutis... Assim, é possível que todas as coisas tenham sua origem no Éter [21].

O leitor não deve perder de vista que as Estâncias apresentadas neste livro tratam unicamente da cosmogonia de nosso sistema planetário e do que é visível em torno dele, após um Pralaya solar. Os ensinamentos secretos referentes à evolução do Cosmos Universal não podem ser expostos, pois não seriam compreendidos nem mesmo pelas inteligências mais esclarecidas de nossa época; e parece haver poucos Iniciados, até entre os de grau mais elevado, a quem seja permitido especular a este respeito. Dizem, aliás, os Mestres, com toda a franqueza, que nem sequer os Dhyâni-Chohans de alta categoria penetraram jamais os mistérios além dos limites que separam as miríades de sistemas solares daquele a que se chama o "Sol Central". O que se traz à luz, portanto, entende só com o nosso Cosmos visível, depois de uma Noite de Brahmâ.

Antes de entrar o leitor no conhecimento das Estâncias do *Livro de Dzyan*, que formam a base da presente obra, é absolutamente necessário que apreenda alguns conceitos fundamentais que informam e interpenetram todo o sistema de pensamento para o qual sua atenção vai ser dirigida. Estas idéias fundamentais são poucas em número, mas de sua clara percepção depende a inteligência de tudo o que se segue; não é necessário, portanto, encarecer ao leitor quanto importa familiar-se com elas antes de iniciar a leitura da obra.

A Doutrina Secreta estabelece três proposições fundamentais:

I. Um PRINCÍPIO Onipresente, Sem Limites e Imutável, sobre o qual toda especulação é impossível, porque transcende o poder da concepção humana e porque toda expressão ou comparação da mente humana não poderia senão diminuí-lo. Está além do horizonte e do alcance do pensamento, ou, segundo as palavras do *Mândûkya*, é "inconcebível e inefável".

Para que possa compreender mais claramente estas idéias, deve o leitor adotar como ponto de partida o seguinte postulado: Há uma Realidade Absoluta, anterior a tudo o que é manifestado ou condicionado. Esta Causa Infinita e Eterna, vagamente formulada no "Inconsciente" e no "Incognoscível" da filosofia européia em voga, é a Raiz sem Raiz de "tudo quanto foi, é e será". É, naturalmente, desprovida de todo e qualquer atributo, e permanece essencialmente sem nenhuma relação com o Ser manifestado e finito. É a "Asseidade", mais propriamente que o Ser, Sat em sânscrito, e está fora do alcance de todo pensamento ou especulação.

à vida mundos mortos". Em seu aspecto superior, é a Alma do Mundo; em seu aspecto inferior, é o Destruidor.
(21) *Hypoth*, 1675.

Esta Asseidade é simbolizada na Doutrina Secreta sob dois aspectos. De um lado, o Espaço Abstrato absoluto, representando a subjetividade pura, aquilo que nenhuma mente humana pode excluir de qualquer conceito, nem conceber como existente em si mesmo. De outro lado, o Movimento Abstrato absoluto, que representa a Consciência Incondicionada. Os próprios pensadores ocidentais têm afirmado que a consciência, separada da transformação, é inconcebível para nós, e que o movimento é o melhor símbolo da transformação e sua característica essencial. Este último aspecto da Realidade Una é ainda simbolizado pela expressão "o Grande Sopro", e o símbolo é bastante sugestivo para necessitar de outra explicação. Assim, o primeiro axioma fundamental da Doutrina Secreta é aquele UM ABSOLUTO metafísico — a ASSEIDADE, representada na Trindade teológica pela inteligência finita.

Alguns esclarecimentos adicionais podem, contudo, ser úteis ao estudante.

Herbert Spencer ultimamente modificou seu Agnosticismo, ao ponto de afirmar que a natureza da "Causa Primeira" [22], que o Ocultista faz derivar, com mais lógica, da Causa sem Causa, o "Eterno", o "Incognoscível", pode ser essencialmente a mesma que a da consciência que reside dentro de nós; em uma palavra, que a Realidade impessoal que interpenetra o Cosmos é o puro número do pensamento. Este passo à frente o leva bem perto do princípio esotérico e vedantino [23].

Parabrahman, a Realidade Una, o Absoluto, é o campo da Consciência Absoluta, vale dizer, daquela Essência que está fora de toda relação com a existência condicionada, e cuja existência consciente é um símbolo condicionado. Mas, logo que saímos, em pensamento, desta Negação Absoluta (para nós), surge o dualismo no contraste entre o Espírito (ou Consciência) e a Matéria, entre o sujeito e o objeto.

O Espírito (ou Consciência) e a Matéria devem ser, no entanto, considerados não como realidades independentes, mas como duas facetas ou aspectos do Absoluto (Parabrahman), que constituem a base do ser condicionado, seja subjetivo ou objetivo.

Se consideramos essa tríade metafísica como a raiz de que procede toda manifestação, o Grande Sopro assume o caráter de Ideação pré-cósmica. É a *fons et origo* da força e de toda consciência individual; e de onde promana a inteligência que preside o vasto plano da Evolução cósmica. Por outra parte, a Substância-Raiz pré-cósmica (Mûlaprakriti) é o aspecto do Absoluto que serve de substratum a todos os planos objetivos da natureza.

---

(22) "Primeira" é a palavra que pressupõe necessariamente algo "que foi o primeiro a aparecer", "o primeiro no tempo, no espaço e na categoria"; e, portanto, algo finito e condicionado. Assim, o Ocultismo oriental chama ao Todo Absoluto "a Causa Una e sem Causa, a Raiz sem Raiz", e aplica o nome "Primeira Causa" ao Logos, no sentido que Platão dá a este vocábulo.

(23) Vejam-se as quatro eruditas conferências de T. Subba Row sobre o *Bhagavad Gîtâ*, em *The Theosophist* de fevereiro de 1887.

Assim como a Ideação Pré-Cósmica é a raiz da toda consciência individual, assim também a Substância Pré-Cósmica é o substratum da matéria nos seus diversos graus de manifestação.

Daí resulta que o contraste desses dois aspectos do Absoluto é essencial para a existência do Universo manifestado. Isolada da Substância cósmica, a Ideação Cósmica não poderia manifestar-se como consciência individual; pois só por meio de um veículo (*upâdhi*) de matéria é que a consciência emerge como "Eu sou Eu", sendo necessária uma base física para concentrar um Raio da Mente Universal a certo grau de complexidade. E por sua vez, separada da Ideação Cósmica, a Substância Cósmica não passaria de uma abstração vazia, e nenhuma manifestação de consciência poderia surgir.

O Universo Manifestado acha-se, portanto, informado pela dualidade, que vem a ser a essência mesma de sua *Ex*-istência como manifestação. Mas, assim como os pólos opostos de Sujeito e Objeto, de Espírito e Matéria, não são mais que aspectos da Unidade Una, que é a sua síntese, assim também no Universo Manifestado existe "algo" que une o Espírito à Matéria, o Sujeito ao Objeto.

Esse "algo", que a especulação ocidental presentemente desconhece, é chamado Fohat pelos Ocultistas. É a "ponte" por meio da qual as idéias existentes no Pensamento Divino passam a imprimir-se sobre a Substância Cósmica, como Leis da Natureza. Fohat é, assim, a energia dinâmica da Ideação Cósmica; ou então, encarado sob outro aspecto, e o "medium" inteligente, o poder diretor de toda manifestação, o Pensamento Divino transmitido e manifestado por intermédio dos Dhyân Chohans [24], os Arquitetos do Mundo visível. Assim, do Espírito ou Ideação Cósmica provém a nossa Consciência; da Substância Cósmica, os diversos veículos em que esta Consciência se individualiza e chega ao Eu, à consciência de si mesma ou reflexiva; enquanto Fohat, em suas manifestações várias, é o elo misterioso que une o Espírito à Matéria, o princípio animador que eletriza cada átomo para dar-lhe vida.

O seguinte resumo dará ao leitor uma noção mais clara:

1. O ABSOLUTO: o Parabrahman dos Vedantinos ou a Realidade Una, Sat, que é, como disse Hegel, ao mesmo tempo Absoluto Ser e Não-Ser.

2. O *Primeiro* Logos: o impessoal e, em filosofia, não manifestado; o Logos precursor do Manifestado. É a "Causa Primeira", o "Inconsciente" dos panteístas europeus.

3. O *Segundo* Logos: Espírito-Matéria, Vida; o "Espírito do Universo", Purusha e Prakriti.

4. O *Terceiro* Logos: A Ideação Cósmica; Mahat ou Inteligência, a Alma Universal do Mundo; o Númeno Cósmico da Matéria, a base das Operações inteligentes da Natureza; também chamado Mahâ-Buddhi.

---

(24) Os Arcanjos, Serafins, etc., da Teologia cristã.

A REALIDADE UNA; seus aspectos *duais* no Universo condicionado [26].
A Doutrina Secreta afirma, além disso:

II. A Eternidade do Universo *in toto*, como plano sem limites; periodicamente "cenário de Universos inumeráveis, manifestando-se e desaparecendo constantemente", chamados "as Estrelas que se manifestam" e "as Centelhas da Eternidade". *"A Eternidade do Peregrino"* [26] *é como um abrir e fechar de olhos da Existência-por-si-Mesma"*, segundo o *Livro de Dzyan*. *"O aparecimento e o desaparecimento de Mundos são como o fluxo e o refluxo periódico das marés."*

Este segundo asserto da Doutrina Secreta é a universalidade absoluta daquela lei de periodicidade, de fluxo e refluxo, de crescimento e decadência, que a ciência física tem observado e registrado em todos os departamentos da Natureza. Alternativas tais como Dia e Noite, Vida e Morte, Sono e Vigília são fatos tão comuns, tão perfeitamente universais e sem exceção, que será fácil compreender por que divisamos nelas uma das leis absolutamente fundamentais do Universo.

Ensina também a Doutrina Secreta:

III. A identidade fundamental de todas as Almas com a Alma Suprema Universal, sendo esta última um aspecto da Raiz Desconhecida; e a peregrinação obrigatória para todas as Almas, centelhas daquela Alma Suprema, através do Ciclo de Encarnação, ou de Necessidade, durante todo esse período. Em outras palavras: nenhum Buddhi puramente espiritual (Alma Divina) pode ter uma existência consciente independente, antes que a centelha, emanada da Essência pura do Sexto Princípio Universal — ou seja, da ALMA SUPREMA — haja passado por todas as formas elementais pertencentes ao mundo fenomenal do Manvantara, e adquirido a individualidade, primeiro por impulso natural e depois à custa dos próprios esforços, conscientemente dirigidos e regulados pelo Carma, escalando assim todos os graus de inteligência, desde o Manas inferior até o Manas superior; desde o mineral e a planta ao Arcanjo mais sublime (Dhyâni-Buddha). A Doutrina axial da Filosofia Esotérica não admite a outorga de privilégios nem de dons especiais ao homem, salvo aqueles que forem conquistados pelo próprio Ego com o seu esforço e mérito pessoal, ao longo de uma série de

---

(25) Estes três Logos Subjetivos não devem ser confundidos com os Três Logos Objetivos da Manifestação, quando o Terceiro Logos Subjetivo se converte no Primeiro Logos Objetivo Criador, a Mente Universal, Mahat, impregnando todas as coisas com os atributos da Inteligência. Veja-se *A Study in Consciousness*, de Annie Besant, seção "Origins". (Nota da Edição de Adyar, Vol. I, pág. 82; 1938.)

(26) "Peregrino" é o nome dado à nossa Mônada (os Dois em Um) durante seu ciclo de encarnações. É o único Princípio imortal e eterno que existe em nós, sendo uma parcela indivisível do todo integral, o Espírito Universal, de que emana e em que é absorvida no final do ciclo. Quando se diz que emana do Espírito Uno, usa-se de uma expressão tosca e incorreta, por falta de palavras adequadas. Os Vedantinos a chamam Sûtrâtmâ (Alma-Fio); suas explicações, no entanto, diferem algo das dos Ocultistas. Cabe aos Vedantinos explicar a diferença. Veja-se o Vol II, Parte II, "Dias e Noites de Brahmâ".

metempsicoses e reencarnações. Por isso dizem os hindus que o Universo é Brahman e Brahmâ; porque Brahman está em todo átomo do Universo, sendo os seis princípios da natureza a expressão ou os aspectos vários e diferenciados do Sétimo e Uno, a Realidade única do Universo, seja cósmico ou microcósmico; e ainda porque as permutações psíquicas, espirituais e físicas do Sexto (Brahmâ, o veículo de Brahman), no plano da manifestação e da forma, são consideradas, por antífrase metafísica, ilusórias e mayávicas. Embora a raiz de todos os átomos, individualmente, e de todas as formas, coletivamente, seja o Sétimo Princípio, ou a Realidade Una, em sua aparência manifestada, fenomenal e temporária tudo isso não é senão uma ilusão efêmera dos nossos sentidos [27].

Em seu modo de ser absoluto, o Princípio Uno, sob seus dois aspectos, Parabrahman e Mûlaprakriti, não tem sexo, é incondicionado e eterno. Sua emanação manvantárica, periódica, ou irradiação primária, é também una, andrógina, e finita em seu aspecto fenomenal. Quando, por sua vez, a emanação irradia, todos os seus raios são igualmente andróginos, convertendo-se nos princípios masculino e feminino em seus aspectos inferiores. Depois de um Pralaya, quer seja o Grande Pralaya ou o Pralaya Menor — deixando este último os mundos em *statu quo* [28] — o primeiro a despertar para a vida ativa é o plástico Âkâsha, o Pai-Mãe, o Espírito e a Alma do Éter, ou seja, o Plano do Círculo. O Espaço é chamado a Mãe, antes de sua atividade cósmica, e Pai-Mãe no primeiro estágio do seu despertar. Na *Cabala* ele é também Pai-Mãe-Filho. Mas, enquanto na doutrina oriental constituem estes o Sétimo Princípio do Universo Manifestado, ou Âtmâ-Buddhi-Manas (Espírito-Alma-Inteligência), ramificando-se e dividindo-se a Tríade em sete Princípios Cósmicos e em sete Princípios Humanos, na *Cabala* ocidental dos místicos cristãos correspondem à Tríade ou Trindade, e, entre os seus ocultistas, ao Jehovah macho-fêmea, Jah-Havah. Nisso consiste toda a diferença entre as Trindades esotérica e cristã.

Os místicos e os filósofos, os panteístas orientais e ocidentais, sintetizam sua Tríade pré-genética na abstração divina pura. Os ortodoxos a antropomorfizam. Hiranyagarbha, Hari e Sansara [29] — as três Hipóstases do Espírito que se manifesta (o "Espírito do Espírito Supremo", título sob o qual Prithivi, a Terra, saúda a Vishnu em seu primeiro Avatar) — são as qualidades abstratas e puramente metafísicas da Formação, da Conservação e da Destruição; são também os três Avasthâs (Hipóstases) divinos daquele que "não parece com as coisas criadas", Achyuta, nome de Vishnu. Os cristãos ortodoxos cindem a sua Divindade pessoal criadora em três pessoas

---

(27) Veja-se o Vol. II, Parte III, "Deuses, Mônadas e Átomos" (Seção XIV).

(28) Não são os organismos físicos, e muito menos os seus princípios psíquicos, o que permanece em *Statu quo* durante os grandes Pralayas cósmicos ou mesmo solares, e sim unicamente suas "fotografias" âkâshicas ou astrais. Mas, durante os Pralayas Menores, os planetas, uma vez envolvidos pela "Noite", continuam intatos, apesar de mortos, à maneira de um grande animal que, preso e sepultado nos gelos polares, assim se conserva durante largos períodos.

(29) Isto é: Brahmâ, Vishnu e Shiva.

distintas e não admitem Divindade superior. Esta última, em Ocultismo, é o Triângulo abstrato; para o ortodoxo, é o cubo perfeito. O deus criador, ou antes a coletividade dos deuses criadores, é considerado pelo filósofo oriental como *Bhrântidarshanatah,* "falsas aparências", algo "concebido, em razão de aparências enganosas, como uma forma material", e que se explica como proveniente do conceito ilusório da Alma humana pessoal e egoísta (o Quinto Princípio inferior). Tudo isso foi expresso de maneira bastante feliz na tradução corrigida que aparece nas notas de Fitzedward Hall sobre a versão de Wilson do *Vishnu Purâna.* "Brahma, em sua totalidade, possui essencialmente o aspecto de Prakriti, tanto evolucionado como não evolucionado (Mûlaprakriti), e também o aspecto do Espírito e o do Tempo. O Espírito, ó tu, duas vezes nascido!, é aspecto principal do Brahma Supremo [30]. O aspecto seguinte é duplo: Prakriti evolucionado e não evolucionado; e o último é o Tempo." Cronos, na teogonia grega, também é representado como um deus ou agente engendrado.

No simbolismo sagrado, aquele período do despertar do Universo figura como um círculo perfeito com o Ponto (Raiz) no centro. Era um signo universal; também o encontramos na *Cabala.* Entretanto, a *Cabala* ocidental, atualmente nas mãos dos místicos cristãos, o ignora por completo, apesar de achar-se claramente assinalado no *Zohar.* Estes sectários começam pelo fim: tomam como símbolo do Cronos pré-genético a cruz inscrita no círculo ⊕, que denominam "a União da Rosa e da Cruz", o grande mistério da geração oculta, de onde provém o nome Rosa-cruz (Rosa Cruz)! É o que se pode depreender de um dos mais importantes e mais bem conhecidos de seus símbolos, o qual até hoje não foi jamais compreendido, inclusive por parte dos místicos modernos: o do Pelicano que dilacera seu próprio peito para alimentar os sete filhos — em verdade, um credo dos Irmãos Rosa-cruzes diretamente originado da Doutrina Secreta oriental.

Brahman (neutro) é chamado Kâlahamsa, que significa, conforme explicação dos orientalistas do Ocidente, o Cisne Eterno (ou Ganso); e assim também Brahmâ, o Criador. Com isto se comete um grande erro. É a Brahman (neutro) que se deve aplicar o nome de Hamsa-Vâhana (o que usa o Cisne como veículo), e não a Brahmâ, o Criador. Este último é o verdadeiro Kâlahamsa; ao passo que Brahman (neutro) é Hamsa e A-Hamsa, como será esclarecido nos Comentários. Tenha-se presente que os termos Brahmâ e Parabrahman são aqui empregados, não porque pertençam à nossa nomenclatura esotérica, mas simplesmente por serem mais familiares aos estudantes ocidentais. Ambos são perfeitamente equipolentes aos nossos

---

(30) Spencer — apesar de, tal como Schopenhauer e Von Hartmann, exprimir somente um aspecto dos antigos filósofos esotéricos, e, portanto, conduzir os seus leitores à lúgubre região da desesperança agnosticista — assim formula reverentemente o grande mistério: "O que permanece imutável em quantidade, embora sempre cambiante nas formas, sob estas aparências sensíveis que o Universo nos apresenta, é um poder desconhecido e incognoscível, que nos vemos obrigados a reconhecer como ilimitado no Espaço e sem começo nem fim no Tempo". Só a Teologia pretensiosa se atreve a medir o Infinito e a descerrar o véu que cobre o Insondável e o Incognoscível; jamais o faz a Ciência, nem a Filosofia.

termos de uma, três e sete vogais, que correspondem ao TODO UNO e ao Uno "Todo em Tudo".

Tais são os conceitos fundamentais em que assenta a Doutrina Secreta. Não é esta a ocasião própria para fazer-lhes a defesa ou dar provas de sua razão de ser, nem podemos tampouco deter-nos em demonstrar que em verdade se acham eles no fundo de todos os sistemas de filosofia digno deste nome, embora, por vezes, sob enganosas aparências.

Quando o leitor os houver compreendido claramente, e percebido a luz que espargem sobre todos os problemas da vida, mais nenhuma identificação se tornará necessária; pois a verdade lhe saltará aos olhos, tão evidente como a luz do Sol. Passo, assim, ao assunto de que tratam as Estâncias apresentadas neste volume, fazendo-as preceder de um pequeno esforço, a fim de facilitar o trabalho do estudante e dar-lhe, em poucas palavras, uma visão panorâmica dos conceitos que ali se expõem.

A história da Evolução Cósmica, tal como figura nas Estâncias, é, em certo sentido, a fórmula algébrica abstrata da mesma evolução. Não deve o leitor, por isso, esperar que nelas se encontre a explicação de todas as fases e transformações verificadas desde os primeiros passos da Evolução Universal até o nosso estado atual. Dar semelhante explicação seria tão impossível ao escritor quanto incompreensível àqueles que se não acham ainda em condições de penetrar, sequer, a natureza do plano de existência ao em que tem, por enquanto, confinada a sua consciência.

As Estâncias oferecem uma fórmula abstrata que se aplica *mutatis mutandis* a toda evolução: à de nossa diminuta Terra; à da Cadeia Planetária a que pertence a Terra; à do Universo Solar no qual se integra esta Cadeia; e assim sucessivamente, em escala ascendente, até onde a nossa mente se vê compelida a deter-se, exausta em sua capacidade.

As sete Estâncias expostas neste volume representam os sete termos dessa fórmula abstrata. Referem e descrevem os sete grandes estádios do processo evolutivo, que os *Purânas* mencionam como as "sete criações" e a *Bíblia* como os "dias da Criação.

A *Estância I* descreve o estado do TODO UNO durante o Pralaya, antes do primeiro movimento da Manifestação em seu despertar.

Basta refletir um momento para compreender que tal estado não pode ser expresso senão simbolicamente, pois é impossível defini-lo. E até mesmo o símbolo tem que ser negativo; porque, em se tratando do estado do Absoluto *per se*, não pode comportar nenhum dos atributos que nos servem para descrever os objetos em termos positivos. Daí a razão por que tal estado só pode ser sugerido por meio da negação de todos aqueles atributos mais abstratos, que os homens mais pressentem do que propriamente percebem, como o limite máximo a que pode chegar o seu poder de concepção.

A *Estância II* refere-se a um estado que para a inteligência ocidental é quase tão idêntico ao descrito na primeira Estância que a explanação das diferenças exigiria, por si só, um tratado. Convém portanto, deixar à intuição e às faculdades superiores do leitor o assimilar, até onde seja possível, o significado das frases alegóricas que ali se encontram. Em verdade, deve-se ter presente que estas Estâncias falam mais às faculdades íntimas que à inteligência ordinária do homem físico.

A *Estância III* descreve o despertar do Universo para a vida após o Pralaya. Mostra o emergir das Mônadas do seu estado de absorção no UNO; é o primeiro e o mais alto estádio na formação dos Mundos — podendo aplicar-se o termo Mônada tanto aos vastos Sistemas Solares como ao átomo mais íntimo.

A *Estância IV* expõe a diferenciação do "Germe" do Universo na Hierarquia Setenária de Poderes Divinos conscientes, que são as manifestações ativas da Suprema Energia Una. São eles os construtores e modeladores, numa palavra os criadores de todo o Universo manifestado, no único sentido em que se faz inteligível o nome de "Criador"; dão forma ao Universo e o dirigem; são os Seres inteligentes que ajustam e controlam a evolução, encarnando em si mesmos aquelas manifestações da Lei Una que conhecemos como "Leis da Natureza".

Genericamente são chamados Dhyân Chohans, embora cada um dos diversos grupos tenham sua denominação própria na Doutrina Secreta.

Na mitologia hindu essa fase da evolução é conhecida como a "Criação dos Deuses".

A *Estância V* apresenta o processo da formação do mundo. Em primeiro lugar, Matéria Cósmica difusa; depois, o "Torvelinho de Fogo", primeiro estádio da formação de uma nebulosa. A nebulosa se condensa e, depois de passar por várias transformações, forma um Universo Solar, uma Cadeia Planetária ou um simples Planeta, conforme o caso.

A *Estância VI* indica as fases subseqüentes da formação de um "Mundo", descrevendo a evolução deste Mundo até o seu quarto grande período, que corresponde àquele em que vivemos presentemente.

A *Estância VII* dá prosseguimento à história, e traça a descida da vida até o aparecimento do homem; e assim termina o livro primeiro de A DOUTRINA SECRETA.

O desenvolvimento do "Homem", desde que surgiu sobre a Terra, na presente Ronda, até o estado em que hoje se encontra, constitui a matéria do livro segundo.

As Estâncias, que formam a tese de todas as seções, estão reproduzidas mediante sua tradução em linguagem moderna: apresentá-las no estilo arcaico do original, com suas expressões e termos enigmáticos, seria complicar e dificultar o assunto de maneira mais que inútil. Fazemos intercalar excertos das traduções chinesa, tibetana e sânscrita do texto original em Senzar dos Comentários e Glosas acrescentados ao *Livro de Dzyan*; sendo esta a primeira vez que essas traduções são vertidas em uma língua européia. É quase desnecessário dizer que tão somente parte das sete Estâncias são aqui mencionadas; a publicação completa não as tornaria compreensíveis para ninguém, à exceção de alguns Ocultistas mais graduados. A própria autora, ou melhor, a humilde redatora destas linhas, não entende mais que os profanos aqueles trechos suprimidos.

Para facilitar a leitura do livro e reduzir ao mínimo as notas ao pé das páginas, considerou-se útil dispor textos e comentários uns após outros, empregando, onde quer que se fizesse necessário, nomes sânscritos e tibetanos de preferência aos originais — o que só trará benefício à compreensão, tanto mais que esses nomes são todos aceitos como sinônimos, e os últimos são usados apenas entre os Mestres e seus Chelas (discípulos).

Assim é que, se houvéssemos de traduzir o primeiro versículo empregando unicamente os substantivos e expressões técnicas que constam em uma das versões tibetana e senzar, teríamos literalmente o seguinte:

Tho-ag em Zhi-gyu dormiu sete Khorlo. Zodmanas zhiba. Todo Nyug seio. Konch-hog não; Thyan-Kam não, Lha-Chohan não; Tenbrel Chugnyi não; Dharmakâya cessou; Tgenchang não havia chegado a ser; Barnang e Sza em Ngovonyidj; somente Tho-og Yinsin na noite de Sun-chan e Yong-grub (Paranishpanna), etc., etc.

Tudo isso soaria como um verdadeiro *Abracadabra*.

Como esta obra foi escrita para esclarecimento dos estudiosos de Ocultismo, e não para os filólogos, evitaremos o uso de termos estrangeiros, sempre que possível. Ficam somente as palavras intraduzíveis, que não se compreendam sem uma explicação; mas todas elas constarão em sua forma sânscrita. Não é preciso recordar ao leitor que tais palavras são, em quase todos os casos, o resultado da última evolução daquela língua, e pertencem à Quinta Raça-Raiz. O sânscrito, tal como hoje se conhece, não era falado pelos Atlantes, e a maior parte dos termos filosóficos empregados nos sistemas da Índia posteriores ao período do Mahâbhârata não figuram nos *Vedas*, nem nas Estâncias originais — e sim os respectivos equivalentes.

O leitor não teósofo pode, se bem lhe parece, ver em tudo o que se segue não mais que um conto de fadas; ou, quando muito, uma especulação de sonhadores, destituída de provas; ou, ainda, uma nova hipótese, entre tantas outras, científicas, passadas, presentes e futuras, algumas já condenadas outras em posição de simples expectativa. Esta hipótese, em todo caso, não é menos científica do que muitas das teorias a que se empresta semelhante caráter; mas é, certamente, mais filosófica e mais provável.

Dado o grande número de comentários e explicações necessárias, as notas e referências são consignadas pela forma usual, ao pé das páginas; e assinaladas com letras as sentenças que devem ser comentadas. Alguns temas adicionais constam dos capítulos que tratam do simbolismo, juntamente com informações não raro mais desenvolvidas que as dos Comentários.

PARTE I

A EVOLUÇÃO CÓSMICA

SETE ESTÂNCIAS DO LIVRO
SECRETO DE DZYAN

Com Comentários

Não existia nada: nem o claro céu,
Nem ao alto a imensa abóbada celeste.
O que tudo encerrava, tudo abrigava,
E tudo encobria, que era? Era das águas
O abismo insondável? Não existia a morte,
Mas nada havia imortal. E separação
Também não existia entre a noite e o dia.
Só o UNO respirava em Si mesmo e sem ar:
Não existia nada, senão ELE. E ali
Reinavam as trevas, tudo se escondia
Na escuridão profunda: oceano sem luz.
O germe, que dormitava em seu casulo,
Desperta ao influxo do ardente calor
E faz então brotar a Natureza una.

. . . .

Quem sabe o segredo? Quem o revelou?
De onde, de onde veio a criação multiforme?
Os Deuses só mais tarde à vida surgiram.
De onde esta criação imensa? Quem o sabe?
Por ação ou omissão de Sua Vontade?
O Sublime Vidente, no alto dos céus,
O segredo conhece... Talvez nem ele...

Profundando a eternidade... Inda mesmo antes
De lançados os alicerces do mundo,

. . . .

Tu eras. E quando o fogo subterrâneo
Romper sua prisão, destruindo a estrutura,
Oh! ainda serás Tu como eras antes.
Também quando o tempo já não existir
Nenhuma transformação conhecerás,
Mente infinita, divina Eternidade!

RIG VEDA

A EVOLUÇÃO CÓSMICA NAS SETE ESTÂNCIAS DO LIVRO DE DZYAN

ESTÂNCIA I

1. O Eterno Pai, envolto em suas Sempre Invisíveis Vestes, havia adormecido uma vez mais durante Sete Eternidades.
2. O Tempo não existia, porque dormia no Seio Infinito da Duração.
3. A Mente Universal não existia, porque não havia Ah-hi para contê-la.
4. Os Sete Caminhos da Felicidade não existiam. As Grandes Causas da Desgraça não existiam, porque não havia ninguém que as produzisse e fosse por elas aprisionado.
5. Só as trevas enchiam o Todo Sem Limites, porque Pai, Mãe e Filho eram novamente Um, e o Filho ainda não havia despertado para a Nova Roda e a Peregrinação por ela.
6. Os Sete Senhores Sublimes e as Sete Verdades haviam cessado de ser; e o Universo, filho da Necessidade, estava mergulhado em Paranishpanna, para ser expirado por aquele que é e todavia não é. Nada existia.
7. As Causas da Existência haviam sido eliminadas; o Visível, que foi, e o Invisível, que é, repousavam no Eterno Não-Ser — o Único Ser.
8. A Forma Una de Existência, sem limites, infinita, sem causa, permanecia sozinha, em um Sono sem Sonhos; e a Vida pulsava inconsciente no Espaço Universal, em toda a extensão daquela Onipresença que o Olho Aberto de Dangma percebe.
9. Onde, porém, estava Dangma quando o Alaya do Universo se encontrava em Paramârtha, e a Grande Roda era Anupâdaka?

ESTÂNCIA II

1. ... Onde estavam os Construtores, os Filhos Resplandescentes da Aurora do Manvantara?... Nas Trevas Desconhecidas, em seu Ah-hi Paranishpanna. Os Produtores da Forma, tirada da Não-Forma, que é a Raiz do Mundo, Devamâtri e Svabhâvat, repousavam na felicidade do Não-Ser.

2. ... Onde estava o Silêncio? Onde os ouvidos para percebê-lo? Não; não havia Silêncio nem Som: nada, a não ser o Incessante Sopro Eterno, para si mesmo ignoto.

3. A Hora ainda não havia soado; o Raio ainda não havia brilhado dentro do Germe; a Matripâdma ainda não entumecera.

4. Seu Coração ainda não se abrira para deixar penetrar o Raio Único e fazê-lo cair em seguida, como Três em Quatro, no Regaço de Mâyâ.

5. Os Sete não haviam ainda nascido do Tecido de Luz. O Pai-Mãe, Svabhâvat, era só Trevas; e Svabhâvat jazia nas Trevas.

6. Estes Dois são o Germe, e o Germe é Uno. O Universo ainda estava oculto no Pensamento Divino e no Divino Seio.

ESTÂNCIA III

1. ... A última Vibração da Sétima Eternidade palpita através do Infinito. A Mãe entumece e se expande de dentro para fora, como o Botão de Lótus.

2. A Vibração se propaga, e suas velozes Asas tocam o Universo inteiro e o Germe que mora nas Trevas; as Trevas que sopram sobre as adormecidas Águas da Vida.

3. As Trevas irradiam a Luz, e a Luz emite um Raio solitário sobre as Águas e dentro das Entranhas da Mãe. O Raio atravessa o Ovo Virgem; faz o Ovo Eterno estremecer, e desprende o Germe não Eterno, que se condensa no Ovo do Mundo.

4. Os Três caem nos Quatro. A Essência Radiante passa a ser Sete interiormente e Sete exteriormente. O Ovo Luminoso, que é Três em si mesmo, coagula-se e espalha os seus Coágulos brancos como o leite por toda a extensão das Profundezas da Mãe: a Raiz que cresce nos Abismos do Oceano da Vida.

5. A Raiz permanece, a Luz permanece, os Coágulos permanecem; e, não obstante, Oeaohoo é Uno.

6. A Raiz da Vida estava em cada Gota do Oceano da Imortalidade, e o Oceano era Luz Radiante, que era Fogo, Calor e Movimento. As Trevas se desvaneceram, e não existiram mais: sumiram-se em sua própria Essência, o Corpo de Fogo e Água, do Pai e da Mãe.

7. Vê, ó Lanu! o Radiante Filho dos Dois, a Glória refulgente e sem par: o Espaço Luminoso, Filho do Negro Espaço, que surge das Profundezas das Grandes Águas Sombrias. É Oeaohoo, o mais Jovem, o ***. Ele brilha como o Sol. É o Resplandecente Dragão Divino da Sabedoria. O Eka [1] é Chatur, e Chatur toma para si Tri, e a união produz Sapta, no qual estão os Sete, que se tornam o Tridasha, os Exércitos e as Multidões. Con-

---

(1) Eka = Um, Chatur = Quatro, Tri = Três, Sapta = Sete. Tri x Dasha (dez) = Tridasha = três dezenas, ou um Exército.

templa-o levantando o Véu e desdobrando-o de Oriente a Ocidente. Ele oculta o Acima, e deixa ver o Abaixo como a Grande Ilusão. Assinala os lugares para os Resplandecentes, e converte o Acima num Oceano de Fogo sem praias, e o Uno Manifestado nas Grandes Águas.

8. Onde estava o Germe, onde então se encontravam as Trevas? Onde está o Espírito da Chama que arde em tua Lâmpada, ó Lanu? O Germe é Aquilo, e Aquilo é a Luz, o Alvo e Refulgente Filho do Pai Obscuro e Oculto.

9. A Luz é a Chama Fria, e a Chama é o Fogo, e o Fogo produz o Calor, que dá a Água — a Água da Vida na Grande Mãe.

10. O Pai-Mãe urde uma Tela, cujo extremo superior está unido ao Espírito, Luz da Obscuridade Única, e o inferior à Matéria, sua Sombra. A Tela é o Universo, tecido com as Duas Substâncias combinadas em Uma, que é Svabhâvat.

11. A Tela se distende quando o Sopro do Fogo a envolve; e se contrai quando tocada pelo Sopro da Mãe. Então os Filhos se separam, dispersando-se, para voltar ao Seio de sua Mãe no fim do Grande Dia, tornando-se de novo uno com ela. Quando esfria, a Tela fica radiante. Seus Filhos se dilatam e se retraem dentro de Si mesmos e em seus Corações; elas abrangem o Infinito.

12. Então Svabhâvat envia Fohat para endurecer os Átomos. Cada qual é uma parte da Tela. Refletindo o "Senhor Existente por Si Mesmo" como um Espelho, cada um vem a ser, por sua vez, um Mundo.

ESTÂNCIA IV

1. ... Escutai, ó Filhos da Terra. Escutai os vossos Instrutores, os Filhos do Fogo. Sabei: não há nem primeiro nem último; porque tudo é Um Número que procede do Não-Número.

2. Aprendei o que nós, que descendemos dos Sete Primeiros, nós, que nascemos da Chama Primitiva, temos aprendido de nossos Pais...

3. Do Resplendor da Luz — o Raio das Trevas Eternas — surgem no Espaço as Energias despertadas de novo; o Um do Ovo, o Seis e o Cinco. Depois o Três, o Um, o Quatro, o Um, o Cinco, o duplo Sete, a Soma Total. E estas são as Essências, as Chamas, os Construtores, os Números, os Arûpa, os Rûpa e a Força ou o Homem Divino, a Soma Total. E do Homem Divino, a Soma Total. E do Homem Divino emanaram as Formas, as Centelhas, os Animais Sagrados e os Mensageiros dos Sagrados Pais dentro do Santo Quatro.

4. Este foi o Exército da Voz, a Divina Mãe dos Sete. As Centelhas dos Sete são os súditos e os servidores do Primeiro, do Segundo, do Terceiro, do Quarto, do Quinto, do Sexto e do Sétimo dos Sete. Estas Centelhas são chamadas Esferas, Triângulos, Cubos, Linhas e Modeladores; porque deste modo se conserva o Eterno Nidâna — o Oi-Ha-Hou.

5. O Oi-Ha-Hou — as Trevas, o Sem Limites, ou o Não-Número, Âdi-Nidâna, Svabhâvat, o O:

I. O Âdi-Sanat, o Número; porque ele é Um.

II. A Voz da Palavra, Svabhâvat, os Números; porque ele é Um e Nove.

III. O "Quadrado sem Forma".

E estes Três, encerrados no O, são o Quatro Sagrado; e os Dez são o Universo Arûpa. Depois vêm os Filhos, os Sete Combatentes, o Um, o Oitavo excluído, e seu Sopro, que é o Artífice da Luz.

6. ... Em seguida, os Segundos Sete, que são os Lipika, produzidos pelos Três. O Filho excluído é Um. Os "Filhos-Sóis" são inumeráveis.

ESTÂNCIA V

1. Os Sete Primordiais, os Sete Primeiros Sopros do Dragão de Sabedoria, produzem por sua vez o Torvelinho de Fogo com os seus Sagrados Sopros de Circulação giratória.

2. Dele fazem o Mensageiro de sua Vontade. O Dzyu converte-se em Fohat; o Filho veloz dos Filhos Divinos, cujos Filhos são os Lipika, leva mensagens circulares. Fohat é o Corcel, e o Pensamento, o Cavaleiro. Ele passa como um raio através de nuvens de fogo; dá Três, Cinco e Sete Passos através das Sete Regiões Superiores e das Sete Inferiores. Ergue a sua Voz para chamar as Centelhas inumeráveis e as reúne.

3. Ele é o seu condutor, o espírito que as guia. Ao iniciar a sua obra, separa as Centelhas do Reino Inferior, que se agitam e vibram de alegria em suas radiantes moradas, e com elas forma os Germes das Rodas. Colocando-as nas Seis Direções do Espaço, deixa uma no Centro: a Roda Central.

4. Fohat traça linhas espirais para unir a Sexta à Sétima — a Coroa. Um Exército dos Filhos da Luz situa-se em cada um dos ângulos; os Lipika ficam na Roda Central. Dizem eles: "Isto é bom." O primeiro Mundo Divino está pronto; o Primeiro, o Segundo. Então o "Divino Arûpa" se reflete no Chhâyâ Loka, a Primeira Veste de Anupâdaka.

5. Fohat dá cinco passos, e constrói uma roda alada em cada um dos ângulos do quadrado para os Quatro Santos... e seus Exércitos.

6. Os Lipika circunscrevem o Triângulo, o Primeiro Um, o Cubo, o Segundo Um e o Pentágono dentro do Ovo. É o Anel chamado "Não Passarás", para os que descem e sobem; para os que, durante o Kalpa, estão marchando para o Grande Dia "Sê Conosco"... Assim foram formados os Arûpa e os Rûpa: da Luz Única, Sete Luzes; de cada uma das Sete, sete vezes Sete Luzes. As Rodas velam pelo Anel...

ESTÂNCIA VI

1. Pelo poder da Mãe de Misericórdia e Conhecimento, Kwan-Yin — a Trina de Kwan-Shai-Yin, que mora em Kwan-Yin-Tien — Fohat, o Sopro de sua Progênie, o Filho dos Filhos, tendo feito sair das profundezas do Abismo inferior a Forma Ilusória de Sien-Tchan e os Sete Elementos.

2. O Veloz e Radiante Um produz os Sete Centros Laya, contra os quais ninguém prevalecerá até o Grande Dia "Sê Conosco"; e assenta o Universo sobre estes Eternos Fundamentos, rodeando Sien-Tchan com os Germes Elementais.

3. Dos Sete — primeiro Um manifestado, Seis ocultos, Dois manifestados, Cinco ocultos; Três manifestados, Quatro ocultos; Quatro produzidos, Três ocultos; Quatro e Um Tsan revelados, Dois e Meio ocultos; Seis para serem manifestados, Um deixado à parte. Por último, Sete Pequenas Rodas girando; uma dando nascimento à outra.

4. Ele as constrói à semelhança das Rodas mais antigas, colocando-as nos Centros Imperecíveis.

Como as constrói Fohat? Ele junta a Poeira de Fogo. Forma Esferas de Fogo, corre através delas e em seu derredor, insuflando-lhes a vida; e em seguida as põe em movimento; umas nesta direção, outras naquela. Elas estão frias, ele as aquece. Estão secas, ele as umedece. Brilham, ele as ventila e refresca. Assim procede Fohat, de um a outro Crepúsculo, durante Sete Eternidades.

5. Na Quarta, os Filhos recebem ordem de criar suas Imagens. Um Terço recusa-se Dois Terços obedecem.

A Maldição é proferida. Nascerão na Quarta; sofrerão e causarão sofrimento. É a Primeira Guerra.

6. As Rodas mais antigas giravam para baixo e para cima...

Os frutos da Mãe enchiam o Todo. Houve combates renhidos entre os Criadores e os Destruidores, e Combates renhidos pelo Espaço; aparecendo e reaparecendo a Semente continuamente.

7. Faze os teus cálculos, ó Lanu, se queres saber a idade exata da Pequena Roda. Seu Quarto Raio "é" nossa Mãe. Alcança o Quarto Fruto da Quarta Senda do Conhecimento que conduz ao Nirvana, e tu compreenderás, porque verás...

ESTÂNCIA VII

1. Observa o começo da Vida informe senciente.

Primeiro, o Divino, o Um que procede do Espírito-Mãe; depois, o Espiritual; os Três provindos do Um, os Quatro do Um, e os Cinco de que procedem os Três, os Cinco e os Sete. São os Triplos e os Quádruplos em sentido descendente; os Filhos nascidos da Mente do Primeiro Senhor, os Sete Radiantes. São eles o mesmo que tu, eu, ele, ó Lanu, os que velam sobre ti e tua mãe, Bhumi.

2. O Raio Único multiplica os Raios menores. A Vida precede a Forma, e a Vida sobrevive ao último átomo. Através dos Raios inumeráveis, o Raio da Vida, o Um, semelhante ao Fio que passa através de muitas contas.

3. Quando o Um se converte em Dois, aparece o Triplo, e os Três são Um; é o nosso Fio, ó Lanu! o Coração do Homem-Planta, chamado Saptaparma.

4. É a Raiz que jamais perece; a Chama de Três Línguas e Quatro Mechas. As Mechas são as Centelhas que partem da Chama de Três Línguas projetada pelos Sete — dos quais é a Chama — Raios de Luz e Centelhas de uma Lua que se reflete nas Ondas moventes de todos os Rios da Terra.

5. A Centelha pende da Chama pelo mais tênue fio de Fohat. Ela viaja através dos Sete Mundos de Mâyâ. Detém-se no Primeiro, e é um Metal e uma Pedra; passa ao Segundo, e eis uma Planta; a Planta gira através de sete mutações, e vem a ser um Animal Sagrado. Dos atributos combinados de todos esses, forma-se Manu, o Pensador. Quem o forma? As Sete Vidas e a Vida Una. Quem o completa? O Quíntuplo Lha. E quem aperfeiçoa o último Corpo? O Peixe, o Pecado e Soma...

6. Desde o Primeiro Nascido, o Fio que une o Vigilante Silencioso à sua Sombra torna-se mais e mais forte e radiante a cada Mutação. A Luz do Sol da manhã se transformou no esplendor do meio-dia...

7. "Eis a tua Roda atual" — diz a Chama à Centelha. "Tu és eu mesma, minha imagem e minha sombra. Eu revesti-me de ti, e tu és o Meu Vâham até o dia 'Sê Conosco', quando voltarás a ser eu mesma, e os outros tu mesma e eu." Então os Construtores, metidos em sua primeira Vestimenta, descem à radiante Terra, e reinam sobre os homens — que são eles mesmos...

(Assim termina o fragmento da narração arcaica, obscura, confusa, quase incompreensível. Tentaremos agora iluminar essas trevas, para extrair o significado dos aparentes absurdos.)

COMENTÁRIOS

AOS TEXTOS E EXPRESSÕES DAS SETE ESTÂNCIAS

(segundo a numeração das Estâncias e dos Slokas)

ESTÂNCIA I

A Noite do Universo

1. O Eterno Pai[1], envolto em suas Sempre Invisíveis Vestes, havia adormecido uma vez mais durante Sete Eternidades.

O "Pai", o Espaço, é a Causa eterna, onipresente, a incompreensível DIVINDADE, cujas "Invisíveis Vestes" são a Raiz mística de toda Matéria e do Universo. O Espaço é a *única coisa eterna* que somos capazes de imaginar facilmente, imutável em sua abstração, e que não é influenciado nem pela presença nem pela ausência de um Universo objetivo. Não tem dimensões, seja em que sentido for, e existe por si mesmo. O Espírito é a primeira diferenciação de "AQUILO" — a Causa sem Causa do Espírito e da Matéria. Segundo o ensinamento do Catecismo Esotérico, não é nem o "vazio sem limites" nem a "plenitude condicionada", mas ambas as coisas simultaneamente. Foi, é e sempre será.

Assim, as "Vestes" representam o númeno da Matéria Cósmica não diferenciada. Não a matéria tal como a conhecemos, mas a essência espiritual da matéria; em seu sentido abstrato, coeterna e una com o Espaço. A Natureza-Raiz é também a fonte das propriedades sutis e invisíveis da matéria visível. É, por assim dizer, a Alma do Espírito Único e Infinito. Os hindus a chamam Mûlaprakriti, e dizem que é a Substância Primordial, que constitui a base do Upâdhi ou Veículo de todos os fenômenos, sejam físicos, psíquicos ou mentais. É a fonte de onde se irradia o Âkâsha.

---

(1) O Espaço.

As "Sete Eternidades" significam evos ou períodos. A palavra Eternidade, tal como a entende a Teologia cristã, não tem sentido para os asiáticos, exceto quando aplicada à Existência Única. O termo "sempiterno", que é o eterno somente em relação ao futuro, não passa de uma expressão errônea [2]. Tais palavras não existem nem podem existir na metafísica filosófica, e eram até desconhecidas anteriormente ao cristianismo eclesiástico. As Sete Eternidades significam os sete períodos de um Manvantara, ou um espaço de tempo correspondente à sua duração; e abrangem toda a extensão de um Mahâkalpa ou "Grande Idade" (100 anos de Brahmâ), perfazendo um total de 311.040.000.000.000 anos. Cada Ano de Brahmâ se compõe de 360 Dias e de igual número de Noites de Brahmâ (computando-se pelo Chandrâyama ou ano lunar); e um Dia de Brahmâ corresponde a 4.320.000.000 anos comuns. Estas Eternidades se relacionam com cálculos os mais secretos, em que, para a obtenção do total exato, cada cifra deve ser 7^x, variando o expoente x conforme a natureza do ciclo no mundo subjetivo ou real; e também todo número ou cifra que represente os diversos ciclos (do maior ao menor), ou a eles se refira, no mundo objetivo ou ilusório, deve ser necessariamente múltiplo de 7. Não é possível dar a chave dessas operações, porque ela envolve o mistério dos cálculos esotéricos, e para fins de cálculos ordinários deixa de ter sentido. "O número 7", diz a Cabala, "é o grande número dos Mistérios Divinos". O número 10 é o de todos os conhecimentos humanos (a Década pitagórica); 1.000 é a terceira potência de 10; e, portanto, o número 7 é igualmente simbólico. Na Doutrina Secreta, o número 4 é o símbolo masculino apenas no plano mais elevado da abstração; no plano da matéria, o 3 é o masculino e o 4 o feminino — a linha vertical e a horizontal no quarto grau do simbolismo, em que os símbolos se convertem em signos dos poderes geradores no plano físico.

2. O Tempo não existia, porque dormia no Seio infinito da Duração.

O "Tempo" não é mais que uma ilusão ocasionada pela sucessão dos nossos estados de consciência, à medida que viajamos através da Duração Eterna; e deixa de existir quando a consciência em que tal ilusão se produz já não exista; então, ele "jaz adormecido". O Presente não é senão uma linha matemática que separa aquela parte da Duração Eterna, que chamamos Futuro, daquela outra a que damos o nome de Passado. Nada há sobre a Terra que tenha uma duração real, pois nada permanece sem mutação, ou no mesmo estado, durante um bilionésimo de segundo que seja; e a sensação que temos da realidade desta divisão do Tempo, conhecida como o Presente, advém da impressão momentânea ou das impressões sucessivas que as coisas comunicam aos nossos sentidos, à medida que passam da região do

---
(2) Lê-se no *Vishnu Purâna*, livro II, c. VIII: "Entende-se por imortalidade a existência até o fim do Kalpa"; e Wilson, o tradutor, observa em uma nota: "Eis, segundo os *Vedas*, tudo o que se deve entender com respeito à imortalidade (ou eternidade) dos deuses; êstes perecem ao consumar-se a dissolução universal (ou Pralaya)." E a Filosofia Esotérica diz: "Não *perecem*, mas são reabsorvidos."

ideal, que denominamos Futuro, à região da memória, que chamamos Passado. Da mesma forma, uma centelha elétrica instantânea produz em nós uma sensação de duração, por deixar em nossa retina uma impressão que continua. As pessoas e as coisas reais e efetivas não são unicamente o que se vê em um dado momento, mas consistem na soma de todas as suas múltiplas e cambiantes condições, desde o instante em que aparecem sob forma material até àquele em que deixam de existir sobre a terra. Estas "somas totais" estão eternamente no Futuro, e passam gradualmente através da matéria para ficarem eternamente no Passado. Ninguém dirá que uma barra de metal que se arremessa ao mar começa a existir a partir do momento em que deixa a atmosfera, e que cessa de existir quando penetra na água; nem que tal objeto consiste tão somente em sua seção transversal coincidente, em determinado momento, com o plano matemático que separa e une, ao mesmo tempo, a atmosfera e o oceano. Analogamente, é o que sucede com as pessoas e as coisas que, caindo do *"será"* no *"foi"*, isto é, do Futuro no Passado, apresentam ocasionalmente aos nossos sentidos como que uma seção transversal do seu todo à medida que vão passando através do Tempo e do Espaço (como Matéria) em seu caminho de uma eternidade para outra; e estas duas eternidades constituem aquela Duração, na qual, e somente na qual, há algo que tem existência real, que os nossos sentidos confirmariam, se estivessem aptos a conhecê-la.

3. A Mente Universal não existia, porque não havia Ah-hi para contê-la.

"Mente" é o nome dado à totalidade dos Estados de consciência compreendidos sob as denominações de Pensamento, Vontade e Sentimento. Durante o sono profundo, cessa o trabalho de ideação no plano físico e a memória é suspensa; em todo esse tempo, a "Mente não existe", uma vez que o órgão, por cujo intermédio o Ego manifesta a ideação e a memória no plano físico, cessou temporariamente de funcionar. Um númeno não pode chegar a ser fenômeno em qualquer plano de existência sem que se manifeste nesse plano por meio de uma casa ou veículo apropriado; e durante a longa Noite de repouso chamada Pralaya, quando todas as Existências são dissolvidas, a "Mente Universal" permanece como uma possibilidade de ação mental, ou como aquele Pensamento abstrato e absoluto do qual a Mente é a manifestação concreta e relativa. Os Ah-hi (Dhyân Chohans) são as Legiões de Seres espirituais — as Legiões Angélicas do Cristianismo, os Elohim e os "Mensageiros" dos judeus — que constituem o Veículo para a manifestação do Pensamento e da Vontade Divina ou Universal. São as Forças Inteligentes que elaboram as "Leis" da Natureza e as fazem executar, cumprindo, por sua vez, e ao mesmo tempo, as leis que lhes são analogamente ditadas por Poderes ainda mais elevados; mas não são "personificações" das Forças da Natureza, como erroneamente se tem acreditado.

Esta Hierarquia de Seres espirituais, por cujo intermédio atua a Mente Universal, assemelha-se a um exército — uma verdadeira legião — pelo qual se manifesta o poder militar de uma nação, e que se compõe de corpos de tropa, divisões, brigadas, regimentos, etc., cada qual com sua individualidade ou vida distinta, sua liberdade de ação e sua responsabilidade limitadas; estando cada unidade contida em uma individualidade superior, à qual ficam subordinados seus próprios interesses, e encerrando em si, ao mesmo passo, individualidades inferiores.

4. Os Sete Caminhos da Felicidade[3] não existiam (*a*). As Grandes Causas da Desgraça[4] não existiam, porque não havia ninguém que as produzisse e fosse por elas aprisionado (*b*).

(*a*) Há "Sete Caminhos" ou "Vias" que conduzem à "Felicidade" da Não-Existência, que é o absoluto Ser, Existência e Consciência. Não existiam, porque o Universo até então se achava vazio, só existindo no Pensamento Divino.

(*b*) Porque são... as Doze Nidânas, ou Causas do Ser. Cada uma é o efeito da Causa antecedente, e, por seu turno, a causa da que lhe sucede; estando a soma total das Nidânas baseada nas Quatro Verdades, doutrina especialmente característica do Sistema Hînayâna[5]. Pertencem elas à teoria de que todas as coisas seguem o curso da lei, a lei inevitável que produz o mérito e o demérito, e que finalmente faz sentir a força do Carma em toda a sua plenitude. É um sistema fundado na grande verdade de que a reencarnação infunde temor, porque a existência neste mundo só traz ao homem sofrimento, desgraça e dor; sendo a própria morte incapaz de dar ao homem a sua libertação, porque a morte não é mais que a porta pela qual ele passa de uma para outra vida na terra, após um breve repouso no umbral, ou seja, no Devachan. O Sistema Hînayâna, ou Escola do Pequeno Veículo, data de tempos muito remotos, ao passo que o Mahâyâna, ou Escola do Grande Veículo, pertence a um período mais recente e teve início após a morte de Buddha. Todavia, as doutrinas deste último sistema são tão antigas como as montanhas que têm servido de locais para escolas semelhantes desde épocas imemoriais; e na verdade as Escolas Hînayâna e Mahâyâna ensinam ambas a mesma coisa. Yâna, ou Veículo, é uma expressão mística, e os dois "Veículos" significam que o homem pode escapar às tribulações dos renascimentos, e até à ilusória felicidade do Devachan, por meio da obtenção da Sabedoria e do Conhecimento, os únicos que podem dissipar os frutos da Ilusão e da Ignorância.

Mâyâ, ou Ilusão, é um elemento que participa de todas as coisas finitas, porque tudo quanto existe possui tão só um valor relativo, e não absoluto, tendo em vista que a aparência assumida pelo númeno perante o observador depende do poder de cognição deste último. Aos olhos incultos do selvagem uma pintura se apresenta como um aglomerado confuso e incompreensível de linhas e manchas coloridas, ao passo que a vista educada

---
(3) Nirvana, em chinês Nippang; Neibban em birmanês; Moksha na Índia.
(4) Nidâna e Mâyâ. As "Doze" Nidânas (em tibetano Ten-brel Chug-nyi) são as causas principais da existência, efeitos gerados por um encadeamento.
(5) Veja-se Wassilief: *Der Buddhismus*, págs. 97-128.

descobre ali imediatamente uma figura ou uma paisagem. Nada é permanente, a não ser a Existência Una, absoluta e oculta, que contém em si mesma os númenos de todas as realidades. As existências pertencentes a cada plano do ser, incluindo os Dhyan Chohâns mais elevados, são comparáveis às sombras projetadas por uma lanterna mágica em uma superfície branca. No entanto, todas as coisas são relativamente reais, porque o conhecedor é também um reflexo, e por isso as coisas conhecidas lhe parecem tão reais quanto ele próprio.

Para conhecer a realidade das coisas há mister considerá-las antes ou depois de haverem passado, qual um relâmpago, através do mundo material; pois, não podemos discernir essa realidade diretamente, quando só dispomos de instrumentos sensitivos que trazem à nossa consciência apenas os elementos do mundo material. Seja qual for o plano em que possa estar atuando a nossa consciência, tanto nós como as coisas pertencentes ao mesmo plano somos as únicas realidades do momento. À medida, porém, que nos vamos elevando na escala do desenvolvimento, percebemos que, nos estádios já percorridos, havíamos tomado sombras como realidades, e que o progresso ascendente do Ego é um contínuo e sucessivo despertar, cada passo à frente levando consigo a idéia de que então alcançamos a "realidade". Mas só quando houvermos atingido a Consciência absoluta, e com ela operarmos a fusão da nossa, é que viremos a libertar-nos das ilusões de Mâyâ.

5. Só as Trevas enchiam o Todo Sem Limites (*a*), porque Pai, Mãe e Filho eram novamente Um, e o Filho ainda não havia despertado para a nova Roda [6] e a Peregrinação por ela (*b*):

(*a*) As *"Trevas são Pai-Mãe; a Luz é o seu Filho"*, diz antigo provérbio oriental. Não podemos conceber a luz senão considerando-a como proveniente de alguma fonte que lhe seja a causa; e, como no caso da Luz Primordial essa fonte é desconhecida — conquanto a reclamem a razão e a lógica — nós a chamamos "Trevas", do ponto de vista intelectual. Quanto à luz secundária ou reflexa, seja qual seja a sua fonte, não pode ter senão um caráter temporário ou mayávico. As Trevas são, portanto, a Matriz Eterna, na qual as Origens da Luz aparecem e desaparecem. Em nosso plano nada se acrescenta às trevas para convertê-las em luz, nem tampouco à luz para transformá-la em trevas. Elas são permutáveis, e cientificamente a luz é tão-somente um modo das trevas, e *vice-versa*. Contudo, ambas são fenômenos do mesmo númeno, que são trevas absolutas para a mente científica, mas não passam de um obscuro crepúsculo para os místicos em geral, se bem que aos olhos espirituais do Iniciado seja luz absoluta. O grau de luz que podemos perceber no meio das trevas depende da nossa capacidade

---

(6) O termo "Roda" é a expressão simbólica para designar um mundo ou globo, o que demonstra que os antigos sabiam ser a nossa Terra um globo que gira, e não um quadrado imóvel como ensinaram alguns Padres cristãos. A "Grande Roda" é a duração completa do nosso Ciclo de existência, ou Mahâkalpa, isto é, a revolução completa de nossa Cadeia especial de sete Globos ou Esferas desde o princípio até o fim. As "Pequenas Rodas" significam as Rondas, também em número de sete.

de visão. O que para nós é luz, são trevas para certos insetos; e o olho do clarividente vê iluminação ali onde o olho normal só depara escuridão. Quando todo o Universo jazia imerso no sono, isto é, quando havia regressado ao seu elemento primordial, não existia ali nem centro de luminosidade nem olho para perceber a Luz; e as trevas enchiam necessariamente o "Todo Sem Limites".

(*b*) O "Pai e a Mãe" são os princípios masculino e feminino na Natureza-Raiz, os pólos opostos que se manifestam em todas as coisas, em cada plano do Cosmos; ou o Espírito e a Substância, em um aspecto menos alegórico, e cuja resultante é o Universo, ou o "Filho". Eles são "novamente Um", quando, na noite de Brahmâ, durante o Pralaya, tudo no Universo objetivo retorna à sua causa única, eterna e primária, para ressurgir na Aurora seguinte, como acontece periodicamente. "Kârana" — a Causa Eterna — estava só. Para dizer mais claramente: Kârana permanece só durante as Noites de Brahmâ. O anterior Universo objetivo dissolveu-se em sua Causa única, eterna e primária, e mantém-se como que em dissolução no espaço, para diferenciar-se outra vez e cristalizar-se de novo na seguinte Aurora Manvantárica, que será o começo de um novo Dia ou de uma nova atividade de Brahmâ, símbolo de um Universo. Em linguagem esotérica, Brahmâ é o Pai-Mãe-Filho, ou Espírito, Alma e Corpo a um só tempo, sendo cada personagem o símbolo de um atributo e cada atributo ou qualidade um eflúvio graduado do Sopro Divino em suas diferenciações cíclicas, involutivas e evolutivas. No sentido cósmico-físico, é o Universo, a Cadeia Planetária e a Terra; no sentido puramente espiritual, é a Divindade Ignota, o Espírito Planetário e o Homem (o Filho dos dois, produto do Espírito e da Matéria; sua manifestação nos aparecimentos periódicos sobre a terra durante as "Rodas" ou Manvantaras).

6. Os Sete Senhores Sublimes e as Sete Verdades haviam cessado de ser (*a*); e o Universo, filho da Necessidade, estava mergulhado em Paranishpanna (*b*)[7], para ser expirado por aquele que é, e todavia não é. Nada existia(*c*).

(*a*) Os "Sete Senhores Sublimes" são os Sete Espíritos Criadores, os Dhyân Chohans, que correspondem aos Elohim hebreus. É a mesma Hierarquia de Arcanjos a que pertencem São Miguel, São Gabriel e outros, na teogonia cristã. Mas, enquanto na teologia dogmática romana se atribui a São Miguel, por exemplo, a guarda de todos os golfos e promontórios, no Sistema Esotérico os Dhyânis velam, sucessivamente, sobre uma das Rondas e sobre as grandes Raças-Raízes de nossa Cadeia Planetária. Ensina-se, por outra parte, que eles enviam seus Bodhisattvas à Terra, como representantes humanos dos Dhyâni-Buddhas, durante cada Ronda e cada Raça. Das "Sete Verdades" e Revelações, ou melhor, segredos revelados, só quatro nos foram dadas a conhecer; pois estamos ainda na Quarta Ronda, e por isso não teve o mundo, até agora, senão quatro Buddhas. Trata-se, aliás,

---

(7) A Perfeição Absoluta, Piranirvana, que é Yong-Grub.

de questão sobremodo complexa, da qual mais adiante nos ocuparemos com mais amplitude.

Até hoje "existem somente Quatro Verdades e Quatro *Vedas*" — dizem os Hindus e os Budistas. Foi por uma razão semelhante que Irineu insistiu na necessidade de Quatro Evangelhos. Mas, como cada nova Raça-Raiz, no início de uma Ronda, deve ter a sua revelação e os seus reveladores, a próxima Ronda trará consigo a Quinta, a subseqüente a Sexta, e assim por diante.

(*b*) "Paranishpanna" é a perfeição absoluta que todas as existências alcançam no fim de um grande período de atividade, ou Mahâmanvantara, e em que permanecem durante o período seguinte de repouso. Chama-se em tibetano "Yong-Grub". Até os dias da escola Yogâchârya, a verdadeira natureza do Paranirvana era ensinada publicamente; mas desde então passou a ser de todo esotérica, e daí o existirem tantas interpretações contraditórias sobre este assunto. Só um verdadeiro idealista é capaz de compreendê-la. Para entender a significação daquele estado e saber por que o Não-Eu, o Vazio e as Trevas são Três em Um, o que existe por si mesmo e é perfeito, há que considerar tudo como ideal, à exceção do Paranirvana. Este, porém, só é absoluto de um ponto de vista relativo, devendo dar lugar a uma perfeição ainda mais absoluta e de um grau de excelência mais elevado, no subseqüente período de atividade, tal como acontece — se tão material comparação nos é permitida — com uma flor perfeita, que deve cessar de sê-lo e perecer, a fim de converter-se em um fruto perfeito.

A Doutrina Secreta ensina o progressivo desenvolvimento de todas as coisas, tanto dos mundos como dos átomos. Não é possível conceber o princípio desse maravilhoso desenvolvimento, nem tampouco imaginar-lhe o fim. O nosso "Universo" não passa de uma unidade em um número infinito de Universos, todos eles "Filhos da Necessidade", elos da Grande Cadeia Cósmica de Universos, cada qual em relação de efeito com o que o precedeu, e de causa com o que lhe sucede.

O aparecimento e o desaparecimento do Universo são descritos como expiração e inspiração do Grande Sopro, que é eterno e que, sendo Movimento, é um dos três aspectos do Absoluto; os outros dois são o Espaço Abstrato e a Duração. Quando o Grande Sopro expira, é chamado o Sopro Divino e considerado como a respiração da Divindade Incognoscível — a Existência Una —, emitindo esta, por assim dizer, um pensamento, que vem a ser o Cosmos. De igual modo, quando o Sopro Divino é inspirado, o Universo desaparece no seio da Grande Mãe, que então dorme "envolta em suas Sempre Invisíveis Vestes".

(*c*) Por "aquele que é, e todavia não *é*", entende-se aquele Grande Sopro, do qual só podemos dizer que é a Existência Absoluta, sem que nos seja dado representá-lo em nossa imaginação como uma forma qualquer de Existência que possamos distinguir da Não-Existência.

Os três períodos — Presente, Passado e Futuro — são, em filosofia esotérica, um tempo composto; mas apenas em relação ao plano fenomenal, pois que no reino dos números não têm validade abstrata. Como dizem as

Escrituras: "O Tempo Passado é o Tempo Presente, e também o Futuro, o qual, não tendo ainda vindo à existência, entretanto, é" segundo um preceito do Prasanga Madhyamika, cujos dogmas se tornaram conhecidos após a sua separação das escolas puramente esotéricas [8].

Em resumo: nossas idéias quanto à duração do tempo são todas derivadas de nossas sensações, de acordo com as leis de associação. Enlaçadas de modo inextricável com a relatividade do conhecimento humano, essas idéias não podem, contudo, ter existência alguma fora da experiência do eu individual, e perecem quando sua marcha evolutiva dissipa o Mâyâ da existência fenomenal. Qual é, por exemplo, o Tempo, senão a sucessão panorâmica de nossos estados de consciência? Eis aqui as palavras de um Mestre: "Sinto-me desnorteado quando tenho de empregar estas três palavras — Passado, Presente e Futuro; pobres conceitos das fases objetivas do subjetivo todo, e tão mal apropriadas ao seu objeto quanto uma acha à delicada arte do escultor." É um axioma filosófico: há que alcançar Paramârtha para não se converter em fácil presa de Samvriti [9].

7. As Causas da Existência haviam sido eliminadas (*a*); o Visível, que foi, e o Invisível, que é, repousavam no Eterno Não-Ser — o Único Ser (*b*).

(*a*) "As Causas da Existência" significam não somente as causas físicas conhecidas pela ciência, mas também as causas metafísicas, a principal das quais é o desejo de existir, uma resultante de Nidâna e de Mâyâ. Este desejo de uma vida senciente manifesta-se por si mesmo em todas as coisas, desde o átomo ao sol, é um reflexo do Pensamento Divino projetado na existência objetiva sob a forma de uma lei que manda o Universo existir. Segundo o ensinamento esotérico, a causa real daquele suposto e de toda existência permanece sempre oculta, e suas primeiras emanações representam as mais elevadas abstrações que a mente humana pode conceber. Temos que admitir tais abstrações como a causa deste Universo material que se apresenta aos sentidos e à inteligência; e são elas necessariamente o fundamento dos poderes secundários e subordinados à Natureza, que têm sido antropomorfizados e adorados como "Deus" e como "deuses" pelas multidões de todas as épocas.

Impossível é conceber seja lá o que for sem uma causa; tentar fazê-lo é deixar a mente no vazio. Esta é virtualmente a condição em que deve afinal encontrar-se a mente, quando pretendemos acompanhar, de diante para trás, a cadeia de causas e efeitos; mas tanto a Ciência como a Religião

---

(8) Veja-se Dzungarian: *Mani Kumbum*, o "Livro dos 10.000 Preceitos". Consulte-se também Wassilief, *Der Buddhismus*, págs. 327 e 357, etc.

(9) Para dizer com mais clareza: O homem deve adquirir a verdadeira Consciência de Si Mesmo para compreender Samvriti, ou a "origem da ilusão". Paramârtha é sinônimo do termo Svasamvedanâ, ou "a reflexão que se analisa a si mesma". Existe uma diferença na interpretação do significado de Paramârtha entre os Yogâchâryas e os Madhyamikas, mas nenhuma destas duas escolas explica o verdadeiro sentido esotérico da expressão.

se lançam nesse vazio com demasiada precipitação, porque ignoram as abstrações metafísicas, e são estas as únicas causas concebíveis das coisas concretas do mundo físico. As abstrações tornam-se cada vez mais concretas à medida que se aproximam do nosso plano de existência, até que por fim se cristalizam em fenomenais, sob a forma de Universo material, por um processo de conversão do metafísico em físico, semelhante àquele que faz o vapor condensar-se em água e a água solidificar-se em gelo.

(b) A idéia do "Eterno Não-Ser" que é o "Único Ser" aparece como um paradoxo a quem quer que não se dê conta de que nós limitamos nossas idéias sobre o Ser à nossa presente consciência da Existência, dando a este termo um sentido específico, em vez de genérico. Se uma criança ainda no seio materno pudesse pensar, segundo a acepção que damos a esta palavra, limitaria necessariamente e do mesmo modo o seu conceito do Ser à vida intra-uterina, a única por ela conhecida; e se tratasse de exprimir em sua consciência a idéia da vida depois do nascimento (para ela a morte), chegaria provavelmente — na falta de base para o raciocínio e de faculdades para compreendê-la — a definir aquela vida como o "Não-Ser que equivale ao Ser (ou Existência) Real". Em nosso caso, o Ser Uno é o númeno de todos os números, que sabemos devem existir por trás de todos os fenômenos, dando-lhes a sombra do quê de realidade que possuem; mas que não podemos atualmente conhecer por nos faltarem os sentidos e a inteligência indispensáveis à sua percepção. Os átomos impalpáveis de ouro disseminados em uma tonelada de quartzo aurífero podem ser imperceptíveis à vista do mineiro; no entanto, sabe o mineiro não só que ali se encontram, mas também que são eles unicamente que conferem ao minério um valor apreciável; e esta relação entre o ouro e o quartzo pode sugerir apenas uma fraquíssima idéia da que existe entre o númeno e o fenômeno. Com a diferença de que o mineiro sabe que aspecto terá o ouro quando for extraído do quartzo; ao passo que o mortal comum não pode ter noção da realidade das coisas fora do Mâyâ que as vela e oculta. Só o Iniciado, enriquecido pelo conhecimento adquirido através de inúmeras gerações de seus predecessores, dirige o "Olho de Dangma", para a essência das coisas, em que Mâyâ não pode ter nenhuma influência. É neste ponto que os ensinamentos da Filosofia Esotérica, em relação com os Nidânas e as Quatro Verdades, assumem capital importância; são, porém, secretos.

8. A forma Una de Existência (a), sem limites, infinita, sem causa, permanecia sozinha, em um Sono sem Sonhos (b); e a Vida pulsava inconsciente no Espaço Universal, em toda a extensão daquela Onipresença que o Olho aberto de Dangma percebe [10].

---

(10) Na Índia é chamado o "Olho de Shiva"; mas para lá das grandes montanhas é conhecido, na fraseologia esotérica, como o "Olho Aberto de Dangma". Dangma quer dizer alma purificada, aquele que se tornou um Jîvanmukta, o Adepto mais elevado, ou melhor, aquele a quem se dá o nome de Mâhâtma. Seu "Olho Aberto" é olho espiritual e interno do vidente; e a faculdade que por ele se manifesta não é a clarividência como se entende geralmente, ou seja, o poder de ver à distância, mas antes a

(*a*) A tendência do pensamento moderno é voltar à antiga idéia de que as coisas aparentemente mais diversas possuem uma base homogênea — a heterogeneidade emergindo da homogeneidade. Os biologistas procuram neste momento o protoplasma homogêneo, e os químicos o protilo, enquanto a Ciência investiga a força da qual a eletricidade, o magnetismo, o calor, etc., são diferenciações. A Doutrina Secreta leva esta idéia à região da metafísica, com o postulado de uma "Forma Única de Existência" como base e fonte de todas as coisas. Mas é possível que a expressão "Forma Única de Existência" não seja totalmente correta. A palavra sânscrita é Prabhavâpyava, "a região" (seria melhor dizer "o plano") "de onde tudo sai e para onde tudo retorna", como diz um comentador. Não é a "Mãe do Mundo", conforme a tradução de Wilson [11]; porque Jagad Yoni, como demonstra Fitzedward Hall, é mais propriamente a "Causa Material do Mundo" que a "Mãe do Mundo" ou a "Matriz do Mundo". Os comentaristas purânicos a interpretam como Karâna, "Causa"; mas a Filosofia Esotérica a considera o *espírito ideal daquela Causa*. Em seu estado secundário, é o Svabhâvat do filósofo budista, a Eterna Causa-e-Efeito, onipresente e contudo abstrata, a Essência plástica existente por si mesma, e a Raiz de todas as coisas, vista em seu duplo sentido, da mesma forma como o vedantino considera o seu Parabrahman e Mûlaprakriti, o Uno sob dois aspectos. Parece realmente extraordinário ver grandes sábios especularem sobre a possibilidade de que a Vedanta e sobretudo o Uttara-Mîmânsâ tenham sido "inspirados pelos ensinamentos dos budistas", quando, ao contrário, o budismo, o ensinamento de Gautama Buddha, é que foi "inspirado" e construído inteiramente sobre os princípios da Doutrina Secreta, de que ora tentamos apresentar um epítome, ainda que incompleto e nos quais também se apoiaram os *Upanishads* [12]. É uma verdade, que não será lícito obscurecer, diante dos ensinamentos de Sri Shankarâchârya [13].

---

faculdade de intuição espiritual, por meio da qual se pode obter o conhecimento direto e exato. Esta faculdade se acha intimamente relacionada com o "terceiro olho", que a tradição mitológica atribui a certas raças humanas

(11) *Vishnu Purâna*, I, 21.

(12) E, não obstante, uma *pretensa autoridade*, Sir Monier Williams, professor catedrático de sânscrito em Oxford, acaba de negar precisamente este fato. Eis o que ele ensinava ao seu auditório em 4 de junho de 1888, em seu discurso anual perante o Instituto Vitória da Grã-Bretanha: "Em sua origem, o Budismo mostrou-se infenso a todo ascetismo solitário... para alcançar as sublimes alturas do conhecimento. Não possuía nenhum corpo de doutrina, fosse oculto ou esotérico... vedado às pessoas comuns" (!!). E mais: "Quando Gautama Buddha começou o seu ofício, a última e inferior forma de Ioga parece que era muito pouco conhecida." E logo, contradizendo-se, o ilustre conferencista diz aos seus ouvintes: "Sabemos pelo *Lalita-Vestara*, que diversas formas de tortura corporal, automacerações e austeridades eram comuns no tempo de Gautama" (!!). Mas o orador parece ignorar por completo que aquela espécie de tortura e maceração do próprio corpo é precisamente a forma inferior de Ioga, Hatha Yoga, sistema que, segundo suas palavras, era "pouco conhecido" e, no entanto, tão "comum" no tempo de Gautama.

(13) Pretende-se até que todos os Seis Darshanas (escolas de filosofia) apresentam traços da influência de Buddha e traços oriundos ora do Budismo, ora de ensina-

(b) O "Sono sem Sonhos" é um dos sete estados de consciência conhecidos no esoterismo oriental. Em cada um destes estados entra em ação uma parte distinta da mente; ou, como diria um vedantino, o indivíduo é consciente em um plano diferente do seu ser. As palavras "Sono sem Sonhos" são usadas para exprimir uma condição algo semelhante àquele estado de consciência, no homem, que, não dando lugar a nenhuma lembrança no estado de vigília, parece um vazio — da mesma forma que o sono de uma pessoa magnetizada se lhe afigura um vazio inconsciente quando ela retorna à sua condição normal, embora acabasse de falar e conduzir-se durante aquele sono magnético como o faria um indivíduo consciente.

9. Onde, porém, estava Dangma quando o Alaya do Universo [14] se encontrava em Paramârtha (a) [15], e a Grande Roda em Anupâdaka? (b)

(a) Depara-se-nos aqui a questão que constituiu, durante séculos, o fundo das controvérsias escolásticas. Os dois termos "Alaya" e "Paramârtha" foram causa de múltiplas discussões nas escolas, e de que a verdade fosse subdividida em um sem número de aspectos, e isto em escala jamais ocorrida quanto a outras palavras místicas. Alaya é a Alma do Mundo, *Anima Mundi*, a Superalma de Emerson, que, segundo o ensinamento esotérico, muda periodicamente de natureza. Alaya, apesar de eterna e imutável em sua essência interna, nos planos fora do alcance dos homens ou mesmo dos deuses cósmicos (Dhyâni-Buddhas), altera-se durante o período de vida ativa que diz respeito aos planos inferiores, inclusive o nosso. Durante esse tempo, não só os Dhyâni Buddhas são unos com Alaya em Alma e Essência, mas até o homem que realizou a Ioga (meditação mística) "é capaz de fundir sua alma nela", como diz Aryâsanga, da escola Yogachârya. Não é isto o Nirvana, senão uma condição que dele se aproxima. E aqui a divergência. Enquanto os Yogachâryias da escola Mahâyâna dizem que Alaya (Nyingpo e Tsang em tibetano) é a personificação do Vazio e, não obstante, a base de todas as coisas visíveis e invisíveis; e que, apesar de eterna e imutável em sua essência, Alaya se reflete em cada objeto do Universo, "como a lua na água clara e tranqüila" — outras escolas contestam essa proposição. Sucede o mesmo em relação a Paramârtha. Os Yogachâryas interpretam este termo como aquilo que também depende de outras coisas (*paratantra*); e os Madhyamikas dizem que Paramârtha está limitado a Paranishpanna, ou a Perfeição Absoluta; vale dizer que, na exposição destas "Duas Verdades" (entre as Quatro), os primeiros crêem e sustentam que, neste plano pelo menos, só existe Samvritisatya, ou a verdade relativa; e os segundos ensinam a existência de Paramârthasatya, a Verdade Absoluta [16]. "Nenhum Arhat, oh! mendicantes, pode alcançar o conheci-

---

mentos gregos! (Veja-se: Weber, Max Muller, etc.) Devemos lembrar, no entanto, que Colebrooke, "autoridade máxima" em tais assuntos, há muito tempo que resolveu a questão, demonstrando que "os hindus, neste caso, foram os mestres e não os discípulos".

(14) A Alma, como base do mundo, *Anima Mundi*.

(15) O Ser Absoluto e a Consciência Absoluta, que são o Absoluto Não-Ser e a Absoluta Inconsciência.

mento antes de identificar-se com Paranirvana; Parikalpita e Paratantra são os seus dois grandes inimigos"[17]. Parikalpita (em tibetano Kuntag) é o erro em que incidem os que não percebem o caráter vazio e ilusório de todas as coisas, e crêem na existência de algo que não existe, por exemplo, o Não-Eu. E Paratantra é aquilo, seja o que for, que existe unicamente em virtude de uma relação causal ou de dependência, e que deve desaparecer tão logo cesse a causa de que procede, como a chama de um pavio. Suprima-se ou destrua-se o pavio, e a luz desaparece.

Ensina a Filosofia Esotérica que tudo vive e é consciente, mas não que toda vida e toda consciência sejam semelhantes às dos seres humanos ou mesmo dos animais. Nós consideramos a vida como a única forma de existência manifestando-se no que chamamos Matéria, ou naquilo que, no homem, chamamos Espírito, Alma e Matéria (separando-os sem razão). A Matéria é o Veículo para a manifestação da Alma neste plano de existência, e a Alma é o Veículo em um plano mais elevado para a manifestação do Espírito; e os três formam uma Trindade sintetizada pela Vida, que os interpenetra a todos. A idéia da Vida Universal é um daqueles antigos conceitos que estão retornando à mente humana neste século, como conseqüência de sua libertação da teologia antropomórfica. Verdade é que a Ciência se contenta com traçar ou expor os sinais da Vida Universal, não ousando ainda pronunciar ou sequer sussurrar a expressão *Anima Mundi*! A idéia da "vida cristalina", que hoje é familiar à ciência, teria sido repudiada com desprezo meio século atrás. Os botânicos agora investigam os nervos das plantas; não porque suponham que as plantas sejam capazes de sentir ou pensar como os animais, mas por acreditarem que, para explicar o crescimento e a nutrição dos vegetais, é necessária uma estrutura que guarde, na vida das plantas, uma relação funcional idêntica à dos nervos na vida animal. Parece quase impossível que a Ciência se deixe enganar por muito mais tempo com o simples uso de palavras tais como "força" e "energia", tardando em reconhecer que as coisas dotadas de movimento são coisas vivas, quer se trate de átomos ou de planetas.

Mas ao leitor poderá ocorrer a pergunta: Qual é a crença das Escolas Esotéricas sobre esse ponto? Quais as doutrinas ensinadas pelos "budistas" esotéricos?

Para eles, Alaya tem uma dupla significação, e até mesmo tríplice. No sistema Yogachârya da escola contemplativa Mahâyâna, Alaya e, ao mesmo tempo, a Alma Universal, *Anima Mundi*, e o Eu de um Adepto adiantado. "Aquele a quem a Ioga conferiu poderes é capaz de introduzir à vontade o seu Alaya, por meio da meditação, na verdadeira natureza da Existência".

---
(16) *"Paramârthasatya"* é a consciência própria; Svasamvedanâ, ou o pensamento que se analisa a si mesmo; de duas palavras: *parama*, por cima de todas as coisas, e *artha*, compreensão; significando *satya* o ser verdadeiro e absoluto, ou *esse*. Em tibetano, Paramârthasatya é Dondampaidenpa. O oposto a esta realidade absoluta é Samvritisatya — a verdade relativa somente; pois Samvritisatya significa "falso conceito", e é a origem da ilusão, Mâyâ — em tibetano Kundzabchidenpa, "aparência que cria a ilusão".

(17) *Aphorisms of the Bôdhisattvas*.

"Alaya possui uma existência eterna e absoluta" — diz Aryâsanga, o rival de Nâgârjuna [18]. Em certo sentido, é Pradhâna, que o *Vishnu Parâna* define como "a causa não evolucionada, a base original, na denominação enfática dos sábios, o Prakriti sutil, ou seja, o eterno e o que ao mesmo tempo é (ou encerra em si) o que é o que não é, ou é mera evolução" [19]. "A causa contínua, que é uniforme, que é ao mesmo tempo causa e efeito, chamada Pradhâna e Prakriti por aqueles que conhecem os primeiros princípios, é o incognoscível Brahma, que era anterior a tudo" [20]; quer dizer, Brahma não cria nem mesmo produz a evolução, mas unicamente revela vários aspectos de si próprio, um dos quais é Prakriti, aspecto de Pradhâna. "Prakriti", no entanto, não é uma palavra adequada, e Alaya o explicaria melhor, visto que Prakriti não é o "incognoscível Brahma". É um erro ensinar que a *Anima Mundi*, a Vida Una ou Alma Universal, só foi dada a conhecer por Anaxágoras, ou durante sua época; é um erro dos que ignoram a universalidade das doutrinas ocultas desde o berço das raças humanas, e sobretudo por parte daqueles sábios que repugnam até mesmo a idéia de uma "revelação primordial". O ensinamento do filósofo citado teve simplesmente em vista combater os conceitos demasiado materialistas de Demócrito sobre cosmogonia, que se baseavam na teoria exotérica de átomos postos em movimento ao acaso ou *cegamente*. Anaxágoras de Clazomene não foi o inventor daquela doutrina; ele apenas a divulgou, como também o fez Platão. O que Anaxágoras denominava Inteligência do Mundo, o Nous (Νοῦς), o princípio que, segundo as suas idéias, existe absolutamente separado e livre da matéria, atuando com um objetivo preestabelecido, era chamado o Movimento, Vida Una ou Jîvâtmâ, na Índia, desde tempos muito anteriores ao ano 500 antes de Cristo. Os filósofos arianos, porém, a esse princípio, para eles infinito, jamais deram o "atributo de pensar", que é finito [21].

Isto conduz naturalmente ao "Espírito Supremo" de Hegel e dos transcendentalistas alemães, e apresenta um contraste que talvez seja útil assinalar. As escolas de Schelling e de Fichte divergiram muito do conceito arcaico e primitivo de um Princípio Absoluto, e não refletiram senão um (aspecto da idéia fundamental do sistema Vedânta. O "Absoluter Geist" [22], sugerido vagamente por Von Hartmann, em sua filosofia pessimista do "Inconsciente", e que é talvez a maior aproximação das doutrinas hindus "advaítas" a que pôde chegar a especulação européia, está, ainda assim, muito longe da realidade.

---

(18) Âryâsanga foi um Adepto anterior à era cristã e fundador de uma escola esotérica budista, embora Csoma de Koros o situe, por uma razão pessoal, no século VII depois de Cristo. Existiu outra Aryâsanga, que viveu nos primeiros séculos de nossa era, e é bem provável que o sábio húngaro confundisse um com o outro.
(19) *Vishnu Purâna*, I, pág. 20.
(20) *Vishnu Purâna*, Wilson, I, 21; citado do *Vayu Purâna*.
(21) Com isso queremos dizer Consciência Própria Finita. Porque, como pode o Absoluto alcançá-la de outro modo, senão como um *aspecto*, o mais elevado dos que conhecemos — a consciência humana?
(22) Espírito Absoluto.

Segundo Hegel, o "Inconsciente" jamais se daria à tarefa vasta e complexa de fazer evolucionar o Universo, se o não movesse a esperança de alcançar clara consciência de Si Mesmo. Com relação a esse ponto, convém ter presente que os panteístas europeus, quando se referem ao Espírito, termo que empregam como equivalente de Parabrahman, e o chamam Inconsciente, não dão a esta expressão o significado indireto que geralmente implica. Usam-na porque não dispõem de um termo mais apropriado para simbolizar um profundo mistério.

Eles nos dizem que a "Consciência Absoluta por trás dos fenômenos" só é chamada inconsciência por carecer de todo elemento de personalidade; e que transcende a concepção humana. O homem, incapaz de formular um conceito que não seja relacionado a fenômenos empíricos, sente-se impotente, em virtude mesmo da constituição do seu ser, para levantar o véu que encobre a majestade do Absoluto. Só o Espírito liberto é capaz de perceber, vagamente ainda, a natureza de sua própria origem, à qual deverá retornar com o passar dos tempos. Se ao mais elevado dos Dhyân Chohans não cabe senão curvar-se, humildemente, em sua ignorância, diante do insondável mistério do Ser Absoluto; se até naquele ponto culminante da existência consciente — "em que a consciência individual se funde na consciência universal", para usar uma expressão de Fichte — não pode o Finito conceber o Infinito, nem pode aplicar-lhe sua própria medida de experiências mentais, como se poderá dizer que o Inconsciente e o Absoluto tenham sequer algum impulso instintivo ou esperança de alcançar a clara consciência de si mesmo [23]? O Vedantino jamais admitiria esta idéia hegeliana, e o Ocultista diria que ela é perfeitamente aplicável ao Mahat desperto, ou seja, à Mente Universal, já projetada no mundo fenomenal como aspecto primeiro do Imutável Absoluto, mas nunca a este último. "O Espírito e a Matéria, ou Purusha e Prakriti, são somente os dois aspectos primordiais do Um sem Segundo" — tal é o ensinamento.

O "Nous", que faz mover a matéria, a Alma que a anima, imanente em todos os átomos, manifestada no homem, latente na pedra, tem graus diversos de poder; e esta idéia panteísta de um Espírito-Alma geral, que penetra toda a Natureza, é a mais antiga de todas as concepções filosóficas. O Arqueu não foi uma invenção de Paracelso nem de seu discípulo Van Helmont; pois que este mesmo Arqueu é o "Pai-Éter" localizado, a base manifestada e a origem de todos os fenômenos da vida. A série completa das inumeráveis especulações desta espécie não passa de variações sobre o mesmo tema, cuja nota predominante foi dada com aquela "revelação primitiva".

(*b*) A palavra "Anupâdaka", sem pais ou sem progenitores, é uma designação mística que tem várias significações em nossa filosofia. É o nome que se costuma dar aos Seres Celestes como os Dhyân Chohans ou os Dhyâni Buddhas. Estes últimos correspondem misticamente aos Buddhas e

---

(23) Veja-se *Handbook of the History of Philosophy* de Schwegler, na tradução de Sterling, pág. 28.

Bodhisattvas humanos, conhecidos por Mânushi (humanos) Buddhas e chamados mais tarde Anupâdaka, quando operada a fusão de sua personalidade com os seus Princípios Sexto e Sétimo combinados, ou Âtmâ-Buddhi, convertendo-se nas "Almas de Diamante" (Vajrasattvas)[24] ou Mahâtmâs completos. O "Senhor Oculto" (Sang-bai Dag-po), "o que está imerso no Absoluto", não pode ter pais, porque é existente por Si Mesmo, e Uno com O Espírito Universal (Svayambhu)[25], o Svabhâvat em seu mais elevado aspecto. Grande é o mistério da hierarquia dos Anupâdaka; o seu vértice é o Espírito-Alma Universal e a sua base os Mânushi Buddhas; e cada homem dotado de Alma é um Anupâdaka em estado latente. Daí o emprego da expressão: "a Grande Roda (o Universo) era Anupâdaka", quando se alude ao Universo em seu estado sem forma, eterno e absoluto, antes de ser formado pelos "Construtores".

ESTÂNCIA II

A Idéia de Diferenciação

1. ... Onde Estavam os Construtores, os Filhos Resplandecentes da Aurora do Manvantara? (*a*). ... Nas Trevas Desconhecidas, em seu Ah-hi[1] Paranishpanna. Os Produtores da Forma[2], tirada da Não-Forma[3], que é a Raiz do Mundo, Devamâtri[4] e Svabhâvat, repousavam na felicidade do Não-Ser (*b*).

(*a*) Os "Construtores", os "Filhos da Aurora do Manvantara", são os verdadeiros criadores do Universo; e nesta doutrina, que se ocupa so-

---

(24) Vajrapâni ou Vajradhara significa possuidor do diamante (Dorjesempa em tibetano, *sempa* significando a alma); e a qualidade adamantina refere-se à sua indestrutibilidade no futuro. A explicação de "Anupâdaka" contida no *Kâla Chakra* — o primeiro na divisão Gyut do *Kanjur* — é semi-esotérica, e induziu os orientalistas a errôneas especulações quanto aos Dhyâni-Buddhas e seus correspondentes terrestres, os Mânushi-Buddhas. A significação verdadeira vai indicada em volume subseqüente, e a seu tempo será explicada com maior amplitude.

(25) Citando de novo Hegel, que, como Schelling, aceitou praticamente o conceito panteísta dos Avatares periódicos (encarnações especiais do Espírito do Mundo no Homem, como sucede no caso de todos os grandes reformadores religiosos): "A essência do homem é o espírito... só descartando-se de seu modo de ser finito e abandonando-se voluntariamente à pura consciência de si mesmo é que pode alcançar a verdade. O Homem-Cristo, como homem em quem se manifestou a Unidade de Deus-Homem (identidade da consciência individual com a universal, segundo o ensinamento dos Vedantinos e de alguns Advaítas), resumiu em si, com sua morte e sua vida histórica em geral, a eterna história do Espírito, história que todo homem tem que realizar em si mesmo, a fim de existir como Espírito" (*Philosophy of History*, tradução inglesa de Sibree, pág. 340).

(1) Chohânico, Dhyâni-Búddhico.
(2) Rûpa.
(3) Arûpa.
(4) "Mãe dos Deuses", Aditi ou Espaço cósmico. No *Zohar* é chamada Sephira, a Mãe dos Sephiroth, e Shekinah em sua forma primordial *in abscondito*.

mente de nosso sistema planetário, eles, como arquitetos do mundo, são também chamados os "Vigilantes" das Sete Esferas, as quais exotericamente vêm a ser os Sete Planetas, e esotericamente as sete esferas ou Globos de nossa Cadeia. A frase que menciona as Sete Eternidades, no início da Estância I, refere-se tanto ao *Mahâkalpa*, ou "Grande Idade de Brahmâ", como ao *Pralaya* Solar e à ressurreição subseqüente de nosso Sistema Planetário num plano mais elevado. Há diversas espécies de Pralaya (dissolução de uma coisa visível), conforme adiante mostraremos.

(*b*) Importa lembrar que Paranishpanna é o *summum bonum*, o Absoluto, o mesmo que Paranirvana. Além de ser o estado final, é aquela condição de subjetividade relacionada exclusivamente com a Verdade Una Absoluta (Paramârthasatya), em seu próprio plano. É o estado que conduz à verdadeira apreciação do significado pleno do Não-Ser, que é, como já explicamos, o *Absoluto Ser*.

Mais cedo ou mais tarde, tudo quanto agora *parece existir* existirá real e verdadeiramente no estado de Paranishpanna. Mas há uma grande diferença entre o Ser *consciente* e o Ser *inconsciente*. A condição de Paranishpanna sem Paramârtha, a consciência que se analisa a si mesmo (Svasamvedâna), não é a bem-aventurança, mas simplesmente a extinção durante Sete Eternidades. Uma bola de ferro, por exemplo, se esquenta quando exposta aos raios ardentes do Sol, mas não sente nem percebe o calor, como sucede com o homem.

Só *"com uma inteligência clara, não obscurecida pela personalidade, e com a assimilação do mérito de múltiplas existências* consagradas ao Ser em sua coletividade (todo o Universo vivente e *senciente*)" é que poderemos libertar-nos da existência pessoal e realizar a união com aquele Absoluto, identificando-nos com ele [5] e continuando em plena posse de Paramârtha.

2. ... Onde estava o Silêncio? Onde os ouvidos para percebê-lo? Não; não havia Silêncio nem Som (*a*): nada, a não ser o Incessante Alento Eterno [6], para si mesmo ignoto (*b*).

(*a*) A idéia de que as coisas podem cessar de *existir,* sem cessar de *ser,* é fundamental na psicologia do Oriente. Sob esta aparente contradição de termos, há um fato da Natureza; e é mais importante compreendê-lo que discutir as palavras. Um exemplo trivial de paradoxo semelhante pode ser encontrado em uma combinação química. Ainda está em aberto a questão sobre se o hidrogênio e o oxigênio deixam de existir quando se combinam

---

(5) Portanto, Não-Ser é "Absoluto Ser", na filosofia esotérica. Segundo os princípios desta, até Âdi-Buddha (Sabedoria primeira ou primitiva) é, em certo sentido, Ilusão ou Mâyâ, enquanto manifestada, visto que todos os Deuses, Brahmâ inclusive, têm que morrer no fim da Idade de Brahmâ; a abstração Parabrahman — chamem-na Ain-Soph ou, como Herbert Spencer, o Incognoscível — é a única Realidade, a Realidade Una e Absoluta. A Existência Una e sem segundo é Advaíta ("Que não tem Segundo"), e tudo o mais é Mâyâ, conforme a filosofia advaíta.
(6) Movimento.

para formar a água: dizem uns que, se eles reaparecem quando se decompõe a água, é porque aí permaneceram durante todo o tempo; outros sustentam que, tendo-se convertido em algo completamente diferente, aqueles elementos deixaram de existir como tais durante a combinação; uns e outros, porém, se mostram de todo incapazes de conceituar a condição verdadeira de uma coisa que se transformou em outra sem contudo deixar de ser a mesma. Em relação ao oxigênio e ao hidrogênio, pode-se dizer que a existência como água é um estado de Não-Ser, o qual é um ser mais real do que a existência como gases. Este é apenas um símbolo imperfeito da condição do Universo quando adormece ou cessa de ser, durante as Noites de Brahmâ, para despertar e ressurgir quando a Aurora do novo Manvantara o chamar, uma vez mais, para o que nomeamos existência.

(*b*) O "Alento" da Existência Una é expressão adotada pelo esoterismo arcaico só no que respeita ao aspecto espiritual da Cosmogonia; em outros casos, é substituída pelo seu equivalente no plano material — o Movimento. O Elemento Eterno é Único, ou Veículo que contém os elementos, é o Espaço sem dimensões em qualquer sentido; coexistente com a Duração Sem Fim, com a Matéria Primordial (e portanto indestrutível) e com o Movimento, o "Movimento Perpétuo", Absoluto, que é o "Alento" do Elemento Uno. Este Alento, como se vê, não pode cessar jamais, nem mesmo durante as Eternidades Pralaicas.

Mas o Alento da Existência Única não se aplica do mesmo modo à Causa Una sem Causa, ou Oni-Asseidade, em oposição ao Todo-Ser, que é Brahmâ ou o Universo. Brahmâ, o deus de quatro faces, que, depois de haver levantado a Terra do seio das águas, "levou a efeito a Criação", é considerado somente como a Causa Instrumental, e não, conforme claramente se percebe, a sua Causa Ideal. Nenhum orientalista parece haver compreendido, até agora, o verdadeiro sentido dos versículos que, nos *Purânas*, se referem à "criação".

Ali, Brahmâ é a causa das potências que devem ser geradas subseqüentemente para a obra da "Criação". Por exemplo, no *Vishnu Purâna*[7], quando se traduz: "E de Ele procedem as potências que devem ser criadas, depois que se tornarem a causa real", seria talvez mais correta esta tradução: "E de ELE procedem as potências que *hão de criar, ao se converterem* na causa real (no plano material)." A nenhuma outra que não aquela Causa Ideal Única (Sem Causa), pode atribuir-se o Universo. "É em virtude de sua potência (isto é, em virtude da potência daquela causa), ó Asceta, o mais digno dos Ascetas, que cada uma das coisas criadas surge por sua própria e inerente natureza." Se, "na Vedanta e na Nyâyâ, *nimitta* é a causa eficiente em contraposição a *apadhâna*, a causa *material*, (e) na Sânkhya *pradhâna* abrange ambas as funções", — na filosofia esotérica, que concilia todos esses sistemas e cuja explicação mais aproximada é a Vedanta, tal como a expõem os vedantinos advaítas, não se pode especular senão quanto ao *upâdhâna*. O que para os vaishnavas (os Visishthadvaítas) é como o real em opo-

---

(7) Wilson, I, IV.

sição ao ideal — ou Parabrahman e Ishvara — não pode ter lugar em nenhuma das especulações publicadas, visto que ainda esse ideal não passa de uma expressão errônea, quando se aplica ao que nenhuma razão humana, nem sequer a de um Adepto, é capaz de conceber.

O autoconhecimento exige que sejam reconhecidas a consciência e a percepção — e ambas estas faculdades são limitadas em relação a todo e qualquer sujeito, exceto quanto ao Parabrahman. Daí o aludir-se ao "Alento Eterno que não conhece a si mesmo". O Infinito não pode compreender o finito. O Ilimitado não pode ter relação com o limitado e o condicionado. Na doutrina oculta, o MOTOR Ignoto e Incognoscível, ou o Existente por Si Mesmo, é a Essência Absoluta e Divina. E assim, sendo Consciência Absoluta e Absoluto Movimento — para os sentidos limitados dos que tentam descrever o que é indescritível —, é inconsciência e imutabilidade. A consciência concreta não pode ser atribuída à consciência abstrata, mais do que se pode atribuir à água a qualidade de molhar — sendo a umidade seu próprio atributo e a causa da qualidade úmida em outras coisas. Consciência implica limitações e qualificações: algo de que ser consciente, e alguém para ser consciente. Mas a Consciência Absoluta contém o conhecedor, a coisa conhecida e o conhecimento; os três nela coexistem e formam um todo *uno*. Ninguém é consciente senão daquela parte do conhecimento que possa, em qualquer momento dado, evocar na mente; tal é, porém, a pobreza da linguagem humana que não dispomos de termos para distinguir o conhecimento em que não pensamos ativamente do conhecimento que não podemos reter na memória. Esquecer é sinônimo de não recordar. Quanto mais difícil será, então, encontrar palavras para descrever os fatos metafísicos e abstratos, e distinguir-lhes as diferenças! Deve-se ainda ter presente que nós definimos as coisas segundo as suas aparências. À Consciência Absoluta chamamos "Inconsciência", porque assim nos parece que deva ser necessariamente, do mesmo modo que denominamos "Trevas" ao Absoluto, porque este parece de todo impenetrável à nossa compreensão finita. Mas não deixamos de plenamente reconhecer que a nossa percepção dessas coisas não se ajusta a elas. Involuntariamente distinguimos, por exemplo, entre a Consciência Absoluta inconsciente e a Inconsciência, atribuindo à primeira, em nosso foro íntimo, uma qualidade indefinida que corresponde, num plano superior ao que pode a nossa mente conceber, àquilo que conhecemos como consciência em nós mesmos. Mas não será nenhuma espécie de consciência que possamos distinguir do que a nós se apresenta como inconsciência.

3. A Hora ainda não havia soado; o Raio ainda não havia brilhado dentro do Germe (*a*); a Mâtripadma [8] ainda não intumescera (*b*) [9]

(*a*) O "Raio" das "Trevas Eternas", ao ser emitido, converte-se em um Raio de Luz resplandecente ou de Vida, e penetra dentro do "Germe" — o Ponto no Ovo do Mundo, representado pela matéria em seu sentido

---

(8) A Mãe-Lótus.
(9) Expressão não poética, porém muito expressiva.

abstrato. Não se deve, porém, entender a expressão "Ponto" como aplicável a um ponto particular do Espaço, porque existe um germe no centro de cada um dos átomos, e estes coletivamente constituem o "Germe"; ou melhor, como nenhum átomo pode se tornar visível aos nossos olhos físicos, a coletividade deles (se é possível empregar o termo em relação a algo que é ilimitado e infinito) representa o Númeno da Matéria eterna e indestrutível.

(b) Uma das figuras simbólicas do poder Dual e Criador na Natureza (matéria e força no plano material) é "Padma", o nenúfar da Índia. O Lótus é o produto do calor (fogo) e da água (vapor ou éter); representando o fogo, em todos os sistemas filosóficos e religiosos, inclusive no Cristianismo, o Espírito da Divindade [10], o princípio ativo masculino e gerador, e o éter, ou Alma da matéria, a luz do fogo, simbolizando o princípio feminino e passivo, do qual emanaram todas as coisas deste Universo. O éter ou a água é, portanto, a Mãe, e o fogo é o Pai. Sir William Jones (e antes dele a botânica antiga) demonstrou que a semente do lótus contém, mesmo antes de germinar, folhas perfeitamente formadas, verdadeira miniatura da planta em que se vai algum dia transformar; oferecendo-nos a Natureza, deste modo, um exemplo de formação prévia dos seus produtos...; pois as sementes de todas as fanerógamas que têm flores propriamente ditas encerram uma pequena planta embrionária pré-formada [11]. Explica-se assim a frase: "A Mâtripadma ainda não intumescera", sendo que geralmente a forma é sacrificada à idéia-máter ou interior, na simbologia arcaica.

O Lótus ou Padma é, aliás, um símbolo antiquíssimo e favorito do Cosmos e também do homem. Eis as razões populares que justificam sua adoção: em primeiro lugar, precisamente o fato que vimos de mencionar, o de conter a semente do Lótus dentro de si a miniatura perfeita da futura planta, o que simboliza a existência dos protótipos espirituais de todas as coisas no mundo imaterial, antes de se materializarem na Terra; em segundo lugar, a outra circunstância de que o Lótus cresce através da água, com suas raízes no Ilus ou no lodo, para abrir suas flores no ar. O Lótus é assim a imagem da vida do homem e também a do Cosmos, pois a Doutrina Secreta ensina que são idênticos os elementos de ambos e que um e outro se desenvolvem no mesmo sentido. A raiz do Lótus mergulhada no lodo representa a vida material; o talo, que se lança para cima e atravessa a água, simboliza a existência no mundo astral; e a flor, que flutua na água e se abre para o céu, é o emblema da vida espiritual.

4. Seu coração ainda não se abrira para deixar penetrar o Raio Único e fazê-lo cair em seguida, como Três em Quatro, no Regaço da Mãe.

---
(10) Veja-se o Vol. II, Parte II, Seção III, "A Substância Primordial e Pensamento Divino".

(11) Gross: *The Heathen Religion*, pág. 195.

A Substância Primordial ainda não saída do seu estado latente pré-cósmico para a objetividade, diferenciada, nem sequer para se converter no Prótilo invisível (aos olhos do homem pelo menos). Mas, uma vez "soada a hora" e fazendo-se receptora da impressão Fohática do Pensamento Divino (o Logos, ou aspecto masculino da *Anima Mundi*, Alaya), o seu "Coração" se abre. Diferencia-se, e os Três (Pai, Mãe e Filho) passam a ser Quatro. Eis aqui a origem do duplo mistério da Trindade e da Imaculada Conceição. O dogma primeiro e fundamental do Ocultismo é a Unidade Universal (ou Homogeneidade) sob três aspectos. O que conduz a uma concepção possível da Divindade, que, como Unidade absoluta, deve permanecer sempre incompreensível para as inteligências finitas.

"Se queres crer no Poder que atua na raiz de uma planta, ou imaginar a raiz que ela oculta no solo, tens que pensar em seu caule ou tronco, em suas folhas e flores. Não podes imaginar aquele Poder independentemente destas coisas. A Vida não pode ser conhecida senão pela Árvore da Vida..." [12]

A idéia da Unidade Absoluta ficaria por completo anulada em nossa concepção se não dispuséssemos de algo concreto para conter essa Unidade. Sendo absoluta, a Divindade é necessariamente onipresente; e portanto não existe átomo que não A contenha em si. A raiz, o tronco e os inúmeros ramos são três coisas distintas, e no entanto constituem uma árvore. Dizem os cabalistas: "A Divindade é Una, porque é Infinita. É Tríplice, porque sempre está se manifestando." Esta manifestação é trina em seus aspectos, pois, como diz Aristóteles, são necessários três princípios para todo corpo natural se torne objetivo: privação, forma e matéria [13]. Privação significava, na mente do grande filósofo, o que os ocultistas denominam protótipos impressos na Luz Astral, o último dos mundos e planos inferiores da *Anima Mundi*. A união daqueles três princípios depende de um quarto: a Vida que se irradia dos cumes do Inatingível, para converter-se em uma Essência universalmente difundida nos planos manifestados da Existência. E esse Quaternário (Pai, Mãe, Filho, como Unidade, e Quaternário como manifestação viva) foi o fundamento que deu lugar à antiquíssima idéia da Imaculada Conceição, cristalizada agora em um dogma da Igreja Cristã, que assim materializou e fez encarnar este símbolo metafísico, aberrando de todo senso comum. Porque basta ler a *Cabala* e estudar os seus métodos numéricos de interpretação para encontrar a origem daquele dogma. É puramente astronômico, matemático e, sobretudo,

---

(12) *Precepts of Yoga*.
(13) Um vedantino da filosofia Visishthadvaíta diria que, apesar de ser a única Realidade independente, Parabrahman é inseparável de sua trindade. Que Ele é três: "Parabrahman, Chit e Achit", sendo os dois últimos Realidades dependentes e incapazes de existir separadamente; ou, falando com maior clareza, que Parabrahman é a Substância — imutável, eterna e incognoscível — e Chit (Âtmâ) e Achit (Anâtmâ) são suas qualidades, como a forma e a cor são as qualidades de qualquer objeto. Os dois últimos são a vestimenta do corpo, ou melhor, aspectos de Parabrahman, (isto é, sharira). Um ocultista teria, porém, muito que dizer sobre isso; e os vedantinos advaítas igualmente.

metafísico: o Elemento Masculino da Natureza (personificado pelas divindades masculinas e pelos Logos — Virâj ou Brahmâ, Hórus ou Osíris, etc., etc.) — nasce através de (e não de) uma fonte imaculada, personificada na "Mãe", pois aquele Varão, tendo "Mãe", não pode ter "Pai", uma vez que a Divindade Abstrata carece de sexo, por não ser propriamente um Ser, mas Asseidade ou Vida por Si Mesma. Expressemos isto na linguagem matemática do autor de *The Source of Measures*. Falando da "Medida de um Homem" e de seu valor numérico (cabalístico), escreve ele que no capítulo IV do *Gênesis*.

"É chamada a Medida do 'Homem igual a Jehovah', obtendo-se da seguinte maneira: $113 \times 5 = 565$; e o valor de 565 pode ser enunciado sob a forma de $56,5 \times 10$. Aqui o número do Homem, 113, se converte em um fator de $56,5 \times 10$, e a leitura (cabalística) desta última expressão é Jod, He, Vau, He, ou Jehovah... O desdobramento de 565 em $56,5 \times 10$ tem por fim demonstrar como o princípio masculino (Jod) emanou do feminino (Eva); ou, por assim dizer, como o elemento masculino nasceu de uma fonte imaculada. Em outras palavras: uma imaculada conceição."

Deste modo temos a repetição, na Terra, daquele mistério que, segundo os videntes, se realizou no plano divino. O Filho da Virgem Celeste Imaculada (ou o Prótilo Cósmico não diferenciado, a Matéria em sua infinidade) nasce de novo na terra como Filho da Eva terrestre (nossa mãe a Terra) e se torna a Humanidade como um todo — passado, presente e futuro —; porque Jehovah, ou Jod-He-Vau-He, é andrógino, ou macho e fêmea ao mesmo tempo. Em cima, o Filho é todo o Cosmos; embaixo, a Humanidade. A Tríade ou Triângulo se converte no Tetraktys, o sagrado número pitagórico, o Quadrado perfeito e, sobre a Terra, um Cubo de seis faces. O Macroposopo (a Grande Face) passa a ser o Microposopo (a Face Menor); ou, como dizem os cabalistas, o "Ancião dos Dias", descendo sobre Adão-Kadmon, que utiliza como veículo de manifestação, fica transformado no Tetragrammaton. Acha-se então, no "Regaço de Mâyâ", a Grande Ilusão, e entre Ele e a Realidade se interpõe a Luz Astral, a Grande Enganadora dos Sentidos limitados do homem, a menos que o conhecimento venha em seu auxílio por intermédio de Paramârthasatya.

5. Os Sete [14] não haviam ainda nascido do Tecido de Luz. O Pai-Mãe, Svabhâvat, era só Trevas; e Svabhâvat jazia nas Trevas (*a*).

(*a*) A Doutrina Secreta, nas Estâncias que ora apresentamos, se ocupa principalmente, senão por completo, do nosso sistema solar e em especial de nossa Cadeia Planetária. Os "Sete Filhos" são os criadores desta última. Este ensinamento será explicado mais adiante com amplitude maior.

Svabhâvat [15], a "Essência Plástica" que preenche o Universo, é a raiz de todas as coisas. Svabhâvat é, por assim dizer, o aspecto budista con-

---
(14) Filhos.
(15) Veja-se o Vol. II, Parte II, Seção XII, "A Teogonia e os Deuses Criadores".

creto da abstração denominada Mûlaprakriti na filosofia hindu. É o corpo da Alma, e aquilo que o Éter seria em relação ao Âkâsha, sendo este último o animador do primeiro. Os místicos chineses fizeram-no sinônimo de "O Ser". Na tradução chinesa do *Ekashloka-Shâstra* de Nâgârjuna (o Lung-shu da China), sob o nome de *Yib-shu-lu-kia-lun*, se diz que a palavra "Ser" ou "Subhâva" (Yu em chinês) significa "a Substância que dá substância a si mesma"; também se explica como significando "sem ação e com ação", "a natureza que não possui natureza própria". Subhâva, de que se derivou Svabhâvat, compõe-se de duas palavras: *Su*, belo, formoso, bom e *bhâva*, ser ou estado de ser.

6. Estes dois são o Germe, e o Germe é Uno. O Universo ainda estava oculto no Pensamento Divino e no Divino Seio.

O "Pensamento Divino" não implica a idéia de um Pensador Divino. O Universo, não só passado, presente e futuro — o que é uma idéia humana e finita, expressa por meio de um pensamento finito — mas em sua totalidade, o Sat (termo intraduzível), o Ser Absoluto, com o Passado e o Futuro cristalizados em um eterno Presente, eis aí aquele Pensamento Divino refletido em uma causa secundária ou manifestada. Brahman (neutro), como o *Mysterium Magnum* de Paracelso, é um mistério absoluto para a mente humana. Brahmâ, o macho-fêmea, o aspecto e imagem antropomórfica de Brahman, é acessível para a percepção que se baseia na fé cega, muito embora o repugne a razão humana que alcançou a maturidade [16].

Daí a afirmação de que durante o prólogo, por assim dizer, do drama da Criação, ou o começo da evolução cósmica, o Universo (ou o Filho) "estava ainda oculto no Pensamento Divino" e não havia ainda penetrado "no Divino Seio". Esta idéia, observe-se bem, é a fundamental, e constitui a origem de todas as alegorias concernentes aos "Filhos de Deus", nascidos de virgens imaculadas.

ESTÂNCIA III

O Despertar do Cosmos

1. ... A última Vibração da Sétima Eternidade palpita através do Infinito (a). A Mãe intumesce e se expande de dentro para fora, como o Botão de Lótus (b).

(a) O emprego aparentemente paradoxal da expressão "Sétima Eternidade", dividindo assim o que é indivisível, está consagrado na filosofia esotérica. Esta divide a duração sem limites em Tempo incondicionado, eterno e universal (Kâla), e em tempo condicionado (Khandakâla). Um é a abstração ou número do Tempo infinito; o outro, o seu fenômeno,

---

(16) Veja-se o Vol. II, Parte II, Seção III, "A Substância Primordial e o Pensamento Divino.

que aparece periodicamente como efeito de Mahat, a Inteligência Universal, limitada pela duração manvantárica.

Segundo algumas escolas, Mahat é o primogênito de Pradhâna (Substância não diferenciada, ou o aspecto periódico de Mûlaprakriti, a Raiz da Natureza), sendo Prahana chamada Mâyâ, a Ilusão. Sobre este ponto, creio que os ensinamentos esotéricos diferem da doutrina Vedantina, tanto da escola Advaíta como da Visishthadvaíta: pois dizem que, enquanto Mûlaprakriti, o númeno, é existente por si mesmo e sem origem, numa palavra, sem pais (Anupâdaka) e uno com Brahman, Prakriti, seu fenômeno, é periódico e não passa de um fantasma ou projeção do primeiro. De igual modo, Mahat, o primogênito de Jnâna (ou Gnose), Conhecimento, Sabedoria do Logos; é um fantasma refletido do Absoluto Nirguna (Parabrahman), a Realidade Única, "sem atributos nem qualidades"; ao passo que, para alguns vedantinos, Mahat é uma manifestação de Prakriti ou Matéria.

(*b*) A "última Vibração da Eternidade" não estava, portanto, "pre-ordenada" por nenhum Deus em particular, mas surgiu em virtude da Lei eterna e imutável dos grandes períodos de atividade e de repouso, chamados, de modo tão sugestivo e ao mesmo tempo tão poético, os "Dias e Noites de Brahmâ".

A expansão da Mãe (também chamada "Águas do Espaço", "Matriz Universal", etc.) "de dentro para fora" não significa o expandir de um pequeno centro ou foco, mas o desenvolvimento da subjetividade sem limites para uma objetividade também ilimitada, sem referência a magnitude, termo ou área. "*A Substância, (para nós) sempre invisível e material, presente na Eternidade, projetou sua Sombra periódica de seu próprio plano no Regaço de Mâyâ.*" Quer isso dizer que, não sendo tal expansão um aumento de magnitude, porque a extensão infinita não admite nenhum aumento, era uma mudança de estado. A Mãe expande-se "como o botão de Lótus": porque a planta do Lótus não só existe em miniatura na semente (uma de suas características físicas), mas o seu protótipo se acha presente como uma forma ideal na Luz Astral, desde a "Aurora" até a "Noite", durante o período manvantárico, o que acontece, aliás, com todas as coisas neste Universo objetivo, do homem ao verme, da árvore gigante à mais pequenina folha de erva.

Tudo isso, conforme nos ensina a Ciência Oculta, é somente o reflexo temporário, a sombra do eterno protótipo ideal que existe no Pensamento Divino; e observe-se que a palavra "Eternidade" não tem aqui outro sentido que não o de "evo", isto é, o de um período que parece não ter fim, mas que é limitado, o ciclo de atividade chamado Manvantara. Qual é o significado real e esotérico do vocábulo Manvantara, ou, antes, Manu-antara? Quer dizer, literalmente, "entre dois Manus", e há quatorze Manus em cada Dia de Brahmâ, consistindo cada Dia em 1.000 agrupamentos de Quatro Idades, 1.000 "Grandes Idades" ou Mahâyugas. Analisemos agora a palavra Manu. Dizem os orientalistas em seus dicionários que o nome Manu vem da raiz *Man,* pensar; e daí o "homem pensador". Mas, esotericamente, cada Manu, como tipo antropomorfizado de seu ciclo especial (ou Ronda), é tão somente a idéia personificada do "Pensamento Divino" (como o Pimandro hermético); sendo, portanto, cada um dos Manus o deus especial, o criador e formador de tudo quanto aparece no decorrer de seu próprio ciclo ou Manvantara. Fohat é o mensageiro veloz dos Manus (ou Dhyân Chohans) e aquele que faz os protótipos ideais expandirem-se de dentro para fora — ou seja, passarem de modo gradual e em escala descendente por todos os planos, desde o numênico ao fenomenal mais inferior, para que neles floresçam em plena objetividade, como o *maximum* de ilusão ou a matéria em seu estado mais grosseiro.

2. A Vibração se propaga, e suas velozes Asas tocam [1] o Universo inteiro e o Germe que mora nas trevas; as Trevas que sopram [2] sobre as adormecidas Águas da Vida.

Da Mônada pitagórica se diz também que habita a solidão e as "Trevas", como o Germe. A idéia do Sopro das Trevas, que se move sobre as "Águas adormecidas da Vida" — a Matéria Primordial com o Espírito em estado latente —, recorda o primeiro capítulo do *Gênesis*. Sua origem é o Nârâyana bramânico (Aquele que Move as Águas), personificação do Eterno Alento do Todo inconsciente (ou Parabrahman) dos ocultistas orientais. As Águas da Vida, ou o Caos — o princípio feminino no simbolismo —, são o *vacuum* (para nossa visão mental) em que jazem o Espírito latente e a Matéria. Foi o que levou Demócrito a dizer, segundo o seu preceptor Leucipo, que os princípios ou elementos primordiais de tudo eram átomos e um *vacuum*, no sentido de espaço; não, porém, um espaço vazio, pois "a Natureza tem horror ao vácuo", conforme os princípios dos peripatéticos e dos filósofos antigos em geral.

Em todas as Cosmogonias a "Água" desempenha o mesmo papel importante. É a base e a fonte da existência material. Os sábios, confundindo a palavra com o objeto, entenderam que se tratava da combinação química definida do oxigênio com o hidrogênio, e assim deram significação específica a um termo que os ocultistas empregam em sentido genérico e ao qual se atribui, em linguagem cosmogônica, um sentido metafísico e místico. O gelo não é água, nem é vapor; no entanto, possuem os três precisamente a mesma composição química.

3. As Trevas irradiam a Luz, e a Luz emite um Raio solitário sobre as Águas e dentro das Entranhas da Mãe. O Raio atravessa o Ovo Virgem; faz o Ovo Eterno estremecer, e desprende o Germe não-Eterno [3], que se condensa no Ovo do Mundo.

O "Raio Solitário" que penetra nas "Entranhas da Mãe" pode ser interpretado como o Pensamento Divino ou a Inteligência que fecunda o

---

(1) Simultaneamente.
(2) Que se movem.
(3) Periódico.

Caos. Isto se passa no plano da abstração metafísica, ou melhor, naquele plano onde o que chamamos abstração metafísica é uma realidade. O "Ovo Virgem", sendo em certo sentido o ovário abstrato, ou o poder de desenvolvimento pela fecundação, é eterno e sempre o mesmo. E, do mesmo modo que a fecundação de um ovo se dá antes de ser posto, assim o Germe periódico, não eterno, que depois veio a ser, simbolicamente, o Ovo do Mundo, contém em si, quando emerge deste símbolo, "a promessa e a potência" de todo o Universo. Se bem que a idéia *per se* represente naturalmente uma abstração, uma maneira simbólica de expressão, é um símbolo verdadeiro, porque sugere a idéia do infinito como um círculo ilimitado. Apresenta ante a imaginação um quadro do Cosmos surgindo no espaço sem limites, um Universo sem fronteiras em sua extensão, embora não sem limites em sua manifestação objetiva.

O símbolo de um ovo exprime também aquele ensinamento Oculto de que a forma primordial de cada coisa manifestada, desde o átomo ao planeta, desde o homem ao anjo, é esferoidal, sendo a esfera, em todas as nações, o símbolo da eternidade e do infinito, uma serpente que morde a própria cauda. Para compreender, porém, sua significação, é preciso representar a esfera tal como deve ser vista de seu centro. O campo de visão ou de pensamento assemelha-se a uma esfera cujos raios avançam em todas as direções e se estendem pelo espaço ao nosso redor, abrindo-nos perspectivas ilimitadas. É o círculo simbólico de Pascal e dos cabalistas, "cujo centro está em toda parte e a circunferência em parte alguma", conceito que se ajusta à idéia complexa deste emblema.

O "Ovo do Mundo" é talvez um dos símbolos mais universalmente adotados, e altamente sugestivo, tanto no sentido espiritual como no sentido fisiológico ou no cosmológico. Encontra-se, por isso, em todas as teogonias do mundo, quase sempre associado ao símbolo da serpente, que existe por toda parte, nas filosofias como nas religiões — um emblema da eternidade, do infinito, de regeneração, de renovação e de rejuvenescimento, assim como de sabedoria [4]. O mistério de autogeração aparente e da evolução, por meio de seu próprio poder criador, repetindo em miniatura no ovo o processo da evolução cósmica, ambos os processos devidos ao calor e à umidade vitalizados pela irradiação do espírito criador invisível, justifica plenamente a eleição de símbolo tão expressivo.

O "Ovo Virgem" é o símbolo microcósmico do protótipo macrocósmico, a "Virgem-Mãe", o Caos ou Abismo primordial.

O Criador masculino (não importa sob que nome) faz brotar da virgem feminina a Raiz sem mácula, fecundada pelo Raio. Qual a pessoa versada em ciências naturais e astronômicas que não há de ver quanto de sugestivo existe nesse símbolo? O Cosmos, como natureza receptora, é um ovo fecundado, que, não obstante, permanece imaculado; e, desde o momento em que é considerado como um todo sem limites, não pode ter

---

(4) Veja-se, no Vol. II e Parte II, Seção X, "O Culto da Árvore, da Serpente e do Crocodilo".

outra representação que não a da esfera. O Ovo Áureo estava rodeado de sete elementos naturais, "quatro manifestos (éter, fogo, ar e água), três secretos". Consta isso do *Vishnu Purâna,* havendo-se traduzido os elementos por "Envolturas" e acrescentado mais um *secretos* Ahamkâra [5]. O texto original não menciona Ahamkâra; trata dos sete Elementos sem especificar os três últimos.

4. Os Três [6] caem no Quatro [7] A Essência Radiante passa a ser Sete interiormente e Sete exteriormente (*a*). O Ovo Luminoso [8], que é Três em si mesmo [9], coagula-se e espalha os seus Coágulos brancos como o leite por toda a extensão das Profundezas da Mãe: a Raiz que cresce nos Abismos do Oceano da Vida (*b*).

(*a*) Convém explicar o emprego de figuras geométricas e as freqüentes alusões a números, que se vêem em todas as escrituras antigas, como nos *Purânas,* no *Livro dos Mortos* do Egito e até mesmo na *Bíblia*. No *Livro de Dzyan,* tal como na *Cabala,* há duas classes de numeração que é preciso estudar: os algarismos que algumas vezes são simplesmente véus, e os Números Sagrados, cujos valores são conhecidos pelos ocultistas através da Iniciação. Os primeiros são meros signos convencionais; os segundos constituem o símbolo fundamental de tudo. Vale dizer: aqueles são puramente físicos e estes metafísicos; existindo entre uns e outros a mesma relação que entre a Matéria e o Espírito, os pólos extremos da Sabedoria Una.

Balzac, o ocultista inconsciente da literatura francesa, diz alhures que o Número é para a Mente o mesmo que é em relação à Matéria: "um agente incompreensível". Assim será para o profano; nunca para o Iniciado. O número é, como supôs o grande escritor, uma Entidade, e ao mesmo tempo um Alento que emana do que ele chama Deus e nós chamamos o TODO, Alento que é o único organizador do Cosmos físico, "onde nada adquire forma senão por meio da Divindade, a qual é um efeito do Número".

É interessante reproduzir, a esse respeito, as próprias palavras de Balzac:

"As criações mais insignificantes assim como as de maior porte — não se distinguem entre si por suas quantidades, qualidades, dimensões, forças e atributos, elementos todos procedentes do Número? O infinito dos números é um fato demonstrado à nossa mente, mas cuja prova não pode ser dada em termos físicos. Dirá o matemático que o infinito dos números existe, mas não é demonstrável. Deus é um Número dotado de movimento, que se sente mas não se pode demonstrar... *Como Unidade, dá começo aos Números, mas nada tem de comum com eles*... A existência do Número depende da Unidade, que, sem um só número, engendra a todos... Pois quê! Incapaz

---

(5) Wilson, *Vishnu Purâna,* I, 40.
(6) Triângulo.
(7) Quaternário.
(8) Hiranyagarbha.
(9) As três hipóteses de Brahmâ ou Vishnu, os três Avasthâs.

de medir a primeira abstração que a Divindade te apresenta, ou de somente compreendê-la, esperas ainda sujeitar a tuas medidas o mistério das Ciências Secretas que emana dessa mesma Divindade?... E que sentirias tu se eu te sumisse nos abismos do Movimento, na Força que organiza os Números? Que pensarias se te acrescentasse que o *Movimento* e o *Número* [10] são gerados pelo Verbo, a Raiz Suprema dos Videntes e dos Profetas, que nos tempos antigos sentiram o Sopro poderoso de Deus, como o testemunha o Apocalipse?"

(*b*) "A Essência Radiante coagula-se e difunde-se através dos Abismos do Espaço." De um ponto de vista astronômico, é fácil a explicação: é a Via-Láctea, o material de que é feito o mundo, a Matéria Primordial em sua forma incipiente. Mais difícil, porém, é explicá-lo em poucas palavras à luz da Ciência Oculta e da Simbologia, porque se trata do mais complicado dos emblemas, nele se contendo mais de uma dúzia de símbolos. Para começar, encerra todo o Panteão das coisas misteriosas, cada uma das quais possuindo uma significação oculta definida, extraída da alegoria hindu da "Malaxação do Oceano" pelos Deuses [11]. Assim, é deste "Mar de Leite" que procedem Amrita, a água da vida ou da imortalidade, a Surabhi, a "vaca da abundância", chamada a "Fonte do leite e dos coágulos". Daí o culto universal da vaca e do touro; especificando uma, o poder produtor, e o outro, o poder gerador na Natureza: símbolos relacionados com as divindades Solares e Cósmicas. Como as propriedades específicas para o uso oculto das "quatorze coisas preciosas" são explicadas unicamente na Quarta Iniciação, não podem ser expostas aqui; contudo, podemos adiantar o seguinte: Está dito no *Shatapatha Brâhmana* que a Malaxação do Oceano de Leite se deu no Satya Yuga, o primeiro período que se seguiu imediatamente ao "Dilúvio". Mas, como nem o *Rig Veda* nem o *Manu* — ambos anteriores ao "Dilúvio" de Vaivasvata, ou seja, o que aniquilou a maioria da Quarta Raça — fazem referência a esse dilúvio, é evidente que não é nem o Grande Dilúvio, nem o que destruiu a Atlântida, nem mesmo o de Noé, aquele que ali se menciona. Aquela "Malaxação" diz respeito a um período anterior à formação da terra, e se relaciona diretamente com outra lenda universal, cujas várias e contraditórias versões tiveram sua expressão máxima no dogma cristão da "Guerra nos Céus" e da "Queda dos Anjos" [12].

Os *Brâhmanas,* criticados freqüentemente pelos orientalistas, por suas versões contraditórias sobre os mesmos temas, *são, antes de tudo, obras eminentemente ocultas,* fazendo, portanto, uso intencional de "véus". Se assim não fosse, estariam já destruídos, desde os tempos de Akbar.

5. A Raiz permanece, a Luz permanece, os Coágulos permanecem; e, não obstante, Oeaohoo é Uno.

---

(10) O Número, sim, mas nunca o Movimento. É o Movimento que dá origem ao Logos, o Verbo em Ocultismo.

(11) As "quatorze coisas preciosas". A narrativa ou alegoria consta do *Shatapahta Brâhmana* e de outras obras. A Ciência Secreta japonesa dos místicos budistas, o Yamabushi, tem "sete coisas preciosas". Voltaremos ao assunto mais adiante.

(12) Veja-se: Vol. II, Parte II, Seção XI, "Demon est Deus Inversus"; Vol. IV, Parte II, Seção IV, "O Mito dos Anjos Caídos em seus Vários Aspectos"; e também o *Apocalipse,* XII.

"Oeaohoo" é traduzido nos Comentários por "Pai-Mãe dos Deuses", ou o "Seis em Um", ou a *Raiz Setenária de que tudo procede*. Depende do acento que se dê a estas sete vogais: podem pronunciar-se como uma, três e até sete sílabas, acrescentando-se um *e* depois do *o* final. Esse nome místico somente é divulgado porque, sem a posse do segredo de sua tríplice pronúncia não produz efeito algum.

"É Uno" refere-se à não-separatividade de tudo quanto vive e existe, seja em estado ativo ou passivo. Num sentido, Oeaohoo é a Raiz sem Raiz de Tudo, e portanto uno com Parabrahman; noutro sentido, é um nome da Vida Una Manifestada, a Unidade Eterna vivente. A "Raiz" significa, como já se explicou, o Conhecimento Puro (Sattva)[13], a eterna (*nitya*) Realidade não condicionada, ou Sat (Satya), tenha o nome de Parabrahman ou o de Prakriti, pois estes são apenas os dois símbolos do Uno. A "Luz" é o mesmo Raio Espiritual Onipresente, que penetrou e fecundou agora o Ovo Divino, e convoca a Matéria Cósmica para iniciar sua longa série de diferenciações. Os "Coágulos" são a primeira diferenciação; e também se referem, provavelmente, àquela matéria cósmica que se supõe ser a origem da Via-Láctea (a matéria que conhecemos). Esta "matéria", que, segundo a revelação recebida dos primitivos Dhyâni-Buddhas, é, durante o sono periódico do Universo, de tenuidade a máxima que pode perceber a vista do Bodhisattva perfeito; esta matéria, radiante e fria, dissemina-se pelo espaço ao primeiro despertar do movimento cósmico, aparecendo, quando olhada da terra, em forma de cachos e massas, à maneira de coágulos de leite. São as sementes dos mundos futuros, o "material do universo estelar".

6. A Raiz da Vida estava em cada Gota do Oceano da Imortalidade [14], e o Oceano era Luz Radiante, que era Fogo, Calor e Movimento. As Trevas se desvaneceram, e não existiram mais: sumiram-se em sua própria Essência, o Corpo de Fogo e Água, do Pai e da Mãe.

Sendo a Essência das Trevas a Luz Absoluta, as Trevas são consideradas a representação apropriada e alegórica da condição do Universo durante o Pralaya, ou seja, durante o repouso absoluto ou não-ser, tal como aparece à nossa razão finita. "O Fogo, o Calor e o Movimento", de que se fala aqui, não são, por certo, o fogo, o calor e o movimento da ciência física; mas os seus princípios abstratos, os númenos, ou a alma da essência dessas manifestações materiais — as "coisas em si", que, segundo confessa

---

(13) "O termo original para Entendimento é Sattva, que Shankara traduziu por Antaskarana, "purificado pelos sacrifícios e por outras obras santificadoras". No *Katha*, página 148, diz Shankara que "Sattva quer dizer Buddhi, sendo esta a acepção corrente da palavra". (*Bhagavad Gîtâ*, etc., tradução de Kashinath Trimbak Telang, M. A.; citado por Max Muller, pág. 193.) Seja qual for o significado atribuído ao termo pelas diversas escolas, *Sattva* é o nome dado pelos ocultistas do sistema Aryâsanga à Mônada dual, ou Âtmâ-Buddhi; e Âtmâ-Buddhi corresponde neste plano a Parabrahman, e no plano superior a Mûlaprakriti.

(14) Amrita.

a ciência moderna, escapam inteiramente aos processos de investigação com instrumentos de laboratório, e que a mente tampouco pode compreender, embora tenha que admitir que tais essências existem como substratum das coisas.

"Fogo e Água", "Pai e Mãe"[15] — podem entender-se como significando o Raio Divino e o Caos. "O Caos, ganhando a razão por esta união com o Espírito, resplandece de alegria; e assim foi produzido o Protógonos (a Luz Primordial)", diz um fragmento de Hermes. Damáscio o chama Dis, "o que dispõe de todas as coisas"[16].

Segundo os ensinamentos dos Rosa-cruzes, tais como interpretados pelos profanos (e desta vez em parte corretamente), "a Luz e as Trevas são idênticas em si mesmas, sendo separáveis tão-só na mente humana"; e, segundo Roberto Fludd, "a escuridão se fez iluminar para se tornar visível"[17]. Consoante os princípios do ocultismo oriental, as Trevas são a única realidade verdadeira, a base e a raiz da Luz, sem a qual esta última jamais poderia manifestar-se, nem sequer existir. A Luz é Matéria; as Trevas, Espírito puro. As Trevas, em sua base radical e metafísica, são luz subjetiva e absoluta; ao passo que a Luz, com todo o seu esplendor e glória aparentes, não passa de um aglomerado de sombras, pois nunca poderá ser eterna, consistindo simplesmente em ilusão ou Mâyâ.

Até mesmo no *Gênesis*[18], que tanto confunde a razão e perturba a Ciência, a luz é criada das trevas — "e havia trevas sobre a face do abismo" — e não *vice-versa*. "Ali (nas trevas) estava a vida, e a vida era a *luz* dos homens"[19]. Dia virá talvez em que os homens terão seus olhos abertos, e então poderão compreender melhor o versículo do Evangelho de João, que diz: "E a luz brilhou nas trevas, e as trevas não a compreenderam." Verão que a palavra "trevas" não se refere à visão espiritual do homem, mas, em verdade, às Trevas, ao Absoluto, que não compreende (não pode conhecer) a luz transitória, por mais transcendente que pareça aos olhos humanos. *Demon est Deus inversus*. A Igreja dá hoje ao diabo o nome de Trevas, mas a *Bíblia*, no *Livro de Job*, o chama "Filho de Deus", a estrela resplandecente da manhã, Lúcifer. Existe todo um sistema filosófico de artifício dogmático na razão pela qual o primeiro Arcanjo, que emergiu das profundezas do Caos, foi denominado Lux (Lúcifer), o "Filho Luminoso da Manhã", ou da Aurora Manvantárica. A Igreja o transformou em Lúcifer ou Satã, porque era mais antigo e de mais elevada categoria que Jehovah, devendo ser por isso sacrificado ao novo dogma.

7. Vê, ó Lanu![20], o Radiante Filho dos Dois, a Glória refulgente e sem par: o Espaço Luminoso, Filho do Negro Espaço, que surge das Pro-

---

(15) Veja-se "Kwan-Shi-Yin"; não pode ser dado o nome verdadeiro do texto.
(16) *Ancient Fragments*, de Cory, pág. 314.
(17) *On Rosenkranz*.
(18) I, 2.
(19) João, I, 4.
(20) Lanu é um aluno, um *chela* que estuda Esoterismo prático.

fundezas das Grandes Águas Sombrias. É Oeaohoo, o mais jovem, o ***²¹ (*a*). Ele brilha como o Sol. É o Resplandecente Dragão Divino da Sabedoria. O Eka²² é Chatur, e Chatur toma para si Tri, e a união produz Sapta, no qual estão os Sete, que se tornam o Tridasha²³, os Exércitos e as Multidões (*b*). Contempla-o levantando o Véu e desdobrando-o de Oriente a Ocidente. Ele oculta o Acima, e deixa ver o Abaixo como a Grande Ilusão. Assinala os lugares para os Resplandecentes²⁴, e converte o Acima²⁵ num Oceano de Fogo (*c*) sem praias, e o Uno Manifestado²⁶ nas Grandes Águas.

(*a*) "O Espaço Luminoso, Filho do Negro Espaço" corresponde ao Raio que, à primeira vibração da nova Aurora, incidiu sobre as grandes Profundezas Cósmicas, de onde ressurge diferenciado como Oeaohoo, "o mais Jovem" (a "Nova Vida"), para converter-se, ao fim do Ciclo de Vida, no Germe de todas as coisas. É o "Homem Incorpóreo, que traz em si mesmo a Idéia Divina", o gerador da Luz e da Vida, para usar uma expressão de Filon, o Judeu. E é chamado o "Resplandecente Dragão de Sabedoria": em primeiro lugar, porque é o que os filósofos gregos denominavam Logos, o Verbo do Pensamento Divino; em segundo, porque, na filosofia esotérica, sendo esta primeira manifestação a síntese ou a súmula da Sabedoria Universal, Oeaohoo, "o Filho do Sol", contém em si mesmo os Sete Exércitos Criadores (os Sephiroth); sendo assim a essência da Sabedoria manifestada. *"O que se banha na Luz de Oeaohoo jamais será enganado pelo Véu de Mâyâ."*

"Kwan-Shai-Yin" é idêntico ao Avalokiteshvara sânscrito e, como tal, uma divindade andrógina, do mesmo modo que o Tetragrammaton e todos os Logos da antiguidade. Só algumas seitas da China o antropomorfizam e o representam com atributos femininos; e sob este aspecto passa a ser Kwan-Yin, a Deusa da Misericórdia, também chamada a "Voz Divina"²⁷. Esta última é a divindade protetora do Tibete e da Ilha de Puto, na China, onde ambas as divindades têm um certo número de mosteiros²⁸.

---

(21) "Que tu conheces agora como Kwan-Shai-Yin." — *Comentário*.
(22) Eka é um, Chatur quatro, Tri três, e Sapta sete.
(23) "Tridasha", ou trinta, três vezes dez, é uma alusão às divindades védicas, em números redondos, ou com maior precisão 33, um número sagrado. São os 12 Adityas, os 8 Vasus, os 11 Rudras e os 2 Ashvins, filhos gêmeos do Sol e do Céu. É o número fundamental do Panteão hindu, que conta 33 "crores", ou 330 milhões de deuses e deusas.
(24) Estrelas.
(25) O Espaço Superior.
(26) Elemento.
(27) A Sofia dos Gnósticos, "a Sabedoria", que é "a Mãe" da Ogdóada (em certo sentido, Aditi com seus oito filhos), é o Espírito Santo e o Criador de tudo, como nos sistemas antigos. O "Pai" é uma invenção que surgiu mais tarde. O primeiro dos Logos manifestados era, em toda parte, feminino — a mãe dos sete poderes planetários.
(28) Veja-se *Chinese Buddhism*, do Reverendo Joseph Edkins, que expõe os fatos sempre corretamente, embora sejam freqüentes vezes errôneas as suas conclusões. Veja-se, no Volume II, a Parte II, Seção XV, "Sobre Kwan-Shai-Yin e Kwan-Yin".

Os deuses superiores da antiguidade são todos "Filhos da Mãe", antes de se tornarem "Filhos do Pai". Os Logos, como Júpiter ou Zeus, filho de Cronos-Saturno, "o Tempo Infinito" (Kâla), eram originariamente representados como masculino-femininos. De Zeus se diz que é a "Virgem bela", e Vênus é descrita com barba. Apolo em sua origem era bissexual, como também o é Brahmâ-Vach em *Manu* e nos *Purânas*. Pode-se confundir Osíris com Ísis, e Horus é de ambos os sexos. Finalmente, na visão de São João (*Apocalipse*) o Logos, associado agora a Jesus, é hermafrodita, pois que sua descrição o apresenta com seios de mulher. O mesmo sucede em relação ao Tetragrammaton e a Jehovah. Em Esoterismo, porém, há dois Avalokiteshvaras: o Primeiro e o Segundo Logos.

Em nossos dias de política e de ciência, não há símbolo religioso que possa escapar à profanação e à zombaria. Na Índia Meridional teve a autora ocasião de ver um hindu convertido a fazer *pûjàb* com oferendas ante uma imagem de Jesus vestido de mulher e com uma argola no nariz. Como lhe indagássemos a razão desse *travesti,* respondeu-nos que se tratava de Jesus e Maria reunidos em uma só peça, e que o fizera com permissão do Padre, pois o zeloso converso não dispunha de dinheiro para adquirir duas imagens, ou "ídolos", como os qualificou com certa razão outro hindu que testemunhou a ocorrência e não era convertido. Parecerá uma blasfêmia aos olhos do cristão dogmático, mas o teósofo e o ocultista têm que conceber a palma da lógica ao hindu converso. O Christos esotérico da Gnose carece naturalmente de sexo; é, porém, andrógino na teologia exotérica.

(*b*) O "Dragão da Sabedoria" é o Um, o "Eka" ou Saka. É curioso observar que o nome de Jehovah em hebreu é também Um, Achad. "Seu nome é Achad", dizem os rabinos. Cabe aos filólogos decidir qual dos dois termos é derivado do outro, do ponto de vista lingüístico e simbólico; não o será, certamente, a palavra sânscrita. O "Um" e o "Dragão" são expressões usadas pelos antigos, quando se referiam aos seus respectivos Logos. Jehovah — esotericamente Elohim — é também a Serpente ou Dragão que tentou Eva; e o Dragão é um antigo emblema da Luz Astral (o Princípio Primordial), "que é a Sabedoria do Caos". A filosofia arcaica, não reconhecendo nem o Bem nem o Mal como potência fundamental ou independente, mas apresentando essas duas forças como aspectos da Luz pura que, no curso da evolução natural, se condensa gradualmente na forma, convertendo-se, portanto, na Matéria, isto é, no Mal. A ignorância dos primeiros padres cristãos desvirtuou a idéia filosófica e altamente científica contida nesse emblema, transformando-a na absurda superstição do "Diabo". Foram-no buscar aos zoroastrianos do último período, que viam diabos ou o Mal nos Devas hindus; e a palavra *Evil* (Mal) se converteu, assim, numa dupla transmutação, em *D'Evil* (Diabos, Diable, Diavolo, Teufel). Mas os pagãos sempre deram mostra de discernimento filosófico em seus símbolos. O emblema primitivo da serpente simbolizava sempre a Sabedoria Divina e a Perfeição, e era considerado como equivalente à Regeneração psíquica e à Imortalidade. É por isso que Hermes chamava a Serpente o mais espiritual de todos os seres. Moisés, iniciado na sabedoria de Hermes, diz a mesma coisa no *Gênesis*; e a Serpente gnóstica, com as sete vogais sobre a cabeça, era o emblema das Sete Hierarquias dos Criadores Setenários ou Planetários. Daí também a serpente dos hindus Shesha ou Ananta, o Infinito; um nome de Vishnu e o seu primeiro Vâhana, ou veículo, sobre as Águas Primordiais. Entretanto, da mesma forma que os Logos e as Hierarquias de Poderes, devem-se distinguir tais serpentes umas das outras. Shesha ou Ananta, o "Leito de Vishnu", é uma abstração alegórica, simbolizando o Tempo infinito no Espaço, que contém o Germe e dele lança periodicamente a eflorescência (o Universo manifestado); ao passo que o Ophis gnóstico encerra, em suas sete vogais, o mesmo simbolismo tríplice do Oeaohoo de uma, três e sete sílabas da doutrina arcaica, a saber: o Primeiro Logos Não-manifestado, o Segundo Manifestado, o Triângulo que se concretiza no Quaternário ou Tetragrammaton, e os Raios deste no plano material.

Apesar disso, todos eles estabelecem uma distinção entre a boa e a má Serpente (a Luz astral dos cabalistas); a primeira, a encarnação da Sabedoria Divina na região do Espiritual, e a segunda, o Mal, no Plano da Matéria. Porque a Luz Astral, ou o Éter dos antigos pagãos (o nome de Luz Astral é de todo moderno) é o Espírito-Matéria, que, procedente do plano puramente espiritual, se torna cada vez mais grosseiro à medida que desce, até converter-se em Mâyâ, ou a Serpente tentadora e enganosa, em nosso plano.

Jesus admitiu a Serpente como sinônimo de Sabedoria, e em um de seus ensinamentos disse: "Sede sábios como a serpente."

"No começo, antes que a Mãe se convertesse em Pai-Mãe, o Dragão de Fogo se movia sozinho no seio do Infinito." [29] O *Aitareya Brâhmana* chama à terra Sarparâjni, a "Rainha-Serpente" e a "Mãe de tudo o que se move" [30]. Antes de o nosso Globo assumir a forma de ovo (e também o Universo), "um longo rastro de poeira cósmica (ou névoa de fogo) se movia e se retorcia como uma serpente no Espaço". "O Espírito de Deus movendo-se no Caos" foi simbolizado por todos os povos sob a forma de uma serpente de fogo, exalando chama e luz sobre as águas primordiais, até haver incubado a matéria cósmica e fazê-la tomar a forma anular de uma serpente que morde a própria cauda; o que simboliza não somente a Eternidade e o Infinito, mas também a forma esférica de todos os corpos produzidos no Universo daquela névoa de fogo. O Universo, a Terra e o Homem se despojam periodicamente de suas velhas peles, para retomar outras novas depois de um período de repouso, como o faz a serpente. Esta imagem da serpente não é decerto menos graciosa ou menos poética que a da lagarta e da crisálida de que surge a borboleta, emblema grego

---

(29) *Livro de Sarparâjni*.
(30) Veja-se: *Das Kaushitaki Brâhmana*, texto sânscrito, editado por B. Lindner, Ph. D., pág. 132 (1897); e *Rigveda Brâhmanas*, trad. de A. Berriedale Keith, D. Litt, pág. 511, nota 2 (1920).

de Psique, a alma humana. O Dragão era também o símbolo do Logos entre os Egípcios, assim como entre os Gnósticos. No *Livro de Hermes,* Pimandro, o mais antigo e espiritual dos Logos do continente ocidental, aparece a Hermes sob a forma de um Dragão de "Luz, Fogo e Chama". Pimandro, a personificação do "Pensamento Divino", diz:

"A luz sou eu; eu estou em Nous (a Mente ou Manu); eu sou teu Deus, e sou muito mais antigo que o princípio humano que escapa da sombra das Trevas ou a Divindade oculta. Eu sou o germe do Pensamento, o Verbo resplandecente, o Filho de Deus. Tudo o que vê e ouve em ti é o Verbo do Mestre, é o Pensamento Mahat, o qual é Deus, o Pai [31]. O Oceano celeste, o Æther... é o sopro do Pai, o princípio que dá a vida, a Mãe, o Espírito Santo... Porque estes não estão separados, e sua união é a Vida." [32]

Encontramos aqui o eco iniludível da Doutrina Secreta arcaica, de que ora nos ocupamos. Ocorre apenas que esta última não coloca à frente da Evolução da Vida o "Pai", que vem em terceiro lugar e é o "Filho da Mãe"; mas ali situa o "Eterno e Incessante Alento do TODO". Mahat (o Entendimento, a Mente Universal, o Pensamento, etc.), antes de se manifestar como Brahmâ ou Shiva, aparece como Vishnu — diz o *Sânkhya Sâra* [33]. É por isso que ele tem vários aspectos, tal como o Logos. Mahat é chamado o Senhor na Criação *Primária,* e neste sentido é o Conhecimento Universal ou o Pensamento Divino; mas aquele "Mahat, que foi o primeiro a surgir", é depois chamado *Ego-ismo,* quando nasce como (o sentimento mesmo do) "Eu"; é então o que se chama a *"Segunda Criação"* [34]. E o tradutor (um inteligente e culto brâmane, não um orientalista europeu) esclarece, em nota ao pé da página: "isto é, quando Mahat desenvolve o sentimento da consciência de si mesmo, o Eu, então recebe o nome de Egoísmo", o que, em termos esotéricos, significa que, quando Mahat se transforma no Manas humana (ou ainda no dos deuses finitos), passa a ser *Aham*-ismo [35]. A razão por que é chamado o Mahat da criação *Segunda* (ou da *Nona,* a de Kumâra no *Vishnu Purâna*) será explicada mais adiante.

(*c*) O "Mar de Fogo" é, portanto, a Luz Supra-Astral (ou seja, Numênica), a radiação primeira da Raiz Mûlaprakriti, a Substância Cósmica não diferenciada, que se converte em Matéria Astral. Também se chama a "Serpente de Fogo", como já dissemos. Se se atentar em que não há senão Um Elemento Universal infinito, inato e imperecível, sendo tudo o mais — como o mundo dos fenômenos — tão somente aspectos vários e múltiplos e transformações diferenciadas (chamam-se hoje correlações) daquela Uni-

---

(31) "Deus, o Pai" deve aqui significar, sem dúvida, o sétimo princípio no Homem e, no cosmos, princípio que é inseparável, em sua Essência e Natureza, do sétimo princípio cósmico. Em certo sentido, é o Logos dos gregos e o Avalokiteshvara dos "Budistas" esotéricos.
(32) Veja-se o *Divino Pimandro,* trad. do Dr. Everard (1650), reeditado por Hargrave Jennings (1884), págs. 8-9.
(33) Edição de Fitzedward Hall na *Biblioteca Índica,* pág. 16.
(34) *Anugitâ,* cap. XXVI, tradução de K. T. Telang, pág. 333.
(35) Eu-ismo ou Ego-ismo, do sânscrito *aham,* eu.

dade, desde os produtos do macrocosmo até os do microcosmo, desde os seres supra-humanos aos seres humanos e sub-humanos, numa palavra, a totalidade da existência objetiva — então a primeira e maior dificuldade desaparecerá, e a Cosmologia Oculta se fará compreensível. Tanto na Teologia egípcia como na indiana havia uma Divindade *Oculta*, o UNO, e um deus criador andrógino: Shoo era o deus da criação, e Osíris, em sua forma primária e original, o Deus "cujo nome é desconhecido" [36].

Todos os cabalistas e ocultistas, orientais e ocidentais, reconhecem: (a) a identidade do "Pai-Mãe" com o Æther Primordial ou Âkâsha (a Luz Astral); e (b) sua homogeneidade antes da evolução do "Filho", o "Fohat" cosmicamente, pois este é a Eletricidade Cósmica: *"Fohat endurece e dispersa os Sete Irmãos"* [37]: significa que a Entidade Elétrica Primordial (os ocultistas orientais afirmam que a Eletricidade é uma Entidade) vitaliza com a força elétrica a matéria primordial e pré-genética, separando-a em átomos, que são a origem de toda vida e consciência. "Existe um *agente único* universal de toda forma e de toda vida — chama-se Od, Ob e Aour [38], ativo e passivo, positivo e negativo, como o dia e a noite: é o alvor da Criação" (Eliphas Lévi), a "primeira luz" do Elohim primordial, o Adão "andrógino", ou (cientificamente) a Eletricidade e a Vida.

Os antigos o representavam por uma serpente, porque *"Fohat silva, quando desliza de um ponto para outro"* em ziguezagues. A *Cabala* o designa pela letra hebraica Teth O, cujo símbolo é a serpente, que desempenhava tão importante papel nos Mistérios. Seu valor universal é nove, porque é a nona letra do alfabeto e a nona porta das cinqüenta que dão acesso aos mistérios ocultos do ser. É o agente mágico *por excelência*, e na filosofia hermética indica a "Vida insuflada na Matéria Primordial", a essência imanente em todas as coisas e o espírito que lhes determina as formas. São duas, porém, as operações hermética secretas, uma espiritual e outra material, correlativas ambas e unidas sempre. Disse Hermes:

"Tu separarás a terra do fogo, o sutil do sólido... o que sobe da terra para o céu e o que desce do céu para a terra... Isso (a luz sutil) é a potência de toda força, porque domina todas as coisas sutis e penetra todos os sólidos. Assim foi formado o mundo."

Não foi Zenão, o fundador do estoicismo, o único a ensinar que o Universo evoluciona e a substância primária se transforma do estado de fogo no de ar, depois no de água, etc. Heráclito de Éfeso sustentava que

---

(36) Veja-se *Abydos*, de Mariette, II, 63, e III, 413, 414, n.º 1.122.

(37) *Livro de Dzyan*, III.

(38) *Od* é a Luz pura que dá a vida, o fluido magnético; *Ob* é o mensageiro da morte, de que se servem os feiticeiros, o fluido nefasto; *Aour* é a síntese dos dois, a Luz Astral propriamente. Podem os filólogos dizer por que *Od*, termo usado por Reichenbach para designar o fluido vital, é também uma palavra tibetana que significa luz, resplendor, brilho? Em sentido oculto ainda quer dizer "céu". Donde vem, pois, a raiz da palavra; Por outra parte, Âkâsha não é exatamente o Éter, mas algo muito mais elevado, como se mostrará.

o único princípio existente na base de todos os fenômenos da Natureza é o fogo. A inteligência que move o Universo é o fogo, e o fogo é inteligência. E, enquanto Anaximenes diz a mesma coisa do ar, e Thales de Mileto (600 anos antes de Cristo) outro tanto da água, a Doutrina Secreta concilia todos esses filósofos, demonstrando que, embora cada qual esteja com a razão em seu respectivo ponto de vista, nenhum destes sistemas é completo.

8. Onde estava o Germe, onde então se encontravam as Trevas? Onde está o Espírito da Chama que arde em tua Lâmpada, ó Lanu? O Germe é Aquilo, e Aquilo é a Luz, o Alvo e Refulgente Filho do Pai Obscuro e Oculto.

A resposta à primeira pergunta, sugerida pela segunda, que é a réplica do mestre ao discípulo, contém, numa só frase, uma das verdades mais essenciais da filosofia oculta. Indica a existência de coisas imperceptíveis aos nossos sentidos físicos, coisas que são muito mais importantes e muito mais reais e permanentes do que aquelas que impressionam os sentidos. Antes que ao Lanu seja dado compreender o problema de metafísica transcendente que se contém na primeira pergunta, é mister que seja capaz de responder à segunda, na qual se acha precisamente a chave para a resposta correta da outra.

No Comentário sânscrito a esta Estância, são numerosos os termos usados em relação ao Princípio oculto e não revelado. Nos mais primitivos manuscritos da literatura hindu, esta Divindade Abstrata e não revelada carece de nome. É designada geralmente por "Aquilo" (Tad, em sânscrito), significando tudo o que é, foi e será, ou que pode ser assim concebido pela mente humana.

Entre as denominações atribuídas ao Princípio Abstrato pela filosofia esotérica — como "Trevas Insondáveis", "Torvelinho", etc. — também se encontram as de "Aquilo do Kâlahansa", "Kâla-ham-sa" e até mesmo "Kali Hamsa" (Cisne Negro). Aqui o *m* e o *n* são permutáveis, e ambos têm o som nasal da sílaba francesa *an* ou *am*. Sucede no sânscrito, como também no hebreu, que muitos nomes misteriosos e sagrados não dizem ao ouvido mais do que qualquer palavra comum, porque se acham ocultos sob a forma de anagramas ou de outra maneira. Um exemplo disso é a própria palavra Hansa ou Hamsa. Hamsa equivale a "A-Hm-sa", três palavras que significam "Eu sou Ele"; mas, repartindo-se de outro modo, pode ler-se "So-ham". "Ele (sou) Eu". Nesta única palavra está contido o mistério universal, o princípio da identidade da essência do homem com a essência divina, para aquele que entende a linguagem da sabedoria. Daí o emblema e a alegoria de Kâlahansa (ou Hamsa), e o nome dado a Brahman (neutro), e depois ao Brahmâ masculino, de Hansa Vâhana, "o que usa Hamsa como veículo". A mesma palavra também pode ser lida "Kâlaham-sa", ou "Eu Sou Eu na Eternidade do Tempo", o que corresponde à frase bíblica, ou antes zoroastriana, "Eu sou o que sou". Idêntica doutrina se encontra na *Cabala*, como o demonstra o seguinte excerto de um manuscrito inédito do erudito cabalista Sr. S. Liddell McGregor Mathers:

"Usam-se os três pronomes הוא, אתה, אני, Hua, Ateh, Ani — Ele, Tu, Eu —, para simbolizar as idéias do Macroposopo e do Microposopo na *Cabala* hebraica. Hua, "Ele", aplica-se ao Macroposopo oculto; Ateh, "Tu", ao Microposopo; e Ani, "Eu", a este último quando representa a pessoa que fala (Veja-se *Lesser Holy Assembly,* 204 e segs.). É de notar que cada um destes nomes se compõe de três letras; Aleph, א, A, está no fim da primeira palavra Hua e no começo de Atah e de Ani, como que formando o laço de conexão entre os três nomes. Mas Aleph, א, é o símbolo da Unidade e, por conseguinte, da idéia invariável do Divino, operando através de todos eles. Atrás de Aleph, א, na palavra Hua, estão as letras Vau, ו, e He, ה, símbolos dos números Seis e Cinco, o Macho e a Fêmea, o Hexagrama e o Pentagrama. E os números das três palavras Hua, Ateh e Ani são 12, 406 e 61, os quais se acham resumidos nos números-chaves 3, 10 e 7 pela Cabala das Nove Câmaras, que é uma forma da regra exegética de Temura."

É inútil qualquer tentativa de explicar completamente o mistério. Os materialistas e os modernos homens de ciência jamais o compreenderiam, uma vez que, para obter uma clara percepção, seria preciso, primeiro que tudo, admitir o postulado de uma Divindade eterna, onipresente e imanente em toda a Natureza; em segundo lugar, aprofundar o mistério da eletricidade em sua verdadeira essência; e, em terceiro, aceitar que o homem é o símbolo setenário, no plano terrestre, da Grande Unidade, o Uno, o Logos, que é o signo de Sete vogais, o Alento cristalizado no Verbo [39].

Quem admitir tudo isso há de também admitir as combinações múltiplas dos sete planos do Ocultismo e da Cabala, com os doze signos zodiacais, e atribuir, como nós o fazemos, a cada planeta e a cada constelação uma influência que, segundo as palavras de Ely Star, "lhes é própria, benéfica ou maléfica, e isso de acordo com o Espírito planetário que governa cada um, e que, por sua vez, é capaz de influir sobre os homens e as coisas que estão em sintonia com eles e que lhes são afins". Por estas razões, e sendo mui poucos os que nisso acreditam, tudo o que se pode dizer por enquanto é que, em ambos os casos, o símbolo de Hamsa (quer seja Eu, Ele, Ganso ou Cisne) é um símbolo importante, representando, entre outras coisas, a Sabedoria Divina, a Sabedoria nas Trevas, fora do alcance dos homens. Para fins exotéricos, Hamsa, como sabem todos os hindus, é um pássaro fabuloso, que, ao ser-lhe dado (na alegoria) leite misturado com água, separava os dois, bebendo o leite e deixando a água, numa demonstração de sabedoria; pois o leite representa simbolicamente o espírito, e a água a matéria.

A antiguidade remotíssima dessa alegoria se evidencia pela referência constante do *Bhagavad Purâna* a certa casta chamada Hamsa ou Hansa, que era a "casta única" *por excelência,* quando, em tempos mui longínquos, envolto nas brumas de um passado esquecido, não existia entre os hindus mais do que "Um Veda, Uma Divindade e Uma Casta". Há tam-

---

(39) O que também se assemelha às doutrinas de Fichte e dos panteístas alemães. O primeiro venera a Jesus como o grande instrutor que pregou a unidade do espírito do homem com o Espírito de Deus ou Princípio Universal (doutrina advaíta). É difícil encontrar uma só especulação metafísica do Ocidente que não tenha sido antecipada pela filosofia arcaica oriental. De Kant a Herbert Spencer tudo se reduz a um eco mais ou menos desfigurado das doutrinas Dvaíta, Advaíta e Vedantina em geral.

bém nos Himalaias uma montanha que os velhos livros descrevem como situada ao norte do Monte Meru, com o nome de Hamsa, e relacionada com episódios pertencentes à história das iniciações e dos mistérios religiosos. Quanto a Kâlahansa, que nos textos exotéricos e nas traduções dos orientalistas figura como o veículo de Brahmâ-Prajâpati, nisto há completo erro. Brahman, o neutro, é ali chamado Kâla-hansa, e Brahmâ, masculino, Hansa-vahâna, porque certamente "o seu veículo é um cisne ou um ganso"[40]. Trata-se de uma glosa puramente exotérica. Esotérica e logicamente, se Brahman, o infinito, é tudo o que descrevem os orientalistas, e se é também o que dizem os textos vedantinos, uma divindade abstrata, de modo algum caracterizada por atributos humanos; se ao mesmo tempo se sustenta que tem o nome de Kâla-hansa — como pode então vir a ser o Vâhan de Brahmâ, o deus finito manifestado? É precisamente o contrário. O "Cisne ou Ganso" (Hansa) é o símbolo da Divindade masculina ou temporária, Brahmâ, a emanação do Raio primordial, que serve de Vâhan ou Veículo para o Raio Divino, o qual de outro modo não se poderia manifestar no Universo, por ser ele mesmo uma manifestação das Trevas (ou, pelo menos, daquilo que se afigura como tal à mente humana). Brahmâ é, portanto, Kâlahansa, e o Raio, Hansa-vâhana.

É ainda igualmente significativo o estranho símbolo adotado; seu verdadeiro sentido místico é a idéia de uma matriz universal, representada pelas Águas Primordiais do Abismo, ou abertura para a recepção e a subseqüente saída daquele Raio Uno (o Logos), que contém em si os outros Sete Raios Procriadores ou Poderes (os Logos ou Construtores).

Daí terem os Rosa-cruzes elegido por símbolo o pássaro aquático (seja o cisne ou o pelicano) com os seus sete filhotes (símbolo modificado e adaptado à religião de cada país[41]. Ain Suph é chamado no *Livro dos Números*[42] a "Alma de Fogo do Pelicano". Surge em cada Manvantara como Nârâyana ou Svâyambhuva, o Existente por Si, e, penetrando no Ovo do Mundo, dele sai no final da divina incubação, como Brahmâ ou Prajâpati, o progenitor do Universo futuro, no qual se expande. É Purusha (o Espírito), mas também é Prakriti (a Matéria). Por isso, unica-

---

(40) Veja-se o *Dictionary of Hindu Mythology* de Dowson, pág. 57.

(41) Que espécie de ave seja, *cygnus, anser* ou *pelicanus*, não importa, pois é sempre uma ave aquática que flutua ou nada sobre as águas, como o Espírito, saindo depois para dar nascimento a outros seres. A verdadeira significação do símbolo do Grau Dezoito dos Rosa-cruzes é exatamente essa, embora depois o tivessem poeticamente convertido no sentimento maternal do pelicano que dilacera o próprio peito para alimentar com seu sangue os sete filhos pequeninos.

(42) A razão pela qual Moisés proíbe comer o pelicano e o cisne (Deuteronômio, XIV, 16-17), classificando-os entre as aves impuras, e ao mesmo tempo permite comer "gafanhotos, escaravelhos, cigarras e os de sua espécie" (Levítico, XI, 22), é puramente fisiológica, e não tem relação com a simbologia mística, exceto em que a palavra "impura", como qualquer outra palavra, não deve ser entendida no sentido literal — porque é esotérica, como tudo o mais, e tanto pode significar "sagrado" como o contrário. É um "véu" muito sugestivo para o caso de certas superstições, por exemplo, a do povo russo, que não come o pombo, não pelo fato de ser "impuro", mas porque se diz que o Espírito Santo apareceu sob a forma de uma pomba.

mente depois de haver-se dividido em duas metades, Brahmâ-Vâch (a fêmea) e Brahmâ-Virâj (o macho), é que Prajâpati se torna o Brahmâ masculino.

9. A Luz é a Chama Fria, e a Chama é o Fogo, e o Fogo produz o Calor, que dá a Água — a Água da Vida na Grande Mãe [43].

Convém ter presente que os termos "Luz", "Chama" e "Fogo" foram adotados pelos tradutores do vocabulário dos antigos "Filósofos do Fogo" [44] a fim de tornar mais claro o significado dos termos e símbolos arcaicos empregados no original. De outro modo ficariam estes de todo ininteligíveis para o leitor europeu. Para o estudante de Ocultismo, no entanto, os termos mencionados são bastante claros.

A "Luz", a "Chama", o "Frio", o "Fogo", o "Calor", a "Água" e a "Água da Vida" tão todos em nosso plano as resultantes, ou, como diria um físico moderno, as correlações, da Eletricidade. Palavra de tanta força e símbolo ainda mais poderoso! Gerador sagrado de uma progênie não menos sagrada: do Fogo, que é o criador, o conservador e o destruidor; da Luz, que é a essência de nossos divinos antepassados; da Chama, que é a Alma das coisas. A Eletricidade, a Vida Una na escala mais elevada do Ser, e o Fluido Astral, o Atanor dos alquimistas, na inferior; Deus e o Diabo, o Bem e o Mal...

Por que então se diz que a Luz é a "Chama Fria"? Porque, na ordem da Evolução Cósmica (segundo ensina o Ocultismo), a energia que atua sobre a matéria, depois de sua primeira formação em átomos, é gerada em nosso plano pelo Calor Cósmico; e porque o Cosmos, no sentido de matéria não agregada, não existia antes dessa fase. A primeira Matéria Primordial, eterna e coeva do Espaço, e *"que não tem princípio nem fim, não (é) quente nem fria, mas possui uma natureza especial e própria"*, reza o Comentário. O Calor e o Frio são qualidades relativas e pertencem ao domínio dos mundos manifestados, todos procedentes do Hylé manifestado, sendo este, em seu aspecto absolutamente latente, designado sob o nome de "Virgem Fria", e, quando já desperto para a vida, sob o de "Mãe". Os antigos mitos da cosmogonia ocidental dizem que no princípio só existia a névoa fria (o Pai) e o limo prolífico (a Mãe, Ilus ou Hylé), de onde saiu deslizando a Serpente do Mundo (a Matéria) [45]. A Matéria Primordial, pois, antes de surgir do plano daquele que jamais se manifesta, e de despertar à ação vibratória sob o impulso de Fohat, não é senão "uma radiação fria, incolor, sem forma, insípida e desprovida de toda qualidade e aspecto". E assim também é sua Primogenitura, os "Quatro Filhos", que "são Um e se tornam em Sete", as Entidades cujas qualificações e

---

(43) O Caos.
(44) Não os alquimistas da Idade Média, mas os Magos e os Adoradores do Fogo, de quem os Rosa-cruzes ou os filósofos *per ignem*, sucessores dos teurgistas, houveram todas as suas idéias referentes ao Fogo, como elemento místico e divino.
(45) *Ísis sem Véu*, I, 146.

nomes serviram aos ocultistas orientais para designar antigamente quatro dos sete "Centros de Força" primários, ou Átomos, que por último se desenvolvem nos grandes "Elementos" Cósmicos, atualmente subdivididos nos setenta e tantos subelementos conhecidos pela ciência moderna. As quatro "Naturezas Primárias" dos primeiros Dhyân Chohans são chamadas (na falta de melhores nomes) Akhâshica, Etérea, Aquosa e Ígnea. Correspondem, na terminologia do ocultismo prático, às definições científicas dos gases, e podem ser denominadas, para dar uma idéia clara tanto aos ocultistas como ao público em geral, como para-hidrogênica [46], para-oxigênica, oxiidrogênica e ozônica ou talvez nitroozônica; sendo estas últimas forças, ou bases (em Ocultismo, substâncias supra-sensíveis, embora atômicas), de maior efeito e mais ativas quando imprimem sua energia no plano da matéria mais grosseiramente diferenciada. Tais elementos são, por sua vez, eletropositivos e eletronegativos. São eles e muitos outros provavelmente os "elos que faltam" da química. Em alquimia são conhecidos por outros nomes, assim como em ocultismo prático. Combinando e recombinando ou dissociando os "Elementos" de uma certa forma, por meio do Fogo Astral, é como se produzem os maiores fenômenos.

10. O Pai-Mãe urde uma Tela, cujo extremo superior está unido ao Espírito [47], Luz da Obscuridade Única, e o inferior à Matéria, sua Sombra [48]. A Tela é o Universo, tecido com as Duas Substâncias combinadas em Uma, que é Svabhâvat.

No *Mândukya Upanishad* [49] está escrito: "Assim como a aranha estende e recolhe a sua teia; assim como as plantas brotam da terra... assim também o Universo provém de Aquele que não desaparece" — Brahmâ — porque o "Germe das Trevas desconhecidas" é o material de que tudo se desenvolve e evoluciona, "como a teia da aranha e a espuma da água", etc. Mas isto somente será expressivo e verdadeiro se o termo Brahmâ, o "Criador", se derivar da raiz *brih,* crescer ou expandir-se. Brahmâ expande-se e converte-se no Universo tecido de sua própria substância.

A mesma idéia foi admiravelmente traduzida por Goethe nos seguintes versos:

> Assim no estrepitante tear do Tempo eu trabalho
> Tecendo para Deus a veste com que o hás de ver.

11. A Tela se distende quando o Alento do Fogo [50] a envolve; e se contrai quando tocada pelo Alento da Mãe [51]. Então os Filhos [52] se se-

---
(46) "Para" tem o sentido de além de, fora de.
(47) Purusha.
(48) Prakriti.
(49) I, 1, 7.
(50) O Pai.
(51) A Raiz da Matéria.
(52) Os Elementos com seus respectivos Poderes ou Inteligências.

param, dispersando-se, para voltar ao Seio de sua Mãe no fim do Grande Dia, tornando-se de novo uno com ela. Seus Filhos se dilatam e se retraem dentro de Si mesmos e em seus Corações; Eles abrangem o Infinito.

A expansão do Universo sob a ação do "Alento de Fogo" é muito sugestiva, considerada à luz do período da névoa de fogo de que tanto fala a ciência moderna, e de que tão pouco sabe realmente.

O calor intenso separa os elementos compostos e resolve os corpos celestes em seu Elemento Primordial, segundo explica o Comentário.

"Desde o momento em que um corpo, morto ou vivo, se decompõe em seus elementos primitivos, ao entrar no campo de atração ou de ação de um fogo ou centro de calor (energia) — e vários centros se acham disseminados aqui e ali no espaço — fica esse corpo reduzido a vapor, permanecendo no Seio da Mãe, até que Fohat, reunindo algumas partículas da Matéria Cósmica (nebulosas), o impulsione e ponha de novo em movimento, desenvolvendo o calor necessário e deixando-o então prosseguir em sua nova forma de atividade."

A expansão e a contração da "Tela" — ou seja, do material ou dos átomos de que é feito o mundo — exprimem aqui o movimento de pulsação; porque é a contração e a expansão regular do Oceano infinito e sem praias daquilo que podemos chamar o númeno da Matéria, emanado de Svabhâvat, que constituem a causa da vibração universal dos átomos. Mas isso também sugere algo mais. Prova que os antigos conheciam o que em nossos dias intriga tantos homens de ciência e em especial os astrônomos: a causa da primeira ignição da matéria ou do material de que é construído o mundo, o paradoxo do calor produzido pela contração refrigerante, e outros enigmas cósmicos. Demonstra de modo inequívoco que os antigos tinham conhecimento desses fenômenos. *"Em todo átomo existe calor interno e calor externo, o Alento do Pai (Espírito) e o Alento (Calor) da Mãe (Matéria)"* — rezam os Comentários manuscritos aos quais teve acesso a autora; e estes documentos contêm explicações que mostram ser errônea a teoria moderna da extinção dos fogos solares em conseqüência de perda de calor pela radiação. A hipótese é falsa, e até mesmo homens de ciência já o admitem; pois, conforme declara o Professor Newcomb [53], "ao perder calor um corpo gasoso se contrai, e o calor produzido pela contração ultrapassa o que ele perde ao contrair-se". Este paradoxo, de que um corpo se torna mais quente quanto maior é a diminuição de volumes ocasionada pelo esfriamento, tem sido causa de inúmeras polêmicas. O excesso de calor se perde com a radiação — pretendeu-se; e supor que a temperatura não desce *pari passu* com a diminuição de volume, sob uma pressão constante, é não ter em nenhuma conta a lei de Charles [54]. É verdade que a contração desenvolve calor; mas a contração (por esfriamento) não é capaz de produzir a totalidade de calor que em qualquer momento exista

---

(53) *Popular Astronomy*, págs. 507, 508.
(54) Winchell, *Nebular Theory*.

na massa, nem de manter um corpo a uma temperatura constante, etc. O Professor Winchell tenta explicar o paradoxo — que na realidade só é aparente, como o demonstrou J. Homer Lane [55] ao sugerir que "existe alguma coisa além do calor". "Não será porventura" — indaga — "uma simples repulsão entre as moléculas, que varie segundo alguma lei de distância?" [56] Mas só poderá firmar-se o consenso quando essa "alguma coisa além do calor" for chamada "Calor Sem Causa", o "Alento do Fogo", a Força onicriadora, dirigida pela Inteligência Absoluta; e não é provável que a Ciência Física o admita.

Seja como for, a leitura desta Estância mostra que, apesar da fraseologia arcaica, o seu ensinamento é mais científico que o da própria ciência moderna.

12. Então Svabhâvat envia Fohat para endurecer os Átomos. Cada qual [57] é uma parte da Tela [58]. Refletindo o "Senhor Existente por Si Mesmo" [59] como um Espelho, cada um vem a ser, por sua vez, um Mundo [60].

Fohat endurece os Átomos; isto é: comunicando-lhes energia, separa os "Átomos" ou a Matéria Primordial. *"Ele se dispersa, ao dispersar a matéria em forma de Átomos"*, diz o Comentário.

É por meio de Fohat que as idéias da Mente Universal são impressas na Matéria. Pode-se ter uma noção ligeira da natureza de Fohat pela denominação de "Eletricidade Cósmica", que algumas vezes lhe é dada; mas neste caso, às propriedades conhecidas da Eletricidade em geral, devem acrescentar-se, outras, inclusive a inteligência. E é interessante observar que a ciência moderna vem de reconhecer, finalmente, que toda atividade cerebral é acompanhada de fenômenos elétricos.

ESTÂNCIA IV

As Hierarquias Setenárias

1. ... Escutai, ó Filhos da Terra. Escutai os vossos Instrutores, os Filhos do Fogo (*a*). Sabei: não há nem primeiro nem último; porque tudo é Um Número que procede do Não-Número (*b*).

(a) As expressões "Filhos do Fogo", "Filhos da Névoa de Fogo" e outras análogas exigem um esclarecimento. Elas se relacionam com um

---

(55) *American Journal of Science*, julho de 1870.
(56) Winchell, *World Life*, págs. 83-5.
(57) Dos átomos.
(58) O Universo.
(59) A Luz Primordial.
(60) Diz-se assim porque a chama de um fogo em si mesma é inesgotável, podendo-se acender as luzes do Universo inteiro com uma simples vela sem lhe diminuir a chama.

grande mistério primitivo e universal, que não é fácil explicar. Há uma passagem do *Bhagavad-Gîtâ*, em que Krishna, falando simbólica e esotericamente, diz:

"Eu indicarei os tempos [condições]... em que os devotos, ao partirem [desta vida], o fazem para não voltar jamais a [renascer], ou para voltar a [encarnar-se de novo]. O fogo, a chama, o dia, a lua crescente, [a quinzena feliz], os seis meses do solstício do Norte, partindo [morrendo]... neles, os que conhecem a Brahman [os Yogis], vão a Brahman. O fumo, a noite, a lua minguante [a quinzena nefasta], os seis meses do solstício do Sul [morrendo]... nestes, o devoto vai à esfera lunar [também a Luz Astral], e volta [renasce]. Esses dois caminhos, um iluminado e outro sombrio, consideram-se eternos neste mundo [ou Grande Kalpa — idade]. Por um deles [o homem] vai para nunca mais voltar; pelo outro, retorna." [61]

Os termos "fogo", "chama", "dia", "lua crescente (quinzena iluminada ou feliz)", etc.; e "fumo", "noite" e outros, que conduzem tão somente à senda Lunar, são ininteligíveis sem o conhecimento do Esoterismo. Todos eles são *nomes de várias divindades* que presidem aos Poderes Cosmopsíquicos. Falamos amiúde da Hierarquia das "Chamas", dos "Filhos do Fogo", etc. Shankarâchârya, o mais sábio dos Mestres Esotéricos da Índia, diz que o Fogo significa uma divindade que preside ao Tempo (Kâla). O ilustre tradutor do *Bhagavad Gîtâ*, Kashirâth Trimbak Telang, M. A., de Bombaim, confessa que "não tem nenhuma idéia clara sobre o significado destes versículos" [62]. Ao contrário, para os que conhecem a doutrina oculta, eles são de absoluta clareza. Os versículos encerram o sentido místico dos símbolos solares e lunares. Os Pitris são Divindades Lunares e nossos antepassados, porque eles *criaram o homem físico*. Os Agnishvattas, os Kumâras (os sete sábios místicos), são Divindades Solares, apesar de serem também Pitris; e são os "Formadores do Homem *Interno*". Chamam-se "Filhos do Fogo" porque foram os primeiros Seres (aos quais a Doutrina Secreta dá o nome de "Mentes") evolucionados do Fogo Primordial. "O Senhor é um Fogo que consome" [63]. "O Senhor aparecerá... com os seus anjos poderosos, como uma labareda de Fogo" [63A]. O Espírito Santo desceu sobre os Apóstolos sob a forma de "línguas de fogo" [64]. Vishnu voltará sobre Kalti, o Cavalo Branco, como último Avatar, no meio de fogo e de chamas; e Sosiosh descerá também montado em um Cavalo Branco, num "torvelinho de fogo". "E vi o céu aberto, e eis que surge um Cavalo Branco, no qual estava montado... e o seu nome chama-se o Verbo de Deus" [65], isso no meio de um fogo ardente. O fogo é o Æther em sua forma mais pura e por isso não é considerado como matéria; é a unidade do Æther — a segunda divindade manifestada — em sua universalidade. Mas há dois "Fogos", e os ensinamentos ocultos fazem uma

---

(61) Tradução de Telang, *Sacred Books of the East*; cap. VIII, pág. 80.
(62) *Op. cit.*, p. 81.
(63) *Deuteronômio*, IV, 24.
(63A) *Aos Tessalonicenses*, I, 7-8.
(64) *Atos*, II, 3.
(65) *Apocalipse*, XIX, 11-13.

distinção entre eles. Do primeiro, ou Fogo puramente *sem forma e invisível*, oculto no *Sol Central Espiritual*, diz-se que é Tríplice (metafisicamente); ao passo que o Fogo do Cosmos manifestado é Setenário em nosso sistema solar e em todo o Universo. *"O fogo do conhecimento consome toda ação no plano da Ilusão"* — diz o Comentário. *"Portanto, os que o conquistaram, e estão emancipados, são chamados Fogos"*. Falando dos *sete* sentidos, simbolizados como Hotris ou Sacerdotes, diz Nârada no *Anugîtâ*: "Assim, estes sete (sentidos: olfato, gosto, cor, som, etc.) são as causas da emancipação"; e o tradutor acrescenta: "É destes sete que o Eu interno deve emancipar-se. 'Eu' (na frase 'Eu sou... desprovido de qualidades') deve significar o Eu interno, e não o Brâhmana que fala." [66]

(*b*) A expressão "Tudo é Um Número que procede do Não-Número" refere-se ainda àquele princípio universal e filosófico que explicamos no Comentário à 4.ª Sloka da Estância III. O absoluto carece, naturalmente, de Número; mas o princípio recebe uma significação ulterior quando aplicado no Espaço e no Tempo. Quer dizer que não somente cada incremento de tempo é parte de outro maior, até a duração mais prolongada que a inteligência humana possa conceber, mas também que se não pode considerar uma coisa manifestada senão como parte de um todo; sendo a agregação total o Universo Uno Manifestado, que procede do Não-Manifestado ou Absoluto chamado Não-Ser ou "Não-Número", para distinguir-se do Ser ou "Número Único".

2. Aprendei o que nós, que descendemos dos Sete Primordiais, nós, que nascemos da Chama Primordial, temos aprendido de nossos Pais...

A explicação do texto acima será dada no Livro II. A expressão "Chama Primordial" confirma o que ficou dito no primeiro parágrafo do precedente Comentário da Estância IV.

A diferença entre os Construtores "Primordiais" e os Sete subseqüentes consiste em que aqueles são o Raio e a Emanação direta do primeiro "Quatro Sagrado", a Tetraktys, ou seja, o Eternamente Existente por Si mesmo — eterno em *essência*, note-se bem, não em manifestação — e distinto do Uno Universal. Latentes durante o Pralaya e ativos durante o Manvantara, os "Primordiais" procedem do "Pai-Mãe" (Espírito-Hylé ou Ilus); ao passo que o Quaternário Manifestado e os Sete procedem unicamente da "Mãe". Esta última é a Virgem Mãe Imaculada, que é encoberta, e não fecundada, pelo Mistério Universal, quando ela surge do seu estado de Laya ou condição não diferenciada. É claro que, na realidade, todos são *um*; mas os seus aspectos, nos diferentes planos do Ser, são vários.

Os "Primordiais" são os Seres mais elevados da Escala da Existência. São os Arcanjos do Cristianismo, os que se recusaram a criar, ou melhor, a reproduzir-se, como o fez Miguel nesse sistema religioso, e como o fizeram os "Filhos Maiores nascidos da Mente" de Brahmâ (Vedas).

---

(66) Tradução de Telang, *Sacred Books of the East*, VIII, 278.

3. Do Resplendor da Luz — o Raio das Trevas Eternas — surgem no Espaço as Energias despertadas de novo [67]; o Um do Ovo, o Seis e o Cinco (*a*). Depois o Três, o Um, o Quatro, o Um, o Cinco, o duplo Sete, a Soma Total (*b*). E estas são as Essências, as Chamas, os Construtores, os Números (*c*), os Arûpa [68], os Rûpa [69] e a Força ou o Homem Divino, a Soma Total. E do Homem Divino emanaram as Formas, as Centelhas, os Animais Sagrados (*d*) e os Mensageiros dos Sagrados Pais [70] dentro do Santo Quatro [71].

(*a*) A primeira frase entende com a Ciência Sagrada dos Números; ciência realmente tão sagrada e tão importante que dificilmente se pode dar uma idéia do assunto, mesmo em uma obra extensa como a presente. Sobre as Hierarquias e os números exatos daqueles seres, invisíveis para nós (exceto em raríssimas ocasiões), repousa o mistério da estrutura do Universo inteiro. Os Kumâras, por exemplo, são chamados os "Quatro", embora em verdade sejam sete; isso porque Sanaka, Sananda, Sanâtana e Sanatkumâra são os principais Vaidhâtra (é o seu nome patronímico) que surgiram do "quádruplo mistério".

Para maior clareza, vamos socorrer-nos de dados mais familiares aos leitores, os dados bramânicos.

Segundo *Manu*, Hiranyagarbha é Brahmâ, o primeiro ente masculino formado pela incompreensível Causa sem Efeito, em um "Ovo de Ouro resplandecente como o Sol", como diz o *Hindu Classical Dictionary*; Hiranyagarbha significa a Matriz de Ouro, ou melhor, a Matriz resplandecente ou Ovo. Esta significação não se harmoniza bem com o epíteto de "masculino", mas o sentido esotérico da frase é suficientemente claro. Está escrito no *Rig Veda*: "AQUILO, o Senhor único de todos os seres... o princípio que anima os deuses e os homens", teve sua origem na Matriz de Ouro, Hiranyagarbha, que é o Ovo do Mundo, a Esfera de nosso Universo. Aquele Ser é seguramente andrógino, e a alegoria de Brahmâ separando-se em dois e recriando-se como Virâj em uma de suas metades (a fêmea Vâch) é a prova disso.

"O Um do Ovo, o Seis e o Cinco" dão o número 1065, o valor do Primogênito (depois o Brahmâ-Prajâpati, macho e fêmea), que corresponde aos números 7, 14 e 21, respectivamente. Os Prajâpati, tal como os Sephiroth, são unicamente sete, incluindo a Sephira, que sintetiza a Tríade de onde eles promanam. Assim, de Hiranyagarbha ou Prajâpati, o Trino e Uno (a Trimurti Védica primitiva, Agni, Vâyu e Sûrya) emanam os

---
(67) Os Dhyân Chohans.
(68) Sem forma.
(69) Com Corpos.
(70) Os Pitris.
(71) O Quatro, que é representado na numeração oculta pela Tetraktys, o Quadrado Sagrado ou Perfeito, é um Número Sagrado entre os místicos de todas as nações e raças. Tem a mesma significação no Bramanismo, no Budismo, na Cabala e nos sistemas numéricos egípcio, caldeu e outros.

outros sete, ou ainda dez, se separarmos os três primeiros, que são três em um e um em três; todos, aliás, compreendidos dentro daquele Um e "Supremo" Parama, chamado Guhya ou "Arcano" e Sarvâtman, a Super-Alma. *"Os sete Senhores do Ser permanecem ocultos em Sarvâtman como os pensamentos no cérebro."* O mesmo sucede com os Sephiroth. São sete quando se contam da Tríade superior presidida por Kether, ou dez exotericamente. No *Mahabhârâta*, os Prajâpati são em número de 21, ou dez, seis e cinco (1065), três vezes 7 [72].

(*b*) "O Três, o Um, o Quatro, o Um, o Cinco", ou duas vezes sete no total, representam 31415, a Hierarquia numérica dos Dhyân Chohans de diversas ordens, e do mundo interior ou circunscrito [73]. Esse número, colocado na fronteira do grande Círculo "Não Passarás" (chamado também Dhyânipâsha, a "Corda dos Anjos", a "Corda" que separa o Cosmos fenomenal do numênico, e que não se acha dentro do limite de percepção de nossa consciência objetiva atual), esse número, quando não ampliado por permutação ou expansão, é sempre 31415, anagramática e cabalisticamente; sendo ao mesmo tempo o número do círculo e o da mística Suástica, outra vez o "Duplo Sete" — pois, seja qual for o sentido em que se contém as duas combinações de algarismos, adicionando-se um após outro, a partir da direita ou da esquerda, o total é sempre quatorze. Matematicamente, representam a fórmula bem conhecida de que a razão do diâmetro para a circunferência do círculo é igual à de 1 para 3,1415, ou seja, o valor de π (pi), como se chama. Essa disposição dos algarismos deve ter o mesmo significado, uma vez que 1:3,14159 e também 1:3,1415927 são fórmulas empregadas nos cálculos secretos para exprimir os vários ciclos e idades do "Primogênito", ou 311.040.000.000.000 com frações, e dão o mesmo resultado 13.415 por um processo que não nos cabe expor agora. Convém notar que o Sr. Ralston Skinner, autor de *The Source of Measures*, lê a palavra hebraica Alhim com os mesmos valores numéricos, 13514, omitindo os zeros, conforme já dissemos, e usando a permutação, pois que א (*a*) é 1; ל (*l*) é 3 (30); ה (*h*) é 5; י (*i*) é 1 (10); e מ (*m*) é 4 (40); donde, anagramaticamente, 31415, como ele explica.

Assim, enquanto no mundo metafísico o Círculo com o Ponto Central carece de número, sendo chamado Anupâdaka (sem pai e sem número),

---

(72) Na *Cabala*, os mesmos números, isto é, 1065, representam um valor de Jehovah, pois os valores numéricos das letras que compõem este nome — Jod, Vau e He duas vezes — são respectivamente 10 ( ), 6 ( ) e 5 ( ); ou, ainda, três vezes sete, 21. "Dez é a Mãe da Alma, porque a Vida e a Luz estão nele unidas" — diz Hermes. "Porque o número um nasceu do Espírito, e o número dez da matéria (o Caos feminino); a unidade fez o dez, e o dez a unidade" (*Book of the Keys*). Por meio da Temura, o método anagramático da *Cabala*, e do conhecimento de 1065 (21), pode-se obter uma ciência universal com relação ao Cosmos e seus mistérios (Rabbi Yogel). Os rabinos consideram 10, 6 e 5 como os mais sagrados de todos os números.

(73) Devemos dizer ao leitor que um cabalista americano descobriu agora o mesmo número para os Elohim. Os Judeus o receberam da Caldéia. Veja-se "Metrologia Hebraica" na *Masonic Review*, julho de 1885, McMillan Lodge, n.º 141.

porque transcende todo cálculo; no mundo manifestado, o Ovo ou Círculo do Mundo acha-se circunscrito dentro dos grupos que se chamam a Linha, o Triângulo, o Pentágono, a Segunda Linha e o Quadrado (ou 13514); e quando o Ponto gerou uma Linha, convertendo-se em um diâmetro, que representa o Logos andrógino, então os algarismos ficam sendo 31415, ou seja, um triângulo, uma linha, um quadrado, outra linha e um pentágono. *"Quando o Filho se separa da Mãe, torna-se o Pai"*, representando o diâmetro a Natureza, ou o princípio feminino. Assim, está escrito: *"No Mundo do Ser, o Ponto faz a Linha frutificar — a Matriz Virgem do Cosmos (o zero em forma de ovo) — e a Mãe imaculada dá nascimento à forma que combina todas as formas."* Prajâpati é chamado o primeiro varão procriador e "o marido de sua Mãe" [74]. Temos aqui a chave para todos os "Divinos Filhos" de "Mães Imaculadas" que surgiram posteriormente; e a idéia está claramente confirmada pelo fato significativo de que Ana, o nome da Mãe da Virgem Maria — que dela teria nascido de forma imaculada, segundo o dogma atual da Igreja Católica Romana ("Maria concebida sem pecado") — tem sua origem na Ana caldéia, palavra que significa Céu, ou Luz Astral, *Anima Mundi,* de onde provém Anaítia, Devi-Durgâ, a esposa de Shiva, que é também chamada Annapurna e Kanyâ, a Virgem, e cujo nome esotérico, Umâ-Kanyâ, quer dizer a "Virgem de Luz", a Luz Astral em um de seus múltiplos aspectos.

(c) Os Devas, Pitris, Rishis; os Suras e os Asuras; os Daityas e os Adityas; os Danavas e os Gandharvas, etc., etc., todos têm seus sinônimos em nossa Doutrina Secreta, como também na *Cabala* e na Angelologia dos Hebreus; mas é inútil dar os nomes antigos, porque redundaria apenas em confusão. Muitos desses nomes podem encontrar-se ainda agora até mesmo na Hierarquia cristã das Potências celestiais e divinas. Todos aqueles Tronos e Dominações, Virtudes e Principados, Querubins, Serafins e Demônios, habitantes diversos do Mundo Sideral, são as modernas cópias de protótipos arcaicos. O simbolismo idêntico dos seus nomes, ainda que desfigurados na transposição e adaptação para o grego e o latim, é suficiente para comprová-lo, conforme iremos mostrar em mais de uma oportunidade.

(d) Os "Animais Sagrados" figuram na *Bíblia,* como também na *Cabala,* e têm sua significação, decerto muito profunda, na página que se refere às origens da Vida. No *Sepher Yetzirah,* lê-se que: "Deus gravou sobre o Quatro Sagrado o Trono de sua Glória, os Auphanim (as Rodas ou Esferas-Mundos), os Serafins e os Animais Sagrados, como Anjos, Ministros, e destes (o Ar, a Água e o Fogo ou Éter) fez a sua habitação".

Eis aqui a tradução literal das Seções IX e X:

---

(74) Deparamos idêntica expressão no Egito. Mout significa, em certo sentido, "Mãe", e denota o caráter que lhe era assinado na Tríade daquele país. Era ao mesmo tempo a mãe e a esposa de Ammon, sendo um dos principais títulos do Deus o de "marido de sua mãe". A deusa Mout, ou Mut, era invocada como "Nossa Senhora", a "Rainha dos Céus e da Terra", assim partilhando estes títulos com as outras deusas-mãe; Ísis, Hathor, etc. (Maspero).

"Dez números sem o quê? Um: O Espírito do Deus vivo... que vive nas eternidades! A Voz, o Espírito e o Verbo; e este é o Espírito Santo... Dois: o Ar que saiu do Espírito... Ele desenhou e esculpiu com isso vinte e duas letras fundamentais, três mães, sete duplas e doze simples — e um Espírito que saiu delas. Três: a Água saída do Espírito. Ele desenhou e esculpiu com elas o estéril e o vazio, o lodo e a terra. Ele as desenhou como um canteiro de flores, esculpiu-as como um muro, e cobriu-as como um pavimento. Quatro: O Fogo saído da Água. Ele com isso desenhou e esculpiu o trono de glória, e as rodas, e os serafins, e os animais sagrados como anjos ministros; e dos três fez a sua habitação, como está dito. Ele faz de seus anjos espíritos, e de seus servidores chamas ardentes!"

As palavras "fez a sua habitação" mostram claramente que na *Cabala*, como nas Índias, o Universo era considerado a Divindade, e que esta, em sua origem, não era o Deus extracósmico de hoje.

Assim foi o mundo formado "por três Serafins: Sepher, Saphar e Sipur", ou "pelo Número, os Números e o Numerado". Com a chave astronômica, estes "Animais Sagrados" se convertem nos signos do Zodíaco.

4. Este foi o Exército da Voz, a Divina Mãe dos Sete. As Centelhas dos Sete são os súditos e os servidores do Primeiro, do Segundo, do Terceiro, do Quarto, do Quinto, do Sexto e do Sétimo dos Sete (*a*). Estas Centelhas são chamadas Esferas, Triângulos, Cubos, Linhas e Modeladores; porque deste modo se conserva o Eterno Nidâna — o Oi-Ha-Hou (*b*)[75].

(*a*) Este Sloka dá novamente uma breve análise das hierarquias dos Dhyân Chohans — chamados Devas (Deuses) na Índia — ou Poderes Conscientes e Inteligentes da Natureza. A essa hierarquia correspondem os tipos atuais em que a Humanidade pode ser dividida; porque a Humanidade, como um todo, é a expressão materializada, embora imperfeita, daquela hierarquia. O "Exército da Voz" é uma denominação que se acha intimamente relacionada com o mistério do Som e da Linguagem, como efeito e corolário da Causa: o Pensamento Divino. Como tão bem o expressou P. Christian, o ilustrado autor de *Histoire de la Magie* e de *L'Homme Rouge des Tuileries,* tanto as palavras pronunciadas pelos indivíduos como os nomes de que são portadores têm grande influência em seu destino futuro. Por quê? Porque:

"Quando nossa Alma [Mente] cria ou evoca um pensamento, o signo representativo desse pensamento fica automaticamente gravado no fluido astral, que é o receptáculo e, por assim dizer, o espelho de todas as manifestações da existência.

O signo expressa a coisa; a coisa é a virtude [latente ou oculta] do signo.

---

(75) Permutação de Oeaohoo. O significado literal da palavra, para os ocultistas orientais do Norte, é vento circular ou torvelinho; mas, no presente caso, exprime o incessante e eterno Movimento Cósmico, ou melhor, a Força Motriz, tacitamente aceita como a Divindade, sem jamais ser nomeada. É o eterno Kârana, a Causa sempre ativa. (Veja-se o *Chhândogya Upanishad,* Cap. I, Seção XIII, vers. 1-3. Os três versículos dão, em linguagem criptográfica, uma exposição completa de tudo quanto se acha aqui resumido no primeiro parágrafo.)

Pronunciar uma palavra é evocar um pensamento e fazê-lo presente; o poder magnético da palavra humana é o começo de todas as manifestações no Mundo Oculto. Pronunciar um nome é não somente definir um Ser [uma Entidade], mas submetê-lo à influência desse nome e condená-lo, por força da emissão da palavra [Verbum], a sofrer a ação de um ou mais poderes ocultos. As coisas são, para cada um de nós, o que a palavra determina quando as nomeamos. A palavra [Verbum] ou a linguagem de cada homem é, sem que ele disso tenha consciência, uma *bendição* ou uma *maldição*; e é por isso que a nossa atual ignorância acerca das propriedades ou atributos da *idéia*, assim como sobre os atributos ou propriedades da *matéria*, nos é tantas vezes fatal.

Sim; os nomes [e as palavras] são *benéficos* ou *maléficos*; em certo sentido, são nocivos ou salutares, conforme as influências ocultas que a Sabedoria suprema associou a seus elementos, isto é, às *letras* que os compõem e aos *números* que correspondem a estas letras."

Certíssimo; e é esse o ensinamento esotérico aceito por todas as escolas orientais de Ocultismo. No sânscrito, como no hebraico e em todos os demais alfabetos, cada letra tem sua significação oculta e sua razão de ser; é uma causa, e também o efeito de uma causa procedente, e a combinação de letras produz muitas vezes efeitos mágicos. As vogais, sobretudo, encerram tremendos poderes ocultos. Os *Mantras* (esotericamente, mais invocações mágicas que religiosas) são cantados pelos brâmanes, como o resto dos Vedas e outras Escrituras.

O "Exército da Voz" é o protótipo da "Coorte do Logos", ou o "Verbo" do *Sepher Yetzirah*, chamado na Doutrina Secreta o "Número Único saído do Não-Número" — o Princípio Uno Eterno. A Teogonia esotérica principia com o Um Manifestado (portanto, não eterno em sua presença e ser, conquanto eterno em sua essência); o Número dos Números e o Numerado, procedente este último da Voz, a Vâch feminina "das cem formas", Shatarûpa ou a Natureza. Do número 10, ou a Natureza Criadora, a Mãe (o Zero oculto, "0", procriando e multiplicando incessantemente, em união com a unidade "1", ou o "Espírito de Vida"), procede o Universo inteiro.

No *Anugîtâ* [76] se conta uma conversa entre um brâmane e sua esposa, a respeito da origem da Linguagem e de suas propriedades ocultas. A mulher pergunta como surgiu a Linguagem, e qual dos dois, a Linguagem ou a Mente, apareceu primeiro. O brâmane lhe responde que o Apâna (*sopro de inspiração*), tornando-se o senhor, muda aquela inteligência, que não compreende a Linguagem ou as palavras, no estado de Apâna, e assim abre a Mente. E lhe narra uma história, um diálogo entre a Linguagem e a Mente. Os dois foram ter à casa do Eu do Ser (isto é, o Eu Superior individual, como pensa Nilakantha; ou Prajâpati, segundo o comentador Arjuna Mishra), e lhe pediram que dirimisse as dúvidas, decidindo qual deles tinha a precedência e era superior ao outro. Ao que respondeu o Senhor: "A Mente (é superior)." Mas, a Linguagem replicou ao Eu do Ser, dizendo: "Em verdade, sou eu que dou (a vós) os vossos desejos", que-

---

(76) VI, 15. O *Anugîtâ* faz parte do Ashvamedha Parvan do *Mahâbhârata*. O tradutor do *Bhagavad Gîtâ*, editado por Max Muller, considera-o uma continuação do *Bhagavad Gîtâ*. Seu original representa um dos mais antigos *Upanishads*.

rendo com isto significar que é por meio da Linguagem que ele adquiria o que desejava. Então o Eu lhe disse que existem duas Mentes, a "mutável" e a "imutável". "A imutável está comigo" — acrescentou — "e a mutável pertence ao vosso domínio" (o da Linguagem). "Nesse, sois superior."

"Mas, ó formosa criatura! desde que vieste pessoalmente falar-me [do modo por que o fizeste, isto é, altivamente], ó Sarasvati! jamais haverás de falar depois da expiração [penosa]. A deusa Linguagem [Sarasvati, forma ou aspecto último de Vâch, e deusa também do conhecimento secreto ou Sabedoria esotérica] em verdade mora sempre entre o Prâna e o Apâna. Mas, ó nobre criatura! viajando com o vento Apâna [o ar vital], embora impelida... sem o Prâna [sopro de expiração], ela correu a Prajâpati [Brahmâ], dizendo: "Dignai-vos, ó venerável! Senhor!" Então o Prâna acudiu novamente e alimentou a Linguagem. Por isso, a Linguagem nunca fala após a expiração [penosa]. É sempre ruidosa ou sem ruído. Das duas, a [Linguagem] sem ruído é superior à ruidosa... A [Linguagem] produzida no corpo por meio do Prâna, e que logo vai a [é transformada em] Apâna, assimilando-se depois a Udâna [os órgãos físicos da Linguagem]... habita finalmente no Samâna ['no umbigo, sob a forma de som, como causa material de todas as palavras' — diz Arjuna Mishra]. Assim falou em tempos idos a Linguagem. E por isso é que a Mente se distingue em razão de sua existência imutável, e a Deusa [a Linguagem] em razão de sua existência mutável." [77]

Esta alegoria corresponde a um dos fundamentos da lei oculta, que prescreve o silêncio a respeito do conhecimento de certas coisas secretas e invisíveis, que só podem ser percebidas pela mente espiritual (o sexto sentido), não podendo expressá-las a linguagem "ruidosa" ou pronunciada.

Este capítulo do *Anugîtâ* — diz Arjuna Mishra — explica o Prânyâma, ou metodização da respiração nas práticas de Ioga. Contudo, sem a prévia aquisição ou pelo menos a compreensão plena dos dois sentidos superiores (dos sete que existem, como se verá), o sistema pertence antes ao Ioga inferior. Os Arhats sempre desaprovaram o chamado Hatha Yoga. É prejudicial à saúde, e por si só jamais pode desenvolver-se em Râja Yoga.

A história também serve para demonstrar como, na metafísica da antiguidade, os seres inteligentes, ou melhor, as "Inteligências", se acham inseparavelmente unidos a cada um dos sentidos ou funções, sejam físicos ou mentais.

O asserto ocultista de que existem sete sentidos no homem, como também na Natureza, e de que há sete estados de consciência, é corroborado na mesma obra, no capítulo VII, que se ocupa de Pratyâhâra (a restrição e a regulação dos sentidos, sendo Prânâyama a dos "ares vitais" ou respiração). O brâmane, falando da instituição dos sete Sacerdotes do sacrifício (Hotris), diz: "O nariz e os olhos, a língua e a pele, e o ouvido como o quinto (ou o olfato, a vista, o gosto, o tato e a audição), a mente e o entendimento são os sete sacerdotes do sacrifício, que atuam separadamente"; os que, "vivendo em um espaço muito limitado, (entre-

---

(77) *Anugîtâ*, trad. de Telang, *Sacred Books of the East*, págs. 264-266.

tanto (não se dão conta um do outro" neste plano sensorial — com exceção da mente. Porque a mente diz: "Sem mim, o nariz não respira, o olho não distingue a cor, etc. Eu sou o eterno chefe de todos os elementos (isto é, dos sentidos). Sem mim, os sentidos jamais se manifestam: são qual uma casa vazia, ou qual fogo cujas chamas se extinguiram. Sem mim, todos os seres, qual combustível meio seco, meio úmido, não percebem nem as qualidades nem os objetos, ainda que os sentidos estejam em atividade." [78]

Tudo isso, naturalmente, se refere só à *mente quando opera no plano material*. A Mente Espiritual, a parte ou aspecto superior do Manas *impessoal*, não trava conhecimento com os sentidos do homem físico. Os antigos conheciam perfeitamente a correlação de forças e todos os fenômenos recentemente descobertos, quanto às faculdades e funções mentais e físicas, e ainda muitos outros mistérios, como se pode ver lendo os capítulos VII e VIII daquela inestimável obra de ensinamentos filosóficos e místicos (*Anugîtâ*). Observe-se a discussão entre os sentidos acerca da superioridade de cada um deles, e a idéia de recorrerem a Brahmâ, o Senhor de todos os seres, como árbitro. "Todos vós sois eminentemente grandes, e não cada qual o maior" (ou superiores aos objetos, como diz Arjuna Mishra, e nenhum deles independente do outro). "Possuís todos vós as qualidades uns dos outros. Todos são o máximo em sua respectiva esfera, e todos se amparam uns nos outros. Há um imutável (o ar vital ou sopro, chamado a *inspiração Ioga*, que é o sopro do *Um* ou Eu Supremo). Este é o meu próprio Eu, acumulado em numerosas (formas)." [79]

Este Alento, Voz, Eu ou Vento (Pneuma?) é a Síntese dos Sete Sentidos; *numenicamente*, todos divindades menores, e esotericamente o *Setenário* e o "Exército da Voz".

(*b*) Vemos mais adiante a Matéria Cósmica dispersando-se e constituindo-se em Elementos, agrupados no místico Quatro, dentro do quinto Elemento, o Éter, o "revestimento" da Âkâsha, a *Anima Mundi* ou Mãe do Cosmos. "Pontos, Linhas, Triângulos, Cubos, Círculos" e finalmente "Esferas"; por que ou como? Porque, diz o Comentário, tal é a primeira lei da Natureza, e porque a Natureza geometriza universalmente em todas as suas manifestações. É uma lei fundamental, não somente na matéria primordial, mas também na matéria manifestada em nosso plano fenomenal: a Natureza correlaciona suas formas geométricas e, posteriormente, os seus elementos compostos; lei segundo a qual não há lugar para o acidente nem para o acaso. Na Natureza não existe repouso nem cessação de movimento — este é um princípio básico em Ocultismo [80]. O que parece

---

(78) Isso demonstra que todos os metafísicos modernos, somados aos Hegels, Berkeleys, Schopenhauers, Hartmanns, Herbert-Spencers, do passado e do presente, e mais os Hilo-Idealistas de nossos dias, não passam de pálidos copistas da veneranda antiguidade! (*Op. cit.*, cap. VII, págs. 267-8).

(79) *Op. cit.*, cap. VII, págs. 273-4.

(80) É o conhecimento desta lei que permite ao Arhat realizar os seus Siddhis ou fenômenos diversos, tais como a desintegração da matéria, o transporte de objetos de um lugar para outro, etc.

repouso não é senão a mudança de uma forma em outra; e a mudança de substância se opera paralelamente à mudança de forma — pelo menos é o que nos ensina a física ocultista, antecipando-se deste modo à descoberta da "conservação da matéria". Diz o antigo Comentário [81] à Estância IV:

> A Mãe é o Peixe ígneo da Vida. Ela espalha a sua Ova, e o Alento (o Movimento) a aquece e desenvolve. Os grânulos (da Ova) se atraem uns aos outros, e formam os Coágulos no Oceano (do Espaço). As massas maiores se aglutinam, e recebem outra Ova, em Pontos, Triângulos e Cubos de fogo, que maturam, e a seu tempo algumas das massas se desprendem e tomam a forma esferoidal, mas esta operação só se realiza quando as outras não se interpõem. Depois disso, a Lei N.º *** entra em função. O Movimento (o Alento) se converte em torvelinho e as põe em rotação [82].

5. O Oi-Ha-Hou — As Trevas, o Sem Limites, ou o Não-Número, Adi-Nidâna, Svabhâvat, o ○[83]:

I. O Adi-Sanat, o Número; porque ele é Um (a).

II. A Voz da Palavra, Svabhâvat, os Números; porque ele é Um e Nove [84].

III. O "Quadrado sem Forma" [85].

E estes Três, encerrados no ○[86], são o Quatro Sagrado; e os Dez são o Universo Arûpa (b) [87]. Depois vêm os Filhos, os Sete Combatentes,

---

(81) Trata-se de antigos Comentários, anexados com glosas modernas às Estâncias; porquanto aqueles, com sua linguagem simbólica, são em geral tão difíceis de compreender quanto as próprias Estâncias.

(82) Em uma obra de polêmica científica, *The Modern Genesis* (pág. 48), o Reverendo W. B. Slaugther, criticando a posição assumida pelos astrônomos, diz: "É de lamentar que os defensores desta teoria (a nebular) não hajam discutido mais amplamente este assunto (o princípio da rotação). Nenhum deles se digna de nos dar a razão disso. Como é que o processo de esfriamento e contração da massa comunica a ela o movimento rotativo?" (Citado por Winchell, *World-Life*, pág. 94.) Não é a ciência materialista que pode resolver o problema. "O movimento é eterno no não-manifestado, e periódico no manifestado" — consta de um ensinamento oculto. "Sucede que, quando o calor, causado pela descida da Chama na matéria primordial, faz mover as partículas desta última, tal movimento se converte em torvelinho." Uma gota de líquido assume a forma esferoidal porque os seus átomos se movem uns ao redor dos outros, em sua essência última, irresolúvel e numênica; irresolúvel, em todo caso, para a ciência física. A questão será discutida com amplitude mais adiante.

(83) O X, a quantidade desconhecida.

(84) O que perfaz Dez, ou o número perfeito, aplicado ao *Criador*, nome dado ao conjunto dos Criadores, que os monoteístas fundiram em Um; da mesma forma que os "Elohim", Adão-Kadmon ou Sephira, a Coroa, são a síntese andrógina dos dez Sephiroth que constituem o símbolo do Universo manifestado, na *Cabala* vulgar. Os Cabalistas esotéricos, todavia, acompanhando os Ocultistas orientais, separam do resto o triângulo superior Sephirothal (ou Sephira, Chokmah e Binah), com o que ficam sete Sephiroth. Quanto a Sabhâvat, os orientalistas explicam que o termo significa a matéria plástica universal difundida através do espaço, com o pensamento talvez no Éter da Ciência. Mas os Ocultistas o identificam com o "Pai-Mãe", no plano místico.

(85) Arûpa.

(86) Círculo sem limites.

(87) Subjetivo, sem forma.

o Um, o Oitavo excluído, e seu Sopro, que é o Artífice da Luz (c)[88].

(a) "Âdi-Sanat", em tradução literal, é o Primeiro ou o "Primitivo Ancião", nome que identifica o "Ancião dos Dias" e o "Santo Ancião" (Sephira e Adão Kadmon), da Cabala, com Brahmâ, o Criador, que é também chamado Sanat, entre outros diversos nomes e títulos.

Svabhâvat é a Essência mística, a Raiz plástica da Natureza física; "os Números", quando manifestado; "o Número", em sua Unidade de Substância, no plano mais elevado. O nome é um termo budista, sinônimo da quádrupla *Anima Mundi*, o Mundo Arquétipo da *Cabala*, de onde procedem os Mundos Criadores, Formadores e Materiais; e as Chispas ou Centelhas, os outros diversos mundos contidos nos três últimos. Os Mundos se acham todos sujeitos a Governadores ou Regentes — Rishis e Pitris, entre os hindus, Anjos para os judeus e cristãos; e Deuses em geral, entre os antigos.

(b) O Isto significa que o "Círculo sem Limites", o Zero, passa a ser um número somente quando um dos outros nove algarismos o precede, manifestando assim o seu valor e potência; o "Verbo" ou Logos em união com a "Voz" e o Espírito [89] (a expressão e origem da consciência) representa os nove algarismos, e forma com o zero, a década, que contém em si todo o Universo. A Tríade forma dentro do círculo a Tetraktys ou o "Quatro Sagrado", sendo o Quadrado inscrito no Círculo a mais poderosa de todas as figuras mágicas.

(c) O "excluído" é o Sol do nosso sistema. A versão exotérica pode-se ver nas mais antigas Escrituras sânscritas. No *Rig Veda*, Aditi, o "Ilimitado", ou o Espaço Infinito — traduzido por Max Muller como "o infinito visível, visível a olho nu" (!!), "a expansão sem limites, além da terra, além das nuvens, além dos céus" — equivale à "Mãe-Espaço", que é coexistente com as "Trevas". Dá-se-lhe com muita propriedade o nome de "Mãe dos Deuses". Deva-Mâtri, porque de sua matriz cósmica nasceram todos os corpos celestes do nosso sistema, o Sol e os Planetas. É por isso descrita da seguinte maneira, alegoricamente: *"Oito Filhos nasceram do corpo de Aditi; ela se aproximou dos Deuses com sete, mas repudiou o oitavo, Mârtanda"*, nosso Sol. Os sete filhos, chamados os Âdityas, representam, cósmica e astronomicamente, os sete planetas; e a exclusão do Sol demonstra claramente que os Hindus podem ter conhecido, e realmente conheciam, um sétimo planeta, sem que o chamassem Urano [90].

---

(88) Bhâskara.
(89) Refere-se isto ao Pensamento Abstrato e à Voz concreta, ou manifestação daquele, o efeito da causa. Adão Kadmon, ou o Tetragrammaton, é o Logos da *Cabala*. Nesta última, portanto, aquela Tríade corresponde ao Triângulo superior — Kether, Chokmar e Binah; e Binah é uma potência feminina e ao mesmo tempo o Jehovah masculino, porque participa da natureza de Chokmah, ou a Sabedoria masculina.
(90) A Doutrina Secreta ensina que o Sol é uma estrela central, e não um planeta. Os antigos, porém, conheciam e reverenciavam sete grandes deuses, excluindo o

151

Mas, esotérica e teologicamente, por assim dizer, os Âdityas, em seu mais antigo e primitivo sentido, são os oito e os doze grandes deuses do Panteão hindu. "Os Sete permitem que os mortais vejam as suas moradas, mas eles se deixam mostrar somente aos Arhats" — diz um velho provérbio; devendo entender-se por "suas moradas" os planetas. O Comentário antigo menciona e explica a seguinte alegoria:

> "Oito casas foram construídas pela Mãe: oito casas para seus oito Filhos Divinos: quatro grandes e quatro pequenas. Oito brilhantes Sóis, de acordo com a idade e os méritos de cada um. Bal-i-lu [Mârtanda] não estava satisfeito, embora sua casa fosse a maior. Principiou [a trabalhar] como o fazem os elefantes. Aspirou dentro de [atraiu para] seu estômago os ares vitais de seus irmãos. Tentou devorá-los. Os quatro maiores estavam muito longe, nos confins do seu reino [91]. Não foram molestados [influenciados], e riram-se dele. 'Faze tudo quanto quiseres, Senhor, não poderás alcançar-nos' — disseram. Os menores, porém, choraram. Eles se queixaram à Mãe. Ela enviou Bal-i-lu para o centro do seu reino, de onde não podia sair. E [desde então] ele [somente] os espreita e ameaça. Persegue-os girando lentamente em torno de si mesmo; e os outros se afastam rapidamente. Ele acompanha de longe a direção em que seguem os seus irmãos no caminho que lhes circunda as casas [92]. A partir desse dia, alimenta-se com o suor do corpo da Mãe, e enche-se com o seu sopro e os seus resíduos. Por isso ela o repudiou."

Assim, sendo o nosso Sol, como está evidente, o "Filho Repudiado", os "Filhos Sóis" se referem não somente aos nossos planetas como aos corpos celestes em geral. O próprio Sûrya, que não é senão um reflexo do Sol Central Espiritual, é o protótipo de todos aqueles corpos que se desenvolveram depois dele. Nos *Vedas* tem o nome de Loka Chakshuh, o "Olho do Mundo" (nosso mundo planetário), e é uma das três divindades principais. Chama-se indiferentemente o Filho de Dyaus ou de Adyti, pois que não se faz nenhuma distinção quanto ao significado esotérico, nem há lugar para ela. Assim é que o descrevem como sendo arrastado por sete cavalos e por um cavalo de sete cabeças: referindo-se os primeiros aos sete planetas, e o último à origem comum deles no Elemento Cósmico Uno. Este "Elemento Uno" é chamado "Fogo" em sentido figurado. Os *Vedas* ensinam que "o fogo" é, em verdade, "o conjunto das divindades" [93].

Sol e a Terra. Qual era esse "Deus do Mistério", que eles consideravam à parte? Não era certamente Urano, que foi descoberto por Herschell em 1781. Mas não poderia ser conhecido por outro nome? Ragon diz: "Havendo as ciências ocultas descoberto, por meio de cálculos astronômicos, que devia ser sete o número dos planetas, os antigos foram levados a introduzir o Sol na escala das harmonias celestes e fizeram-no ocupar o lugar vago. Como conseqüência, toda vez que percebiam uma influência que não correspondia a nenhum dos planetas conhecidos, atribuíam-no ao Sol... O erro afigura-se importante; mas não o era nos resultados práticos, uma vez que os antigos astrólogos substituíam Urano pelo Sol, que... é uma Estrela central relativamente imóvel, girando apenas sobre o seu eixo, e que regula o tempo e as medidas, não podendo ser desviada de suas verdadeiras funções." (*Maçonnerie Occulte*, pág. 447). A nomenclatura dos dias da semana também está errada. "O dia do Sol (Domingo) deve ser o dia de Urano (Urani dies, Urandi)" — diz o erudito escritor.

(91) O Sistema Planetário.
(92) "O Sol gira em torno do seu eixo sempre na mesma direção em que os planetas giram em suas órbitas respectivas" — ensina a astronomia.
(93) Veja-se o *Anugîtâ*, Telang, I, pág. 9; e o *Aitareya Brâhmana*, Hang, pág. 1.

O significado da alegoria é claro, já que dispomos, para interpretá-la, do Comentário de Dzyan e da Ciência moderna, ainda que os dois divirjam em mais de um pormenor. A Doutrina Oculta rejeita a hipótese, nascida da teoria nebular, de que os (sete) grandes planetas são oriundos da massa central do Sol, deste nosso Sol visível, pelo menos. É certo que a primeira condensação da matéria cósmica se processou em torno de um núcleo central, o seu Sol-pai; mas, de acordo com o ensinamento, o nosso Sol apenas se desprendeu antes que os demais, ao contrair-se a massa em rotação, sendo por isso o "irmão" maior dos outros, e não o seu "pai". Os oito Âdityas, os "deuses", são todos formados da substância eterna (a matéria cometária, a Mãe)[94], ou o "material dos mundos", que é, ao mesmo tempo, o quinto e o sexto Princípio Cósmico, o Upâdhi ou Base da Alma Universal, assim como, no homem, o Microcosmo, Manas[95], é o Upâdhi de Buddhi[96].

Há todo um poema nos combates pré-genéticos travados entre os planetas em desenvolvimento, antes da formação final do Cosmos, fato que explica a posição aparentemente perturbada dos sistemas de vários planetas; o plano dos satélites de alguns (de Netuno e de Urano, por exemplo, sobre os quais nada sabiam os antigos, segundo se diz), havendo sofrido uma declinação, parece apresentar um movimento retrógrado. Tais planetas são chamados os Guerreiros, os Arquitetos, e a Igreja Católica os considera como os chefes dos Exércitos Celestes, seguindo neste particular as tradições. O Sol — reza o ensinamento —, tendo-se desenvolvido do Espaço Cósmico (antes da formação final dos primários e da anulação da nebulosa planetária), absorvia nas profundezas de sua massa toda a vitalidade cósmica que podia, ameaçando tragar os seus "Irmãos" mais fracos antes que a lei de atração e repulsão estivesse definitivamente ajustada; depois disso é que ele começou a alimentar-se "com o suor e os resíduos da Mãe; por outras palavras, daquelas partes do Éter (o "Alento da Alma Universal") de cuja existência e constituição a Ciência ainda se encontra na mais completa ignorância.

Teoria semelhante foi já apresentada por Sir William Grove[97]. Dizia ele que "os sistemas mudam gradualmente em virtude de adições e subtrações atmosféricas, ou por causa de acréscimos e diminuições que têm origem na substância da nebulosa"; e, mais, que "o sol pode condensar matéria gasosa à medida que viaja pelo espaço, com isso produzindo calor".

---

(94) Esta essência da matéria cometária, segundo ensina a Ciência Oculta, é completamente diferente de todos os caracteres físicos ou químicos que a ciência moderna conhece. É homogênea em sua forma primitiva além dos Sistemas Solares, mas se diferencia inteiramente quando transpõe as fronteiras da região de nossa Terra; viciada pela atmosfera dos planetas, e pela matéria já composta da textura interplanetária, é heterogênea unicamente em nosso mundo manifestado.

(95) Manas, o Princípio Mental ou Alma Humana.

(96) Buddhi, a Alma Divina.

(97) Veja-se: *Correlation of Physical Forces*, 1943, pág. 81; e *Address to the British Association*, 1866.

Vê-se, pois, que o ensinamento arcaico tem suficientes visos de científico, ainda nos dias atuais [98].

O Sr. W. Mattieu William sugeriu que a matéria difusa, ou Éter, que é o recipiente das radiações de calor do Universo, é por este motivo atraída para as profundezas da massa solar; e, expulsando dali o Éter já anteriormente condensado e agora termicamente esgotado, se comprime e cede o seu calor, sendo por sua vez conduzida a um estado de rarefação e esfriamento, para em seguida absorver nova quantidade de calor, que ele supõe ser assim arrebatada pelo Éter e novamente concentrada e redistribuída pelos Sóis do Universo.

Eis aí uma tão grande aproximação dos ensinamentos ocultos como jamais o podia imaginar a Ciência; pois o Ocultismo explica a questão pelo "alento sem vida" que Martânda devolve e por sua alimentação com "o suor e os resíduos" da "Mãe-Espaço". O que só mui de leve podia molestar Netuno [99], Saturno e Júpiter, teria destruído "Mansões" relativamente pequenas como Mercúrio, Vênus e Marte. Como Urano não era conhecido antes do fim do século XVIII, o nome do quarto planeta mencionado na alegoria continuará sendo um mistério para nós.

O "Alento" de todos os "Sete" diz-se que é Bhâskara, o Fazedor da Luz, porque (os planetas) eram todos cometas e sóis em sua origem. Eles evolucionaram do Caos Primitivo (agora o númeno das nebulosas insolúveis) para a vida manvantárica mediante a agregação e acumulação das diferenciações primárias da Matéria eterna, o que o Comentário traduz nesta formosa expressão: *"Assim os Filhos da Luz se revestem com o tecido das Trevas."*. Alegoricamente, são chamados os "Caracóis Celestes", em razão das Inteligências sem forma (para nós) que, invisíveis, habitam suas mansões estelares e planetárias, que, por assim dizer, arrastam consigo, à maneira de caracóis, em sua revolução.

A doutrina de uma origem comum de todos os planetas e corpos celestes era, como vimos, ensinada pelos astrônomos arcaicos, muito antes de Kepler, Newton, Leibnitz, Kant, Herschell e Laplace.

O Calor (o "Alento"), a atração e a Repulsão — os três grandes fatores do Movimento — são as condições em que nascem, se desenvolvem e morrem todos os membros daquela família primitiva; para renascerem após uma "Noite de Brahmâ", durante a qual a matéria eterna recai, perio-

---

(98) Encontram-se idéias muito parecidas em *The Fuel of the Sun,* de W. Mattieu Williams, e em *On the Conservation of Solar Energy,* do Dr. C. William Siemens (*Nature,* XXV, págs. 440-444, 9 de março de 1882); também as expressou o Dr. P. Martin Duncan em um discurso que pronunciou como Presidente da Sociedade Geológica de Londres em maio de 1877. Veja-se *World-Life,* por Alexander Winchell, LL, D., págs., 53 e seguintes.

(99) Quando falamos de Netuno, não o fazemos como ocultista, e sim como européia. O verdadeiro ocultista oriental sustenta que, embora existam ainda muitos planetas por descobrir em nosso sistema, Netuno a este não pertence realmente, em que pese à sua aparente conexão com o nosso Sol e à influência do mesmo sobre ele. Tal conexão 'é mayávica e imaginária, dizem.

dicamente, em seu estado primário não diferenciado. Os gases mais rarefeitos não podem dar, ao físico moderno, nenhuma idéia da natureza dessa matéria eterna. Centros de força a princípio, as Centelhas invisíveis ou átomos primordiais se diferenciam em moléculas e se convertem em Sóis (passando gradualmente ao estado de objetividade), gasosos, radiantes, cósmicos; e o "Torvelinho Único" (ou Movimento) dá finalmente o impulso para a forma e o primeiro movimento, regulado e mantido pelos "Alentos" que não descansam jamais: os Dhyân Chohans.

6. ... Em seguida, os Segundos Sete, que são os Lipika, produzidos pelos Três [100]. O Filho excluído é Um. Os "Filhos-Sóis" são inumeráveis.

Os "Lipika", da palavra *lipi*, "escrito", significam literalmente os "Escreventes" [101]. Misticamente, estes Seres Divinos se acham relacionados com o Carma, a Lei de Retribuição, pois são os Registradores ou Cronistas que imprimem sobre tábuas invisíveis (para nós) da Luz Astral, "o grande museu de quadros da eternidade", um registro fiel de cada uma das ações e até de cada um dos pensamentos do homem, e de tudo o que foi, é e será no Universo fenomenal. Como dissemos em *Isis sem Véu*, esse repositório divino e invisível é o *Livro da Vida*. Os *Lipika* são os que, da Mente Universal passiva, projetam na objetividade o plano ideal do Universo, plano pelo qual os "Construtores" reconstroem o Cosmos depois de cada Pralaya. Correspondem eles, portanto, aos Sete "Espíritos Planetários", ou "Espíritos das Estrelas"; sendo assim os escrivães diretos da Ideação Eterna, ou "Pensamento Divino", como a chama Platão. Os Anais Eternos não são um sonho platônico: vemos registros idênticos no mundo da matéria grosseira. Diz o Dr. Draper:

> "Uma sombra nunca se projeta sobre um muro sem nele deixar um traço permanente, que se pode tornar visível com a utilização de processos adequados... Os retratos de nossos amigos e as paisagens podem ficar ocultos à vista na superfície sensitiva, mas estão prontos para surgir logo que se empregue o reativo necessário. Um espectro se conserva oculto na superfície prateada ou de cristal, até que o fazemos aparecer no mundo visível com a nossa necromancia. Sobre as paredes de nossos recintos mais privados, ali onde nos jactamos de que não pode jamais penetrar o olho intruso, onde acreditamos que a nossa intimidade não pode ser profanada, subsistem os vestígios de todos os nossos atos, as silhuetas de tudo quanto fizemos." [102]

Os Drs. Jevons e Babbage crêem que cada pensamento desloca as partículas do cérebro, pondo-as em movimento e disseminando-as pelo Universo; crêem também que "cada partícula da matéria existente deve ser um registro de tudo quanto aconteceu" [103]. A doutrina antiga principia, dessa

---

(100) O Verbo, a Voz e o Espírito.
(101) Estes são os quatro "Imortais" que se mencionam no *Atharva Veda* como os "Vigilantes" ou os Guardiães dos quatro cantos do céu (veja-se o capítulo LXXXVI, 1-4 e segs.).
(102) *Conflict between Religion and Science*, páginas 132 e 133.
(103) *Principles of Sciences*, II, 455.

forma, a adquirir foros de cidadania nas especulações do mundo científico.

Os quarenta "Assessores", que se postam na região do Amenti como acusadores da Alma perante Osíris, pertencem à mesma classe de divindades dos Lipika; e seriam considerados como semelhantes, se os deuses egípcios não fossem tão mal compreendidos em sua significação esotérica. O Chitragupta hindu, que lê a história da vida de cada Alma nos registros chamados Agra-Sandhâni; os "Assessores", que lêem no coração do defunto, que se torna um livro aberto diante de Yama, Minos, Osíris ou Carma; são outras tantas cópias e variantes dos Lipika e de seus Anais Astrais. Não obstante, os Lipika não são divindades relacionadas com a Morte, mas com a Vida Eterna.

Associados que estão ao destino de cada homem e ao nascimento de toda criança, cuja vida já vem traçada na Luz Astral — não com um caráter fatalista, senão porque o Futuro, como o Passado, permanece sempre vivo no Presente —, pode-se dizer ainda que os Lipika exercem influência sobre a ciência do Horóscopo. A verdade desta última tem que ser admitida, quer o desejemos ou não; pois, como observa um dos modernos professores de Astrologia:

"Agora, que a fotografia nos revelou a influência química do sistema sideral, ao fixar sobre uma placa sensível milhares de estrelas e planetas que até então haviam frustrado as investigações dos telescópios mais poderosos, torna-se mais fácil compreender como o nosso sistema solar pode, ao nascer uma criança, influir-lhe no cérebro — virgem de toda impressão — de uma maneira bem definida e em relação com a presença, no zênite, de tal ou qual constelação." [104]

ESTÂNCIA V

FOHAT, O FILHO DAS HIERARQUIAS SETENÁRIAS

1. Os Sete Primordiais, os Sete Primeiros Alentos do Dragão de Sabedoria, produzem por sua vez o Torvelinho de Fogo com os seus Sagrados Alentos de Circulação giratória.

De todas as Estâncias, talvez seja esta a mais difícil de explicar. Seus termos somente são compreensíveis para quem esteja muito versado na fraseologia das alegorias orientais, intencionalmente obscura.

Certamente que nos será feita a seguinte pergunta: Crêem os ocultistas em todos esses "Construtores", "Lipika" e "Filhos da Luz", como Entidades, ou não passam de simples imagens? Responderemos: Embora concedendo que haja o emprego de certas imagens para exprimir os Poderes personificados, temos que admitir a existência daquelas Entidades, a não ser que neguemos a existência da Humanidade Espiritual dentro da Humanidade física. Porque os exércitos dos "Filhos da Luz", os Filhos nascidos

---

(104) *Les Mystères de l'Horoscope,* Ely Star, página XI.

da Mente do Primeiro Raio manifestado do Todo Desconhecido, são a raiz mesma do Homem Espiritual. A menos que acreditemos no dogma antifilosófico da criação de uma alma especial para cada nascimento humano, e que, desde Adão, surgem diariamente novas coleções de almas, não há como deixar de admitir o ensinamento oculto. É o que trataremos de esclarecer em tempo e lugar convenientes.

Vejamos agora qual pode ser o sentido oculto desta Estância.

Ensina a Doutrina que, para chegarem a Deuses divinos e plenamente conscientes, as Inteligências Espirituais Primárias (inclusive as mais elevadas) têm que passar pela fase humana. E a palavra "humana" não deve aqui aplicar-se tão somente à nossa humanidade terrestre, mas igualmente aos mortais que habitam todo e qualquer mundo, ou seja, àquelas Inteligências que alcançaram o necessário equilíbrio entre a matéria e o espírito, como *nós* agora, que já transpusemos o ponto médio da Quarta Raça-Raiz da Quarta Ronda. Cada Entidade deve conquistar por si mesma o direito de converter-se em um ser divino, à custa da própria experiência.

Hegel, o grande pensador alemão, deve ter conhecido ou pressentido intuitivamente essa verdade, quando disse que o Inconsciente fez evolucionar o Universo "com a esperança de adquirir clara consciência de si mesmo", ou, por outras palavras, de se tornar Homem. Outro não é também o significado da expressão purânica, tantas vezes repetida, de que Brahmâ é constantemente "impelido pelo desejo de criar". Da mesma ordem de idéias é o sentido secreto da frase cabalística: "O Sopro torna-se pedra; a pedra converte-se em planta; a planta em animal; o animal em homem; o homem em espírito; e o espírito em um deus." Os Filhos nascidos da Mente, os Rishis, os Construtores, etc., foram todos homens, quaisquer que tenham sido suas formas e aspectos em outros mundos e nos Manvantaras precedentes.

Sendo de caráter eminentemente místico este assunto, é mui difícil explicá-lo em todas as suas minúcias e conseqüências, pois nele se acha contido todo o mistério da criação evolutiva. Uma ou duas frases deste Sloka lembram de modo vívido expressões semelhantes da *Cabala* e da fraseologia do Rei Salmista [105]. Uma e outra, referindo-se a Deus, fazem do vento o seu mensageiro, e de seus "ministros um fogo abrasador". Mas na Doutrina Secreta isso tem um sentido figurado. O "Torvelinho de Fogo" é a poeira cósmica incandescente, que acompanha magneticamente, como a limalha de ferro ao ímã, o pensamento diretor das "Forças Criadoras". Contudo, esta poeira cósmica é alguma coisa mais: porque cada átomo no Universo traz em si a potencialidade da própria consciência, e em última análise, como as Mônadas de Leibnitz, é um Universo em si mesmo e *por si mesmo*. *É um átomo e um anjo.*

A esse respeito, cabe observar que um dos luminares da moderna escola evolucionista, o Sr. A. R. Wallace, demonstrando a insuficiência da

---

(105) *Salmos*, CIV, 4.

"seleção natural" como fator único no desenvolvimento do homem físico, admite praticamente as idéias que vimos de expor. Sustenta que a evolução do homem foi dirigida e impulsionada por Inteligências superiores, cuja ação faz parte integrante e necessária do plano da Natureza. Mas, desde o momento em que se admite a intervenção de tais Inteligências em determinado ponto, é forçoso, por uma questão de lógica, estendê-la a outros pontos. Não se pode traçar nenhuma limitação divisória rígida.

2. Dele fazem o Mensageiro de sua Vontade (*a*). O Dzyu converte-se em Fohat: o Filho veloz dos Filhos Divinos, cujos Filhos são os Lipika[106], leva mensagens circulares. Fohat é o Corcel, e o Pensamento o Cavaleiro[107]. Ele passa como um raio através de nuvens de fogo (*b*)[108]; dá Três, Cinco e Sete Passos através das Sete Regiões Superiores e das Sete Inferiores[109]. Ergue a sua Voz para chamar as Centelhas inumeráveis[110] e as reúne (*c*).

(*a*) Isto quer dizer que os "Sete Primordiais" utilizam Fohat como veículo (Vâhana, o sujeito manifestado que se torna o símbolo do Poder que dirige). Em conseqüência, Fohat é chamado o "Mensageiro de sua Vontade", o "Torvelinho de Fogo".

(*b*) "Dzyu converte-se em Fohat" — a expressão explica-se por si mesma. Dzyu é o único Conhecimento Verdadeiro (mágico) ou a Sabedoria Oculta, a qual, estando em relação com as verdades eternas e com as causas primeiras, se converte quase em onipotência quando se exerce na boa direção. Sua antítese é Dzyu-mi, que diz respeito somente às ilusões e às falsas aparências, como é o caso de nossas modernas ciências exotéricas. Ali, Dzyu é a expressão da Sabedoria coletiva dos Dhyâni-Buddhas.

Porque o leitor talvez nada conheça relativamente aos Dhyâni-Buddhas, importa esclarecer, desde logo, que, *segundo os orientalistas,* há cinco Dhyânis, que são os Buddhas Celestes, cujas manifestações no mundo da forma e da matéria são os Buddhas humanos. Esotericamente, porém, os Dhyâni-Buddhas são sete, dos quais apenas cinco se manifestaram até o presente[111], devendo vir os outros dois nas Raças-Raízes Sexta e Sétima. São eles, por assim dizer, os eternos protótipos dos Buddhas que aparecem sobre a terra, cada um dos quais possui o seu divino protótipo particular. Assim, por exemplo, Amitâbha é o Dhyâni-Buddha de Gautama Shakyamuni, por meio do qual se manifesta sempre que esta grande Alma se en-

---
(106) Cumpre não perder de vista a diferença que existe entre os Construtores, os Espíritos Planetários e os Lipika. (Vejam-se os Slokas 5 e 6 deste Comentário.)
(107) Isto é: que está sob a influência de seu pensamento diretor.
(108) Névoas cósmicas.
(109) O Mundo que vai ser.
(110) Os Átomos.
(111) Veja-se *Esoteric Buddhism,* de A. P. Sinnett; quinta edição anotada, págs. 171-173.

carna na terra, como o fez em Tsong-kha-pa ¹¹². Como síntese dos sete Dhyâni-Buddhas, Avalokiteshvara foi o primeiro Buddha (o Logos), e Amitâbha é o "Deus" interno de Gautama, que na China é chamado Amida (Buddha). Eles são, como muito bem diz o Professor Rhys Davids, as "gloriosas contrapartidas no mundo místico, livres das condições depressivas desta vida material", de cada Buddha terreno e mortal — os Mânushi-Buddhas que foram libertados e designados para governar a Terra durante esta Ronda. São os "Buddhas de Contemplação", todos Anupâdaka (sem pai), isto é, nascidos de si mesmos da essência divina. O ensinamento exotérico de que cada Dhyâni-Buddha possui a faculdade de criar de si mesmo um filho igualmente celeste, um Dhyâni-Bodhisattva, que após a morte do Mânushi-Buddha deve continuar a obra deste último, apóia-se no fato de que a mais elevada Iniciação conferida por um representante do "Espírito de Buddha" (de quem dizem os orientalistas que foi o criador dos cinco Dhyâni-Buddhas!) converte o candidato virtualmente em um Bodhisattva, graças ao poder do Grande Iniciador.

(c) Sendo Fohat uma das mais importantes figuras, senão a mais, da cosmogonia esotérica, deve ser minuciosamente descrito. Assim como na cosmogonia grega arcaica, que difere muito da que veio depois, Eros é a terceira pessoa da trindade primitiva, Caos — Gaea — Eros — a qual corresponde à Trindade cabalística: Ain Suph, o Todo sem limites (pois Caos é o Espaço, de χαίνω, abrir por completo, estar vazio), Shekinah e o Ancião dos Dias, ou Espírito Santo —, do mesmo modo Fohat é uma coisa no Universo ainda não manifestado, e outra coisa no Mundo fenomenal e cósmico. Neste último, ele é aquele poder oculto, elétrico e vital, que, sob a Vontade do Logos Criador, une e relaciona todas as formas, dando-lhes o primeiro impulso, que com o tempo se converte em lei. Mas no Universo Não Manifestado Fohat não é isso, como Eros não é o brilhante Cupido alado posterior, ou o Amor. Fohat ainda nada tem a ver com o Cosmos, porque o Cosmos não é nascido e os Deuses dormem ainda no seio do Pai-Mãe. É uma idéia filosófica abstrata; não produziu ainda nada por si mesmo, é simplesmente o poder criador potencial, em virtude de cuja ação o Númeno de todos os fenômenos futuros se divide, por assim dizer, para reintegrar-se em um ato místico supra-sensível e emitir o Raio criador. Quando o "Filho Divino" exsurge, Fohat passa então a ser a força propulsora, o Poder ativo, que é a causa de o Um converter-se em Dois e em Três (no plano cósmico da manifestação). O tríplice Um se diferencia nos Muitos, e Fohat se transforma na força que reúne os átomos elementais e faz com que se aglutinem e se combinem entre si. Vemos um eco destes antiquíssimos ensinamentos na mitologia grega primitiva. Erebos e Nux nascem de Caos, e, sob a ação de Eros, dão, por sua vez, nascimento a Æther e a Hemera, a luz da região superior e a da região inferior ou terrestre. As Trevas engendram a Luz. Compare-se isto com a

---

(112) O primeiro e maior Reformador tibetano, que fundou a seita dos "Gorros Amarelos" (Gelupkas). Nasceu no distrito de Amdo, no ano 1355 de nossa era, e foi o Avatar de Amitâbha, nome celeste de Gautama Buddha.

Vontade ou o "Desejo" de criar de Brahmâ, nos *Purânas*; e, na cosmogonia fenícia de Sanchoniathon, com a doutrina de que o desejo, πότοζ, é o princípio da criação.

Fohat está intimamente associado com a "Vida Una". Do Um desconhecido, a Totalidade Infinita, emana o Um manifestado ou a Divindade Manvantárica periódica; e esta é a Mente Universal, que, separada de sua Fonte-Origem, é o Demiurgo ou Logos Criador dos cabalistas ocidentais, e o Brahmâ de quatro fases da religião hindu. Em sua totalidade, e se o considerarmos do ponto de vista esotérico como o Pensamento Divino manifestado, ele representa os Exércitos dos mais elevados Dhyân Choans Criadores. Simultaneamente com a evolução da Mente Universal, a Sabedoria oculta de Adi-Buddha — o Supremo e Eterno — se manifesta como Avalokiteshvara (ou Ishvara manifestado), que é o Osíris dos egípcios, o Ahura-Mazda dos zoroastrianos, o Homem Celeste dos filósofos herméticos, o Logo dos platônicos e o Âtman dos vedantinos [113]. Pela ação da Sabedoria Manifestada, ou Mahat — representada por estes inumeráveis centros de energia espiritual no Cosmos —, o Reflexo da Mente Universal, que é a Ideação Cósmica e a Força Intelectual que acompanha esta Ideação, se converte objetivamente no Fohat do Filósofo budista esotérico. Fohat, correndo ao longo dos sete princípios do Âkâsha, atua sobre a substância manifestada, ou o Elemento Único, como dissemos anteriormente, e, diferenciando-o em vários centros de energia, põe em movimento a lei de Evolução Cósmica, que, em obediência à Ideação da Mente Universal, produz todos os diversos estados do Ser, no Sistema Solar manifestado.

O Sistema Solar, trazido à existência por esses agentes, está constituído por Sete Princípios, como tudo o que faz parte daqueles centros. Tal é o ensinamento do Esoterismo transhimalaico. Cada filosofia, no entanto, tem o seu sistema de classificar ou dividir os aludidos princípios.

Fohat é, portanto, a personificação do poder elétrico vital, a unidade transcendente que enlaça todas as energias cósmicas, assim nos planos invisíveis como nos manifestados; sua ação se parece — numa imensa escala — à de uma Força viva criada pela Vontade, naqueles fenômenos em que o aparentemente subjetivo atua sobre o aparentemente objetivo e o põe em movimento. Fohat não é só o símbolo vivo e o Receptáculo daquela Força, mas também os ocultistas o consideram como uma Entidade, que opera sobre as forças cósmicas, humanas e terrestres, e exerce sua influência em todos esses planos. No plano terrestre, a influência se faz sentir na força magnética e ativa produzida pela vontade enérgica do magnetizador. No plano cósmico, está presente no poder construtor que, na formação das coisas — do sistema planetário ao pirilampo e à singela margarida —, executa o plano que se acha na mente da Natureza ou no

---

(113) S. Subba Row, ao que parece, o identifica com o Logos, dando-lhe este nome. Veja-se o seu artigo *Lectures on the Bhagavad Gîtâ*, em *The Theosophist*, vol. IX; e também *The Philosophy of the Bhagavad Gîtâ*, 3.ª edição, Adyar, 1931.

Pensamento Divino, com referência à evolução e crescimento de tudo o que existe. Metafisicamente, é o pensamento objetivado dos Deuses, o "Verbo feito carne" numa escala menor, e o mensageiro da Ideação cósmica e humana; a força ativa na Vida Universal. Em seu aspecto secundário, Fohat é a Energia Solar, o fluido elétrico vital e o Quarto Princípio, o Princípio de conservação, a Alma Animal da Natureza, por assim dizer, ou a Eletricidade.

Em 1882, o Presidente da Sociedade Teosófica, Coronel Olcott, foi criticado por sustentar em uma de suas conferências que a Eletricidade é matéria. É, no entanto, o que ensina a Doutrina Oculta. Podem-se dar à Eletricidade os nomes mais cômodos de "Força" ou "Energia", enquanto a ciência européia não souber algo mais a seu respeito; mas na realidade outra coisa não é senão matéria, tal como o Éter, por ser também atômica, a despeito de vários graus a distanciarem deste último. Parece ridículo pretender que uma coisa, por ser imponderável para a ciência, não possa ter o nome de matéria. A Eletricidade é "imaterial" no sentido de que as suas moléculas não são suscetíveis de percepção ou de experiência; sem embargo, pode ser atômica (e os ocultistas o afirmam), sendo, portanto, matéria. Conceda-se, porém, que seja anticientífico tratá-la em termos semelhantes; uma vez que a ciência a considera como fonte de Energia, ou simplesmente a chama Força e Energia, como é possível pensar em Força ou Energia sem lhe acrescentar a idéia de Matéria?

O matemático Maxwell, uma das maiores autoridades em assuntos de eletricidade e fenômenos elétricos, disse há alguns anos que a eletricidade é matéria, e não simplesmente movimento. "Se aceitarmos a hipótese de que as substâncias elementares são compostas de átomos, não poderemos evitar a conclusão de que a Eletricidade, positiva ou negativa, se divida também em partículas elementares definidas, que se comportam como átomos elétricos [114]. Nós vamos ainda mais longe, e sustentamos que a Eletricidade não só é Substância mas a emanação de uma Entidade, que não é nem Deus nem o Diabo, mas uma daquelas inúmeras Entidades que regem e dirigem o nosso mundo, de acordo com a eterna lei do Carma.

Voltemos a Fohat. Na Índia, é ele associado a Vishnu e Surya, no caráter primitivo atribuído ao primeiro destes deuses; pois no *Rig Veda* Vishnu não é um Deus de categoria superior. O nome de Vishnu procede da raiz *vish*, "penetrar", e Fohat é chamado "Aquele que penetra" e o Fabricante, porque dá forma aos átomos oriundos da matéria informe [115]. Nos textos sagrados do *Rig Veda*, é também Vishnu "uma manifestação da Energia Solar", sendo descrito como "dando três passos através das Sete regiões do Universo"; mas este Deus védico tem muito pouco de comum

---

(114) *Faraday Lectures*, 1881, Helmholtz.
(115) É sabido que a areia, quando colocada numa placa metálica em vibração, assume uma série de figuras regulares e curvas de várias formas. Pode a Ciência dar uma explicação *completa* desse fato?

com o Vishnu dos tempos ulteriores. Os dois (Fohat e Vishnu) são, portanto, idênticos neste sentido particular, sendo um a cópia do outro.

Os Três e os Sete "Passos" referem-se às sete esferas habitadas pelo homem, segundo a Doutrina Esotérica, assim como às sete regiões da Terra. Apesar das freqüentes objeções dos pseudo-orientalistas, as escrituras exotéricas hindus aludem claramente aos Sete Mundos ou Esferas de nossa Cadeia Planetária. É surpreendente que todos esses números se achem associados a números idênticos em outras cosmogonias e seus símbolos, como se pode ver pelo estudo comparado e paralelo das velhas religiões. Os "três passos de Vishnu" através das "sete regiões do Universo", no *Rig Veda,* foram explicados de várias maneiras pelos comentadores, ora como significando cosmicamente o fogo, o raio e o sol, ora como tendo sido dados na terra, na atmosfera e no céu; entendendo outros que eram os "três passos do Anão" (encarnação de Vishnu); muito embora Aurnavâbha houvesse dito em termos mais filosóficos, e corretos do ponto de vista astronômico, que significavam as diversas posições do sol: orto, zênite e ocaso. Só a Filosofia Esotérica oferece a explicação clara, se bem que o *Zohar* o exponha de modo bem filosófico e compreensível. Neste último se lê, efetivamente, que no princípio os Elohim (Alhim) eram chamados Echad, "Um", ou a "Divindade, Um em Muitos", idéia bem simples como concepção panteísta (panteísta, é claro, no seu sentido filosófico). Em seguida veio a transformação: "Jehovah é Elohim", unificando assim a multiplicidade e dando o primeiro passo para o monoteísmo. Surge a questão: "Como Jehovah é Elohim?" E a resposta é: "Por Três Passos." A significação é clara. Os Passos são símbolos e emblemas, mútuos e correlativos, do Espírito, da Alma e do Corpo (Homem); do Círculo transformado em Espírito, da Alma do Mundo, e de seu Corpo (a Terra). Saindo do Círculo Infinito, que nenhum homem compreende, Ain Suph, sinônimo cabalístico de Parabrahman, do Zeroâna Akerne dos masdeístas, ou de qualquer outro "Incognoscível", converte-se em "UM" (o Echad, o Eka, o Ahu); então ele (ou aquilo) se transforma pela evolução no "Um em Muitos", os Dhyâni-Buddhas ou Elohim, ou ainda os Amshaspends, dando seu terceiro passo na geração da carne (ou o Homem). E do Homem ou Jah-Hovah, "macho-fêmea")), a entidade *interna* ou divina se converte, no plano metafísico, outra vez nos Elohim.

Os números 3, 5 e 7 são preeminentes na maçonaria especulativa, conforme já mostramos em *Ísis sem Véu.* Diz um mação:

"Há 3, 5 e 7 passos para indicar um passeio circular. As três faces de 3, 3; 5, 3; e 7, 3; etc. Algumas vezes vem desta forma: 753/2 = 376,5, e 7635/2 = 3817,5; e a razão de 20612/6561 pés por côvado dá as medidas da Grande Pirâmide, etc."

Três, cinco e sete são números místicos; o último e o primeiro são sobremaneira venerados tanto pelos maçons como pelos parses, e o Triângulo em toda a parte é um símbolo da Divindade [116]. Há, naturalmente,

---

(116) Veja-se *The Masonic Cyclopaedia,* de Mackenzie, e *The Pythagorean Triangle,* de Oliver.

doutores em Teologia — Cassel por exemplo — que dizem estar no *Zohar* a explicação e o fundamento da Trindade cristã (!). Ora, este dogma têm sua verdadeira origem no Triângulo △ do Ocultismo e da Simbologia arcaica dos pagãos. Os Três Passos se referem, metafisicamente, à descida do Espírito na Matéria, ou à queda do Logos, como um resplendor, primeiro no espírito, depois na alma, e por último na forma física do homem, na qual se converte em Vida.

A idéia cabalística é idêntica à do Esoterismo do período arcaico. Esse Esoterismo é propriedade comum de todos: não pertence nem à Quinta Raça ariana, nem a nenhuma de suas numerosas sub-raças. Não pode ser reivindicada pelos chamados turanianos, nem pelos egípcios, chineses ou caldeus, nem por alguma das sete divisões da Quinta Raça-Raiz, pertencendo antes às Raças-Raízes Terceira e Quarta, cujos descendentes se encontram na origem da Quinta: os primitivos ários.

Em todas as nações o Círculo era o símbolo do Desconhecido — o "Espaço Sem Limites", o aspecto abstrato de uma abstração sempre presente —, a Divindade Incognoscível. Ele representa o Tempo sem limites na Eternidade.

O Zeroâna Akerne é também o "Círculo sem limites do Tempo desconhecido"; deste Círculo brota a Luz radiante, o Sol Universal ou Ormuzd [117], sendo o último idêntico a Cronos em sua forma eólia, a de um círculo. Porque o Círculo é Sar e Saros, ou Ciclo. Era o Deus babilônico, cujo horizonte circular era o símbolo visível do invisível, ao passo que o Sol era o Círculo Uno, de onde procediam os Orbes cósmicos, dos quais era considerado o chefe. Zeroâna é o Chakra ou Círculo de Vishnu, o emblema misterioso que, conforme a definição de um místico, é "uma curva de natureza tal que uma de suas partes, por menor que seja, sendo prolongada indefinidamente em qualquer sentido voltaria finalmente a entrar em si mesma, formando uma só e mesma curva ou o que chamamos um círculo". Não se pode dar melhor definição do símbolo próprio e da natureza evidente da Divindade, a qual, tendo a sua circunferência em toda a parte (o ilimitado), tem, conseqüentemente, o seu ponto central também em toda a parte; ou, por outras palavras, se encontra em cada ponto do Universo. A Divindade invisível é, assim, também os Dhyân Chohans ou os Rishis, os sete primitivos, os nove, sem a unidade sintética, e os dez, incluindo esta última, daqui passando ao Homem.

Voltando ao comentário 4.º da Estância IV, compreenderá o leitor agora por que, enquanto o Chakra trans-himalaico contém inscritos △ | □ | ☆ — ou seja, o triângulo, a primeira linha, o quadrado, a segunda linha e o pentágono (estrela de cinco pontas) com um ponto no centro, ou alguma variante —, o Círculo cabalístico dos Elohim revela, quando as letras da palavra אלהים (Alhim ou Elohim) são lidas numericamente, os famosos números 13514 ou, anagramaticamente, 31415, o π astronômico ou o

---

(117) Ormuzd é o Logos, o "Primogênito", e o Sol.

significado oculto dos Dhyâni-Buddhas, dos Gebers, dos Giburim, dos Cabiros e dos Elohim, todos significando "Grandes Homens", "Titãs", "Homens Celestes" e, na terra, "Gigantes".

O Sete era um Número Sagrado em todas as nações; mas nenhuma lhe deu uso tão fisiológico e materialista quanto os hebreus. Para estes, o 7 era por excelência o número gerador, e o 9 o número masculino, o da causa, formando, segundo fazem ver os cabalistas, o "otz" עץ (90, 70), ou a "Árvore do Jardim do Éden", a "dupla vara hermafrodita" da Quarta Raça. Era o símbolo do *Sanctum Sanctorum*, o 3 e o 4 da separação sexual. Quase todas as 22 letras do alfabeto hebraico são símbolos fálicos. Das duas letras acima, o *ayin* é um signo feminino negativo, simbolicamente um olho; a outra, uma letra masculina, *tzâ*, um anzol ou dardo para peixes. Mas para os hindus e os arianos em geral o significado era múltiplo e se referia quase totalmente às verdades puramente metafísicas e astronômicas. Seus Rishis e Deuses, seus Demônios e Heróis possuem significados históricos e éticos.

Entretanto, vemos que um cabalista, comparando a *Cabala* e o *Zohar* com o Esoterismo ariano, em obra ainda inédita, declara o seguinte:

"O sistema hebreu, claro, breve, acabado e preciso, sobrepuja em muito a emaranhada fraseologia dos hindus — como aquilo do salmista para exprimir idéia semelhante: 'Minha boca fala com a minha língua, não conheço os teus números' (LXXI, 15)... O emblema hindu, pela insuficiência que revela em sua estranha mistura de aspectos diversos, mostra haver copiado muita coisa de outras línguas, tal como o fizeram os gregos (os gregos embusteiros) e a maçonaria; o que, mesmo na rude pobreza monossilábica (aparente) do hebreu, evidencia que este último veio de uma antiguidade muito mais remota do que qualquer uma daquelas línguas, das quais deve ter sido a fonte (!?) ou estará, pelo menos, mais próximo da fonte original."

Está completamente errado. Pelo visto, o nosso ilustre confrade e correspondente julga os sistemas religiosos hindus por seus *Shâstras* e *Purânas*, provavelmente pelos últimos e, sobretudo, pelas traduções modernas dos orientalistas, em que os textos foram desfigurados ao ponto de ficarem quase irreconhecíveis. É aos seus sistemas filosóficos, e principalmente aos seus ensinamentos esotéricos, que devemos recorrer, se queremos estabelecer uma comparação.

Não há dúvida que a simbologia do *Pentateuco* e a do *Novo Testamento* procedem de uma origem comum. Mas certamente que a pirâmide de Queops, cujas dimensões o Professor Piazzi Smyth descobriu haverem sido todas reproduzidas no pretendido e mítico Templo de Salomão, não é de data posterior à dos livros mosaicos. Por conseguinte, se existe tanta identidade como se quer fazer acreditar, a imitação servil deve ser imputada aos judeus, e não aos egípcios. Os emblemas judeus — e até mesmo a língua hebraica — não são originais. Foram tomados aos egípcios, de quem Moisés adquiriu a sua sabedoria; dos Coptos, parentes prováveis, senão antepassados, dos antigos Fenícios e dos Hicsos, que Joseph pre-

---

(119) *Contra Apion*, I, 25.

tende sejam os antepassados dos povos egípcios [119]. Sim; mas quem são os pastores Hicsos? E quem os Egípcios? A história nada sabe, e as especulações e teorias se sucedem a esse respeito, segundo o gosto e as inclinações dos historiadores [120]. "O Khamismo, ou antigo copto, procede da Ásia Ocidental e contém algum germe do semítico, testemunhando assim a unidade primitiva de parentesco das raças arianas e semíticas", diz Bunsen, que situa os grandes acontecimentos do Egito em 9.000 anos antes de nossa era. A verdade é que no esoterismo arcaico e no pensamento ariano nós encontramos uma grande filosofia, ao passo que nos anais hebreus não vemos senão um surpreendente engenho para inventar apoteoses ao culto fálico e à teogonia sexual.

Que os Arianos jamais fizeram basear sua religião unicamente em símbolos fisiológicos, como os antigos Hebreus, pode evidenciar-se das escrituras exotéricas hindus. É igualmente certo que os textos hindus foram escritos de maneira velada, conforme o demonstram as suas contradições, existindo uma explicação diferente em quase cada um dos *Purânas* ou dos poemas épicos. Lidos, porém, à luz do esoterismo, o sentido é o mesmo em todos eles. Por exemplo, em certa narrativa se enumeram sete mundos, excluindo os mundos inferiores, que são também sete; estes quatorze mundos superiores e inferiores nada têm a ver com a classificação da Cadeia Setenária, e pertencem aos mundos puramente etéreos e invisíveis. Sobre eles diremos mais tarde. Basta mostrar, no momento, que a alusão é feita intencionalmente como se pertencessem à Cadeia. "Outra enumeração dá aos sete mundos os nomes de terra, firmamento, céu, região intermediária, lugar de nascimento, mansão de bem-aventurança e habitação da verdade, colocando os Filhos de Brahmâ na sexta divisão e declarando que a quinta, Jana-loka, é aquela onde renascem os animais destruídos na conflagração geral [121].

Nos capítulos seguintes sobre Simbolismo apresentaremos alguns ensinamentos realmente esotéricos. Aqueles que se acharem preparados compreender-lhes-ão o significado oculto.

3. Ele é o seu condutor, o espírito que as guia. Ao iniciar a sua obra, separa as Centelhas do Reino Inferior [122], que se agitam e vibram de alegria em suas radiantes moradas [123], e com elas forma os Germes das Rodas. Colocando-as nas Seis Direções do Espaço, deixa uma no Centro: a Roda Central.

"Rodas", como já explicamos, são os centros de força em torno dos quais se expande a matéria cósmica primordial, que, passando por todos os seis graus de consolidação, se torna esferoidal e termina por se transformar em globos ou esferas. Um dos princípios fundamentais da cosmo-

---

(120) Veja-se *Ísis sem Véu*, II, 430, 438.
(121) Veja-se *Hindu Classical Dictionary* de Dowson.
(122) Os átomos minerais.
(123) As nuvens gasosas.

gonia esotérica é que, durante os Kalpas (ou Evos) de Vida, o Movimento — que nos períodos de Repouso *"pulsa e vibra através de cada átomo adormecido"* — adquire uma tendência para o movimento circular, que vai sempre crescendo, desde o despertar do Cosmos até um novo "Dia". "A Divindade se converte em um Torvelinho."

Pode-se fazer esta pergunta, que também ocorreu à autora: Quem pode averiguar a diferenciação daquele Movimento, se toda a Natureza se acha reduzida à sua essência primeira, não havendo ali ninguém para observá-la, nem sequer um dos Dhyân Chohans, então todos em Nirvana? Eis aqui a resposta: "Na Natureza, tudo deve ser julgado por analogia. Embora as Divindades mais elevadas (Arcanjos ou Dhyâni-Buddhas) sejam incapazes de penetrar os mistérios que se passam a distâncias incomensuráveis do nosso Sistema Planetário e do Cosmos visível, existiram, contudo, naqueles tempos antigos, grandes videntes e profetas que puderam perceber o mistério do Sopro e do Movimento, retrospectivamente, quando os sistemas de Mundos permaneciam em repouso e mergulhados em seu sono periódico."

As Rodas são também chamadas Rotæ (as Rodas em movimento dos orbes celestes que tomam parte na criação do mundo), quando a significação em vista se refere ao princípio animador das estrelas e dos planetas; porque na *Cabala* são elas representadas pelos Auphanim, os Anjos das Esferas e das Estrelas, de que são as Almas animadoras [124].

A lei do movimento rotatório na matéria primordial é uma das mais antigas concepções da filosofia grega, cujos primeiros sábios históricos eram quase todos Iniciados nos Mistérios. Os Gregos a deviam aos Egípcios, e estes aos Caldeus, que por sua vez foram discípulos dos brâmanes da Escola Esotérica. Leucipo e Demócrito de Adbera — o discípulo dos Magos — ensinaram que o movimento giratório dos átomos e das esferas existiu desde a eternidade [125]. Hicetas, Heráclides, Ecfanto, Pitágoras e todos os seus discípulos ensinaram a rotação da terra; e Ariabhata da Índia, Aristarco, Seleuco e Arquimedes calcularam sua revolução tão cientificamente como o fazem hoje os astrônomos; e a teoria dos vórtices Elementais era conhecida de Anaxágoras, que a sustentava 500 anos antes de nossa

---

(124) Veja-se *Kabbalah Denudata,* "De Anima", página 113.

(125) "A doutrina da rotação da terra sobre um eixo foi ensinada por Hicetas, o Pitagórico, provavelmente 500 anos antes de nossa era. Também o foi por seu discípulo Ecfanto e por Heráclides, discípulo de Platão. A imobilidade do Sol e a revolução da terra sobre uma órbita foram expostas por Aristarco de Samos em 381 A.C., como suposições conformes aos fatos observados. A teoria heliocêntrica foi igualmente ensinada, cerca de 150 anos antes de nossa era, por Seleuco de Selêucia, às margens do Tigre." (Pitágoras a ensinava 500 anos antes de nossa era. — H. P. B.) "Diz-se também que Arquimedes falava da teoria heliocêntrica em uma obra intitulada *Psammites*. A forma esférica da terra foi claramente ensinada por Aristóteles, que apresentava como prova o contorno da sombra projetada pela terra sobre a lua, durante os eclipses. (Aristóteles, *De Coelo,* livro II, cap. XIV). Plínio defendeu a mesma idéia (*História Natural,* II, 65). Essas opiniões parece que ficaram perdidas para o conhecimento humano por mais de mil anos..." (Winchell, *World-Life,* 551-2).

era, isto é, quase 2.000 anos antes que fosse admitida por Galileu, Descartes, Swedenborg e, finalmente, com ligeiras modificações, por Sir W. Thomson [126]. Todas essas noções, se queremos ser justos, são ecos da doutrina arcaica, que ora pretendemos expor.

Como puderam homens de ciência destes últimos séculos chegar às mesmas idéias e conclusões já ensinadas como verdades axiomáticas no recesso dos Adyta há várias dúzias de milênios? É questão de que nos ocuparemos à parte. Alguns foram a elas conduzidos pelo natural progresso da ciência física e por meio da observação independente; outros, como Copérnico, Swedenborg e alguns poucos mais, sem embargo de seus grandes conhecimentos, deveram o saber muito mais à sua intuição do que aos seus esforços diretos e pessoais através dos processos normais de estudo.

Swedenborg, que não teve oportunidade de conhecer as idéias esotéricas do Budismo, chegou por si só, em suas concepções gerais, muito perto do ensinamento oculto, do que é prova o seu ensaio sobre a Teoria dos Vórtices. Na tradução de Clissold, citada pelo Professor Winchell [127], deparamos o seguinte resumo:

"A causa primeira é o infinito ou ilimitado. Ela confere existência ao primeiro finito ou limitado." [O Logos em sua manifestação e o Universo.] "O que produz um limite é análogo ao movimento." [Veja-se Estância I *supra*.] "O limite produzido é um ponto, cuja essência é o movimento; mas, carecendo de partes, esta essência não é movimento efetivo, senão o seu *connatus* simplesmente." [Em nossa Doutrina não é um *connatus*, mas uma transformação do que é Vibração Eterna no Não-Manifestado, do Movimento em vórtices no Mundo fenomenal ou manifestado.] "Daquele princípio procedem a expansão, o espaço, a forma e a sucessão ou tempo. Assim como em geometria um ponto gera uma linha, uma linha gera uma superfície, e a superfície um sólido, assim também o *connatus* do ponto tende para linhas, superfícies e sólidos. Em outras palavras, o Universo está contido *in ovo* no primeiro ponto natural.

O Movimento para o qual tende o *connatus* é circular, pois o círculo é a mais perfeita de todas as figuras... O mais perfeito gênero de movimento deve ser o movimento circular perpétuo; isto é, um movimento provindo do centro para a periferia, e da periferia para o centro." [128]

Tudo isso é pura e simplesmente Ocultismo.

As "Seis direções do Espaço" significam aqui o "Duplo Triângulo", e união e fusão do Espírito puro e da Matéria, do Arûpa e do Rûpa, de que os Triângulos são um Símbolo. O Duplo Triângulo é um símbolo de Vishnu; é o Selo de Salomão e o Shrî-Antara dos brâmanes.

4. Fohat traça linhas espirais para unir a Sexta à Sétima — a Coroa (*a*). Um Exército dos Filhos da Luz situa-se em cada um dos ângulos; os Lipika ficam na Roda Central (*b*). Dizem eles [129]: "Isto é bom." O

---

(126) *On Vortex Atoms*.
(127) *Op. cit.*, 567.
(128) Extraído de *Principia Rerum Naturalium*.
(129) Os Lipika.

primeiro Mundo Divino está pronto; o Primeiro, o Segundo [130]. Então o "Divino Arûpa [131] se reflete no Chhâyâ Loka [132], a Primeira Veste de Anupâdaka (c).

(a) Este traçado de "linhas espirais" se refere tanto à evolução dos Princípios do Homem como à evolução dos Princípios da Natureza; evolução que se processa gradualmente, como sucede com todas as coisas na Natureza.

O Sexto Princípio do Homem (Buddhi, a Alma Divina), sendo embora um simples sopro em nossas concepções, representa, contudo, algo material quando comparado com o Espírito Divino (Âtmâ), do qual é mensageiro e veículo.

Fohat, em sua qualidade de Amor Divino (Eros), o poder elétrico de afinidade e simpatia, figura alegoricamente como buscando unir o Espírito puro, o Raio inseparável do Um Absoluto, com a Alma, constituindo os dois a Mônada no Homem, e na Natureza o primeiro elo entre o sempre incondicionado e o manifestado. "O Primeiro é agora o Segundo (Mundo)" — dos Lipika: esta frase encerra a mesma idéia.

(b) O "Exército" em cada ângulo é a Legião de Seres Angélicos (Dhyân-Chohans), designados para guiar cada região e velar por ela, desde o princípio até o fim do Manvantara. São os "Vigilantes Místicos" dos cabalistas cristãos e dos alquimistas, e estão relacionados simbolicamente, como também astronomicamente, com o sistema numérico do Universo. Os números a que se acham associados estes Seres celestes são sumamente difíceis de explicar, pois cada número é comparável a diversos grupos de idéias distintas, conforme o grupo particular de Anjos que se pretende representar. É aí que está o *nodus* do estudo do simbolismo, em relação ao qual tantos sábios, incapazes de desatá-lo, preferiram fazer como Alexandre ao nó górdio; dando como resultado direto tantos conceitos e ensinamentos errôneos.

(c) O "Primeiro é o Segundo", porque o Primeiro não pode ser classificado ou considerado como tal, já que este é o reino do número em sua manifestação primária: o umbral do Mundo da Verdade ou Sat, através do qual a energia direta, que se irradia da Realidade Una (a Divindade Sem Nome), vem até nós. Ainda aqui é possível que o termo intraduzível Sat (a Seidade) dê lugar novamente a uma concepção errônea, pois o que é manifestado não pode ser Sat, mas algo fenomenal, não eterno, e em verdade nem mesmo sempiterno. É coevo e coexistente com a Vida Una, "Sem Segundo"; mas, como manifestação, é ainda Mâyâ, tal qual o resto. Este "Mundo da Verdade", segundo o Comentário, não pode ser descrito senão como *"uma estrela resplandecente, que se desprende do Coração da Eternidade: o farol da esperança, de cujos Sete Raios pendem os Sete*

---
(130) Isto é: o Primeiro é agora o Segundo Mundo.
(131) O Universo sem forma do Pensamento.
(132) O Mundo de Sombras da Forma Primitiva, ou o Mundo Intelectual.

Mundos do Ser". Verdadeiramente é assim, uma vez que são as Sete Luzes cujos reflexos constituem as imortais Mônadas humanas, o Âtmâ, ou o Espírito radiante de toda criatura pertencente à família humana.

Primeiro essa Luz Setenária; depois o "Mundo Divino" — as inumeráveis luzes acesas na Luz primordial — os Buddhis, ou Almas Divinas sem forma, do último Mundo Arûpa (sem forma); a "Soma Total" na linguagem misteriosa da velha Estância.

No Catecismo, assim pergunta o Mestre ao discípulo:

"Levanta a cabeça, ó Lanu! Vês uma luz ou luzes inumeráveis por cima de ti, brilhando no céu negro da meia-noite?

"Eu percebo uma chama, ó Gurudeva! Vejo milhares de centelhas não destacadas, que nela brilham.

"Dizes bem. E agora observa em torno de ti, e dentro de ti mesmo. Essa luz que arde no teu interior, porventura a sentes de alguma maneira diferente da luz que brilha em teus irmãos humanos?

"Não é de modo algum diferente, embora o prisioneiro continue seguro pelo Carma e as suas vestes externas enganem os ignorantes, induzindo-os a dizer: Tua Alma e Minha Alma."

A lei fundamental da Ciência Oculta é a unidade radical da essência última de cada parte constitutiva dos elementos compostos da Natureza, desde a estrela ao átomo mineral, desde o mais elevado Dhyân Chohan ao mais humilde dos infusórios, na completa acepção da palavra, quer se aplique ao mundo espiritual, quer ao intelectual ou ao físico. "A Divindade é um ilimitado e infinito expandir-se" — diz um axioma oculto —, e daí é que vem o nome de Brahmâ, conforme já tivemos ocasião de assinalar [133].

Há uma profunda filosofia no culto mais primitivo do mundo: o do Sol e do Fogo. De todos os elementos conhecidos da ciência física, o Fogo é o que até agora mais tem escapado a uma análise definida. Do ar se afirma com segurança que é uma mistura de oxigênio e azoto. Consideramos o Universo e a Terra como matéria constituída de moléculas químicas definidas. Falamos das dez terras primitivas dando a cada uma delas um nome grego ou latino. Dizemos que a água é, quimicamente, um composto de oxigênio e hidrogênio. Mas que é o Fogo? É o efeito da combustão, respondem-nos com toda a seriedade. É calor, luz e movimento, e uma correlação de forças físicas e químicas em geral. Esta definição científica é filosoficamente complementada pela teológica do Dicionário de Webster, que explica o fogo como "o instrumento do castigo ou a punição do impenitente em outro estado"; o "estado" — seja dito de passagem — supõe-se que é o espiritual; mas, oh! a presença do fogo corresponderia a uma prova convincente de sua natureza material. Entretanto, referindo-se à ilusão

---

(133) No *Rig Veda* encontramos os nome Brahmanaspati e Brihaspati, que se alternam e são equivalentes um do outro. Veja-se também *Brihadâranyaha Upanishad*; Brihaspati é uma divindade conhecida como o "Pai dos Deuses".

em que incidimos ao encarar os fenômenos como coisas simples por nos serem familiares, eis o que diz o Professor Bain:

"Os fatos habituais parecem não necessitar de nenhuma explicação, e servir ao mesmo tempo para explicar tudo aquilo que lhes possa ser assimilado. Assim, por exemplo, o fato da ebulição e evaporação de um líquido parece um fenômeno bem simples, dispensando qualquer explicação, mas que explica de modo satisfatório e suficiente outros fenômenos mais raros. Que a água deva evaporar-se é uma coisa de todo compreensível ao espírito ignorante; ao passo que, para o homem que conhece a ciência física, o estado líquido é anômalo e inexplicável. Acender fogo com uma chama é uma *grande dificuldade científica,* embora pouca gente tenha consciência disso." [134]

Que diz o ensinamento esotérico a respeito do Fogo? *"O Fogo é o reflexo mais perfeito e não adulterado, assim no Céu como na Terra, da Chama Una. É a Vida e a Morte, a origem e o fim de todas as coisas materiais. É a Substância divina."* Assim é que não só os adoradores do Fogo, os parses, mas até as tribos errantes e selvagens da América, que se dizem "nascidas do fogo", demonstram mais ciência em sua fé e mais verdade em suas superstições que todas as especulações da física e da erudição moderna. O cristão que proclama "Deus é um Fogo vivente", e fala das "Línguas de Fogo" do Pentecostes e da "sarça ardente" de Moisés, é tão adorador do fogo como qualquer "pagão". Dentre os místicos e cabalistas, os Rosa-cruzes foram os que definiram mais corretamente o Fogo. Tomai uma lâmpada de custo insignificante, alimentai-a de óleo, e podereis acender em sua chama as lâmpadas, as velas e os fogos do globo inteiro, sem que a chama diminua.

Se a Divindade, o Radical Uno, é uma Substância eterna e infinita, que jamais se consome ("o Senhor teu Deus é um fogo abrasador")[135], não parece razoável que se tenha como antifilosófico o ensinamento oculto, quando diz: "Assim foram formados os (Mundos) Arûpa e Rûpa: de uma Luz, sete Luzes; de cada uma das Sete, sete vezes Sete", etc.

5. Fohat dá cinco passos (a)[136], e constrói uma roda alada em cada um dos ângulos do quadrado para os Quatro Santos... e seus Exércitos (b).

(a) Os "Passos", como já explicamos no último Comentário, se referem tanto aos Princípios cósmicos como aos humanos; sendo estes últimos, segundo a divisão exotérica, três (Espírito, Alma e Corpo), e, pela classificação esotérica, sete Princípios: três Raios da Essência e quatro Aspectos[137]. Os que tiverem estudado o *Esoteric Buddhism* do Sr. Sinnett, poderão facilmente compreender a nomenclatura. Existem, do outro lado dos Himalaias, duas escolas esotéricas, ou antes, uma escola dividida em

---

(134) *Logic,* II, 125.
(135) *Deuteronômio,* IV, 24.
(136) Após haver dado os três primeiros.
(137) Os quatro Aspectos são o corpo, a sua vida ou vitalidade e o "duplo" do corpo — a tríade que desaparece com a morte da pessoa — e o Kama-Rûpa, que se desintegra no Kâma-Loka.

duas seções: uma para os Lanus internos, e outra para os Chelas externos ou semilaicos; a primeira ensina uma divisão em sete Princípios humanos, e a outra em seis.

Do ponto de vista cósmico, os "Cinco Passos" de Fohat significam aqui os cinco planos superiores da Consciência e do Ser; o sexto e o sétimo (contando de cima para baixo) são o astral e o terrestre, os dois planos inferiores.

(*b*) Quatro "Rodas Aladas em cada ângulo... para os Quatro Santos e seus Exércitos (Legiões)". São os "Quatro Mahârajâs" ou grandes Reis, dos Dhyân Chohans, Devas, que presidem a cada um dos quatro pontos cardeais. São os Regentes ou Anjos que governam as Forças Cósmicas do Norte, Sul, Este e Oeste; Forças que possuem cada qual uma propriedade oculta distinta. Tais Seres estão ainda relacionados com o Carma, que requer agentes físicos e materiais para executarem os seus decretos — como sejam, por exemplo, as quatro classes de ventos, aos quais a própria ciência reconhece exercerem influências nocivas e benéficas sobre a saúde dos homens e dos seres vivos em geral. Encerra uma filosofia oculta a doutrina católica romana que atribui as diversas calamidades públicas — epidemias, guerras, etc. — aos invisíveis "Mensageiros" do Norte e do Oeste. "A glória de Deus vem pelo caminho do Oriente", diz Ezequiel [138]; Jeremias, Isaías e o Salmista asseguram aos seus leitores que todo o mal existente sob o Sol procede do Norte e do Oeste — o que, se aplicado à nação judia, soa como inegável profecia. E isso também explica a declaração de Santo Ambrósio [139] de que aí está precisamente a razão porque "nós maldizemos o vento Norte e, na cerimônia do batismo, começamos por nos voltar para o Ocidente (sideral), a fim de melhor renunciarmos àquele que ali habita: após o que nos viramos para o Oriente".

A crença nos "Quatro Mahârâjas" — os Regentes dos quatro pontos cardeais — era universal, e ainda é partilhada pelos cristãos, que lhes chamam, segundo Santo Agostinho, "Virtudes Angélicas" e "Espíritos", quando são eles que os invocam, e "Diabos" quando a invocação é feita pelos pagãos. Mas onde a diferença, neste caso, entre pagãos e cristãos? Escreve o erudito Vossius:

"Apesar de Santo Agostinho dizer que todas as coisas visíveis deste mundo têm como guardião uma virtude angélica, não se deve entender que ele se refere aos indivíduos, mas sim às espécies completas das coisas, possuindo cada espécie o seu anjo particular, que a protege. Nisso está ele de acordo com todos os filósofos... Para nós, estes anjos são espíritos separados dos objetos... ao passo que para os filósofos (pagãos) eram deuses." [140]

Examinando o Ritual da Igreja Católica Romana no concernente aos "Espíritos das Estrelas", vemos que estes apresentam um aspecto em que

---

(138) Capítulo III, 4.
(139) *Sobre Amós*, IV.
(140) *Theol. Cr.*, I, VII.

transparece um certo ar de "deuses". E os antigos povos pagãos não lhes prestavam mais honras, nem lhes rendiam maior culto, do que o fazem atualmente, em Roma, cristãos católicos dos mais ilustres.

Secundando Platão, explicava Aristóteles que ao termo στοιχεῖα se dava unicamente o significado de — os princípios incorpóreos localizados em cada uma das quatro grandes divisões do nosso mundo cósmico a fim de velarem sobre elas. Assim, os pagãos não *adoravam* nem *veneravam* os Elementos e os pontos cardeais (imaginários) mais do que o fazem os cristãos; aos respectivos "deuses", que os governam, é que eles prestavam o seu culto.

Para a Igreja, há duas espécies de Seres siderais: os Anjos e os Demônios. Para o cabalista e o ocultista, existe apenas uma; e não fazem diferença alguma entre os "Reitores de Luz" e os "Rectores Tenebrarum" ou Cosmocratas, que a Igreja Romana imagina e descobre nos "Reitores de Luz", quando estes são chamados por nome diferente do que ela lhes dá. Não é o Reitor ou Mahârâja quem castiga ou recompensa, com ou sem a permissão ou ordem de Deus, senão o próprio homem, com suas ações ou o Carma, atraindo individual ou coletivamente (como por vezes acontece no caso de nações inteiras) toda sorte de males e calamidades. Nós produzimos *Causas,* e estas despertam os poderes correspondentes do Mundo Sideral, os quais são magnética e irresistivelmente atraídos para os que deram lugar a essas causas, e então sobre eles reagem, quer se trate de pessoas que praticaram o mal ou de simples "pensadores" que alimentaram subjetivamente ações más. O pensamento é matéria, diz a ciência moderna; e Jevons e Babbage, em sua obra *Principles of Science,* entreviram já que "toda partícula de matéria constitui um registro de tudo o que se passa". A ciência moderna cada dia vai penetrando mais no Malstrom do ocultismo; inconscientemente, sem dúvida, mas de maneira bem acentuada.

"O Pensamento é matéria" — não, é claro, naquele sentido em que o entende o materialista alemão Moleschott, quando afirmou que "o pensamento é o movimento da matéria", fórmula cujo absurdo não encontra símile. Os estados mentais e os físicos se acham em completa oposição. Mas isso não influi no fato de que todo pensamento, além de seu acompanhamento físico (modificação cerebral), apresenta um aspecto objetivo no plano astral, embora seja uma objetividade supra-sensível para nós [141].

As duas principais teorias da Ciência sobre as relações entre a mente e a matéria são o Monismo e o Materialismo. Ambas ocupam inteiramente o campo da psicologia negativa, com exceção das idéias quase ocultistas das escolas panteístas alemãs.

As opiniões dos pensadores científicos de nossos dias a respeito das relações entre o espírito e a matéria podem reduzir-se às duas hipóteses seguintes, que excluem, ambas, a possibilidade de uma alma independente, distinta do cérebro físico, por meio do qual funcione.

---

(141) Veja-se Sinnett, *The Occult World,* páginas 89 e 90.

Tais hipóteses são:

I — *Materialismo*, teoria que considera os fenômenos mentais como produto de uma transformação molecular no cérebro, ou seja, como o resultado de uma conversão do movimento em sentimento (!). A mais extremada das escolas chegou até a identificar a mente com "uma forma particular de movimento" (!!); mas, felizmente, essa opinião é hoje qualificada como absurda pela maior parte dos homens de ciência.

II — *Monismo*, ou doutrina da Substância Única. É a forma mais sutil da psicologia negativa, sendo chamada "materialismo dissimulado" por um de seus partidários, o Professor Bain. Esta doutrina, que se acha muito difundida, conta entre os seus defensores homens como Lewes, Spencer, Ferrier e outros; ao separar inteiramente da matéria o pensamento e os fenômenos mentais, considera-os, não obstante, como as duas faces ou aspectos de uma só e mesma substância, em determinadas condições. O pensamento como pensamento, dizem eles, é de todo diferente dos fenômenos materiais; mas deve também ser olhado como "o aspecto subjetivo do movimento nervoso", ou o que quer que os nossos sábios pretendam significar com estas palavras.

Voltemos ao Comentário relativo aos Quatro Mahârâjas.

Segundo Clemente de Alexandria, nos templos egípcios, uma enorme cortina separava o tabernáculo do lugar reservado aos fiéis. Também era assim entre os Judeus. Em ambos os casos, a cortina se estendia sobre cinco colunas (o Pentágono), simbolizando os nossos cinco sentidos e, esotericamente, as cinco Raças-Raízes, enquanto as quatro cores da cortina representavam os quatro pontos cardeais e os quatro elementos terrestres. O conjunto era um símbolo alegórico. É por meio dos quatro Regentes superiores dos quatro pontos cardeais e dos elementos que os nossos cinco sentidos podem conhecer as verdades ocultas da Natureza; não eram, assim, como fazia crer Clemente, os elementos *per se* que davam aos pagãos o Conhecimento Divino ou o Conhecimento de Deus [142]. Ao passo que o emblema egípcio era espiritual, o dos Judeus era puramente materialista, limitando-se em verdade a honrar os elementos cegos e "pontos imaginários". Pois, que significava o Tabernáculo quadrado, erigido no deserto por Moisés, senão o mesmo fato cósmico? "Farás uma cortina... azul, púrpura e carmesim... cinco colunas de madeira de Shittin para as colunas... quatro anéis de bronze nos quatro cantos... painéis de madeira fina nos quatro lados, Norte, Sul, Oeste e Leste... do Tabernáculo... com Querubins de primoroso lavor" [143]. O Tabernáculo e o recinto quadrado, os Querubins e tudo o mais eram exatamente iguais aos dos templos

---

(142) Deste modo, a expressão *Natura Elementorum obtinet revelationem Dei* (em *Stromata* de Clemente, IV, 6) é aplicável a ambas as coisas ou a nenhuma. Consulte-se o *Zends*, vol. II, pág. 228, e Plutarco, *De Iside,* comparados por Layard, *Académie des Inscriptions,* 1854, vol. XV.
(143) *Êxodo,* XXVI, XXVII.

egípcios. O formato quadrado do Tabernáculo tinha precisamente a mesma significação que hoje ainda tem no culto exotérico dos chineses e dos tibetanos. Os quatro pontos cardeais correspondiam ao mesmo sentido dos quatro lados das pirâmides, dos obeliscos e de outras construções quadrangulares. Josefo ocupa-se em explicar o assunto. Diz que as colunas do Tabernáculo eram idênticas às que foram erguidas em Tiro aos quatro Elementos e que se achavam sobre pedestais cujos quatro ângulos davam frente para os quatro pontos cardeais; e acrescenta que "os ângulos dos pedestais tinham as quatro figuras do Zodíaco", que representavam a mesma orientação [144].

Vestígios dessa idéia podem ser encontrados nas criptas zoroastrianas, nos templos da Índia talhados na rocha e em todas as construções sagradas quadrangulares da antiguidade que se conservaram até os nossos dias. Demonstrou-o com muita precisão Layard, ao descobrir os quatro pontos cardeais e os quatro elementos primitivos nas religiões de todos os povos, sob a forma de obeliscos quadrados, pirâmides de quatro lados, etc. Os quatro Mahârâjas são os regentes que governam e dirigem esses elementos e pontos. Ao leitor que desejar saber algo mais sobre eles, bastará comparar a visão de Ezequiel (cap. I) com o que se vê no Budismo chinês, inclusive em seus ensinamentos exotéricos, e examinar o aspecto exterior destes "Grandes Reis dos Devas". Segundo a opinião do Reverendo Joseph Edkins, "eles presidem um a um dos quatro continentes em que os hindus dividem o mundo... Cada um se acha à frente de um exército de seres espirituais, que protegem a humanidade e o Budismo" [145]. Ressalvado o favoritismo em relação ao Budismo, é essa precisamente a missão dos Quatro Seres Celestiais. Note-se, porém, que os hindus dividem o mundo em sete continentes, tanto exotérica como esotericamente, e que os seus Devas cósmicos são em número de oito, presidindo as oito direções do vento, e não aos quatro continentes.

Os "Quatro" são os protetores do gênero humano e também os agentes do Carma na Terra, enquanto que os Lipika se interessam pela humanidade futura. Ao mesmo tempo, aqueles são as quatro criaturas viventes "que se assemelham ao homem", na visão de Ezequiel, e que os tradutores da *Bíblia* chamam "Querubins", "Serafins", etc., e os ocultistas "Globos Alados", "Rodas Flamígeras"; sendo conhecidos no Panteão hindu sob diversos outros nomes. Todos esses Gandharvas, os "Suaves Cantores", os Asuras, os Kinnaras e os Nâgas são descrições alegóricas dos Quatro Mahârâjas. Os Serafins são as Serpentes de Fogo do Céu, que vemos em uma passagem na qual se descreve o Monte Meru como a "exaltada massa de glória, a venerável mansão favorita dos deuses e dos cantores celestes... até onde não podem chegar os homens pecadores... porque se acha sob a guarda das Serpentes". São denominados os Vingadores e as "Rodas Aladas".

---

(144) Josefo, *Antiquities*, I, VIII, cap. XXII.
(145) *Chinese Buddhism*, pág. 216.

Explicando assim o seu caráter e a sua missão, vejamos o que a respeito dos Querubins dizem os intérpretes cristãos da *Bíblia*. "A palavra significa, em hebreu, a plenitude do conhecimento; chamavam-se assim estes anjos por causa do conhecimento extraordinário que possuíam, sendo-lhes, por isso, atribuída a tarefa de punir os homens que se arrogavam o Conhecimento divino" (interpretação de Cruden, em sua *Concordance*, sobre o *Gênesis*, III, 24). Ora, por vaga que seja a informação, mostra isso que o Querubim colocado à porta do Jardim do Éden após a "Queda" sugeriu aos veneráveis intérpretes a idéia de que o castigo se relacionava com a ciência proibida ou Conhecimento divino; conhecimento que geralmente acarreta outra "Queda", a dos deuses ou de "Deus" na estima do homem. Mas, como o bondoso Cruden nada sabia de Carma, deve-se perdoá-lo. A alegoria não deixa de ser sugestiva. Do Meru, a mansão dos Deuses, ao Éden, a distância é muito pequena; e entre as Serpentes hindus e os sete Querubins ofitas, o terceiro dos quais era o Dragão, a distância é ainda menor: guardavam uns e outros a entrada do reino do Conhecimento Secreto. Ezequiel, aliás, descreve claramente os quatro Anjos Cósmicos:

"Eu contemplava, e então vi um torvelinho... uma... nuvem e um fogo que a envolvia... e do meio dela saiu a imagem de quatro criaturas viventes... tinham a aparência de homens. E cada um tinha quatro rostos... e também quatro asas... e o rosto de homem [146] e a cara de leão... a cara de boi e a cara de águia... E quando eu olhava as criaturas viventes, eis que surgiu uma roda sobre a Terra... para cada um dos seus quatro rostos... como se fosse uma roda no meio de outra roda... pois o espírito da criatura vivente estava na roda."[147]

Há três grupos principais de Construtores, e outros tantos dos Espíritos Planetários e Lipika, subdividindo-se cada grupo, por sua vez, em sete subgrupos. E impossível, mesmo em uma obra tão extensa como esta, entrar no exame minucioso dos três grupos principais, o que exigiria um volume a mais.

Os Construtores são os representantes das primeiras Entidades "nascidas da Mente", e, portanto, dos primitivos Rishis-Prajâpatis, e também dos Sete grandes Deuses do Egito, dos quais o chefe é Osíris, dos Sete Amshaspends dos zoroastrianos, com Ormuzd à frente, dos "Sete Espíritos da Face", dos Sete Sephiroth separados da primeira Tríade, etc., etc.[148].

---

(146) A palavra "Homem" foi aqui substituída por "Dragão". Compare-se com os Espíritos ofitas. Os Anjos reconhecidos pela Igreja Católica Romana, que correspondem a essas "Caras", eram entre os ofitas: o Dragão — Rafael; o Leão — Miguel; o Touro ou Boi — Uriel; e a Águia — Gabriel. Os quatro Anjos acompanham os quatro Evangelistas, e preludiam os Evangelhos.

(147) *Ezequiel*, I.

(148) Os judeus, com exceção dos cabalistas, não possuindo nomes para designar o Oriente, o Ocidente, o Sul e o Norte, exprimiam a idéia com palavras que significavam adiante, atrás, à direita, à esquerda, e freqüentes vezes confundiam exotericamente estes termos, tornando assim ainda mais obscuros os véus da *Bíblia* e mais difícil a sua interpretação. Acrescente-se o fato de que, entre os quarenta e sete tradutores da *Bíblia* na Inglaterra, no tempo do Rei Jaime I, "só três compreendiam o hebreu, e dois deles morreram antes de concluída a tradução dos Salmos" (*Royal Masonic Cy-*

Eles constroem, ou melhor, reconstroem cada "Sistema", após a "Noite". O Segundo Grupo dos Construtores é o Arquiteto de nossa Cadeia Planetária, exclusivamente; e o Terceiro é o Progenitor de nossa Humanidade, o protótipo macrocósmico do microcosmo.

Os Espíritos Planetários são os espíritos que animam os Astros em geral e os Planetas em particular. Regem os destinos dos homens nascidos sob uma ou outra de suas constelações. O Segundo e o Terceiro Grupos, que pertencem a outros sistemas, desempenham idênticas funções, e todos regem vários departamentos da Natureza. No Panteão hindu exotérico, são as divindades guardiãs que presidem aos oito rumos da bússola (os quatro pontos cardeais e os quatro intermediários), e são chamadas Lokapâlas, "Sustentadores ou Guardiães do Mundo" (em nosso Cosmos visível), cujos chefes são Indra (Oriente), Yama (Sul), Varuna (Oeste) e Kuvera (Norte); os seus elefantes e as suas esposas pertencem, naturalmente, à fantasia e as idéias ulteriores, embora tenham todos uma significação oculta.

Os Lipika, de que demos uma descrição no sexto parágrafo do Comentário à Estância IV, são os Espíritos do Universo; ao passo que os Construtores são apenas as nossas próprias divindades planetárias. Os primeiros pertencem à parte mais oculta da cosmogênese, sobre a qual nada podemos dizer aqui. A autora não se acha habilitada a esclarecer se os Adeptos — inclusive os de mais elevada categoria — conhecem esta ordem angélica em seus três graus completos, ou somente o grau inferior que se relaciona com os anais do nosso mundo; inclina-se, porém, a aceitar esta última hipótese. A respeito do grau mais elevado, sabe-se apenas uma coisa: os Lipika estão associados ao Carma, do qual são os Registradores diretos. Na antiguidade, o símbolo universal do Conhecimento Sagrado e Secreto era uma Árvore, entendendo-se ainda como tal uma Escritura ou um Registro. Daí advém a palavra Lipika, que significa Escritores ou Escribas; os Dragões, símbolos da Sabedoria, que guardam as Árvores do conhecimento; o Pomo "áureo" das Hespérides; as "Árvores Frondosas" e a vegetação do Monte Meru, guardadas por Serpentes. Juno dando a Júpiter, no dia do seu casamento, uma Árvore com um fruto de ouro, é outra forma de Eva oferecendo a Adão a maçã da Árvore do Conhecimento.

6. Os Lipika circunscrevem o Triângulo, o Primeiro Um [149], o Cubo, o Segundo Um e o Pentágono dentro do Ovo $(a)^{150}$. É o Anel chamado "Não Passarás", para os que descem e sobem [151], para os que, durante o Kalpa, estão marchando para o Grande Dia "Sê Conosco" (b)... Assim foram formados os Arûpa e os Rûpa [152]: da Luz Única,

---

clopœdia), e facilmente se compreenderá quão pouca é a confiança que pode inspirar a versão inglesa da *Bíblia*. Nesta obra seguimos geralmente a versão católica romana de Douay.

149) A linha vertical ou o número 1.
(150) O Círculo.
(151. Como também para os que, etc.
(152) O Mundo Sem Forma e o Mundo das Formas.

Sete Luzes; de cada uma das Sete, sete vezes Sete Luzes. As Rodas velam pelo Anel...

A Estância prossegue com uma descrição minuciosa das Ordens da Hierarquia Angélica. Do Grupo de Quatro e Sete emanam os Grupos de Dez nascidos da Mente; os de Doze, de Vinte e Um, etc. — todos, por sua vez, divididos em subgrupos de Héptades, Enéades e Dodécades [153], e assim por diante, até perder-se o espírito nesta enumeração interminável de Exércitos e Seres celestiais, cada um com uma função peculiar no governo do Cosmos visível, durante a existência deste.

(a) A significação esotérica da primeira frase do Sloka é que os chamados Lipika, os Registradores do Grande Livro Cármico, constituem uma barreira intransponível entre o *Ego* pessoal e o *Eu* impessoal, que é o Número e a Raiz-Mater do primeiro. Essa a razão da alegoria. Eles circunscrevem o mundo manifestado da matéria, dentro do Anel "Não Passarás". Este mundo é o símbolo objetivo do Um dividido nos Muitos, nos planos da Ilusão, de Adi (o "Primeiro") ou de Eka (o "Um"); e este Um é o agregado coletivo, a totalidade dos principais criadores ou arquitetos do nosso Universo visível. No Ocultismo hebreu, o seu nome é Echath, feminino, "Um", e ao mesmo tempo Echad, também "Um", porém masculino. Os monoteístas serviram-se, e ainda se servem, do profundo esoterismo da Cabala para aplicar o nome de Sephiroth-Elohim, pelo qual é conhecida a Essência Una e Suprema, à manifestação *desta*, chamando-a Jehovah. Mas isto é de todo arbitrário e briga inteiramente com a razão e a lógica, porque a palavra Elohim está no plural e é idêntica ao nome plural Chiim, combinado freqüentemente com ela. A frase que se lê no *Sepher Yetzirah,* e também encontrada alhures, "Achath-Ruach-Elohim--Chiim", denota, quando muito, que os Elohim são andróginos, com a quase predominância do elemento feminino, traduzindo-se: "O um é Ela, o Espírito dos Elohim da Vida". Como foi dito antes, Achath (ou Echath) é feminino, e Achad (ou Echad) é masculino, ambos significando Um.

Demais, em metafísica oculta existem, a bem dizer, dois "Um": o Um no plano inacessível do Absoluto e do Infinito, sobre o qual não é possível nenhuma especulação, e o segundo "Um" no plano das Emanações. O primeiro não produz emanação nem pode ser dividido, pois é eterno, absoluto e imutável; mas o segundo, sendo, por assim dizer, o reflexo do primeiro Um (pois é o Logos, ou Ishvara, no Universo de Ilusão), pode fazê-lo. Emite de si mesmo os Sete Raios ou Dhyân Chohans (do mesmo modo que a Tríade Sephirothal superior produz os Sete Sephiroth inferiores); em outras palavras, o Homogêneo se converte no Heterogêneo, o Protilo se diferencia nos Elementos. Mas estes últimos, a menos que retornem ao elemento primário, jamais podem passar além do Laya ou ponto zero.

Não é possível descrever melhor este aspecto metafísico do que o fez o Sr. T. Subba Row em suas conferências sobre o *Bhagavad Gîtâ.*

---

(153) Grupos de Sete, de Nove e de Doze.

"Mûlaprakriti (o véu de Parabrahman) atua como energia una através do Logos (ou Ishvara). Pois bem: Parabrahman... é a essência única, da qual emana um centro de energia, a que darei por enquanto o nome de Logos... É chamado o Verbo... pelos cristãos, e é o Christos divino que está eternamente no seio do Pai. Os budistas o chamam Avalokiteshvara... Em quase todas as doutrinas se formulou a existência de um centro de energia espiritual, inato e eterno, que existe no seio de Parabrahman durante o Pralaya, que surge como centro de energia consciente por ocasião da atividade cósmica..."[154]

Porque, como disse o conferencista inicialmente, Parabrahman não é isto nem aquilo; nem sequer é a consciência, pois não pode ser relacionado com a matéria, nem com o que quer que seja de condicionado. Não é nem o Eu nem o Não-Eu; nem mesmo Âtmâ, mas em verdade a fonte única de todas as manifestações e modos de existência.

Assim, na alegoria, os Lipika separam o mundo (ou plano) do Espírito puro do mundo da Matéria. Os que "descem e sobem" (as Mônadas que encarnam e os homens que aspiram à purificação, "que sobem", mas que ainda não alcançaram a meta) só poderão transpor o Círculo "Não Passarás" quando chegar o Dia "Sê Conosco": aquele dia em que o homem, libertando-se por si mesmo dos laços da ignorância, e reconhecendo plenamente a não separatividade do Ego que está dentro de sua Personalidade (erroneamente considerada como ele próprio), em relação ao Eu Universal (*Anima Supra-Mundi*), imerge na Essência Una para tornar-se não somente um "Conosco", as Vidas universais manifestadas, que são *uma* Vida, mas esta mesma Vida.

Vê-se aqui novamente que, astronomicamente, o Anel "Não Passarás", traçado pelos Lipika em torno do "Triângulo, do Primeiro Um, do Cubo, do Segundo Um e do Pentágono", circunscrevendo estas figuras, contém os símbolos de 31415, ou seja, o coeficiente usado constantemente em matemática para exprimir o valor de π (pi), substituídos os algarismos pelas figuras geométricas. Segundo os ensinamentos filosóficos em geral, esse Anel se acha muito além daquela região correspondente ao que em astronomia se chama nebulosas. Mas semelhante conceito é tão errôneo quanto o da topografia e das descrições contidas nos *Purânas* e em outras escrituras exotéricas a respeito de 1.008 mundos dos firmamentos e mundos Devaloka. Há, sem dúvida, tanto pelos ensinamentos esotéricos como pelos profanos e científicos, mundos a distâncias de tal modo incalculáveis que a luz do mais próximo, chegando neste momento até os nossos modernos "caldeus", pode haver partido de sua fonte muito tempo antes do dia em que se pronunciaram as palavras: "Que a Luz se faça"; mas aqueles mundos não pertencem ao Devaloka, e sim ao nosso Cosmos.

O químico vai até o ponto zero ou "laya" do plano material que está ao seu alcance, e aí se detém. O físico e o astrônomo fazem cálculos até bilhões de léguas além das nebulosas, mas também se detém. Já o Ocultista semi-iniciado imaginará esse ponto "laya" como situado em algum

---

(154) *The Theosophist*, fevereiro de 1877, pág. 303.

ponto que, se não é físico, é no entanto concebível pelo intelecto humano. Mas o Iniciado perfeito *sabe* que o Anel "Não Passarás" não é uma região, não pode ser medido em termos de distância, senão que existe no Absoluto e no Infinito. Neste "Infinito" do perfeito Iniciado não há altura, nem largura, nem espessura; tudo é profundidade insondável, no sentido do físico ao parametafísico. Usando a palavra "profundidade", queremos significar abismo essencial: "em nenhuma parte e em toda a parte"; e não a profundidade da matéria física.

Se se proceder a uma análise cuidadosa das alegorias exotéricas e grosseiramente antropomórficas das religiões populares, poder-se-á nelas perceber ainda a noção do Círculo "Não Passarás", guardado pelos Lipika. Encontrar-se-á até nos ensinamentos da seita vedantina Visishthadvaíta, a mais antropomórfica de toda a Índia. Ver-se-á aí que a alma libertada, depois de ter alcançado o Moksha, estado de bem-aventurança que significa "liberação de Bandha" ou da escravidão, desfruta a felicidade em uma região denominada Paramapada, que não é material, mas está constituída por Suddasliattav, a essência de que é formado o corpo de Ishvara, o "Senhor". Ali, os Muktas ou Jivâtmâs (Mônadas) que alcançaram o Moksha não mais estarão submetidos às contingências da matéria nem do Carma. "Se, porém, o desejarem, *com o objetivo de fazer bem ao mundo,* poderão encarnar-se na Terra." [155] O caminho que conduz a Paramapada, ou aos mundos imateriais, chama-se Devayâna. Quando o homem alcançou o Moksha, e o seu corpo morreu,

"o Jiva (a Alma) vai como Sûkshma-Sharira[156] do coração do corpo ao Brahmarandra na coroa da cabeça, atravessando Sushumnâ, nervo que liga o coração a Brahmarandra. Então Jiva passa através do Brahmarandra e vai à região do Sol (Sûryamandala) por intermédio dos raios solares. Depois, entra por uma mancha negra do Sol em Paramapada... O Jiva é guiado em seu caminho... pela Sabedoria Suprema adquirida mediante o Ioga [157]. O Jiva prossegue assim até o Paramapada com o auxílio dos Adhivâhikas (portadores durante o trânsito), conhecidos pelos nomes de Archi, Ahas... Aditya... Prajâpatis, etc. Os Archis, etc., que aqui se mencionam, são certas almas puras, etc., etc." [158]

Nenhum espírito, com exceção dos "Registradores" (Lipika), transpôs jamais a linha proibida daquele Anel, e nenhum a transporá até o dia

---

(155) Estas encarnações voluntárias recebem em nossa doutrina o nome de Nirmânakâyas, os princípios espirituais que sobrevivem nos homens.

(156) Sûkshma Sharira, corpo ilusório, "corpo de sonho", de que são revestidos os Dhyânis inferiores da Hierarquia celeste.

(157) Compare-se este princípio esotérico com a doutrina gnóstica de *Pistis Sophia* (Conhecimento-Sabedoria), em que se apresenta Sophia (Achamôth) como perdida nas águas do Caos (Matéria) quando se encaminha para a Luz Suprema, e Christos libertando-a e ajudando-a a reencontrar a Senda. Considere-se que entre os Gnósticos "Christos" significava o Princípio Impessoal, o Âtman do Universo e o Âtmâ dentro da alma de cada homem, e não Jesus; se bem que no velho manuscrito copto do Museu Britânico a palavra "Christos" se acha substituída por "Jesus" e por outros termos.

(158) *Catechism of the Visishthadvaita Philosophy,* por N. Bhâshyacharya, M. T. S., Pandit da Biblioteca de Adyar, págs. 50-51 (1890).

do próximo Pralaya, porque é a fronteira que separa o finito (por infinito que pareça aos olhos do homem) do que é verdadeiramente Infinito. Os Espíritos, a que se alude como aqueles que "descem e sobem", são, portanto, os "Exércitos" dos Seres Celestes, assim chamados em termos genéricos. Mas, na realidade, não são nada disto. São Entidades pertencentes a mundos mais elevados na Hierarquia do Ser, e tão incomensuravelmente elevados que para nós se afiguram Deuses e, tomados coletivamente, Deus. E nós, homens mortais, devemos assim parecer-lhes como formigas, que raciocinam pela escala de sua capacidade peculiar. Também é possível que a formiga enxergue o dedo vingador de um Deus pessoal na pata do garoto que, em dado momento e sob o impulso de fazer dano, lhe destrói o formigueiro, o trabalho de muitas semanas (que talvez correspondam a anos na cronologia dos insetos). A formiga, sentindo intensamente a imerecida calamidade, também pode, como o homem, atribuí-la a uma combinação da Providência e do pecado, e ver nela talvez a conseqüência do pecado de seus primeiros pais. Quem o sabe, quem o pode afirmar ou negar? A negativa em admitir que em todo o Sistema Solar possam existir outros seres humanos racionais e inteligentes, além de nós mesmos, constitui a maior das presunções de nossa época. Tudo o que a Ciência tem o direito de afirmar é que não existem inteligências invisíveis que vivam em condições iguais às nossas. Não pode negar, em termos categóricos, a possibilidade de que existam outros mundos dentro do Orbe, sob condições inteiramente diversas das que constituem a natureza do nosso; não pode negar também a viabilidade de uma comunicação, ainda que limitada, entre alguns desses mundos e o nosso. O maior dos filósofos europeus, Emmanuel Kant, afirma que tal comunicação não é de modo algum improvável.

"Confesso" — diz ele — "que me sinto fortemente inclinado a afirmar a existência de naturezas imateriais neste mundo, e a colocar minha própria alma na categoria destes seres. Um dia, não sei quando nem como, há de provar-se que a alma humana, mesmo nesta vida, está indissoluvelmente ligada a todas as naturezas imateriais do mundo espiritual, e que atua sobre elas e delas recebe impressões." [159]

Segundo os ensinamentos, ao mais elevado desses mundos pertencem as sete Ordens de Espíritos puramente divinos; aos seis inferiores correspondem as hierarquias que podem, em certas circunstâncias, ser vistas e ouvidas pelos homens e comunicar-se com os seus descendentes na Terra; gerações estas que se acham ligadas a elas de modo indissolúvel, pois cada princípio no homem tem sua origem direta na natureza desses grandes Seres, que nos proporcionam, cada qual na sua esfera, os nossos elementos invisíveis.

A Ciência física pode especular sobre o mecanismo fisiológico dos seres vivos, e prosseguir em seus vãos esforços para explicar os nossos sentimentos, as nossas sensações mentais e espirituais, supondo-as funções de seus veículos orgânicos. Mas tudo o que era possível ser alcançado neste sentido,

---

(159) *Traume eines Geistershers,* citado por C. C. Massey no seu prefácio ao *Spiritismus* de Von Hartmann.

já o foi; e a Ciência não irá mais longe. Encontra-se em um beco sem saída, diante de um muro em que imagina inscrever grandes descobertas fisiológicas e psíquicas, quando estas últimas, como se verá depois, não passam de teias de aranha, urdidas pela fantasia e ilusão científicas. Os tecidos de nossa estrutura objetiva são os únicos que se prestam à análise e às investigações da ciência fisiológica. Os nossos Seis Princípios Superiores permanecerão sempre inacessíveis à mão guiada por um espírito hostil que ignora e despreza, de caso pensado, as Ciências Ocultas. Tudo o que a moderna pesquisa da fisiologia tem mostrado e podia mostrar, no que se refere aos problemas psicológicos, atenta a natureza das coisas, é que todos os pensamentos, sensações e emoções são acompanhados por uma coordenação especial das moléculas de certos nervos. A conclusão tirada por cientistas do tipo de Buchner, Vogt e outros, de que o pensamento é uma vibração molecular, exige que se faça completa abstração da realidade de nossa consciência subjetiva.

(*b*) O Grande Dia "Sê Conosco" é, portanto, uma expressão cujo mérito único assenta em sua tradução literal. O seu significado não se revela tão facilmente ao público, que desconhece os princípios místicos do Ocultismo, ou melhor, da Sabedoria Esotérica ou "Budhismo" (com um só d). É uma expressão peculiar deste último, mas tão obscura para os profanos como a dos egípcios, para quem o mesmo Dia era denominado "Vem a Nós", frase idêntica à primeira, se bem que, neste sentido, a palavra "Sê" possa ser perfeitamente substituída por "Fica" ou "Repousa Conosco", uma vez que se refere àquele largo período de repouso chamado Paranirvana. "*O Dia 'Vem a Nós!' é o dia em que Osíris disse ao Sol: Vem! Eu o vejo reencontrando o Sol no Amenti.*" [160] O Sol aqui representa o Logos (ou Christos, Horus), como Essência Central, sinteticamente, e como essência difusa de Entidades irradiadas — diferentes em substância, não em essência. Conforme disse o autor das conferências sobre o *Bhagavad Gîtâ*, "não se deve supor que o Logos seja um centro único de energia manifestada por Parabrahman. Existem outros, e o seu número é quase infinito no seio de Parabrahman. Daí as expressões "O Dia do Vem a Nós", "O Dia do Sê Conosco", etc. Assim como o Quadrado é o Símbolo das Quatro Forças ou Poderes sagrados — o Tetraktys, do mesmo modo o Círculo mostra o limite no seio do Infinito, que nenhum homem pode transpor, nem mesmo em espírito, como também nenhum Deva ou Dhyân Chohan. Os Espíritos dos que "descem e sobem", durante o curso da evolução cíclica, só cruzarão o mundo "rodeado de ferro" no dia em que se acercarem do limiar de Paranirvana. Se o alcançarem, repousarão no seio de Parabrahman ou nas "Trevas Desconhecidas", que para todos eles se tornarão em Luz, durante todo o período do Mahâpralaya, a "Grande Noite", ou seja, durante os 311.040.000.000.000 anos de absorção em Brahman. O Dia do "Sê Conosco" é este período de Repouso, ou Paranirvana.

---

(160) *Le Livre des Morts*, Paul Pierret, capítulo XVII, pág. 61.

Corresponde ao Dia do Juízo Final, que, infelizmente, tão materializado foi na religião dos cristãos [161].

Na versão exotérica dos ritos egípcios, a alma de todo defunto — incluindo desde o Hierofante até o boi sagrado Ápis — se convertia em Osíris ou era "osirificada" (ensinando a Doutrina Secreta, no entanto, que a verdadeira "osirificação", destino de todas as Mônadas, somente se dava no fim de 3.000 ciclos de Existência). Assim também sucede no caso presente. A Mônada, nascida da natureza e da essência mesma dos "Sete" (e cujo Princípio mais elevado permanece no Sétimo Elemento Cósmico), deve cumprir sua revolução setenária através dos Ciclos da Existência e das Formas, desde a mais elevada até a mais ínfima; e, depois, do homem a Deus. No umbral do Paranirvana, retoma sua Essência primitiva e volta a ser o Absoluto.

ESTÂNCIA VI

Nosso Mundo, Seu Crescimento e Desenvolvimento

1. Pelo poder da Mãe de Misericórdia e Conhecimento (*a*), Kwan-Yin — a Trina de Kwan-Shai-Yin (*b*) — Fohat, o Sopro de sua Progênie, o Filho dos Filhos, tendo feito sair das profundezas do Abismo [1] inferior a Forma Ilusória de Sien-Tchan [2] e os Sete Elementos.

Como a Estância foi traduzida do texto chinês, conservaram-se os nomes dados como equivalentes dos termos originais. Declinar a verdadeira nomenclatura esotérica só serviria para confundir o leitor. A doutrina bramânica não possui equivalentes para aqueles termos: Parece que Vâch, sob muitos aspectos, se aproxima da Kwan-Yin chinesa; mas na Índia não existe um culto regular de Vâch sob este nome, como há na China o de Kwan-Yin. Nenhum sistema religioso exotérico adotou jamais um Criador feminino; a mulher, desde o início das religiões populares, foi sempre considerada e tratada como inferior ao homem. Na China e no Egito é que Kwan-Yin e Ísis foram equiparadas aos deuses masculinos. O Esoterismo não leva em conta os sexos. Sua Divindade mais elevada carece de sexo e de forma: não é nem Pai nem Mãe, e os seus primeiros seres manifestados, celestes e terrestres, só gradualmente passam a ser andróginos, para finalmente se separarem em dois sexos distintos.

(*a*) A "Mãe de Misericórdia e de Conhecimento" é chamada a "Trina" de Kwan-Shai-Yin, porque em suas correlações metafísicas e cósmicas é a "Mãe, a Esposa e a Filha" do Logos, da mesma forma que nas últimas versões teológicas se converteu em "Pai, Filho e Espírito Santo (feminino)"

---

(161) Para outras informações sobre esta expressão peculiar "o Dia do Sê Conosco", veja-se também *The Funerary Ritual of the Egyptians*, pelo Visconde de Rougé.
(1) O Caos.
(2) Nosso Universo.

— a Shakti ou Energia —, a Essência dos Três. Assim, no Esoterismo dos vedantinos, Daiviprakriti, a Luz manifestada por meio de Ishvara, o Logos [3], representa ao mesmo tempo a Mãe e a Filha do Logos, ou Verbo de Parabrahman; ao passo que, nos ensinamentos trans-himalaicos (e na hierarquia de sua teogonia alegórica e metafísica), é a "Mãe" ou Matéria abstrata e ideal, Mûlaprakriti, a Raiz da Natureza; do ponto de vista metafísico, uma correlação de Âdi-Bûtha, manifestada no Logos, Avalokiteshvara; e no sentido puramente oculto e cósmico, Fohat, o "Filho do Filho", a energia andrógina que provém daquela "Luz do Logos" e que se manifesta no plano do Universo objetivo como a Eletricidade, tanto latente como revelada, que é a Vida.

Diz T. Subba Row:

"A evolução principia pela energia intelectual do Logos... e não simplesmente pelas potencialidades contidas em Mûlaprakriti. Essa Luz do Logos é o liame... entre a matéria objetiva e o pensamento subjetivo de Ishvara (ou Logos). É chamada Fohat em vários livros budistas. É o instrumento por meio do qual o Logos opera." [4]

(*b*) "Kwan-Yin-Tien" significa o "Céu Melodioso do Som", a morada de Kwan-Yin, ou a "Voz Divina". Esta "Voz" é um sinônimo do Verbo ou Palavra, a "Linguagem", a expressão do Pensamento. Pode-se ver aí a conexidade e a origem da Bath-Kol hebréia, a "Filha da Voz Divina", ou o Verbo, ou o Logos masculino e feminino, o "Homem Celeste", Adão-Kadmon, que é ao mesmo tempo Sephira. A última foi seguramente precedida pela Vâch hindu, a deusa da Linguagem ou da Palavra. Porque Vâch — a filha e porção feminina, como já se disse, de Brahmâ, "gerada pelos deuses" — é, juntamente com Kwan-Yin, com Ísis (também filha, esposa e irmã de Osíris) e outras deusas, o Logos feminino, por assim dizer, a deusa das forças *ativas* da Natureza, a Palavra Voz ou Som, e a Linguagem. Se Kwan-Yin é a "Voz Melodiosa", Vâch é a "vaca melodiosa que dá o alimento e a água (o princípio feminino), sob a forma de leite... quem nos nutre e sustenta" como nossa Mãe-Natureza. Ela está associada a Prajâpati na obra da criação. É fêmea ou macho *ad libitum,* como Eva o é com Adão. É uma forma de Aditi — o princípio superior ao Æther — de Âkâsha, síntese de todas as forças da Natureza. Assim, Vâch e Kwan-Yin são, ambas, o poder mágico do Som Oculto na Natureza e no Æther, aquela "Voz" que faz sair do Caos e dos Sete Elementos o Sien-Tchan, a forma ilusória do Universo. Vê-se, por isso, em *Manu, Brahmâ* (ou o Logos) dividindo o seu corpo em duas partes, masculina e feminina, e criando nesta última (que é Vâch) a Virâj, o qual é ele próprio, ou Brahmâ, novamente.

Eis como um sábio vedantino e ocultista se externa a respeito daquela "deusa", explicando as razões por que Îshvara (ou Brahmâ) é chamado o Verbo ou Logos — em última análise, porque lhe dão o nome de Shabda Brahman:

---

(3) *The Theosophist,* fevereiro de 1887, pág. 305.
(4) *Op. cit.,* pág. 306.

"A explicação que vou apresentar há de parecer sobremodo mística; mas, embora mística, tem uma significação das mais transcendentes, se devidamente compreendida. Diziam os nossos escritores antigos que há quatro espécies de Vâch (vejam-se o *Rig Veda* e os *Upanishads*). Vaikhari Vâch é como preferimos dizer. Cada espécie de Vaikhari Vâch existe inicialmente em sua forma Madhyama, depois na de Pashyanti, e finalmente em sua forma Para³. A razão pela qual este Pranava se chama Vâch está em que os quatro princípios do grande Cosmos correspondem a essas quatro formas de Vâch. Por outra parte, todo o sistema solar manifestado existe em sua forma Sûkshma na luz ou na energia do Logos, porque a sua energia é arrebatada e transferida para a matéria cósmica... Todo o Cosmos em sua forma objetiva é Vaikhari Vâch, a luz do Logos é a forma Madhyana, o próprio Logos é a forma Pashyanti, e Parabrahman é o aspecto Para de Vâch. À luz desta explicação devemos procurar compreender certos ensinamentos de vários filósofos, segundo os quais o Cosmos manifestado é o Verbo manifestado como Cosmos." [6]

2. O Veloz e Radiante Um produz os Sete Centros Laya (*a*)[7], contra os quais ninguém prevalecerá até o Grande Dia "Sê Conosco"; e assenta o Universo sobre estes Eternos Fundamentos, rodeando Sien-Tchan com os Germes Elementais (*b*).

(*a*) Os Sete Centros Laya são os sete pontos zero, tomando a palavra zero no mesmo sentido que lhe dão os químicos. Em Esoterismo indica o ponto em que se começa a contar a escala de diferenciação.

A partir destes Centros — além dos quais a Filosofia Esotérica nos permite captar os vagos contornos metafísicos dos "Sete Filhos" de Vida e de Luz, os Sete Logos dos pensadores herméticos e de outros filósofos — tem início a diferenciação dos Elementos que entram na constituição do nosso sistema solar.

Tem-se perguntado com freqüência qual a definição exata de Fohat, e quais os seus poderes e funções, visto parecer que exerce os atributos de um Deus pessoal semelhante ao das religiões populares. A resposta vem de ser dada no comentário à Estância V. Conforme foi expresso com muita justeza nas Conferências sobre o *Bhagavad-Gîtâ:* "Todo o Universo deve necessariamente existir na fonte una de energia, de onde emana esta luz (Fohat)." Quer consideremos como sete ou somente como quatro os princípios do Cosmos e do homem, as forças da Natureza física são sete; e afirma a mesma autoridade que "Prajnâ, ou a capacidade de percepção, existe sob sete diferentes aspectos, que correspondem a outras tantas condições da matéria". Porque, "assim como o ser humano se compõe de sete princípios, assim também a matéria diferenciada do sistema solar existe em sete condições diferentes" [8]. O mesmo ocorre em relação a Fohat, que tem vários significados, como já dissemos. Fohat é chamado o "Construtor dos Construtores". A força que personifica formou a nossa Cadeia Setenária.

---

(5) Madhya entende-se como algo cujo princípio e cujo fim são desconhecidos, e Para significa infinito. Estas expressões se referem ao infinito e à divisão do tempo.
(6) *Op. cit.,* pág. 307.
(7) Do sânscrito *Laya,* o ponto da matéria em que cessou toda a diferenciação.
(8) *Five Years of Theosophy*: artigo "Deus Pessoal e Impessoal", pág. 200.

É Um e Sete; e na esfera cósmica está por trás de todas as manifestações conhecidas como luz, calor, som, coesão, etc., etc.; sendo o "espírito" da eletricidade, que é a Vida do Universo. Como abstração, nós o chamamos a Vida Una; como Realidade objetiva e evidente, falamos de uma escala setenária de manifestação, que começa no grau superior com a Causalidade Una e Incognoscível, e termina como Mente e Vida Onipresentes, imanentes em cada átomo de Matéria. Assim, enquanto a Ciência fala de uma evolução através da matéria grosseira, das forças cegas e do movimento inconsciente, os Ocultistas indicam a *Lei Inteligente* e a Vida *Senciente*, acrescentando que Fohat é o Espírito que conduz e guia tudo isso. Não é, entretanto, um Deus pessoal, mas a emanação daqueles outros Poderes que existem por trás dele, denominados pelos cristãos os "Mensageiros" do seu Deus (na realidade, dos Elohim, ou melhor, de um dos Sete Criadores chamados Elohim), e que nós designamos como o Mensageiro dos Filhos primordiais da Vida e da Luz.

(*b*) Os "Germes Elementais", de que Fohat semeou Sien-Tchan (o Universo), desde Tien-Sin (os "Céus da Mente" ou o que é absoluto), são os Átomos da Ciência e as Mônadas de Leibnitz.

3. Dos Sete [9] — primeiro Um manifestado, Seis Ocultos; Dois manifestados, Cinco ocultos; Três manifestados, Quatro ocultos; Quatro produzidos, Três ocultos; Quatro e Um Tsan [10] revelados, Dois e Meio ocultos; Seis para serem manifestados, Um deixado à parte (*a*). Por último, Sete Pequenas Rodas girando; uma dando nascimento a outra (*b*).

(*a*) Se bem que as Estâncias se refiram a todo o Universo após um Mahâpralaya (Dissolução Universal), esta frase, como todo estudante de ocultismo pode ver, também diz respeito, por analogia, à evolução e à formação final dos Sete Elementos primitivos (embora compostos) de nossa Terra. Destes Elementos, quatro se acham atualmente manifestados em sua plenitude, enquanto o quinto, o Éter, só o está em parte; como chegamos apenas à segunda metade da Quarta Ronda, o quinto Elemento não deverá manifestar-se plenamente senão na Quinta Ronda. Os Mundos, o nosso inclusive, foram, nos seus primórdios, como germes, naturalmente desenvolvidos do Elemento Um em sua segunda fase (o "Pai-Mãe", a Alma diferenciada do Mundo, não o que Emerson chama "Super-Alma"), quer se dê a esta fase o nome de poeira cósmica ou névoa de fogo, segundo a Ciência, quer se dêem os de Âkâsha, Jîvâtmâ, Luz Astral Divina ou "Alma do Mundo", segundo o Ocultismo. Mas este primeiro estádio da Evolução foi seguido por outro, com o transcurso do tempo. Nem mundos nem corpos celestes podiam ser construídos no plano objetivo antes que os Elementos se houvessem diferenciado suficientemente do *Ilus* primitivo, em que faziam quando repousavam em Laya. Este último termo é sinônimo de Nirvana. É, realmente, a dissociação nirvânica de todas as subs-

---

(9) Elementos.
(10) Fração.

tâncias, que retornam, depois de um ciclo de vida, ao estado latente de sua condição primária. É a sombra luminosa, mas incorpórea, da matéria *que foi*; o reino do negativo, onde, durante o período de repouso, permanecem latentes as Forças ativas do Universo.

Por falar em Elementos, hoje se reprocha aos antigos o haverem "suposto que os elementos eram simples e indecomponíveis". As sombras de nossos antepassados pré-históricos poderiam devolver a censura aos nossos físicos modernos, agora que as novas descobertas da química levaram o Dr. Crookes, F.R.S., a admitir que a Ciência ainda se encontra a mil léguas de conhecer a natureza complexa da molécula mais simples. Por ele sabemos que a molécula realmente simples e por completo homogênea é *terra incógnita* para a química. "Onde podemos traçar a linha?" — pergunta. "Não há meio algum de sair desta perplexidade? Será preciso que os exames elementares sejam de tal modo severos que só permitam a aprovação de 60 a 70 candidatos, ou devemos, ao revés, abrir as portas a fim de que o número de admissões fique limitado tão-somente pelo número de pretendentes?" E então o sábio químico, citando exemplos surpreendentes, declara:

"Vejamos o caso do ítrio. Possui um peso atômico definido e apresenta todas as características de um corpo simples, parecendo um elemento ao qual poderíamos, é verdade, acrescentar alguma coisa, mas do qual nada poderíamos tirar. Não obstante, o ítrio, este elemento suposto tão homogêneo, quando submetido a determinado processo de fracionamento, resolve-se em partes que não são absolutamente idênticas entre si e que mostram uma graduação em suas propriedades. Vejamos também o caso do didímio. Era um corpo que apresentava, igualmente, todas as características reconhecidas de um elemento. Com muita dificuldade conseguiu-se separá-lo de outros corpos que o semelham em muitos aspectos, e durante essa operação passou pelos mais severos tratamentos e foi objeto de exames os mais rigorosos. Surgiu então outro químico que, submetendo esse pretenso corpo homogêneo a um processo especial de fracionamento, o decompôs em dois corpos, o praseodímio e o neodímio, entre os quais são perceptíveis certas diferenças. Demais, não temos ainda a certeza de que o praseodímio e o neodímio sejam corpos simples. Pelo contrário, também mostram tendências de fracionamento. Ora, se o que se supõe ser um elemento dá origem, quando submetido a certo tratamento, a moléculas dessemelhantes, temos o direito de indagar se resultados idênticos não seriam obtidos com outros elementos, talvez com todos, uma vez tratados convenientemente. Podemos igualmente perguntar em que ponto seria preciso deter o processo de classificação, processo que, está visto, pressupõe variações entre as moléculas individuais de cada espécie. E nestas sucessivas separações deparamos, como é natural, corpos que se aproximam cada vez mais uns dos outros." [11]

Repetimos: não se justifica a censura irrogada aos antigos. Os filósofos iniciados da antiguidade, pelo menos, não devem ficar sob aquela increpação: foram eles que, desde o começo, inventaram as alegorias e os mitos religiosos. Se ignorassem a heterogeneidade dos Elementos, não teriam criado personificações do Fogo, da Água, do Ar, da Terra e do Æther; os seus deuses e deusas cósmicos não teriam sido favorecidos com a posteridade composta de tantos filhos e filhas, que não representam senão outros elementos *oriundos de cada um dos Elementos respectivos*. A

---

(11) Discurso presidencial perante a Sociedade Real de Química, em março de 1888.

alquimia e os fenômenos ocultos teriam sido uma ilusão e um logro, mesmo em teoria, se os antigos ignorassem as potencialidades, as funções correlativas e os atributos de cada elemento que entra na composição do Ar, da Água, da Terra e também do Fogo. Este último, ainda hoje, é *terra incógnita* para a ciência moderna, que se vê forçada a dar-lhe nomes como movimento, evolução da luz e do calor, estado de ignição, etc.; em uma palavra, a defini-lo por seus aspectos exteriores, visto ignorar-lhe a verdadeira natureza.

Mas o de que a ciência moderna não parece ter-se dado conta é que, por diferenciados que fossem aqueles simples átomos químicos — os quais a filosofia arcaica chamada "os criadores de seus respectivos progenitores", pais, irmãos e maridos de suas mães, sendo estas mães filhas de seus próprios filhos, como Aditi e Daksha, por exemplo —, por diferenciados que fossem, no início, aqueles elementos, não eram os corpos compostos que a ciência de nossos dias conhece sob este nome. Nem a Água, nem o Ar, nem a Terra (sinônimo dos sólidos em geral) existiam em sua forma atual, representando os três únicos estados de matéria reconhecidos pela ciência; porque todos eles, até mesmo o Fogo, são produções já recombinadas pelas atmosferas de globos completamente formados, de modo que, nos primeiros períodos da formação da Terra, eram algo de todo em todo *sui generis*. Agora, que as condições e as leis do nosso Sistema Solar se acham plenamente desenvolvidas, e que a atmosfera de nossa terra, como as de todos os demais globos, se tornou, por assim dizer, um cadinho próprio, ensina a Ciência Oculta que através do espaço ocorre uma contínua troca de moléculas, ou melhor, de átomos, que se correlacionam permutando assim, em cada planeta, os seus combinados equivalentes. Alguns homens de ciência, dentre os mais eminentes físicos e químicos, começam a suspeitar esse fato, que os ocultistas conhecem desde há séculos. O espectroscópio apenas mostra a similaridade provável (como evidência externa) da substância terrestre e da substância sideral; é incapaz de ir mais longe ou de esclarecer se os átomos gravitam ou não, uns em relação aos outros, da mesma maneira e nas mesmas condições em que se presume que o fazem, física e quimicamente, em nosso planeta. A escala de temperatura, do mais alto ao mais baixo grau que se possa conceber, admite-se que é a mesma em todo o Universo; entretanto, as suas propriedades, salvo as de dissociação e reassociação, diferem em cada planeta; e, assim, entram os átomos em novas formas de existência, formas que não são nem conhecidas nem sequer imaginadas pela ciência física. Conforme já dissemos em *Five Years of Theosophy* (pág. 242), a essência da matéria cometária, por exemplo, "é inteiramente diversa das características químicas e físicas conhecidas pelos cientistas mais ilustres de nossa terra". E essa mesma matéria, durante sua rápida passagem através de nossa atmosfera, experimenta certas modificações em sua natureza.

Em conseqüência, os elementos do nosso planeta, assim como os de todos os seus irmãos do nosso Sistema Solar, diferem tanto uns dos outros, em suas combinações, como diferem dos elementos cósmicos situados além de nossos limites solares. Tal coisa é ainda corroborada pelo mesmo homem de ciência, que, no discurso já citado, se refere à declaração de Clerk Maxwell de que "os elementos não são absolutamente homogêneos". Escreve ele:

> "É difícil conceber a seleção e a eliminação de variedades intermediárias; porque — onde essas moléculas eliminadas terão ido parar, se, como temos razões para crer, o hidrogênio, etc., das estrelas fixas se compõe de moléculas em tudo idênticas às nossas?... Para começo de conversa, nós poderíamos pôr em dúvida esta identidade molecular absoluta, visto que até agora não dispomos de outros meios para determiná-la senão os que nos proporciona o espectroscópio; e, por outro lado, admite-se que, para poder comparar e discernir com precisão os espectros de dois corpos, é preciso examiná-los sob idênticos estados de temperatura, de pressão e todas as demais condições físicas. A verdade é que temos visto no espectro solar raios que ainda não foi possível identificar."

Segue-se, portanto, que os elementos do nosso planeta não podem ser tomados como estalão aferidor na comparação com os de outros mundos. Pois cada mundo tem o seu Fohat, que é onipresente em sua própria esfera de ação. Existem, porém, tantos Fohats quantos são os mundos, e cada um deles varia em poder e em grau de manifestação. Os Fohats individuais perfazem um Fohat universal e coletivo — o aspecto-entidade da Não-Entidade una e absoluta, que é a Asseidade absoluta, Sat. Está escrito que "milhões e milhões de mundos são produzidos em cada Manvantara". Deve haver, por isso, muitos Fohats, que nós consideramos como Forças conscientes e *inteligentes*. Isto, sem dúvida, a malgrado das mentalidades científicas. Não obstante, os ocultistas, que têm boas razões para tal, consideram como verdadeiros estados da Matéria, ainda que supra-sensíveis, todas as forças da Natureza; e como objetos suscetíveis de percepção para os seres dotados dos sentidos adequados.

Encerrado no Seio da Eterna Mãe, em seu estado prístino e virginal, todo átomo nascido além dos umbrais do seu reino está votado a uma incessante diferenciação. *"A Mãe dorme, mas está sempre respirando."* E a cada expiração envia ao plano de manifestação os seus produtos protéicos, os quais, arrastados pela onda da correnteza, são disseminados por Fohat e conduzidos para esta ou aquela atmosfera planetária ou para o espaço além. Uma vez apreendido por uma dessas atmosferas, o átomo se perde, desaparecendo sua pureza original de maneira definitiva, a não ser que o acaso o dissocie daquela, levando-o a uma "corrente de *efluxo*" (termo ocultista que significa um processo inteiramente diverso daquele que a expressão implica ordinariamente), quando ele pode ser novamente arrastado à fronteira em que antes havia sucumbido, e tomar o rumo, não do Espaço *de cima,* mas do Espaço *interior,* sendo posto em um estado de equilíbrio diferencial e felizmente reabsorvido. Se um ocultista-alquimista, verdadeiramente sábio, se dispusesse a escrever "a Vida e as Aventuras de um Átomo", expor-se-ia ao supremo desprezo do químico moderno, mas, quem sabe? talvez viesse a granjear mais tarde a sua gratidão. Efetivamente, se por acaso sucedesse que este químico imaginário, tocado pela intuição, se decidisse a fugir por um momento à rotina convencional da "ciência exata", à semelhança dos antigos alquimistas, é bem possível que a sua audácia fosse recompensada. Seja como for: *"O Sopro do Pai-Mãe sai frio e radiante, torna-se quente e corrompido, e depois esfria novamente, purificando-se no eterno seio do Espaço interno"* — diz o Comentário. O Homem absorve ar puro e fresco no alto da montanha, e o expira quente, impuro e transformado. Da mesma forma, representando a atmosfera superior a boca de cada globo, e a inferior os seus pulmões, o homem do nosso planeta não respira senão as impurezas da "Mãe"; e por isso "está condenado a morrer nele". Aquele que pudesse transformar o indolente oxigênio em ozônio com certo grau de atividade alquímica, reduzindo-o à sua essência pura (e há meios para fazê-lo), teria assim descoberto um sucedâneo do "Elixir da Vida" e poderia prepará-lo para usos práticos.

(*b*) O processo especificado pelas palavras "Pequenas Rodas... uma dando nascimento a outra" ocorre na sexta região a contar de cima e no mais material dos planos do mundo, dentre todos os do Cosmos manifestado — o nosso plano terrestre. As "Sete Rodas" são a nossa Cadeia Planetária. Como "Rodas" se entendem geralmente as várias esferas e centros de força; mas no presente caso se referem ao nosso Anel setenário.

4. Ele as constrói à semelhança das Rodas mais antigas [12], colocando-as nos Centros Imperecíveis (*a*). Como as constrói Fohat? Ele junta a Poeira de Fogo. Forma Esferas de Fogo, corre através delas e em seu derredor, insuflando-lhes a vida; e em seguida as põe em movimento: umas nesta direção, outras naquela. Elas estão frias, ele as aquece. Estão secas, ele as umedece. Brilham, ele as ventila e refresca (*b*). Assim procede Fohat, de um a outro Crepúsculo, durante Sete Eternidades [13]

(*a*) Os Mundos são construídos "à semelhança das Rodas mais antigas", isto é, das que existiram nos Manvantaras precedentes e entraram em Pralaya; pois a Lei que rege o nascimento, o crescimento e a morte de tudo o que há no Cosmos, desde o Sol até o vagalume que voa sobre a relva, é Una. Há um incessante trabalho de perfeição em cada coisa nova que surge; mas a Substância-Matéria e as Forças são sempre as mesmas. E essa Lei opera em cada planeta por meio de várias leis menores.

Os "Centros (Laya) Imperecíveis" têm grande importância, e é preciso que a sua significação seja bem compreendida, se queremos possuir um conceito claro da cosmogonia arcaica, cujas teorias são hoje apresentadas pelo Ocultismo Neste momento, uma coisa pode afirmar-se: os Mundos não são construídos nem *sobre* os Centros Laya, nem *por cima*, nem *dentro* deles, pois o ponto zero é uma condição e não um ponto matemático.

---

(12) Mundos.
(13) Um período de 311.040.000.000.000 anos, segundo os cálculos bramânicos.

(*b*) Tenha-se presente que Fohat, a Força construtora da Eletricidade Cósmica, conforme se diz metaforicamente, brotou — como Rudra da cabeça de Brahmâ — *"do Cérebro do Pai e do Seio da Mãe"*, e depois se metamorfoseou em macho e fêmea, ou seja: polarizou-se em eletricidade positiva e negativa. Ele tem *Sete Filhos*, que são seus *Irmãos*. Fohat vê-se obrigado a nascer mais de uma vez: sempre que dois de seus "Filhos-Irmãos" se deixam *aproximar demasiado um do outro*, quer seja para se abraçarem, quer para se combaterem. Para evitá-lo, ele une e consocia aqueles cujas naturezas são opostas, e separa os de temperamentos semelhantes. Como é fácil perceber, isto se refere à eletricidade gerada pela fricção, e à lei de atração entre dois objetos de polaridade contrária, e de repulsão entre os de polaridade idêntica.

Os Sete "Filhos-Irmãos", no entanto, representam e personificam as sete formas de magnetismo cósmico denominadas em Ocultismo prático os "Sete Radicais", e cujos resultados cooperativos e ativos são, entre outras energias, a Eletricidade, o Magnetismo, o Som, a Luz, o Calor, a Coesão, etc. A Ciência Oculta os define como efeitos supra-sensíveis em seu aspecto oculto, e como fenômenos objetivos no mundo dos sentidos; os primeiros requerem faculdades anormais para que possam ser percebidos; os últimos são cognoscíveis pelos nossos sentidos físicos ordinários. Todos eles são emanações de qualidades espirituais ainda mais supra-sensíveis, não personificadas, mas pertencentes a Causas reais e conscientes. Tentar uma descrição de tais Entidades seria mais do que inútil.

Deve o leitor atentar em que, segundo os nossos ensinamentos, que consideram este Universo fenomenal como uma grande Ilusão, quanto mais próximo um corpo se encontre da Substância Desconhecida, tanto mais ele se acerca da Realidade, por estar mais distanciado deste mundo de Mâyâ. Conseqüentemente, embora a constituição molecular de tais corpos não possa ser deduzida de suas manifestações neste plano de consciência, possuem eles, do ponto de vista do Adepto ocultista, uma estrutura nitidamente objetiva, se não material, no Universo relativamente numénico, oposto ao fenomenal ou externo. Podem os homens de ciência, se lhes aprouver, chamá-los força ou forças geradas pela matéria, ou ainda "modos de movimento" da matéria; o Ocultismo vê nesses efeitos os "Elementais" (forças), e, nas causas diretas que os produzem, Obreiros Divinos e inteligentes. A conexão íntima dos Elementais, guiados pela mão infalível dos Regentes — a correlação, poderíamos dizer —, com os elementos da Matéria pura manifesta-se como fenômenos terrestres, tais como a luz, o calor, o magnetismo, etc. É verdade que nunca estaremos de acordo com os substancialistas americanos [14], para quem toda força ou energia, seja luz, calor, eletricidade ou coesão, é uma "entidade": seria o mesmo que dizer que o ruído produzido pelo rodar de uma carruagem é uma entidade — confundindo

---

(14) Veja-se *Scientific Arena*, revista mensal dedicada aos ensinamentos filosóficos do dia e à sua influência sobre o pensamento religioso. Nova Iorque, A. Wilford Hall, Ph. D., LL. D., editor (julho, agosto e setembro de 1886).

e identificando assim o "ruído" com o "condutor" que está *fora* ou como o Dono, a "Inteligência Diretora", que se acha *dentro* do veículo. Mas damos, certamente, aquele nome aos "condutores" e às "Inteligências diretoras", os Dhyân Chohans regentes, como já dissemos.

Os Elementais, as Forças da Natureza, são as causas secundárias que atuam invisíveis, ou melhor, imperceptíveis; e que, por sua vez, são os efeitos de causas primárias, por trás do Véu de todo fenômeno terrestre. A eletricidade, a luz, o calor, etc., foram com razão chamados os "Espectros ou Sombras da Matéria em Movimento", ou seja, dos estados supra-sensíveis da matéria, de que só podemos perceber os efeitos.

Para ampliar o conceito, voltemos à comparação anterior. A sensação da luz é, como o ruído das rodas em movimento, um efeito puramente fenomenal e sem realidade alguma fora do observador. A causa imediata que provoca a sensação é comparável ao condutor — um estado supra-sensível da matéria em movimento, uma força da Natureza ou um Elemental. Mas, por trás deste — do mesmo modo que do interior da carruagem o seu proprietário dirige o condutor — se encontra a causa mais elevada e *numênica*: a *Inteligência,* cuja essência irradia aqueles estados da "Mãe", que geram os incontáveis milhares de milhões de Elementais ou Espíritos psíquicos da Natureza, assim como cada gota de água gera seus infusórios físicos infinitesimais [15].

É Fohat quem guia a transferência dos princípios de um a outro planeta, de um astro ao seu astro-filho. Quando um planeta morre, seus princípios essenciais são transferidos a um centro Laya ou de repouso, cuja energia potencial, latente até então, desperta para a vida, principiando a desenvolver-se em um novo corpo sideral.

É curioso observar que os físicos, apesar de confessarem honestamente sua completa ignorância a respeito da verdadeira natureza da própria matéria terrestre (sendo a matéria primordial considerada mais como um sonho do que como uma realidade), se constituam, nada obstante, em juízes no tocante àquela matéria, decidindo o que ela pode ou não pode fazer em suas combinações várias. Os cientistas conhecem da matéria apenas a epiderme, mas isto não impede que dogmatizem. É um "modo de movimento" e nada mais! Mas a "força" inerente ao sopro de uma pessoa, ao expulsar da superfície de uma mesa um grão de poeira, é também, não há como negar, um "modo de movimento"; e é igualmente inegável que não significa uma qualidade da matéria ou das moléculas do grão de poeira, senão que emana da Entidade viva e pensante que soprou, fosse o impulso consciente ou inconsciente.

Em verdade, atribuir à matéria — este algo a respeito do qual tão pouco se sabe até agora — uma qualidade inerente chamada Força, cuja natureza é ainda menos conhecida, vale por criar uma dificuldade muito mais séria que a de aceitar a intervenção de nossos "Espíritos da Natureza" em todos os fenômenos naturais.

---

(15) Veja-se o Vol. II, Parte III, Seção XIV, "Deuses, Mônadas e Átomos".

Os Ocultistas — que, exprimindo-se corretamente, não diriam que a matéria é indestrutível e eterna, mas tão-somente a *substância* ou *essência* da matéria (isto é, Mûlaprakriti, a Raiz de tudo) — afirmam que todas as chamadas Forças da Natureza: a eletricidade, o magnetismo, a luz, o calor, etc., longe de serem modos de movimento de partículas materiais, são *in esse*, ou seja, em sua constituição última, os aspectos diferenciados daquele Movimento Universal que foi examinado e discutido nas primeiras páginas deste volume.

Quando se diz que Fohat produz "Sete Centros Laya", isto quer dizer que, para propósitos formativos ou criadores, a *Grande Lei* (os teístas podem chamá-la Deus) detém, ou antes, modifica o seu movimento perpétuo sobre sete pontos invisíveis dentro da área do Universo Manifestado. *"O Grande Sopro cava, através do Espaço, sete buracos em Laya, para fazê-los girar durante o Manvantara"* — diz o Catecismo Oculto. Já dissemos que Laya é o que a Ciência poderia chamar o ponto ou a linha zero; o reino do negativo absoluto, ou a única Força absoluta verdadeira, o *Número* do Sétimo Estado daquilo que, em nossa ignorância, designamos e reconhecemos como "Força"; ou ainda o número da Substância Cósmica Não-Diferenciada, que, em si, é um objeto inacessível e incognoscível para a percepção finita; a raiz e a base de todos os estados de objetividade e também de subjetividade; o eixo neutro, não um dos muitos aspectos, mas o seu centro.

Com o fito de elucidar a significação do que precede, tentemos imaginar um "centro neutro" — o sonho daqueles que buscam descobrir o movimento perpétuo. Um "centro neutro" é, sob certo aspecto, o ponto limite de um grupo qualquer de sentidos. Figuremos, por exemplo, dois planos consecutivos de matéria, correspondendo cada qual a um grupo apropriado de órgãos de percepção. Vemo-nos obrigados a admitir que entre estes dois planos de matéria se processa uma incessante circulação; e se acompanharmos os átomos e as moléculas do plano inferior, por exemplo, em suas transformações ascendentes, chegarão estas a um ponto além do qual ficarão inteiramente fora do alcance da ordem de faculdades de que dispomos no plano inferior. Para nós, efetivamente, a matéria do plano superior ali se desvanece ante a nossa percepção; mais propriamente, passa ao plano superior, e o estado de matéria que corresponde a semelhante ponto de transição deve por certo possuir propriedades especiais, não fáceis de descobrir. Sete destes "Centros Neutros" [16] são, portanto, produzidos por Fohat; e tão logo, na expressão de Milton,

> Perfeitas fundações são assentadas
> Para nelas erguer-se a construção...

Fohat incita a matéria à atividade e à evolução.

---

(16) Tal é, segundo cremos, o nome dado pelo Sr. J. W. Keely, de Filadélfia, inventor do famoso "Motor", aos por ele também chamados "Centros Etéricos"; motor que, conforme esperavam seus admiradores, iria revolucionar a força motriz do mundo.

O Átomo Primordial (Anu) não pode ser multiplicado, nem em seu estado pré-genético nem no primogenético; e por isso é chamado a "Soma Total", em sentido figurado, está claro, pois esta "Soma Total" carece de limites. O que para o físico, que só conhece o mundo de causas e efeitos visíveis, é o abismo do nada, para o ocultista é o Espaço sem limites do Plenum Divino.

Entre muitas outras objeções à doutrina da evolução e involução perpétuas, ou reabsorção, do Cosmos — processo que, segundo a doutrina bramânica esotérica, não tem começo nem fim — argumenta-se que tal não pode ser, porquanto, "segundo todos os princípios da filosofia científica moderna, esgotar-se é uma necessidade imperiosa para a Natureza". Se a tendência da Natureza para esgotar-se constitui realmente uma forte objeção à cosmogonia oculta, é o caso de perguntarmos: como explicam os vossos positivistas, livres pensadores e homens de ciência a massa de sistemas siderais em atividade que nos rodeia? Eles tiveram a eternidade para se "esgotarem"; por que então o Cosmos já se não converteu numa imensa massa inerte? Supõe-se que a Lua é um astro morto, esgotado, mas isto não passa de uma hipótese; e não parece que a astronomia conheça muita coisa a respeito de astros mortos [17]. A pergunta não encontra resposta. Mas, deixando-a de lado, importa observar que a idéia do esgotamento da "energia transformável", em nosso pequeno sistema, se baseia única e exclusivamente no enganoso conceito de um "sol incandescente ao vermelho-branco", que irradia incessantemente o seu calor pelo espaço, sem receber compensação. A isto respondemos que a Natureza entra em declínio e desaparece do plano objetivo tão-somente para de novo surgir do plano subjetivo, após um período de repouso, e subir ainda mais alto. O nosso Cosmos e a nossa Natureza não se esgotarão senão para reaparecer num plano mais perfeito, depois de cada Pralaya.

A Matéria dos filósofos orientais não é a "matéria" e a Natureza dos metafísicos ocidentais. Pois, que é a Matéria? E, sobretudo, que é a nossa filosofia científica, senão aquilo que tão precisa e cortesmente Kant definiu como "a ciência dos *limites* de nosso conhecimento"? Qual o resultado das inúmeras tentativas da Ciência para enlaçar, unir e definir todos os fenômenos da vida orgânica, por meio de manifestações puramente físicas e químicas? Simples especulações em geral, meras bolhas de sabão que se desvanecem uma após outra, antes que os homens de ciência possam descobrir fatos reais. Para evitar tudo isso, alcançando o conhecimento muito maior progresso, bastaria que a Ciência e a sua filosofia se abstivessem de aceitar hipóteses baseadas em hipóteses tão limitadas e incompletas a respeito da *sua* "matéria". O caso de Urano e Netuno — cujos satélites, em número de quatro e um respectivamente, se acreditava que girassem em suas órbitas de Oriente para Ocidente, enquanto todos os outros satélites

---

(17) A Lua está *morta* apenas no que respeita aos seus "princípios" *internos* — isto é, *psiquicamente* e *espiritualmente*, por absurda que pareça esta afirmativa. Fisicamente, assemelha-se a um corpo paralisado pela metade. A ela faz referência o Ocultismo (e com razão) como a "Mãe Insana", a grande *lunática* sideral.

giram de Ocidente a Oriente — é um exemplo bem ilustrativo da pouca confiança que devem inspirar todas as especulações *a priori*, ainda quando apoiadas em cálculos matemáticos os mais exatos.

A famosa hipótese da formação do nosso Sistema Solar por meio de anéis nebulares, apresentada por Kant e Laplace, fundamentava-se principalmente no pressuposto de que todos os planetas giram num mesmo sentido. E foi neste fato, matematicamente demonstrado no tempo de Laplace, que o grande astrônomo se apoiou, calculando de acordo com a teoria das probabilidades, para apostar três milhões contra um em que o próximo planeta a ser descoberto teria em seu sistema a mesma peculiaridade de movimento para o Este. As leis imutáveis das matemáticas científicas "foram derrotadas pelas experiências e observações posteriores". Esta idéia do erro de Laplace prevalece ainda em nossos dias; mas alguns astrônomos conseguiram finalmente demonstrar (?) que o erro consistiria em admitir-se que Laplace havia cometido um engano, e agora se fazem tentativas para corrigir o lapso, sem chamar muito a atenção.

Mais de uma surpresa desagradável desse gênero aguarda as hipóteses dos nossos sábios, mesmo aquelas de caráter puramente científico. E quantas outras desilusões não será lícito esperar nas questões que tangem à natureza oculta e transcendente das coisas? Como quer que seja, o Ocultismo ensina que o chamado "movimento retrógrado" é um fato.

Se nenhuma inteligência do plano físico é capaz de contar os grãos de areia que cobrem alguns quilômetros de praia, nem de penetrar a natureza íntima e a essência de coisas assim tão concretas, que são palpáveis e visíveis na mão do naturalista, como pode um materialista limitar as leis que governam as mudanças de estado e de existência dos átomos no Caos primordial? Como pode saber algo de seguro a respeito das capacidades e das potências dos átomos e moléculas, antes e depois de entrarem na formação dos mundos? Estas moléculas imutáveis e eternas (muito mais numerosas no espaço que os grãos de areia nas praias do oceano) podem diferir em sua constituição conforme os limites de seus planos de existência, como a substância da alma difere de seu veículo, o corpo.

Sabemos que cada átomo tem sete planos de ser ou de existência; e que cada plano está regido por suas leis específicas de evolução e de absorção. Os astrônomos, geólogos e físicos, ao pretenderem decidir da idade do Sistema Solar, sem que possuam uma data sequer aproximada para marcar-lhes o ponto de partida, distanciam-se cada vez mais, em cada nova hipótese, das fronteiras da realidade, e perdem-se nos abismos insondáveis da ontologia especulativa [18].

---

(18) Depositando os ocultistas a mais completa confiança na exatidão dos seus anais astronômicos e matemáticos, calculam a idade da humanidade e afirmam que o homem (com sexos separados) existe na presente Ronda precisamente desde há 18.618.727 anos, de acordo com os ensinamentos bramânicos e também com alguns calendários hindus.

A Lei de Analogia, no plano de estrutura dos sistemas transolares e dos planetas intra-solares, não se aplica necessariamente às condições finitas a que estão sujeitos os corpos físicos neste nosso plano de existência. Na Ciência Oculta, esta Lei de Analogia é a primeira e a mais importante das chaves para a física do Cosmos; faz-se necessário, porém, estudá-la em todas as suas minúcias, e "dar sete voltas à chave" antes que seja possível compreendê-la. A Filosofia Oculta é a única ciência capaz de ensiná-la.

Isso posto, como pode alguém contestar a proposição dos Ocultistas de que "o Cosmos é eterno em sua coletividade não condicionada, e finito somente em suas manifestações condicionadas", apoiando-se na observação física unilateral de que "a Natureza tem necessidade de esgotar-se"? [19]

UMA DIGRESSÃO

Com o quarto Sloka termina a parte das Estâncias que se refere à Cosmogonia do Universo após o último Mahâpralaya ou Dissolução Universal — aquela dissociação geral que, soada a hora, arrebata do Espaço, quais folhas secas, todas as coisas diferenciadas, dos Deuses aos átomos.

A partir daquele versículo, as Estâncias só se ocupam, em geral, do nosso Sistema Solar e das Cadeias Planetárias que lhe dizem respeito, e, em particular, da história do nosso Globo (o quarto) e de sua Cadeia. Todos os versículos que se seguem neste volume tratam unicamente da evolução de nossa Terra ou que nela tem curso. Há, com relação a esta última, uma proposição estranha — estranha apenas do ponto de vista científico moderno, entenda-se — que devemos dar a conhecer.

Antes, porém, de apresentar ao leitor teorias novas e algo surpreendentes, é preciso dizer algumas palavras à guisa de explicação. É imperioso fazê-lo, porque tais teorias não somente se acham em oposição ao que ensina a ciência de hoje, mas também contradizem em certos pontos afirmações anteriores de outros teósofos, que declaram baseadas as suas informações na mesma autoridade que nós invocamos [20].

Isso pode dar a impressão de que existe uma contradição formal entre os expositores da mesma doutrina, quando na realidade a divergência se deve a que estavam incompletos os dados recebidos pelos escritores precedentes, o que os levou a deduzir conclusões errôneas e a fazer especulações prematuras, no afã de darem ao público um sistema completo. Assim, o leitor que já esteja iniciado em Teosofia não se deve surpreender de encontrar nestas páginas a retificação de alguns ensinamentos contidos em várias obras teosóficas, e também o esclarecimento de certos pontos que ficaram obscuros, por estarem certamente incompletos. Muitas foram as questões em que nem sequer tocou o autor de *Esoteric Buddhism*, a melhor

---

(19) A continuação do comentário à Estância VI se encontra mais adiante.
(20) Em *Esoteric Buddhism*, 1883, por A. P. Sinnett, e em *Man, Fragments of Forgotten History*, por Dois Chelas, 1885.

e a mais esmerada de todas as obras do gênero. Por outra parte, ele próprio introduziu várias noções errôneas, que agora urge apresentar sob a verdadeira luz mística, quanto seja capaz de fazê-lo quem escreve as presentes linhas.

Permitam-nos, pois, uma breve interrupção entre os Slokas que acabamos de comentar e os que vêm depois — já que são de imensa duração os períodos cósmicos que os separam. Com isso teremos suficiente tempo para uma vista panorâmica sobre alguns aspectos da Doutrina Secreta que foram expostos ao público sob uma luz mais ou menos incerta e por vezes errônea.

ALGUNS CONCEITOS TEOSÓFICOS PRIMITIVOS ERRÔNEOS REFERENTES AOS PLANETAS, ÀS RONDAS E AO HOMEM

Entre as onze Estâncias omitidas, há uma que dá ampla descrição da formação sucessiva das Cadeias Planetárias, depois de haver começado a primeira diferenciação cósmica e atômica do *Acosmismo* primitivo. É inútil falar de "leis instituídas quando a Divindade se prepara para criar"; porque as "leis", ou melhor, a Lei é eterna e incriada; e, além disso, a Divindade é a Lei, e *vice-versa*. Por outro lado, a eterna Lei una desenvolve todas as coisas, na Natureza que há de manifestar-se, sobre a base de um princípio sétuplo; e este princípio rege as inumeráveis Cadeias circulares de Mundos, compostas de sete Globos graduados nos quatro planos inferiores do Mundo de Formação (os outros três pertencem ao Universo Arquétipo). Destes sete Globos, um somente, *o inferior e o mais material de todos,* se acha no nosso plano ou ao alcance dos nossos meios de percepção; os outros seis estão fora deste plano, sendo portanto invisíveis ao olho terrestre. Cada uma das Cadeias de Mundos é o produto e a criação de outra, *inferior e morta*: é a sua *reencarnação,* digamos assim.

Mais claramente:

Segundo os ensinamentos, cada um dos planetas — dos quais se diz que *apenas sete* são sagrados, por serem regidos pelos Deuses ou Regentes mais elevados (e não porque nada soubessem os antigos a respeito dos outros)[21] — cada um dos planetas, dizíamos, conhecido ou não conhecido, é setenário, como o é também a Cadeia a que pertence a Terra[22]. Por exemplo, todos os planetas, Mercúrio, Vênus, Marte, Júpiter, Saturno, etc., e a nossa Terra, são visíveis para nós (como o nosso Globo provavelmente o é para os habitantes daqueles, se os há) porque se acham todos no mesmo plano; ao passo que os globos superiores e companheiros de tais planetas estão em planos inteiramente inacessíveis aos nossos sentidos terrestres. Como as suas posições relativas serão indicadas mais adiante.

---

(21) Nos Livros Secretos são mencionados muito mais planetas que nas obras astronômicas modernas.

(22) Veja-se *Esoteric Buddhism.*

inclusive no diagrama que acompanha os comentários à Estância VI, não se faz mister acrescentar aqui senão algumas palavras de explicação. Os companheiros invisíveis correspondem de maneira bem singular ao que denominamos "os sete princípios do Homem". Os sete estão em três planos materiais e um espiritual, correspondendo aos três Upâdhis (bases materiais) e a um veículo espiritual (Vâhana) dos sete princípios da divisão humana.

Se, para podermos formar uma concepção mais clara, imaginarmos os princípios humanos dispostos em um esquema, obteremos o seguinte diagrama de correspondências:

DIAGRAMA I

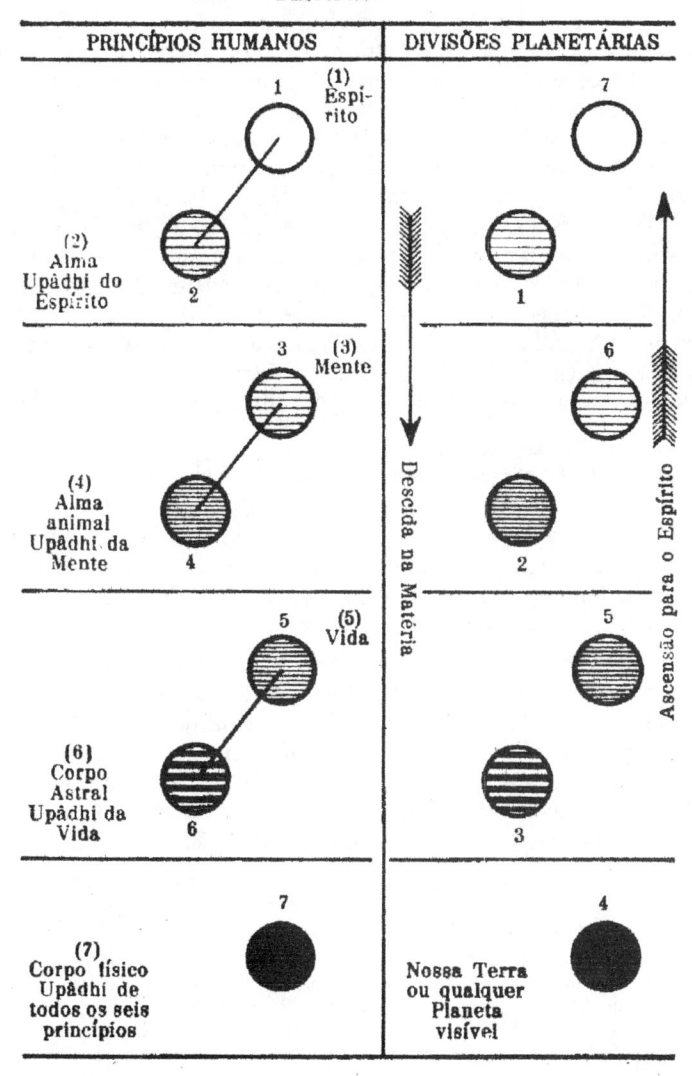

PRINCÍPIOS HUMANOS	DIVISÕES PLANETÁRIAS
(1) Espírito — 1	7
(2) Alma Upâdhi do Espírito — 2	1
(3) Mente — 3	6
(4) Alma animal Upâdhi da Mente — 4	2
(5) Vida — 5	5
(6) Corpo Astral Upâdhi da Vida — 6	3
(7) Corpo físico Upâdhi de todos os seis princípios — 7	4 Nossa Terra ou qualquer Planeta visível

Descida na Matéria ↓   Ascensão para o Espírito ↑

Como o nosso método é proceder dos Universais para os Particulares, em vez de seguir o processo indutivo de Aristóteles, os números estão ordenados em sentido inverso. O Espírito vem em primeiro lugar — e não no sétimo, como se procede usualmente, mas como, em verdade, não se deveria fazer.

Os Princípios Humanos, tais como enumerados no *Esoteric Buddhism* e em outros são: 1.º Âtmâ; 2.º Buddhi (Alma Espiritual); 3.º Manas (Alma Humana); 4.º Kâma Rûpa (Veículo dos Desejos e Paixões); 5.º Prâna; 6.º Linga Sharira; 7.º Sthûla Sharira.

As linhas negras horizontais dos Globos inferiores são os Upâdhis, no caso dos Princípios humanos, e os planos no caso da Cadeia Planetária. Quanto aos Princípios humanos, conforme se vê, o quadro não os apresenta exatamente em ordem; mostra, porém, a correspondência e a analogia, para as quais desejamos chamar a atenção do leitor. Verá este que se trata da descida do Espírito na matéria, do ajustamento dos dois (tanto no sentido místico como no físico) e de sua conjunção para a grande "luta pela existência" que aguarda ambas as Entidades. Parecerá talvez estranho o emprego da expressão "Entidade" com referência a um Globo; mas os filósofos antigos, que viam na Terra um enorme "animal", eram mais sábios no seu tempo do que os modernos geólogos em nossos dias; e Plínio, que chamava a Terra nossa boa Mãe e nutriz, e o único elemento que não é inimigo do homem, falava com mais veracidade do que Watts, que imaginava ver nela o escabelo de Deus. Pois a Terra não é senão o escabelo do homem em sua ascensão para as regiões superiores, o vestíbulo

> ... das gloriosas mansões
> para onde acorre sem cessar agitada multidão.

Mas isto serve apenas para mostrar quão admiravelmente a Filosofia Oculta esclarece e ordena todas as coisas da Natureza, e como os seus princípios são mais lógicos do que as especulações hipotéticas e sem vida da ciência física.

Aprendendo tudo isso, o místico ficará mais bem preparado para assimilar o ensinamento oculto, não importando que os seguidores da ciência moderna possam (e tudo indica que o farão) considerá-lo absurdo e sem sentido. O ocultista sustenta que a teoria ora exposta é muito mais filosófica e provável que outra qualquer. É mais lógica, em todo caso, que a teoria recentemente aventada de que a Lua é um fragmento projetado da Terra, quando esta era um globo em estado de fusão.

Diz Samuel Laing, autor de *Modern Science and Modern Thought*:

"As conclusões astronômicas são teorias baseadas em dados de tal modo incertos que, enquanto em alguns casos oferecem cifras incrivelmente reduzidas, como a de 15 milhões de anos para todo o processo de formação do sistema solar, em outros chegam a resultados de uma extensão de tempo quase inimaginável, *quando, por exemplo, supõem que a Lua foi projetada da Terra em época na qual o período de rotação desta última era de três horas,* ao passo que o máximo retardamento observado exigiria 600 milhões de anos para fazê-la girar em vinte e três horas em lugar de vinte e quatro." [23]

E se os físicos insistem em especulações desse jaez, por que zombar da cronologia dos hindus, tachando-a de exagerada?

Diz-se ainda que as Cadeias Planetárias têm os seus Dias e as suas Noites, isto é, períodos de atividade ou vida e períodos de inércia ou morte; e que se comportam no céu como os homens na terra; que engendram Cadeias semelhantes, envelhecem e se extinguem fisicamente, sobrevindo na progênie os seus princípios espirituais.

Sem nos abalançarmos à tarefa sobremodo difícil de explicar o processo em todas as suas minúcias cósmicas, podemos dizer o suficiente para que se tenha uma idéia aproximada a esse respeito.

Quando uma Cadeia Planetária se encontra em sua última Ronda, o seu Globo *A*, antes de *extinguir-se* por completo, envia toda a sua energia e todos os seus princípios a um centro neutro de força latente, um centro "laya", assim animando e chamando à vida um novo núcleo de substância ou matéria não diferenciada. Suponhamos que uma evolução semelhante houvesse ocorrido na Cadeia Lunar Planetária; suponhamos ainda, para argumentar, que a Lua seja muito mais velha que a Terra (apesar de a teoria de Darwin, que citaremos mais adiante, ter sido recentemente abandonada, e de não se achar o fato ainda determinado pelo cálculo matemático). Imaginemos os seis Globos companheiros da Lua — em períodos anteriores à evolução do primeiro Globo de nossa Cadeia setenária — ocupando, uns em relação aos outros, as mesmas posições que ocupam atualmente os Globos companheiros da Terra em nossa Cadeia Planetária [24]. Será então fácil imaginar o Globo *A* da Cadeia Lunar dando vida ao Globo *A* da Cadeia Terrestre, e morrendo depois; em seguida, o Globo *B* da primeira transmitindo sua energia ao Globo *B* da nova Cadeia; depois, o Globo *C* da Cadeia Lunar criando o seu descendente, a esfera *C* da Cadeia Terrestre; e, finalmente, a Lua (nosso satélite) enviando toda a sua vida, energia e poderes ao Globo mais baixo de nossa Cadeia Planetária, o Globo *D*, nossa Terra — vertendo-os, assim, em um novo centro e tornando-se virtualmente um *planeta morto*, no qual a rotação quase que cessou, após o nascimento do nosso Globo. A Lua é, sem dúvida, o satélite da Terra; mas isto não invalida a teoria de que ela deu tudo à Terra, exceto o seu cadáver.

Para que a teoria de Darwin subsistisse, houve mister de rebuscar, além da hipótese de que falamos, hoje relegada, outras especulações ainda mais abstrusas. Diz-se que a Lua esfriou seis vezes mais depressa que a Terra [25]. "Se a Terra se solidificou há quatorze milhões de anos, a Lua não

---
(23) *Op. cit.,* pág. 48.
(24) Veja-se, em *Esoteric Buddhism,* "A Constituição do Homem" e "a Cadeia Planetária".
(25) *World-Life,* de Winchell.

terá mais de onze milhões e dois terços de um milhão de anos a partir daquela época...", etc. E se a nossa Lua não passa de um salpico de barro procedente da Terra, por que não tirar uma conclusão análoga para as Luas dos outros planetas? Respondem os astrônomos: "Não o sabemos." Por que Vênus e Mercúrio não têm satélites, e, se tais satélites existem, como teriam sido formados? Não o sabem os astrônomos, porque — dizemos nós — a Ciência possui apenas uma chave (a chave da matéria) para abrir os mistérios da Natureza; ao passo que a Filosofia Oculta dispõe de sete chaves e pode explicar o que a Ciência não consegue ver. Mercúrio e Vênus não têm satélites, mas tiveram "pais", exatamente como a Terra. Ambos são muito mais antigos que a Terra. E, antes de que esta chegue à sua Sétima Ronda, sua mãe, a Lua, ter-se-á dissolvido no ar sutil, como sucederá ou não, conforme o caso, com as "Luas" dos demais planetas, pois há planetas que possuem *várias* Luas — mistério ainda não decifrado por nenhum Édipo da Astronomia.

A Lua é hoje o frio resíduo, a sombra arrastada pelo corpo novo para o qual se fez a transfusão de seus poderes e princípios de vida. Está agora condenada a seguir a Terra durante longos evos, atraindo-a e sendo por ela atraída. Incessantemente *vampirizada* por sua filha, vinga-se impregnando-a com a influência nefasta, invisível e venenosa que emana do lado oculto de sua natureza. Pois é um *Corpo morto,* e no entanto *vive.* As partículas do seu cadáver em decomposição estão cheias de vida ativa e destruidora, embora o corpo que elas anteriormente formavam esteja sem alma e sem vida. Em conseqüência, suas emanações ao mesmo tempo são benéficas e maléficas — circunstância que encontra seu paralelo na terra, no fato de que é nas sepulturas onde as ervas e as plantas medram e se desenvolvem com mais viço, sem embargo das exalações morbígenas dos cadáveres nos cemitérios. Como os fantasmas e vampiros, a Lua é amiga dos feiticeiros e inimiga dos imprudentes. Desde as eras arcaicas até os tempos mais próximos, conhecidas são a sua natureza e as suas propriedades, tanto pelas feiticeiras da Tessália e por alguns dos atuais praticantes do tantrismo na Bengala, como por todos os Ocultistas; mas para os físicos permanecem um livro fechado.

Tal é a Lua, considerada dos pontos de vista astronômico, geológico e físico. Quanto à sua natureza metafísica e psíquica, deve, nesta obra, continuar sendo um segredo oculto, como o foi em *Esoteric Buddhism,* em que pese à ousada afirmação, contida nesta última, de que "já não há muito mistério no enigma da oitava esfera"[26]. É esta uma das questões "sobre as quais os Adeptos se mostram muito reservados em suas comunicações a discípulos não iniciados"; e, já que eles não sancionaram nem autorizaram informações públicas sobre esse ponto, é preferível dizer o menos possível.

Contudo, sem tocar no terreno interdito da "oitava esfera", parece útil mencionar alguns fatos relacionados com as ex-mônadas da Cadeia

---

(26) Pág. 113 (5.ª edição).

Lunar (os "Antepassados Lunares"), porque desempenham importante papel na Antropogênese, de que nos iremos ocupar. Isto nos leva diretamente à constituição setenária do homem; e, como ultimamente tem havido certa discussão sobre a melhor maneira de classificar-se a divisão da entidade microscópica, acrescentamos a seguir dois sistemas, para tornar mais fácil a comparação. O pequeno artigo aqui incluído se deve à pena de T. Subba Row, sábio vedantino. Prefere ele a divisão bramânica do Râja Yoga. Do ponto de vista metafísico, assiste-lhe toda a razão. Mas, por ser uma questão de simples escolha e conveniência, adotamos a classificação trans-himalaica, consagrada pelo tempo, da "Escola Esotérica Arhat". O quadro seguinte e o seu texto explicativo foram copiados de *The Theosophist*, de Madras, e figuram também em *Five Years of Theosophy* [27].

DIVISÃO SETENÁRIA
EM DIFERENTES SISTEMAS HINDUS

Eis, em forma tabular, as classificações dos Princípios do Homem, adotadas pelos instrutores Budistas e Vedantinos.

BUDISMO ESOTÉRICO		VEDANTA	TARAKA RÂJA YOGA
1. Sthûla Sharira		Annamayakosha [31]	Sthûlopâdhi [32]
2. Prâna [28]		Prânamayakosha	
3. Veículo de Prâna [29]			
4. Kâma Rûpa		Mânomayakosha	Sukshmopâdhi
5. Mente	(a) Volições e sentimentos, etc.		
	(b) Vijnânam	Vijnânamaykosha	
6. Alma espiritual [30]		Anandamayakosha	Kâranophâdhi
7. Âtmâ		Âtmâ	Âtmâ

"Vê-se por este quadro que o terceiro princípio da classificação budista não é mencionado separadamente na divisão vedantina, por ser simplesmente o veículo de

---

(27) Págs. 185-6.
(28) A Vida.
(29) Corpo Etéreo ou Linga Sharira.
(30) Buddhi.
(31) Kosha é "envoltura" literalmente, a envoltura de cada princípio.
(32) Sthûla-uphâdi ou base do princípio.

Prâna. Vê-se também que o quarto princípio foi incluído no terceiro Kosha (Envoltura), porque tal princípio não é senão o veículo do poder volitivo, o qual não passa de uma energia mental. Cabe ainda observar que o Vijnânamayakosha é considerado como distinto do Mânomayakosha, por isso que, após a morte, se verifica uma divisão entre a parte inferior da mente (parte que possui maior afinidade com o quarto princípio do que com o sexto) e a parte superior (que está vinculada ao sexto e é a base real da individualidade espiritual e superior do homem). Devemos também assinalar que a classificação constante da última coluna é a melhor e a mais simples para todas as questões práticas relacionadas com o Râja Yoga. Apesar de existirem sete princípios no homem, não há senão três Upâdhis (bases) distintos em cada um dos quais possa o Âtmâ operar independentemente do resto. Um Adepto pode separar os três Upâdhis sem o perigo de morrer, mas não pode separar os sete princípios, sem destruir a sua constituição."

O leitor estará agora mais apto a discernir que entre os três Upâdhis do Râja Yoga, mais o Âtmâ, e os nossos três Upâdhis, mais o Âtmâ e as três divisões adicionais, a diferença é de pouca monta. Além disso, como na Índia, de um e outro lado dos Himalaias, nas escolas de Patanjali, de Aryâsanga ou da Mahâyâna, todo Adepto deve tornar-se um Râja Yogi, cumpre-lhe portanto aceitar a classificação Taraka Râja em princípio e em teoria, sem embargo de que possa recorrer a outra para fins práticos e ocultos. Assim, pouco importa que se mencionem três Upâdhis com seus três aspectos, mais o Âtmâ, a síntese eterna e imortal, ou que se fale de "Sete Princípios".

Para esclarecimento daqueles que não leram ou compreenderam bem, nos escritos teosóficos, a doutrina referente às Cadeias Setenárias de Mundos no Cosmos Solar, vamos dar aqui um resumo dos ensinamentos.

1.º) Tudo, no Universo metafísico como no Universo físico, é setenário. Atribuem-se, por isso, a cada corpo sideral, a cada planeta, visível ou invisível, seis Globos companheiros. A evolução da vida se efetua, nestes sete Globos ou corpos, do primeiro ao sétimo, em Sete Rondas ou Ciclos.

2.º) Os Globos são formados por um processo que os Ocultistas denominam "renascimento das Cadeias Planetárias (ou Anéis)". Quando a Sétima e última Ronda de um dos Anéis se inicia, o Globo superior ou primeiro, A (e como ele todos os demais sucessivamente, até o último), em vez de entrar num período mais ou menos longo de repouso, ou de "Obscurecimento", como nas Rondas precedentes, começa a desgastar-se. A Dissolução Planetária (Pralaya) aproxima-se: a sua hora soou, deve transferir sua vida e energia a outro planeta [33].

3.º) A Terra, como representante visível dos globos-companheiros, invisíveis e superiores, seus "Senhores" ou "Princípios", deve existir, do mesmo modo que os demais, durante sete Rondas. Nas três primeiras, ela se forma e se consolida; na quarta, alcança estabilidade e sua máxima consistência; nas três últimas, retorna gradualmente à sua primeira forma etérea: espiritualiza-se, por assim dizer.

---

(33) Veja-se o Diagrama II, pág. 215.

4.º) Sua humanidade só se desenvolve plenamente na Quarta Ronda — que é a nossa Ronda atual. Até esse quarto Ciclo de Vida, dá-se-lhe tal nome de "Humanidade" unicamente por falta de outro melhor. Assim como a lagarta se converte em crisálida e esta em borboleta, assim o homem, ou melhor, o que mais tarde vem a ser o homem, passa através de todas as formas e reinos durante a Primeira Ronda, e através de todas as formas humanas durante as duas Rondas seguintes. Ao chegar à Terra, no princípio da Quarta, na presente série de Ciclos de Vida e de Raças, o Homem é a primeira forma animada que aparece nela, pois foi precedido somente pelos reinos mineral e vegetal, *devendo ainda este último desenvolver-se e continuar sua evolução ulterior por intermédio do homem.* É o que será explicado nos volumes III e IV. Durante as três primeiras Rondas que hão de vir, a Humanidade, como o Globo em que vive, tenderá sempre a reassumir sua forma primitiva: a de uma Legião de Dhyân-Chohans. O homem tende a converter-se em *um Deus,* e depois em *Deus,* da mesma forma que todos os demais Átomos do Universo.

Começando por considerar as coisas lá pela remotíssima Segunda Ronda, vemos que a Evolução já se processa sobre um plano inteiramente diferente. Só na primeira Ronda é que o Homem (celestial) se torna um ser humano no Globo A; (volta a ser) um mineral, uma planta, um animal, no Globo B e no C, etc. O processo muda por completo a partir da Segunda Ronda. Mas aprendestes a lição da prudência... e eu vos aconselho a não dizer nada antes de chegar o momento oportuno para isso...[34].

5.º) Cada Ciclo de Vida no Globo D (nossa Terra)[35] se compõe de sete Raças-Raízes, que principiam com a etérea e terminam com a espiritual, em uma dupla linha de evolução física e moral, desde o início da Ronda terrestre até o seu termo. Uma coisa é uma "Ronda Planetária", do Globo A até o Globo G, o último; outra coisa é a "Ronda do Globo", isto é, a terrestre.

Tudo isso foi muito bem descrito no *Esoteric Buddhism,* e não necessita de maior explicação por enquanto.

6.º) Os homens da primeira Raça-Raiz, ou seja, os primeiros "Homens" da Terra (qualquer que fosse a forma de que se revestissem) eram os descendentes dos "Homens Celestes", chamados corretamente na filosofia hindu "Antepassados Lunares" ou Pitris, que se compõem de sete classes ou Hierarquias. Como tudo isto será melhor explicado nos próximos capítulos e nos volumes III e IV, aqui nada mais se faz necessário acrescentar.

Mas os dois livros anteriormente citados, que versam assuntos referentes à doutrina oculta, exigem algumas observações especiais. Um deles,

---

(34) Extrato de cartas do Mestre acerca de vários assuntos. Veja-se *The Mahatma Letters to A. P. Sinnett.*
(35) Só incidentemente nos ocupamos dos outros Globos nesta obra.

Esoteric Buddhism, é bastante conhecido nos círculos teosóficos, e ainda pelo público em geral, de modo que nos dispensamos de alongar-nos sobre os seus méritos. É uma obra excelente, que produziu efeitos ainda melhores. Não quer isso dizer, porém, que não contenha algumas idéias incorretas, dando azo a que vários leitores, teósofos ou não, formassem conceitos errôneos a respeito das Doutrinas Secretas orientais. A obra dá também a impressão de algo materialista.

O outro livro, *Man, Fragments of a Forgotten History* ("O Homem, Fragmentos de uma História Esquecida"), que se publicou depois, foi uma tentativa para expor a doutrina arcaica de um ponto de vista mais ideal, assim como interpretar algumas visões da Luz Astral e dar forma a alguns ensinamentos em parte recolhidos dos pensamentos de um Mestre, porém infelizmente mal compreendidos. Esta obra se ocupa também da evolução das primitivas raças humanas na Terra, e contém algumas páginas excelentes de cunho filosófico. Apesar de tudo, não passa de um pequeno e interessante poema místico. Não alcançou o seu desiderato, por lhe faltarem as condições necessárias à correta interpretação daquelas visões astrais.

Não se surpreenda o leitor, portanto, se estes volumes contrariarem, em diversos pontos, as primeiras descrições a que nos estamos referindo.

A cosmogonia esotérica em geral e a evolução da Mônada em particular diferem de modo tão essencial naqueles dois livros, e em outros publicados por *principiantes* não orientados, que se torna impossível dar prosseguimento à presente obra sem que foquemos especialmente os dois primeiros volumes de que se trata, pois ambos contam um grande número de admiradores, notadamente o *Esoteric Buddhism*. É chegado o momento de nos explicarmos a esse respeito. Impende cotejar os pontos de equívoco com os ensinamentos originais, para a devida retificação. Se um dos dois livros foi escrito com manifesta propensão para a ciência materialista, o outro é, por seu lado, demasiado otimista, raiando às vezes pela fantasia.

Da doutrina (um tanto incompreensível para a mente ocidental) que se ocupa dos Obscurecimentos periódicos e das Rondas sucessivas dos Globos ao longo de suas Cadeias circulares, advieram as primeiras perplexidades e noções errôneas. Um destes conceitos se refere aos "Homens da Quinta Ronda" e até aos da "Sexta".

Os que sabiam ser uma Ronda precedida e seguida de um longo período de repouso, ou Pralaya, que cria um abismo intransponível entre duas Rondas até o advento de um novo ciclo de vida, não podiam compreender o "sofisma" de falar-se da existência de "gente da *Quinta* e da *Sexta Ronda*" em nossa Ronda atual, a *Quarta*. Afirmava-se que Gautama Buddha era um homem da "Sexta Ronda"; que Platão e outros grandes filósofos e gênios pertenciam à "Quinta". Como podia ser isso? Um Mestre dizia e sustentava que ainda agora existem na terra homens da Quinta Ronda; e, embora se *entendesse* que ele havia *ensinado* encontrar-se a humanidade na "Quarta Ronda", em outra ocasião *parecia* dizer que estamos na Quinta.

A isso acudiu outro Mestre com uma "resposta apocalíptica". "Algumas gotas de chuva não fazem uma monção, se bem que a pressagiem. . ." "Não, nós não estamos agora na Quinta Ronda; mas homens a ela pertencentes parece que começaram a chegar há alguns milhares de anos." Eis uma coisa mais difícil de resolver que o enigma da Esfinge!

Os estudantes de Ocultismo submeteram seus cérebros às mais árduas especulações. Durante largo tempo, esforçaram-se por sobrepujar a Édipo e conciliar as duas afirmações. E como os Mestres se mantinham tão silenciosos quanto a esfinge de pedra, foram acusados de "inconseqüência", de "contradição" e de "discrepância". Mas o que eles faziam era pura e simplesmente deixar que as especulações seguissem o seu curso, a fim de *darem uma lição* de que realmente necessita a mente ocidental.

Em sua vaidade e arrogância, em seu vezo de materializar todos os conceitos e termos metafísicos, sem conceder lugar algum à metáfora e à alegoria oriental, os nossos orientalistas haviam feito uma salsada da filosofia hindu exotérica, e eis que os teósofos procediam de maneira idêntica em relação aos ensinamentos esotéricos. Sendo certo que estes últimos até hoje não chegaram a compreender o significado da expressão "Homens da Quinta e da Sexta Ronda", vamos dar aqui a explicação.

Cada Ronda traz consigo um desenvolvimento novo e até mesmo uma mudança completa na constituição física, psíquica, mental e espiritual do homem; fazendo evolucionar todos os princípios em escala sempre ascendente. Segue-se que homens como Confúcio e Platão, que pertenciam psíquica, mental e espiritualmente a planos mais elevados de evolução, eram em nossa Quarta Ronda o que o homem comum atual virá a ser na Quinta Ronda, cuja humanidade ocupará na escala da evolução um grau bem superior àquele em que se acha a nossa humanidade de hoje. Do mesmo modo, Gautama Buddha (a Sabedoria encarnada) era muito superior a todos os homens de quem acabamos de falar, chamados "Homens da Quinta Ronda"; e por isso, Buddha e também Shankarâchârya foram denominados "Homens da Sexta Ronda". Descobre-se assim a sabedoria oculta na observação antes qualificada como "evasiva" – de que "algumas gotas de chuva não fazem uma monção, *se bem que as pressagiem*".

E agora se compreenderá, com toda a clareza, a verdade contida na seguinte passagem de *Esoteric Buddhism*:

"*Quando os fatos complexos de uma ciência ainda desconhecida são pela primeira vez expostos a espíritos não preparados*, é impossível apresentá-los com todas as qualificações devidas... e seus anormais desenvolvimentos... Devemos primeiro contentar-nos com as regras gerais, deixando para depois as exceções, e é este exatamente o caso do estudo oculto, *cujos métodos tradicionais de ensino, camumente adatados, visam a imprimir cada idéia nova na memória, provocando uma perplexidade, que logo se desfaz.*"[36]

---

(36) *Esoteric Buddhism*, pág. 145.

Como o autor da observação era, conforme ele próprio diz, "um espírito não educado no Ocultismo", suas deduções pessoais, apoiadas em seus conhecimentos mais amplos das modernas especulações astronômicas que das doutrinas arcaicas, o levaram naturalmente, sem que o percebesse, a cometer alguns erros — erros mais de pormenores que propriamente dos princípios gerais. Citaremos um deles. Não é de muita importância, mas pode induzir muitos principiantes a conceitos errôneos; e, uma vez que os erros da primeira edição foram corrigidos nas anotações da quinta, do mesmo modo a sexta poderá ser ainda revista e aperfeiçoada. Várias foram as causas de tais enganos. Em primeiro lugar, a necessidade em que se viam os Mestres de dar algumas respostas "evasivas" a perguntas demasiado insistentes, que não podiam ser deixadas em silêncio; e, de outro lado, o caráter de certas indagações, que *só podiam ser respondidas em parte*. Não obstante esta situação, o sentido daquele provérbio de que "meio pão é preferível a nenhum pão" foi tantas vezes mal compreendido e só raramente apreciado como devia ser. Daí resultou que os chelas leigos da Europa se permitiram algumas especulações gratuitas. Entre elas, o "Mistério da Oitava Esfera" em sua relação com a Lua, e a informação errônea de que dois dos Globos superiores da Cadeia terrestre eram dois de nossos planetas conhecidos: "Além da Terra... existem *apenas outros dois mundos de nossa cadeia que são visíveis*... Marte e Mercúrio..." [37]

Foi um grande equívoco. Deve-se porém, atribuí-lo não só à resposta imprecisa e incompleta do Mestre como também à pergunta igualmente vaga e indefinida do discípulo.

A indagação era: "Quais os planetas, dentre os conhecidos pela ciência atual, que, além de Mercúrio, pertencem ao nosso sistema de mundos?" Ora, se por "sistema de mundos" se pretendia significar a nossa *Cadeia* ou *"Cordão" Terrestre*, por quem fez a pergunta, em vez de o "Sistema Solar dos Mundos", como devia ser o caso, então não é de admirar que a resposta fosse mal compreendida. Porque a resposta foi: *"Marte, etc., e quatro outros planetas a respeito dos quais nada sabe a Astronomia. Nem A, B nem Y, Z são conhecidos, nem podem ser vistos por meios físicos, por mais aperfeiçoados que sejam"* [38]. Tudo parece claro: (a) Nada sabe ainda a Astronomia, na realidade, com relação aos planetas antigos nem aos que acabam de ser descobertos nos tempos modernos. (b) Nenhum planeta *companheiro de A a Z*, isto é, nenhum dos Globos superiores de qualquer Cadeia do Sistema Solar pode ser visto, com exceção, naturalmente, de todos os planetas que ocupam o *quarto* lugar na ordem numérica, como a nossa Terra, a Lua, etc., etc.

Quanto a Marte, Mercúrio e "os outros quatro planetas", nenhum Mestre ou ocultista elevado jamais falará da relação que têm com a Terra, nem explicará a natureza dessa relação.

---

(37) *Ibid.*, pág. 136.
(38) *The Mahatma Letters to A. P. Sinnett*, pág. 176.

Na mesma carta, um dos Mestres alude claramente a tal impossibilidade, quando diz ao autor do *Esoteric Buddhism*: *"Deveis compreender que me estais propondo questões que pertencem à mais alta Iniciação; que (só) vos posso dar uma noção geral, mas que não ouso nem desejo entrar em certos pormenores..."* [39]

Acham-se em poder da autora desta obra cópias de todas as cartas recebidas ou enviadas, exceto algumas que eram de caráter particular e *não continham ensinamentos*, segundo disse o Mestre. Cabendo-lhe a tarefa, desde o começo, de responder as cartas e esclarecer certos pontos que não foram tocados, é bem provável que, apesar das muitas anotações feitas naquelas cópias, a autora, em sua ignorância do inglês, sobretudo nessa época, e pelo receio de dizer demasiado, houvesse incorrido em confusão quanto às informações dadas. *Que recaiam sobre elas as responsabilidades conseqüentes, em todos os casos.* Mas não lhe é possível consentir que os estudantes permaneçam por mais tempo sob impressões errôneas, ou deixá-los crer que a falha é do sistema esotérico.

Seja-nos permitido afirmar agora, em termos explícitos, que a teoria exposta é impossível, com ou sem apoio no testemunho da Astronomia moderna. A ciência física pode proporcionar elementos corroborativos — conquanto ainda incertos —, mas tão-só no que se refere aos corpos celestes que ocupam o mesmo plano material do nosso Universo objetivo. Marte e Mercúrio, Vênus e Júpiter, como os demais planetas até hoje descobertos, ou que o venham a ser ulteriormente, são todos, *per se,* os representantes, em nosso plano, de Cadeias semelhantes à nossa. É o que afirma claramente uma das numerosas cartas do Mestre do Sr. Sinnett: *"Existem em nosso Sistema Solar e fora dele inúmeras outras Cadeias Manvantáricas de Globos, em que habitam Seres inteligentes."* [40] Mas nem Marte nem Mercúrio pertencem à nossa Cadeia. São, da mesma forma que os demais planetas, Unidades setenárias na grande série de Cadeias do nosso Sistema, e são tão visíveis como invisíveis são os seus respectivos Globos *superiores.*

Se ainda se objetar que certas expressões nas cartas do Mestre são capazes de induzir em erro, nós diremos: Amém; é verdade. O autor do *Esoteric Buddhism* bem o compreendeu, ao escrever que "os métodos tradicionais de ensino... podem provocar a perplexidade" e *fazê-la ou não desaparecer,* conforme o caso. Se se acrescentar que isso devia ser dito mais cedo, explicando-se, como agora o fazemos, a verdadeira natureza dos planetas, responderemos que tal não foi julgado oportuno até o presente momento, porque se teria aberto o caminho a uma série de questões suplementares, *que jamais seria possível solucionar por causa do seu caráter esotérico,* o que só transtornos viria trazer. Afirmou-se desde o começo e tem-se repetido muitas vezes: 1.º) Que nenhum teósofo, *nem mesmo como*

---

(39) *Ibid.*, pág. 177.
(40) *The Mahatma Letters to A. P. Sinnett,* pág. 119.

chela aceito — por nada dizer dos estudantes leigos — pode esperar que lhe sejam ministrados os ensinamentos secretos, com explicação *completa e perfeita*, antes de *haver-se vinculado de modo irrevogável à Fraternidade e de ter passado, no mínimo, por uma Iniciação*; pois nem símbolos nem números podem ser transmitidos ao público, e os números e os símbolos são a chave do sistema esotérico. 2.°) Que a parte já revelada era simplesmente o revestimento esotérico do que se contém em quase todas as escrituras exotéricas das religiões do mundo, sobretudo nos *Brâhmanas*, nos *Upanishads* e ainda dos *Purânas*. Constituía, portanto, uma diminuta parcela do que ora se divulga mais amplamente nos presentes volumes, ainda que a nossa exposição também seja incompleta e fragmentária.

Quando deu início a este livro, a autora, convencida de que era errônea a especulação em torno de Marte e Mercúrio, solicitou *por carta* aos Mestres um esclarecimento e uma versão autorizada. Ela os obteve de modo satisfatório em todos os sentidos, e transcreve a seguir, textualmente, trechos das respostas recebidas:

"*... É absolutamente certo que Marte se encontra agora em estado de obscurecimento, e que Mercúrio começa precisamente a sair do mesmo estado. Podeis acrescentar que Vênus está em sua última Ronda... Se nem Mercúrio nem Vênus possuem satélites, é porque há razões... e também porque Marte possui dois satélites a que não tem direito... Fobos, o suposto satélite "interior", não é realmente um satélite. Assim, a antiga observação de Laplace e a recente de Faye não se harmonizam, como vedes.* (Ler *'Comptes Rendus'*, tomo XC, pág. 569.) *Fobos possui um tempo periódico demasiado curto, e portanto 'deve existir alguma falha na idéia-mater da teoria' como Faye justamente observa... Ademais, ambos [Marte e Mercúrio] são cadeias setenárias tão independentes dos senhores e superiores siderais da Terra como vós sois independente dos 'princípios' de Daumling [o Pequeno Polegar], os quais eram talvez os seus seis irmãos, com ou sem toucas de dormir... 'A satisfação da curiosidade é, para alguns homens, o fim do conhecimento', diz Bacon, que estava tão certo ao formular este aforismo quanto aqueles que, já cientes disso, antes dele, o estavam em distinguir* SABEDORIA *de Conhecimento e em traçar limites ao que se deve dizer em determinado momento... Lembrai-os de que:*

> *... O Conhecimento reside*
> *em cabeças com pensamentos alheios;*
> *A Sabedoria,*
> *em mentes que refletem por si mesmas..."*

"*É o que jamais podereis incutir profundamente aos espíritos daqueles a quem transmitis alguns dos ensinamentos esotéricos.*"

Daremos mais alguns extratos de outra carta escrita pela mesma autoridade, já agora em resposta a certas objeções apresentadas aos Mestres. Fundavam-se estas em raciocínios científicos e fúteis ao mesmo tempo, quanto à conveniência de se conciliarem as teorias esotéricas com as especulações da ciência moderna. Formulou-as um jovem teósofo com o objetivo de pôr à prova a "Doutrina Secreta" e com referência a este mesmo assunto. Insinuava que, se na realidade existiam semelhantes Globos companheiros, "deviam ser apenas um pouco menos materiais que a nossa Terra", por que, então, não podiam ser vistos? Eis a resposta:

"... Se houvesse melhor compreensão dos ensinamentos psíquicos e espirituais, a idéia de semelhante incongruência não seria sequer aventada. A menos que não haja tanto desejo de conciliar o inconciliável — ou seja, as ciências metafísicas e espirituais com a filosofia física e natural, sendo a palavra 'natural' sinônima, para eles [os homens de ciência], daquela matéria que cai sob a percepção dos seus sentidos corporais —, nenhum progresso será realmente possível. O nosso Globo, como ficou dito desde o início, acha-se na curva inferior do arco de descida, onde a matéria que podemos perceber se manifesta em sua mais grosseira forma... É, assim, perfeitamente compreensível que estejam em planos diferentes e superiores os Globos companheiros de nossa Terra. Em resumo: como Globos, estão em COADUNAÇÃO, *mas não em* CONSUBSTANCIALIDADE, *com a nossa Terra, e pertencem, portanto, a outro estado de consciência. O nosso planeta [como todos os que vemos] está adaptado à condição peculiar dos seus habitantes humanos, condição que nos permite contemplar com a vista ordinária os corpos siderais que se encontram em coessência com o nosso plano e a nossa substância terrestre, do mesmo modo que os habitantes daqueles, Júpiter, Marte e outros, podem perceber o nosso pequeno mundo: isto porque os nossos respectivos planos de consciência não diferem senão em grau, sendo idênticos em espécie e situados no mesmo estado de matéria diferenciada... Veja-se o que escrevi: 'O Pralaya menor só se refere aos nossos pequenos Cordões de Globos. [Naqueles dias férteis em confusão de palavras, chamávamos 'Cordões' às Cadeias.] ... A um desses Cordões pertence a nossa 'Terra'. Isso devia ter mostrado claramente que os outros planetas constituem também 'Cordões' ou Cadeias... Para que ele [o autor da objeção] percebesse, ainda que imprecisamente, a silhueta de um desses 'planetas' nos planos superiores, teria primeiro que afastar todas as nuvens de matéria astral que se interpõem entre ele e o plano imediato..."*

Fácil é, portanto, compreender por que não podemos ver, nem mesmo com a ajuda dos melhores telescópios, o que se acha fora do nosso mundo de matéria. Só aqueles a quem damos o nome de Adeptos, que sabem como dirigir sua visão mental e transferir sua consciência, tanto física como psíquica, a outros planos de existência, podem falar como autoridade acerca de tais assuntos. E eles nos dizem claramente:

"Se levardes a vida que se faz mister para a aquisição de semelhantes poderes e conhecimento, a Sabedoria virá até vós de modo muito natural. Desde o momento em que vos seja possível sintonizar a consciência com

qualquer uma das sete cordas da 'Consciência Universal', aquelas cordas que se acham em tensão sobre a caixa sonora do Cosmos, vibrando ao longo de uma a outra Eternidade; quando houverdes estudado por completo a 'Música das Esferas' — *então, e somente então, tereis plena liberdade para compartir o conhecimento com aqueles junto aos quais é possível fazê-lo sem perigo. Até lá, sede prudentes. Não deis à nossa geração atual as grandes Verdades que constituem a herança das Raças futuras. Não tenteis desvendar os segredos do Ser e do Não-Ser aos que são incapazes de compreender o significado oculto do Heptacórdio de Apolo, a lira do deus radiante, em cada uma de cujas sete cordas residem o Espírito, a Alma e o Corpo Astral do Cosmos, do qual apenas a capa exterior caiu entre as mãos da Ciência moderna... Sede prudentes, repetimos, prudentes e sábios, e sobretudo tende o cuidado de certificar-vos do que acreditam aqueles que ouvem os vossos ensinamentos, a fim de que, iludindo-se a si próprios, não venham a iludir os outros... porque tal é o destino de todas as verdades com que os homens não se achem ainda familiarizados... É preferível que as Cadeias Planetárias e outros mistérios supercósmicos e subcósmicos continuem no país dos sonhos para todos aqueles que não podem ver nem crer no que outros vêem..."*

É de lamentar que poucos dentre nós tenham seguido tão sábio conselho, e que muitas pérolas valiosas, muitas jóias de sabedoria, hajam sido entregues a inimigos incapazes de apreciar-lhes o valor, os quais se voltaram contra nós para nos atacar e nos caluniar.

"Imaginemos" — escreve o citado Mestre a seus dois "chelas leigos", como ele chamava o autor do *Esoteric Buddhism* e outra pessoa que foi seu companheiro de estudos durante certo tempo — *"imaginemos que a nossa terra faz parte de um grupo de sete planetas ou mundos habitados por seres humanos... [Os 'Sete Planetas' são os planetas sagrados da antiguidade, todos setenários.] O impulso de vida chega a A, ou melhor, àquele que está destinado a converter-se em A, não passando então de poeira cósmica [um centro laya]..., etc."* [41]

Nessas primeiras cartas, em que necessário foi inventar e criar palavras, "Anéis" passavam muitas vezes a "Rondas", e "Rondas" a "Ciclos de Vida"; e *vice-versa*. A um correspondente que chamou "Anel de Mundos" a uma "Ronda", respondeu o Mestre: *"Creio que isso dará lugar a maior confusão. Todos estamos de acordo em definir como uma Ronda a passagem de uma Mônada do Globo A até o Globo G ou Z... 'Anel de Mundos' é correto... Interessai-vos junto ao Sr. ... no sentido de adotar uma nomenclatura uniforme antes de passar adiante..."* [42]

Apesar do acordo, muitos erros, devidos à confusão, passaram despercebidos nos primeiros ensinamentos. Até as "Raças" foram algumas vezes

---

(41) *Ibid.*, pág. 94.
(42) *Ibid.*, pág. 80.

confundidas com as "Rondas" e os "Anéis", o que induziu a erros semelhantes que se vêem no livro *Man: Fragments of Forgotten History*. Já desde o começo havia o Mestre escrito:

"Não me sendo permitido comunicar-vos a verdade completa nem divulgar um número de frações isoladas... vejo-me impossibilitado de vos satisfazer." [43]

Foi isso em resposta à indagação: "Se estamos no caminho certo, então a existência total que precedeu ao período humano é 637", etc., etc. A todas as perguntas que envolviam números, respondia-se: *"Cuidai de resolver o problema das 777 encarnações... Embora eu seja obrigado a recusar a informação... contudo, se encontrardes a solução por vós mesmos, meu dever será dizê-lo."* [44]

Mas a solução não foi encontrada, daí resultando perplexidades e erros a miúdo repetidos.

O próprio ensinamento relativo à constituição setenária dos corpos siderais e do macrocosmo — de que advém a divisão setenária do homem ou microcosmo — era até agora considerado como dos mais esotéricos. Nos tempos antigos só eram dados a conhecer no momento da Iniciação, juntamente com os números mais sagrados dos Ciclos. Conforme já foi dito numa revista teosófica [45], não havia a intenção de revelar-se agora todo o sistema cosmogônico, nem por um instante se pensou que isso fosse possível na época atual, em que, como resposta a uma série de perguntas formuladas pelo autor do *Esoteric Buddhism*, não eram ministradas senão algumas informações parcimoniosas.

Entre as questões propostas figuravam umas que envolviam problemas de tal ordem que nenhum MESTRE, *por mais graduado e independente que fosse, teria o direito de esclarecer, divulgando assim ao mundo os mais arcaicos e veherandos mistérios dos antigos templos e instituições*. Por isso só algumas das doutrinas foram reveladas, assim mesmo em suas linhas gerais, deixando-se em silêncio as minúcias; e todas as tentativas visando à obtenção de dados mais amplos foram sistematicamente elucidadas.

Era de todo natural que assim fosse. Dos quatro Vidyâs, dentre os sete ramos do Conhecimento mencionados nos *Purânas* —, a saber: Yajna--Vidyâ, a prática de ritos religiosos para a consecução de certos resultados; Mahâ-Vidyâ, o grande conhecimento (mágico), hoje degenerado no culto Tântrico; Guhya-Vidyâ, a ciência dos Mantras e do seu verdadeiro ritmo ou canto, dos encantamentos místicos, etc.; e Âtmâ-Vidya, ou a *Sabedoria Divina* e verdadeiramente *Espiritual*; — somente este último é capaz de lançar uma luz definitiva e absoluta sobre os ensinamentos dos três primeiros. Sem o auxílio de Âtma-Vidyâ, os outros três ramos não passam de

---

(43) *Ibid.*, pág. 81.
(44) *Ibid.*, pág. 83.
(45) *Lúcifer*, maio de 1888.

ciências *superficiais,* à maneira de grandezas geométricas que têm largura e comprimento mas nenhuma espessura. São como a alma, os membros e a mente de um homem que dorme, capaz de movimentos mecânicos, de sonhos incoerentes e até de caminhar feito um sonâmbulo; de produzir efeitos visíveis, mas estimulados tão somente por causas instintivas, não intelectuais, e de modo algum por impulsos espirituais plenamente conscientes.

Das três primeiras ciências é possível explicar e ensinar muita coisa. Entretanto, a menos que Âtmâ-Vidya proporcione a chave para os ensinamentos, permanecerão elas, como sempre, quais fragmentos de um livro cujo texto foi mutilado; sombras de grandes verdades, percebidas vagamente pelos mais espirituais, mas deformadas a tal ponto que não podem ser reconhecidas por aqueles que desejariam fixar cada sombra na parede.

Outra grande perplexidade invade a mente do estudante ao ser-lhe apresentada uma exposição incompleta da doutrina referente à evolução das Mônadas. Para que seja bem compreendida essa doutrina, faz-se mister não só a evolução em si como o processo de nascimento dos Globos, muito mais sob o aspecto metafísico que de um ponto de vista que poderíamos chamar estatístico, isto é, que expõe cifras e números cujo pleno uso não é permitido senão raramente. Infelizmente, são poucos os que se sentem inclinados a ocupar-se de tais doutrinas em seu sentido puramente metafísico. Dos escritores ocidentais, o que melhor discorreu sobre o assunto chegou a dizer em sua obra, ao falar da evolução das Mônadas: "Em semelhante metafísica pura não estamos, por ora, empenhados." [46] Mas então, como observou o Mestre em carta que lhe dirigiu: *"Por que predicar as nossas doutrinas, por que todo esse penoso trabalho, esse nadar 'in adversum flumen'? Por que o Ocidente há de aprender do Oriente... o que jamais poderá satisfazer as exigências dos gostos especiais dos estetas?"* E chama a atenção do seu correspondente para as *"tremendas dificuldades que [os Adeptos] deparam toda vez que tentam explicar sua metafísica ao espírito ocidental".*

E bem que o pode dizer: pois *fora* da metafísica não há Filosofia Oculta nem Esoterismo possível. É como se tratássemos de explicar as aspirações e os afetos, o amor e o ódio, o mais íntimo e sagrado das operações da alma e a inteligência do homem vivente, pela descrição anatômica do tórax e do cérebro de seu cadáver.

Vejamos agora dois pontos a que antes aludimos e sobre os quais existe apenas ligeira referência no *Esoteric Buddhism,* a fim de acrescentarmos os esclarecimentos que estiverem ao nosso alcance.

---

(46) *Esoteric Buddhism,* pág. 46 (5.ª edição).

FATOS E EXPLICAÇÕES ADICIONAIS
REFERENTES AOS GLOBOS E ÀS MÔNADAS

Devemos citar duas declarações contidas no livro *Esoteric Buddhism* e as opiniões expendidas pelo autor. A primeira daquelas é a seguinte:

"As Mônadas espirituais... não esgotam inteiramente sua existência mineral no Globo *A*, mas o fazem depois no Globo *B*, e assim sucessivamente. Dão várias vezes a volta em todo o círculo como minerais, várias vezes depois como vegetais, e finalmente circulam várias vezes mais como animais. Abstemo-nos propositadamente, por enquanto, de mencionar cifras, etc., etc." [47]

Foi uma atitude prudente, uma vez que se mantinha grande segredo em relação aos números e cifras. Tal reserva já hoje não subsiste, pelo menos parcialmente; mas seria talvez preferível dar os números exatos que governam as Rondas e os circuitos evolutivos, ou então omiti-los por completo. O Sr. Sinnett compreendeu muito bem esta dificuldade, ao dizer:

"Em virtude de razões que ao público não é fácil adivinhar, os detentores do conhecimento oculto se mostram particularmente reservados ao exporem fatos numéricos que se relacionam com a cosmogonia, embora seja difícil para o não iniciado compreender o motivo de semelhante abstenção." [48]

Razões havia, evidentemente. Certo é, porém, que a essa reticência se deve a maior parte das idéias confusas de alguns discípulos, assim orientais como ocidentais. As dificuldades que se interpunham para a aceitação dos dois pontos de que se trata foram consideráveis, precisamente por falta de dados em que apoiá-los. Mas isso aconteceu porque, conforme mais de uma vez haviam declarado os Mestres, as cifras pertinentes aos cálculos ocultos não podem ser transmitidas fora do círculo dos chelas ajuramentados, nem estes podem quebrantar as regras.

Para dilucidar as coisas, sem ferir os aspectos matemáticos da doutrina, é lícito ampliar os ensinamentos, a fim de dissipar certas obscuridades. Como a evolução dos Globos e a das Mônadas estão intimamente entrelaçadas, trataremos de unificar os dois ensinamentos.

No que se refere às Mônadas, lembramos ao leitor que a filosofia oriental repugna o dogma teológico ocidental de que em cada nascimento ocorre a criação de uma nova alma, dogma tão pouco filosófico quanto impossível na economia da Natureza. Deve existir um número limitado de Mônadas, que evolucionam e se tornam cada vez mais perfeitas mediante a assimilação de muitas personalidades sucessivas em cada novo Manvantara. Tal é absolutamente necessário em vista das leis do Renascimento e do Carma, e do retorno gradual da Mônada humana à sua origem — a Divindade Absoluta. Assim, embora as legiões de Mônadas, em maior ou menor grau de evolução, sejam quase incalculáveis, não deixam de ser em

---

(47) *Op. cit.*, pág. 49.
(48) *Ibid.*, pág. 149.

número determinado e finito, como todas as coisas neste Universo diferenciado.

Conforme indicamos no diagrama duplo dos Princípios Humanos e dos Globos em ascensão nas Cadeias de mundos [49], existe um eterno encadeamento de causas e efeitos; e uma analogia perfeita reina de ponta a ponta, associando todas as linhas de evolução. Um é a causa de outro: assim em relação aos Globos como às Personalidades. Mas comecemos pelo princípio.

Acabamos de traçar um esboço geral do processo evolutivo, pelo qual se formam as Cadeias Planetárias sucessivas. Com o intuito de prevenir possíveis erros futuros, desejamos acrescentar algumas informações, que também vão projetar luz sobre a história de nossa própria Cadeia (filha da Cadeia Lunar).

No quadro que se segue, a Figura 1 representa a Cadeia Lunar de sete Globos no início de sua sétima e última Ronda, e a Figura 2 mostra a Cadeia terrestre que, ainda não existente, irá surgir. Os sete Globos de cada Cadeia se distinguem em sua ordem cíclica pelas letras A a G, e os

---

(49) V. página 197.

DIAGRAMA II

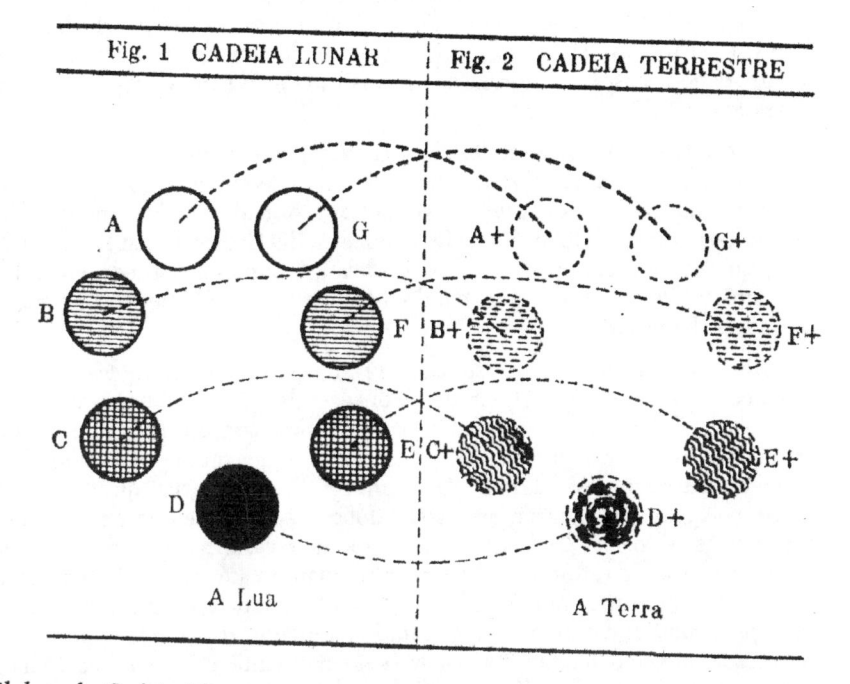

Fig. 1 CADEIA LUNAR	Fig. 2 CADEIA TERRESTRE
A Lua	A Terra

Globos da Cadeia Terrestre estão, além disso, assinalados com uma cruz (+), símbolo da Terra.

As Mônadas que circulam por uma Cadeia Planetária — convém agora ter presente — estão divididas em sete Classes ou Hierarquias, segundo seus respectivos graus de evolução, consciência e mérito. Acompanhemos, pois, a ordem de seu aparecimento no Globo A, durante a primeira Ronda. Os espaços de tempo que medeiam entre um e outro aparecimento dessas Hierarquias em um Globo são ajustados de tal modo que, ao surgir a classe 7 (a última) no Globo A, a classe 1 (a primeira) terá justamente acabado de passar ao Globo B, e assim por diante, passo a passo, ao redor de toda a Cadeia.

De igual modo, na Sétima Ronda da Cadeia Lunar, quando a classe 7 (a última) se retira do Globo A, este, em vez de ficar adormecido, como aconteceu nas Rondas anteriores, começa a morrer (a entrar em seu Pralaya Planetário)[50]; e, morrendo, transfere sucessivamente, conforme já dissemos,

---

(50) O Ocultismo divide os períodos de repouso (Pralaya) em várias classes: há o Pralaya *individual* de cada Globo, que se dá quando a humanidade e a vida passam ao Globo seguinte (o que determina a ocorrência de sete Pralayas menores em cada Ronda); o Pralaya *Planetário*, quando se completam sete Rondas, o Pralaya *Solar*, quando todo o sistema chega ao seu fim; e, por último, o Pralaya *Universal*, Mahá ou Brahmâ Pralaya, que sobrevém ao terminar a Idade de Brahma. São estes

os seus princípios ou elementos de vida e energia, um após outro, a um novo centro "laya", onde tem início a formação do Glogo A da Cadeia Terrestre. Processo semelhante ocorre em cada um dos Globos da Cadeia Lunar, dando ensejo à formação sucessiva de novos Globos da cadeia Terrestre.

Nossa Lua era o quarto Globo da série, situando-se no mesmo plano de percepção da Terra. Mas o Globo A da Cadeia Lunar não estará inteiramente "morto" antes que as primeiras Mônadas da primeira Classe tenham passado do Globo G ou Z (o último da Cadeia Lunar) para o Nirvana, que as aguarda entre as duas Cadeias, e o mesmo sucede em relação aos demais Globos, cada qual dando nascimento ao Globo correspondente da Cadeia Terrestre.

Em seguida, quando já se acha pronto o Globo da nova Cadeia, a primeira Classe ou Hierarquia de Mônadas da Cadeia Lunar se encarna sobre esse Globo, no reino inferior; e assim consecutivamente. Donde resulta que só a primeira Classe de Mônadas é que atinge o estado de desenvolvimento humano durante a primeira Ronda, visto que a segunda Classe, chegando mais tarde em cada Globo, não tem tempo de o alcançar. Por isso, as Mônadas da Classe 2 vão atingir a condição humana incipiente tão só na Segunda Ronda; e assim por diante, até o meado da Quarta Ronda. A esta altura, porém, e na mesma Quarta Ronda, em que se encontrará *plenamente* desenvolvido o estado humano, fecha-se a "porta" que dá entrada ao reino humano, a partir desse momento o número de Mônadas "humanas", isto é, de Mônadas em estado de desenvolvimento humano, está completo.

As Mônadas que até então não lograram a condição humana ver-se-ão, em virtude mesmo da evolução da humanidade, tão atrasadas, que só no fim da Sétima e última Ronda irão alcançar aquele estado.

Não serão "homens" nesta Cadeia; mas formarão a humanidade de um Manvantara futuro. Quando chegarem a ser "homens", isto se dará numa Cadeia em tudo superior à nossa: terão deste modo a sua compensação Cármica. Só há *uma exceção,* que encontra seu fundamento em boas razões; e dela nos ocuparemos oportunamente. Mas o que precede explica as diferenças existentes entre as Raças.

Observe-se como é perfeita a analogia entre a evolução da Natureza no Cosmos e a do homem individual. Este último vive durante seu ciclo de existência, e morre; seus princípios superiores, que correspondem, no desenvolvimento de uma Cadeia Planetária, às Mônadas em evolução, passam ao Devachan, que corresponde ao Nirvana e aos estados de repouso entre duas Cadeias. Os princípios inferiores do homem se desintegram com o tempo, e a Natureza os reutiliza para a formação de novos princí-

---

os principais Pralayas ou "períodos de destruição". Há também diversos Pralayas menores, mas deles não nos devemos ocupar agora.

pios humanos; processo idêntico ao da desintegração e formação dos mundos. A Analogia, portanto, é o mais seguro guia para a compreensão dos ensinamentos ocultos.

Esse é um dos "sete mistérios" da Lua;; e ei-lo agora revelado. Os "sete mistérios" são chamados as "Sete Jóias" pelos Yama-booshis japoneses (os místicos da seita de Lao-Tse e os monges ascetas de Kioto, os Dzenodoo); sendo de notar, porém, que os ascetas e iniciados budistas japoneses e chineses são ainda menos inclinados que os da Índia a comunicar os seus "Conhecimentos".

Mas, não sendo conveniente que o leitor perca de vista as Mônadas, devemos esclarecê-lo quanto à natureza delas, até o ponto em que tal nos seja possível, sem entrar na área dos mistérios mais elevados, a respeito dos quais a autora não tem a pretensão de conhecer a última palavra.

As Legiões Monádicas podem ser divididas, *grosso modo*, em duas grandes classes:

1.ª As Mônadas mais desenvolvidas — os Deuses Lunares ou "Espíritos" chamados na Índia Pitris — cuja função é passar, na primeira Ronda, através do ciclo tríplice e completo dos reinos mineral, vegetal e animal, em suas formas mais nebulosas, etéreas e rudimentares, assumindo-as, a fim de assimilar a natureza da Cadeia recentemente formada. Estas Mônadas são as primeiras a alcançar a forma humana (se é que pode existir alguma forma no reino do quase subjetivo) sobre o Globo A, na primeira Ronda. São elas, portanto, que se acham na vanguarda do elemento humano e o representam durante a Segunda e a Terceira Rondas, e que, finalmente, preparam suas sombras, no começo da Quarta Ronda, para a segunda Classe, ou seja, para as Mônadas que virão em seguida.

2.ª As Mônadas que são as primeiras a alcançar o estado humano durante três e meia Rondas, tornando-se "homens".

3.ª Os retardatários, as Mônadas em atraso e que, por impedimentos Cármicos, não chegarão ao estado humano durante este Ciclo ou Ronda, salvo uma exceção de que trataremos mais adiante, conforme já prometemos.

Fomos obrigados a empregar nesta exposição a palavras algo imprecisa "homens", prova evidente de como as línguas européias são pouco aptas para expressar distinções sutis.

Claro é que tais "homens" não se pareciam com os homens de hoje, nem quanto à forma nem quanto à natureza. Por que, então, chamá-los "homens"? — perguntar-se-á. Porque não existe outro termo em nenhuma das línguas ocidentais que possa dar uma idéia aproximada do que se tem em mira. A palavra "homens" indica, pelo menos, que estes seres eram *"Manus"* [51], entidades pensantes, ainda que muito diferentes em forma e em inteligência dos homens atuais. Na realidade eram, no que respeita à espiritualidade e à inteligência, mais "deuses" do que "homens".

---

(51) Raiz sânscrita *man*, pensar, imaginar.

A mesma dificuldade de linguagem ocorre para a descrição dos "estádios" por que passa a Mônada. Em termos metafísicos, é naturalmente absurdo falar do "desenvolvimento" de uma Mônada, ou dizer que ela se converte em "homem". Mas qualquer tentativa de guardar a exatidão metafísica usando um idioma ocidental exigiria, no mínimo, três volumes a mais, e daria lugar a uma série de repetições sobremodo enfadonhas. É lógico que a Mônada não pode progredir nem desenvolver-se, nem mesmo ser influenciada pelas mudanças de estado por que passa. *Ela não pertence a este mundo ou a este plano,* e é comparável somente a uma indestrutível estrela de luz e fogo divino, que vem até a nossa Terra como uma tábua de salvação para as personalidades em que habita. Cabe a estas últimas arrimarem-se a ela, a fim de, participando de sua natureza divina, obterem a imortalidade. Abandonada a si mesma, a Mônada não se prenderia a ninguém; mas, tal como a tábua, é arrastada a outra encarnação pela corrente incessante da evolução.

A evolução da forma *externa,* ou corpo, em torno do *astral,* é produzida pelas forças terrestres, do mesmo modo que nos reinos inferiores; mas a evolução do *Homem* interno ou real é puramente espiritual. Já não é a passagem da Mônada impessoal através das múltiplas e variadas formas de matéria — dotadas, quando muito, de instinto e consciência em um plano completamente diferente —, como no caso da evolução externa; é uma viagem da "Alma-Peregrino" através de *estados diversos,* não só de matéria, mas de consciência e percepção próprias, ou de *percepção* que dimana da *consciência do conhecimento interno.*

A Mônada emerge do seu estado de inconsciência espiritual e intelectual e, saltando os dois primeiros planos (demasiado próximos do Absoluto para que seja possível qualquer correlação com algo pertencente a um plano inferior), chega diretamente ao plano da Mentalidade. Mas não há, em todo o Universo, plano que ofereça maior margem e mais vasto campo de ação que o plano mental, com suas gradações quase infinitas de qualidades perceptivas e aperceptivas; plano este que, além do mais, possui uma região inferior conveniente a cada "forma", desde a Mônada Mineral até o seu florescer em Mônada Divina, graças à evolução. Durante todo esse tempo, porém, a Mônada é uma só e sempre a mesma, diferenciando-se apenas em suas encarnações, através de seus ciclos sucessivos de obscurecimento parcial ou total do espírito, ou de obscurecimento parcial ou total da matéria — as duas antíteses polares — conforme se eleve em busca do reino da espiritualidade mental ou desça aos abismos da materialidade.

Voltemos ao *Esoteric Buddhism.*

A segunda assertiva refere-se ao longo período que transcorre entre a época mineral no Globo *A* e a época do homem — sendo a expressão "época do homem" usada à vista da necessidade de dar um nome a esse quarto reino que sucede ao do animal, embora na verdade o "homem" no Globo *A,* durante a Primeira Ronda, não seja propriamente o homem, senão o seu protótipo, a sua imagem sem dimensões, provinda das regiões astrais. Eis o trecho a que aludimos:

"O completo desenvolvimento da era mineral no Globo A prepara o caminho para o desenvolvimento vegetal; e, tão logo este se inicia, o impulso de vida mineral transfunde-se para o Globo B. Depois, quando o desenvolvimento vegetal no Globo A está completo, e principia o desenvolvimento animal, o impulso de vida vegetal passa ao Globo B, enquanto o impulso mineral se traslada para o Globo C. Então, e finalmente, chega ao Globo A o impulso de vida humana." [52]

E assim a onda vital continua durante três Rondas, até que diminui a sua marcha e por fim se detém no limiar do nosso Globo, na Quarta Ronda: detém-se, porque então alcançou o período humano (do verdadeiro homem físico que vai surgir), o sétimo. Isto é evidente, pois se diz que:

"... existem modos de evolução que precedem o reino mineral, e assim é que uma onda de evolução, ou melhor, várias ondas de evolução precedem a onda mineral em seu progresso em torno das esferas." [53]

Devemos agora citar parte do artigo "A Mônada Mineral" de *Five Years of Theosophy*:

"Existem sete reinos. O primeiro grupo compreende três graus de elementais ou centros nascentes de forças — desde o primeiro estado de diferenciação de Mûlaprakriti (ou antes, de Pradhâna, matéria primordial homogênea) até o seu terceiro grau — isto é, da plena inconsciência à semipercepção; o segundo grupo, mais elevado, inclui os reinos desde o vegetal ao homem. O reino mineral forma, asssim, o ponto central ou giratório nos graus da "Essência Monádica", considerada como uma energia que evoluciona. Três estados (subfísicos) no elemental; o reino mineral; três estados no aspecto objetivo físico [54]: tais são os sete elos (primeiros ou preliminares) da cadeia evolutiva." [55]

"Preliminares", porque são preparatórios; e, embora pertençam de fato à evolução natural, estariam mais corretamente descritos como pertencentes à evolução infranatural. Este processo se detém no terceiro de seus estágios, já no limiar do quarto, quando passa a ser, no plano da evolução natural, o primeiro estado que conduz realmente ao homem, formando assim, com os três reinos elementais, os dez, o número Sephirotal. É neste ponto que começa

"Uma descida do espírito na matéria, equivalente a uma ascensão no processo evolutivo físico; um reerguimento desde os mais profundos abismos da matéria (o mineral) para o seu *statu quo ante*, com uma dissipação correspondente de organismos concretos — até o Nirvana, o ponto em que se desvanece a matéria diferenciada." [56]

Faz-se, portanto, evidente a razão por que a "onda de evolução" ou o "impulso mineral, vegetal, animal e humano" (expressões usadas perti-

---
(52) Págs. 48 e 49.
(53) *Ibid.*
(54) "Físico" aqui significa diferenciado para objetivos e trabalhos cósmicos; contudo, aquele "aspecto físico", ainda que objetivo para a percepção interna de seres de outros planos, é completamente subjetivo para nós, em nosso plano.
(55) Págs. 276 e seguintes.
(56) *Ibid.*

nentemente no *Esoteric Buddhism*) se detém no limiar do nosso Globo, em seu Quarto Ciclo ou Ronda. Neste ponto é que a Mônada Cósmica (Buddhi) se une ao Raio Átmico, tornando-se o veículo deste; ou seja, que Buddhi desperta para a apercepção ou conhecimento interno de Âtman, dando assim o primeiro passo em uma nova escala setenária de evolução, que deverá conduzi-lo mais tarde ao décimo estádio (contando de baixo para cima) da Árvore Sephirothal, a Coroa.

No Universo todas as coisas seguem a lei da Analogia. "Em baixo como em cima"; o Homem é o microcosmo do Universo. O que se passa no plano espiritual repete-se no plano cósmico. A concreção segue as linhas da abstração; o inferior deve corresponder ao superior; o material ao espiritual. Assim, em correspondência à Coroa Sephirothal ou Tríade Superior, existem os três reinos elementais que precedem o reino mineral [57], e que, para usar a linguagem dos cabalistas, correspondem, na diferenciação cósmica, aos mundos da Forma e da Matéria, desde o Super-Espiritual ao Arquétipo.

Que é uma Mônada? Que relação tem com um Átomo? A resposta que se segue baseia-se nas explicações que sobre estes problemas oferece o artigo já citado, "A Mônada Mineral", escrito pela autora. Dissemos quanto à segunda pergunta:

"A Mônada não tem relação de espécie alguma com o átomo ou a molécula, no sentido em que a ciência atualmente os conceitua. Nem pode ser comparada com os organismos microscópicos, outrora classificados entre os infusórios poligástricos e hoje considerados como vegetais, na classe das algas. Nem é tampouco a *monas* dos peripatéticos. Física ou constitucionalmente, a Mônada Mineral difere sem dúvida da Mônada Humana, que não é física, possuindo uma estrutura que não pode ser representada por meio de símbolos e elementos químicos." [58]

Em resumo: assim como a Mônada Espiritual é Una, Universal, Ilimitada e Indivisa, se bem que os seus Raios formem o que em nossa ignorância chamamos "Mônadas Individuais" dos homens, assim também a Mônada Mineral (achando-se no arco oposto do círculo) é Una, e dela procedem os inumeráveis átomos físicos, que a Ciência principia a considerar como individualizados.

"Se não, como se poderia explicar o progresso evolutivo e em espiral dos quatro reinos? A Mônada é a combinação dos dois últimos princípios do homem, o sexto e o sétimo; e, propriamente falando, a expressão "Mônada Humana" deve aplicar-se tão-só ao seu princípio superior, espiritual e vivificante, Âtmã. Mas, como a Alma Espiritual, separada deste último (Âtmã), não pode ter existência ou modo algum de ser, foi ela assim chamada...

Ora, a Essência Monádica, ou antes Cósmica (se podemos empregar este termo em relação ao mineral, ao vegetal e ao animal), conquanto a mesma através da série dos ciclos, desde o elemental mais ínfimo até o reino dos Devas, difere, contudo, na escala de progressão. Seria de todo errôneo imaginar a Mônada como uma Entidade

---

(57) Veja-se o *diagrama, op. cit.*, pág. 277.
(58) *Op. cit.*, págs. 273 e 274.

separada, a percorrer lentamente uma determinada senda, através dos reinos inferiores, para florescer em um ser humano após uma série incalculável de transformações; em uma palavra, supor que a Mônada de um Humboldt, por exemplo, proviesse da de um átomo de greda. Em vez de se dizer "Mônada Mineral", expressão que seria mais correta na ciência física, que diferencia cada átomo, falar-se-ia com mais propriedade dizendo: "A Mônada em manifestação naquela forma de Prakriti chamada Reino Mineral." O átomo, tal como se conceitua nas hipóteses científicas correntes, não é uma partícula de algo, animada por algo psíquico e destinada a despontar como um homem após o transcurso de largos evos. Mas é a manifestação concreta de uma Energia Universal, ainda não individualizada; manifestação serial da única *Monas* universal. O Oceano da Matéria não se divide em suas gotas potenciais e constituintes antes que a onda do impulso de vida atinja o estágio evolutivo humano. A tendência para a segregação em Mônadas individuais é gradativa, e quase chega a este ponto nos animais superiores. Os peripatéticos aplicavam a palavra *Monas* a todo o Cosmos e no sentido panteísta; os ocultistas, por uma questão de comodidade, aceitam essa idéia, mas distinguem do abstrato os graus progressivos do concreto, por meio de termos como "Mônada Mineral, Vegetal, Animal", etc. A expressão quer dizer simplesmente que a onda da evolução espiritual está passando por aquele arco de seu circuito. É no reino vegetal que a "Essência Monádica" começa imperceptivelmente a diferenciar-se no sentido da consciência individual. Sendo as Mônadas coisas não compostas, como acertadamente as definiu Leibnitz, a Essência Espiritual, que as vivifica em seus diversos graus de manifestação, é que constitui, propriamente falando, a Mônada — e não a agregação atômica, que não é senão o veículo, a substância através da qual vibram os graus inferiores e superiores da inteligência." [59]

 Leibnitz considerava as Mônadas como unidades elementares e indestrutíveis, dotadas do poder de *dar* e de *receber* em relação às outras unidades, assim determinando todos os fenômenos de ordem espiritual e física. Foi ele quem inventou a palavra "apercepção", que expressa, não com a percepção, mas antes com a sensação nervosa, o estado da consciência Monádica através de todos os reinos, até o homem.

 É possível, assim, que, do ponto de vista estritamente metafísico, seja incorreto dar a Âtmâ-Buddhi o nome de Mônada, pois aquele, encarado pelo ângulo da matéria, é duplo e, portanto, composto. Mas, como Matéria é Espírito, e *vice-versa*, e assim como o Universo e a Divindade que o anima não podem ser concebidos separadamente um do outro, o mesmo sucede no caso de Âtmâ-Buddhi. Sendo o último o veículo do primeiro, Buddhi está para Âtmâ assim como Adão-Kadmon, o Logos cabalístico, se acha em relação a Ain-Suph, ou como Mûlaprakriti em relação a Parabrahman.

 Agora, mais algumas palavras sobre a Lua.

 Perguntar-se-á: que são as "Mônadas Lunares", de que há pouco se falou?

 A descrição das sete Classes de Pitris virá depois; não podemos dar agora senão algumas explicações gerais. Está visto que são Mônadas que, havendo ultimado seu Ciclo de Vida na Cadeia Lunar, a qual é inferior à Cadeia Terrestre, se encarnaram nesta última. Cuidaremos, porém, de acrescentar alguns pormenores, embora não o possamos fazer com muita ampli-

---

(59) *Op. cit.*, págs. 274 e 275.

tude por se situarem demasiado perto da área proibida. A última palavra do mistério só é divulgada aos Adeptos; podemos dizer, contudo, que o nosso satélite é apenas o corpo grosseiro de seus princípios invisíveis. Considerando que existem sete Terras, deve também haver sete Luas; outrotanto sucede em relação ao Sol, cujo corpo visível não passa de um Mâyâ, um reflexo, como o é o corpo do homem. *"O verdadeiro Sol e a verdadeira Lua são tão invisíveis como o homem real"* — diz uma máxima oculta.

E cabe observar, de passagem, que os antigos, afinal de contas, não eram tão néscios, como se quiz fazer acreditar, quando formularam, pela primeira vez, a idéia da existência de "Sete Luas". Porque, embora tal conceito seja unicamente interpretado como medida astronômica do tempo, sob um aspecto bastante materializado, é possível reconhecer, por baixo da superfície grosseira, os traços de uma idéia profundamente filosófica.

Em verdade, só em um sentido a Lua é satélite da Terra: o de que a Lua gira em torno da Terra. Em outros aspectos, porém, a Terra é que é satélite da Lua. Por surpreendente que pareça esta declaração, não deixam de confirmá-la os conhecimentos científicos. São fatos indicativos: as marés, as mudanças cíclicas supervenientes a várias enfermidades, que coincidem com as fases lunares, o desenvolvimento das plantas, e notadamente os fenômenos da concepção e da gestação humanas. A importância da Lua e sua influência sobre a Terra eram reconhecidas por todas as religiões antigas, sobretudo pela dos Judeus, e têm sido assinaladas por muitos observadores dos fenômenos psíquicos e físicos. Para a Ciência, no entanto, a ação da Terra sobre a Lua se limita à atração física, que é a causa de girar esta última na órbita daquela. E se alguém insistir em objetar que este fato, por si só, constitui uma prova suficiente de que a Lua é realmente o satélite da Terra, poderemos responder-lhe perguntando se a mãe que passeia em torno de seu filho, a fim de por ele velar, lhe estaria por isso subordinada ou dependente. Muito embora em certo sentido ela seja o seu satélite, não haverá dúvida de que tem mais idade e é mais desenvolvida que o filho sob seus cuidados.

É a Lua, portanto, que representa o papel principal e de maior importância, seja na própria formação da Terra, seja no seu povoamento por seres humanos. As Mônadas Lunares ou Pitris, que são os antepassados do homem, assumem na realidade a própria personalidade humana. São as Mônadas que entram no ciclo de evolução no Globo *A*, e que, perpassando na Cadeia de Globos, desenvolvem a forma humana, conforme dissemos anteriormente. No começo do estado humano da Quarta Ronda, neste Globo, os Pitris "exsudam" seus duplos astrais das formas "simiescas" que haviam desenvolvido na Terceira Ronda. E foi essa forma sutil e tênue que constituiu o modelo pelo qual a Natureza construiu o homem físico.

Tais Mônadas, ou Centelhas Divinas, são assim os Antepassados Lunares, os próprios Pitris; pois estes Espíritos Lunares devem converter-se em "homens", a fim de que suas Mônadas possam atingir um plano mais elevado de atividade e de autoconsciência, isto é, o plano dos Mânasa-Putras, aqueles que dão a "mente" aos cascões "inconscientes" criados e animados pelos Pitris, na última parte da Terceira Raça-Raiz.

De modo idêntico, as Mônadas ou Egos dos homens da Sétima Ronda da nossa Terra — depois que os nossos próprios Globos A, B, C, D, etc., separando-se de sua energia vital, houverem animado e assim chamado à vida outros centros "laya", destinados a viver e a atuar num plano de existência mais elevado ainda — de modo idêntico, essas Mônadas ou Egos serão os Antepassados Terrestres criadores dos que hão de ser superiores a eles.

Está claro agora que existe na Natureza um tríplice esquema evolutivo, para a formação dos três Upadhis *periódicos*; ou melhor, três esquemas separados de evolução, que em nosso sistema se acham entrelaçados e combinados em todas as suas partes. São a evolução Monádica (ou Espiritual), a Intelectual e a Física. Os três são os aspectos finitos, os reflexos, no campo da Ilusão Cósmica, de Âtmâ, o sétimo princípio, a Realidade Única.

1.º A evolução Monádica, como a expressão indica, relaciona-se com o crescimento e desenvolvimento da Mônada em fases de atividade cada vez mais elevadas, em conjunção com

2.º A evolução Intelectual, representada pelos Mânasa-Dhyânis (Devas Solares ou Pitris Agnishvatta), aqueles que "dão ao homem a inteligência e a consciência"; e com

3.º A evolução Física, representada pelos Chhâyâs dos Pitris Lunares, Chhâyâs em torno dos quais a Natureza formou o corpo físico atual. Este Corpo serve de veículo ao "crescimento" (empregando uma palavra inadequada) e às transformações (por meio de Mânas e graças à cumulação de experiências) do Finito no Infinito, do Transitório no Eterno e Absoluto.

Cada um dos três sistemas tem suas próprias leis, é regido e guiado por grupos diferentes dos mais excelsos Dhyânis ou Logos. Cada sistema está representado na constituição do homem, o Microcosmos do Macrocosmo; e é a reunião, no homem, daquelas três correntes que faz dele o ser complexo que atualmente é.

A Natureza, a Força evolutiva física, não poderia, por si só, desenvolver jamais a inteligência; ela não é capaz de criar senão "formas desprovidas de entendimento", conforme se verá em nossa Antropogênese. As Mônadas Lunares não podem progredir, porque não tiveram ainda o contato suficiente com as formas criadas pela "Natureza", a fim de obter, por meio destas, as experiências acumuladas. São os Mânasa-Dhyânis que representam a força evolutiva da Inteligência e da Mente; o laço de união entre o Espírito e a Matéria, nesta Ronda.

Deve-se ainda ter presente que as Mônadas que entram no ciclo evolutivo no Globo A, durante a Primeira Ronda, se encontram em diferentes graus de desenvolvimento. O assunto se torna, portanto, mais complexo. Recapitulemos.

As mais desenvolvidas, as Mônadas Lunares, alcançam o estado humano germinal na Primeira Ronda; passam a seres humanos terrestres, ainda que etéreos, lá para o fim da Terceira Ronda, permanecendo no Globo, durante o período de "obscurecimento", como germes da humanidade futura da Quarta Ronda, e representando assim os precursores do gênero humano ao iniciar-se a Ronda atual, a Quarta. Outras Mônadas só vão alcançar o estado humano nas Rondas Primeira e Terceira ou na primeira metade da Quarta. E, finalmente, as mais atrasadas, ou seja, aquelas que ainda ocupam formas animais após o ponto médio da curva da Quarta Ronda, não chegarão a ser homens durante todo este Manvantara. Só irão despontar nas fronteiras da humanidade quando a Sétima Ronda estiver em seu período final, para serem, por sua vez, introduzidas em uma nova Cadeia, depois do Pralaya, pelos peregrinos mais antigos, os progenitores da Humanidade, aqueles que foram chamados a Semente da Humanidade (Shishta), isto é, os Homens que formarão a vanguarda de todos no final destas Rondas.

O estudante pouca necessidade terá agora de outra explicação quanto ao papel desempenhado pelo Quarto Globo e a Quarta Ronda no esquema da evolução.

Pelos diagramas apresentados, que são aplicáveis, *mutatis mutandis*, às Rondas, aos Globos e às Raças, ver-se-á que o quarto membro de uma série ocupa uma posição única. Ao contrário dos demais, o quarto não possui Globo "irmão" no plano a que pertence, e constitui assim o fiel da "balança" representada pela Cadeia inteira. É a esfera dos ajustamentos evolutivos finais, o mundo da balança Cármica, a sala da Justiça onde se decide do curso da Mônada durante o resto de suas encarnações no Ciclo. E sucede, portanto, que, depois de ultrapassado esse ponto central do Grande Ciclo — isto é, após o ponto médio da Quarta Raça da Quarta Ronda em nosso Globo — não mais podem ingressar Mônadas no reino humano. A porta está fechada para este Ciclo, a balança foi nivelada. Porque, de outro modo, se necessário fosse admitir uma alma nova para cada um dos inúmeros milhares de seres humanos que desaparecem, e não existisse reencarnação, seria em verdade difícil encontrar "lugar" para os "espíritos" que perderam o corpo; e nunca haveria explicação para a origem e as causas do sofrimento. A ignorância dos princípios ocultos e a acumulação de falsos conceitos sob o pretexto de educação religiosa foi o que deu lugar ao materialismo e ao ateísmo, como protesto contra a suposta ordem divina das coisas.

As únicas exceções à regra já citada são as "raças mudas", cujas Mônadas já se acham dentro do estado humano, pelo fato de que tais "animais" são posteriores ao homem e semidescendentes dele; os últimos e mais adiantados espécimes são os antropóides e outros símios. Estas "aparências humanas" não passam, na realidade, de cópias deformadas da humanidade primitiva, aspecto do qual nos ocuparemos com amplitude no volume seguinte.

Eis, em linhas gerais, o que diz o Comentário:

1.º *Cada Forma na terra e cada Ponto [átomo] no Espaço tendem, em seus esforços de autoconstrução, a seguir o modelo posto à sua frente, o*

"Homem Celeste"... A involução e a evolução do átomo e o seu crescimento e desenvolvimento externo e interno têm um só e mesmo objetivo, o Homem, o Homem como a forma física mais elevada e última sobre a Terra; a "Mônada" em sua totalidade absoluta e em sua condição de desperta — como culminação das encarnações divinas na Terra.

2.º Os Dhyânis [Pitris] são os que desenvolveram os seus Bhûta [Duplos] de si mesmos e cujo Rûpa [Forma] se tornou o veículo de Mônadas [Princípios Sétimo e Sexto] que haviam completado o seu ciclo de transmigração nos três Kalpas [Rondas] precedentes. Então eles [os Duplos Astrais] se convertem em homens da Primeira Raça Humana da Ronda. Mas não estavam completos, e eram desprovidos de entendimento.

Explicaremos isto mais adiante. Basta dizer, por enquanto, que o homem, ou melhor, a sua Mônada, existiu sobre a Terra desde o começo desta Ronda. Mas, até a nossa Quinta Raça, as formas externas que revestiam os Duplos Astrais Divinos passaram por modificações e se consolidaram nas sub-raças; e a forma e a estrutura física da fauna se alteravam, pois tinham que se adaptar às condições sempre mutáveis da vida neste Globo, durante os períodos geológicos de seu ciclo de formação. E essas modificações continuarão em cada Raça-Raiz e em cada sub-raça *principal*, até a última da Sétima Raça desta Ronda.

3.º *O homem interno, agora oculto, era então [nos primórdios] o homem externo. Era a progênie dos Dhyânis [Pitris], o "filho parecido com o pai". À semelhança do lótus, cuja forma externa assume gradualmente a figura do modelo que se acha dentro dele, assim a forma humana evolucionou, desde o começo, de dentro para fora. Mais tarde, no ciclo em que o homem principiou a procriar a sua espécie como atualmente o faz o reino animal, sucedeu o inverso. O feto humano reproduz agora em suas transformações todas as formas que a estrutura física do homem assumiu ao longo dos três Kalpas [Rondas], durante as tentativas da matéria não inteligente [por ser imperfeita], em seus cegos impulsos, para dar revestimento plástico à Mônada. Na era presente, o embrião físico é, sucessivamente, uma planta, um réptil e um animal, antes de se tornar definitivamente um homem, capaz de, por sua vez, desenvolver dentro de si mesmo o seu duplicado etéreo. Foi este duplo etéreo [o homem astral] que, no princípio, carecendo de entendimento, se deixou prender nas malhas da matéria.*

Este "homem" pertence, porém, à Quarta Ronda.

Como se vê, passou a Mônada por todas as formas transitórias de cada um dos reinos da Natureza, nelas viajou e foi aprisionada, durante as três Rondas precedentes. Mas a Mônada que se converte em humana *não é o Homem*. Na presente Ronda — com exceção dos mamíferos mais elevados depois do homem, os antropóides destinados a extinção durante a nossa raça atual (quando suas Mônadas forem libertadas, passando às formas astrais humanas, ou elementais superiores, das Raças Sexta e Sétima, e depois às formas humanas inferiores da Quinta Ronda — já não existe nenhuma unidade, em qualquer dos reinos, animada por Mônada que deva converter-se em humana num estágio ulterior; tais unidades são animadas exclusivamente pelos elementais inferiores de seus respectivos reinos. Estes "elementais", por sua vez, só virão a ser Mônadas humanas no próximo Grande Manvantara planetário.

Efetivamente, foi antes do início da Quinta Raça-Raiz que se encarnou a última Mônada humana.

A Natureza não se repete jamais; em conseqüência, os antropóides dos nossos dias começaram, no meado do período Mioceno, como sucede em todas as gerações cruzadas, a mostrar uma tendência cada vez mais acentuada, à medida que transcorria o tempo, para regressar ao tipo de seu primeiro pai, o gigantesco Lêmuro-Atlante, amarelo e negro. Inútil procurar o "elo perdido". Daqui a milhões e milhões de anos, as nossas raças atuais, ou melhor, os seus fósseis, parecerão aos sábios do fim da Sexta Raça-Raiz como os restos insignificantes de pequenos símios — uma variedade extinta do *genus homo*.

Os antropóides constituem uma exceção, porque não fazem parte do plano da Natureza, mas são o resultado direto de criação feita pelo homem não dotado de mente. Os hindus atribuem origem divina ao símio, porque os homens da Terceira Raça eram deuses de outro plano, que se haviam tornado em mortais "desprovidos de mente". Já nos referimos a este ponto em *Ísis sem Véu*, faz doze anos, com toda a clareza que era então possível; e ali recomendamos ao leitor que se dirigisse aos brâmanes, se quisesse inteirar-se dos motivos da consideração por eles dispensada aos símios.

"Ficaria o leitor sabendo — se porventura o brâmane o julgasse digno de uma explicação — que o hindu vê no símio o que o Manu desejava que ele visse: a transformação de uma espécie mais diretamente relacionada com o da família humana, um ramo bastardo enxertado no tronco antes da perfeição final deste último. Poderia saber ainda que, aos olhos dos 'pagãos' ilustrados, o homem espiritual ou interno é a coisa, e outra coisa o seu invólucro terrestre e físico; que a natureza física, esta grande combinação de correlações de forças físicas, sempre em busca da perfeição, tem que se valer dos materiais que encontra à mão; que ela modela e remodela incessantemente a sua obra, e, coroando-a com o homem, o apresenta como o único tabernáculo digno de receber a projeção do Espírito Divino."[60]

E, em nota ao pé da página, mencionamos o livro de um sábio alemão — a saber:

"Um sábio hanoveriano publicou recentemente um livro intitulado *Ueber die Auflösang der Arten durch Natürliche Zuchtwahl*, em que demonstra, com muito engenho, que Darwin se equivocou por completo quando sustentou ser o homem descendente do símio; e afirma que, pelo contrário, é o símio que descende do homem. Mostra que, no começo, a humanidade era, moral e fisicamente, o tipo e o protótipo de nossa raça atual e de nossa dignidade humana, por sua beleza de forma, regularidade dos traços, desenvolvimento do crânio, nobreza de sentimentos impulsos heróicos e grandeza das concepções ideais. Isto é pura doutrina bramânica, budista e cabalista. A obra é profusamente ilustrada com diagramas, quadros, etc. Declara o autor

---

(60) II, págs. 278-9.

que a decadência e a degradação gradual do homem, tanto moral como física, podem ser facilmente retraçadas através das transformações etnológicas até os nossos dias; e que, assim como uma parcela da espécie humana já degenerou em macacos, do mesmo modo o homem civilizado de hoje será afinal sucedido por descendentes semelhantes, sob a ação inelutável da lei de necessidade. Se temos que julgar o futuro pelo presente, não parece realmente impossível que uma raça tão pouco espiritual e tão materialista venha a terminar antes como de símios que de serafins."

Devemos acrescentar que, apesar de os macacos serem descendentes do homem, não é verdade que a Mônada humana, que já alcançou o nível da humanidade, venha de novo a encarnar-se na forma de um animal.

O ciclo de "metempsicose" para a Mônada humana está encerrado, uma vez que estamos na Quarta Ronda e na Quinta Raça-Raiz.

É oportuno advertirmos o leitor — pelo menos aquele que já leu o *Esoteric Buddhism* — de que as Estâncias que se seguem neste e no volume seguinte tratam apenas da evolução em nossa Quarta Ronda. Esta Ronda é o ciclo do "ponto de inflexão", depois do qual a matéria, tendo chegado ao extremo inferior, enceta o seu caminho para o alto, espiritualizando-se progressivamente em cada nova raça e em cada novo ciclo. Ao estudante importa, pois, ficar atento a fim de não ver contradição onde ela não existe; já que, no *Esoteric Buddhism,* se alude às Rondas em geral, quando aqui só nos ocupamos da Quarta, ou seja, de nossa Ronda presente. Ali se cogitou do trabalho de formação; aqui se cogita do de reforma e de perfeição evolucionária.

Finalmente, para concluir esta digressão, ocasionada por diversas concepções errôneas, mas inevitáveis, devemos fazer referência a uma afirmativa do *Esoteric Buddhism,* que produziu uma impressão penosa em muitos teósofos. Invoca-se freqüentemente uma frase pouco feliz da mesma obra como prova do materialismo da doutrina nela exposta. O autor, referindo-se ao progresso dos organismos sobre os Globos, diz o seguinte:

"O reino mineral não desenvolverá mais o reino vegetal... a Terra não pôde desenvolver o homem do símio enquanto não recebeu um impulso..." [61]

Correspondem tais palavras, literalmente, ao pensamento do autor, ou não passam, como acreditamos, de um *lapsus calami*? É questão que está por decidir.

Vimos com real surpresa que o *Esoteric Buddhism* não era bem compreendido por alguns teósofos, ao ponto de fazê-los crer que se dava inteiro apoio à teoria evolucionista de Darwin, especialmente quanto à descendência humana de um antepassado pitecóide. Um membro da Sociedade Teosófica escreveu-nos: "Suponho haverdes percebido que três quartos dos teósofos, e ainda muitos que não o são, imaginam que, no tocante à evolução do homem, Darwin e a Teosofia estão de acordo." Tal coisa não ocorre, nem o *Esoteric Buddhism* pretendeu dizê-lo, estamos certos. Repetidas vezes se

---

(61) Pág. 48.

afirmou que a evolução, conforme ensinada por Manu e Kapila, era a base das doutrinas modernas; mas nem o Ocultismo nem a Teosofia sustentaram jamais as teorias inconsistentes dos darwinistas atuais, e muito menos a descendência simiesca do homem. Voltaremos ao assunto mais adiante. Bastará, porém, consultar a página 47 da obra mencionada, para ler ali que:

"O Homem pertence a um reino inteiramente distinto do reino animal."

Depois de uma afirmação assim tão clara e inequívoca, é de estranhar que estudantes atentos se deixassem induzir a semelhante erro, a não ser que tivessem a intenção de acusar de grosseira contradição o autor.

Cada Ronda repete em escala mais elevada o trabalho evolucionário da Ronda precedente. E, salvo para alguns antropóides superiores, a que já nos referimos, o impulso monádico ou evolução interna se deteve, até o próximo Manvantara. Não será demais insistir em que as Mônadas humanas que atingiram pleno desenvolvimento devem passar a outras esferas de ação, antes que a nova massa de candidatos surja neste Globo ao iniciar-se o ciclo seguinte. Há, deste modo, um período de pausa; e é por isso que, durante a Quarta Ronda, o homem aparece na Terra antes de toda criação animal, conforme explicaremos oportunamente.

Apesar disso, tem-se propalado que o autor do *Esoteric Buddhism* "sustentou o darwinismo". Sem dúvida, algumas passagens do livro parecem autorizar esta conclusão; além disso, os próprios ocultistas mostram-se dispostos a reconhecer *alguma* exatidão na hipótese darwinista, no que concerne a certas minúcias e leis secundárias da evolução após o meado da Quarta Raça. Do que aconteceu, nada pode a Ciência saber de positivo, pois assuntos que tais permanecem de todo fora de sua esfera de investigação. Mas o que os ocultistas jamais admitiram, nem admitirão, é que o homem tenha sido *um símio nesta ou em qualquer outra* Ronda, ou que tal fosse possível, por maior que seja a semelhança entre o corpo humano e o do macaco. Confirma-o a mesma fonte autorizada de onde o autor do *Esoteric Buddhism* recolheu as suas informações.

Assim, a todos aqueles que põem diante dos olhos dos ocultistas estas linhas do livro citado:

"Basta isto para mostrar que podemos razoavelmente conceber (e o devemos, se de algum modo desejamos falar destes assuntos) um impulso de vida que dá nascimento às formas minerais como sendo da mesma natureza do impulso cuja função é *elevar uma raça de símios* a uma raça de homens rudimentares."[62]

— a todos esses, repetimos, que citam a passagem ora transcrita como indicativa de uma "tendência definida" para o darwinismo, respondem os ocultistas com a própria explicação do Mestre do Sr. Sinnett, que certamente teria retificado aquelas palavras se escritas fossem com o espírito que se lhes atribui. À autora da presente obra foi enviada, há dois anos (1886),

---

(62) Pág. 46.

juntamente com outras, uma cópia da carta do Mestre, com observações adicionais para serem usadas na elaboração de A Doutrina Secreta.

A carta principia considerando as dificuldades que se deparam ao estudante ocidental para conciliar alguns fatos dados a conhecer anteriormente com a evolução do homem pelo animal, ou seja, dos reinos mineral, vegetal e animal; e recomenda ao estudante que se guie sempre pela doutrina da analogia e da correspondência. Alude em seguida ao mistério dos Devas e dos Deuses, que devem passar por estados que se convencionou chamar de "mineralização, ervação, zooniação e, finalmente, encarnação"; e explica, usando palavras veladas, a necessidade de haver casos de malogro até mesmo entre as raças etéreas de Dhyân-Chohans. São estas as suas palavras a tal respeito:

"Estes 'casos de malogro' [63] *estão por demais desenvolvidos e espiritualizados para que possam ser necessariamente afastados para trás da condição Dhyân-chohânica, e lançados no torvelinho de uma nova evolução primordial através dos reinos inferiores..."* [64]

Depois disso, há somente uma ligeira referência ao mistério contido na alegoria dos Asuras caídos, alegoria que será explicada com minúcia nos volumes III e IV.

Quando o Carma alcançar aqueles "casos de malogro" no plano da evolução humana,

"Terão eles que sorver até a última gota a taça amarga da retribuição. Virão a ser, então, uma Força ativa, associando-se com os Elementais, as entidades adiantadas do reino animal puro, para desenvolver o tipo perfeito da humanidade."

Estes Dhyân-Chohans, como vemos, não passam através dos três reinos, tal como o fizeram os Pitris inferiores, nem se encarnam em homens antes da Terceira Raça-Raiz. Eis o que rezam os ensinamentos:

"Ronda I. O Homem da Primeira Ronda e da Primeira Raça no Globo D, nossa Terra, era um ser etéreo [um Dhyâni Lunar, como homem] não inteligente, mas superespiritual, correspondendo, segundo a lei da analogia, ao homem da Primeira Raça da Quarta Ronda. Em cada uma das raças e sub-raças seguintes... ele se vai desenvolvendo cada vez mais como ser revestido de matéria ou encarnado, mas ainda com preponderância etérea... Carece de sexo e, como os animais e vegetais, desenvolve corpos monstruosos, em correspondência com o meio rude em que vive.

Ronda II. O homem ainda é gigantesco e etéreo; o seu corpo se torna, porém, mais firme e condensado; é um homem mais físico, ainda menos inteligente que espiritual (*), porque a evolução da mente é mais lenta e mais difícil que a da estrutura física...

Ronda III. Possui agora um corpo perfeitamente concreto ou compacto; no princípio, sua forma é a de um macaco gigante, mais inteligente, ou antes,

---

(63) São os *seres que* falharam.
(64) *The Mahatma Letters,* pág. 87.

mais astuto que espiritual. Porque, no arco descendente, chegou a um ponto em que a sua espiritualidade primordial é eclipsada e obscurecida pela mentalidade nascente (**). *Na segunda metade da Terceira Ronda, sua estatura gigantesca decresce, seu corpo melhora em contextura; torna-se um ser mais racional, embora pareça mais um símio que um Deva... [Tudo isto se repete, quase exatamente, na Terceira Raça-Raiz da Quarta Ronda.]*

Ronda IV. O intelecto tem considerável progresso nesta Ronda. As raças [até então mudas] adquirem a linguagem humana [atual] neste Globo; e, a partir da Quarta Raça, a linguagem se aperfeiçoa e cresce o conhecimento. Neste ponto médio da Quarta Ronda [e da Quarta Raça-Raiz ou Atlante], a humanidade transpõe o ponto axial do ciclo Manvantárico menor... o mundo se enriquece com os resultados da atividade intelectual, mas decresce em espiritualidade..."[65]

O que precede foi extraído da carta autêntica; o que se segue são observações posteriores e esclarecimentos adicionais traçados pela mesma mão em forma de notas.

"(*) ... *A carta original continha ensinamentos gerais — uma visão panorâmica — e não particularizava coisa alguma... Falar do homem físico, limitando a informação às primeiras Rondas, seria retroceder aos milagrosos e instantâneos 'trajes de pele'... O que se pretendia significar era: a primeira 'Natureza', o primeiro 'corpo', a primeira 'mente', no primeiro plano de percepção, no primeiro Globo, na primeira Ronda. Porque o Carma e a evolução*

"... *reuniram em nossa estrutura extremos sobremodo estranhos de Naturezas diferentes*[66], *que à maravilha se entrelaçam...*"

"(**) *Interpretai: Alcançou ele agora o ponto [por analogia, e como na Terceira Raça-Raiz da Quarta Ronda], em que sua espiritualidade primordial [a do homem-anjo] é eclipsada e obscurecida pela nascente mentalidade humana — e tereis a versão verdadeira...*"

Aí estão as palavras do Mestre: o texto, as frases e as notas explicativas, entre aspas. Compreender-se-á que deve existir enorme diferença entre termos como "objetividade" e "subjetividade", "materialidade" e "espiritualidade", quando aplicados a planos diferentes de existência e de percepção. Tudo isso deve ser tomado em seu sentido relativo.

Não é, pois, de surpreender que um autor, entregue a suas próprias especulações, e ainda inexperiente em ensinamentos desta ordem, sem embargo do seu empenho e aplicação no estudá-los, se houvesse equivocado uma que outra vez. A diferença entre as "Rondas" e as "Raças" não estava, aliás, suficientemente definida nas cartas recebidas, já que nenhuma inda-

---

(65) Compare-se com *The Mahatma Letters*, págs. 87 e seguintes (ed. 1930).
(66) As *Naturezas* das sete Hierarquias ou Classes de Pitris e Dhyân-Chohans, que compõem a nossa natureza e os nossos corpos — tal é o sentido.

gação se fizera nesse particular. Um discípulo oriental teria logo percebido as coisas sem maior dificuldade.

Vejamos mais o que diz uma carta do Mestre:

"Os ensinamentos foram comunicados sob protesto... Eram, por assim dizer, artigos de contrabando... e, quando fiquei somente com um dos correspondentes, o outro, Sr. ..., havia de tal modo confundido as cartas que pouco me era possível dizer, sem ir além da área permitida."

Os teósofos "a quem isso possa interessar" entenderão o que tais palavras significam.

Fica assim positivado que as cartas nada continham que autorizasse o asserto de haver a Doutrina Oculta alguma vez ensinado, ou qualquer Adepto perfilhado, a não ser talvez metaforicamente, a absurda teoria moderna de que o homem descende de um antepassado simiesco — um antropóide da espécie animal de nossos dias. Ainda hoje há, no mundo, mais homens parecidos com macacos do que, nas selvas, macacos parecidos com homens. Na Índia o símio é tido em conta de sagrado porque sua origem é bem conhecida dos Iniciados, posto que oculta sob o denso véu da alegoria. Hanumâna é filho de Pavana ("Vayu", o deus do vento) com Anjana (mulher do monstro Kesari); variando, contudo, a sua genealogia. O leitor, tendo presente este pormenor, encontrará no volume II e IV, *passim*, a explicação completa de tão interessante alegoria. Os "homens" da Terceira Raça (os que se separaram) eram "Deuses" por sua espiritualidade e pureza, embora desprovidos de razão e de mente humana.

Esses "homens" da Terceira Raça, antepassados do Atlantes, eram precisamente gigantes tão parecidos com símios e tão desprovidos de razão e de intelecto como aqueles seres que representaram a humanidade da Terceira Raça.

Moralmente irresponsáveis, os "homens" da Terceira Raça, mantendo relações antinaturais com espécies animais inferiores a eles, deram origem àquele "elo perdido" que, em épocas posteriores (no período Terciário somente), veio a ser o remoto antepassado do verdadeiro símio, tal qual o conhecemos hoje na família pitecóide. Se parecer que isso colide com a afirmação de que o animal é posterior ao homem, lembraremos ao leitor que esta referência deve entender-se como restrita aos *mamíferos placentários*. Naqueles remotos tempos existiam animais como a zoologia atual nem sequer pode imaginar; *e os modos de reprodução não eram idênticos* aos conhecidos pela fisiologia moderna. Não será talvez conveniente tratar destes assuntos publicamente; mas *não* há contradição nem impossibilidade no que ora enunciamos.

Em suma: os primeiros ensinamentos, por mais vagos, fragmentários e insuficientes que tenham sido, absolutamente não apoiavam a tese de que o "homem" proviesse do "macaco"; nem o autor do *Esoteric Buddhism* diz coisa diferente em seu livro, pelo menos em termos precisos; aconteceu apenas que as suas tendências científicas o induziram a servir-se de palavras que poderiam dar azo àquela interpretação. O homem que precedeu a

231

Quarta Raça, a Atlante, apesar da semelhança que pudesse fisicamente aparentar com um "símio gigantesco" (arremedo de homem não dotado de vida humana), era, ainda assim, um ser que falava e que pensava. A raça lêmuro-atlante era altamente civilizada; e, a aceitarmos a tradição — que como história é mais exata que a ficção especulativa que hoje passa com esse nome —, a sua civilização alcançou um grau superior ao nosso, não obstante toda a ciência e todo o malformado progresso dos nossos dias; queremos referir-nos especificamente aos Lêmuro-atlantes do fim da Terceira Raça.

E agora é tempo de voltarmos às Estâncias.

ESTÂNCIA VI
(Continuação)

5. Na Quarta (a)[67], os Filhos recebem ordem de criar suas Imagens. Um Terço recusa-se. Dois Terços [68] obedecem. A Maldição é proferida (b). Nascerão na Quarta [68]; e sofrerão e causarão sofrimento. É a Primeira Guerra (c).

O significado completo deste Sloka não pode ser bem compreendido senão depois de lidas as explicações minuciosas e complementares que figuram na parte relativa à Antropogênese e respectivos comentários, nos volumes III e IV. Entre o mesmo Sloka e o precedente largos períodos se passaram, vendo-se agora o despontar da aurora de um novo evo. O drama que se desenrola em nosso planeta está no início de seu quarto ato; mas, para aprender melhor e mais claramente toda a representação, mister se faz que o leitor retroceda um pouco, antes de prosseguir. Porque este versículo pertence a Cosmogonia geral exposta nos volumes arcaicos, ao passo que os volumes III e IV darão um relato pormenorizado da "criação", ou, mais propriamente, da formação dos primeiros seres humanos, seguidos pela segunda humanidade e depois pela terceira; a saber — a história das Raças-Raízes Primeira, Segunda e Terceira, conforme a denominação usual. Assim como a Terra começou por ser uma esfera de fogo líquido e poeira ígnea, e seu fantasma protoplasmático, também o homem passou por fases análogas.

(a) Com base na autoridade dos Comentários, dá-se à palavra "Quarta" o significado de Quarta Ronda. Mas tanto pode significar a Quarta Ronda como a Quarta Eternidade, e ainda o nosso Quarto Globo. Pois, como teremos ocasião de mostrar mais de uma vez, este último é a quarta esfera do quarto plano, ou seja, do plano mais inferior da vida material. De modo que nós estamos na Quarta Ronda, em cujo ponto médio deve ocorrer o equilíbrio perfeito entre o Espírito e a Matéria. Como veremos, foi neste período — durante o apogeu da civilização, do conhecimento e da intelec-

---
(67) Quarta Ronda, ou revolução da Vida e do Ser em torno das Sete Rodas menores.
(68) Duas terças partes.
(69) Quarta Raça.

tualidade humana da Quarta Raça, a Atlante — que a crise final do ajustamento fisiológico-espiritual das raças levou a humanidade a ramificar-se em dois caminhos diametralmente opostos: a Via da mão *Esquerda* e a Via da mão *Direita* do Conhecimento ou Vidyâ. Conforme diz o Comentário.

Assim foram semeados naqueles dias os germes da Magia Branca e da Magia Negra. As sementes permaneceram latentes por algum tempo, e só vieram a germinar durante o primeiro período da Quinta Raça, a nossa.

Acrescenta ainda o Comentário, explicando este Sloka:

Os Santos Jovens [os Deuses] negaram-se a multiplicar e a criar espécies à sua semelhança e segundo a sua classe. "Não são Formas [Rupas] apropriadas para nós. Devem ser aperfeiçoadas." Recusam entrar nos Chhâyâs [sombras ou imagens] de seus inferiores. Assim, prevaleceu o sentimento egoísta, desde o início, até entre os Deuses, caindo eles sob a mira dos Lipikas Cármicos.

Por causa disso tiveram que sofrer em nascimentos posteriores. Como o castigo veio aos Deuses, é o que se verá nos volumes III e IV.

É tradição universal que, antes da "Queda" fisiológica, a propagação da espécie, fosse a humana ou a animal, se efetuava pela *Vontade* dos Criadores ou de sua progênie. Esta foi a Queda do Espírito na geração, não a Queda do homem mortal. Já dissemos que, para se tornar consciente de si mesmo, deve o Espírito passar através de cada um dos ciclos de existência, cujo ponto culminante, sobre a terra, é o homem. O Espírito *per se* é uma *abstração* inconsciente e negativa. Sua pureza lhe é inerente, e não adquirida pelo mérito; por isso, conforme também já assinalamos, necessário é, para chegar a ser um Dhyân Chohan dos mais elevados, que cada Ego atinja a plena consciência como ser humano, isto é, venha a se tornar o ser consciente que nós sintetizamos no Homem. Quando os Cabalistas judeus afirmam que nenhum Espírito poderá pertencer à Hierarquia divina se Ruach (o Espírito) não estiver unido a Nephesh (a Alma Vivente), não fazem senão repetir o Ensinamento esotérico oriental:

Um Dhyâni deve ser um Atmâ-Buddhi; desde o momento em que Buddhi-Manás se separa de seu imortal Âtmâ, do qual Buddhi é o veículo, Âtman passa ao Não-Ser, que é o Absoluto Ser.

Quer dizer: o estado puramente Nirvânico é um retorno do Espírito à abstração ideal da Asseidade, que não tem relação alguma com o plano em que o nosso Universo cumpre o seu ciclo.

(*b*) "A Maldição é proferida": não se deve entender, por estas palavras, que algum Ser Pessoal, Deus ou Espírito Superior, haja pronunciado a maldição; mas simplesmente que uma causa, que só podia dar maus resultados, acabava de ser produzida, e que os efeitos desta causa Cármica podiam somente conduzir a inditosas encarnações, e portanto ao sofrimento, os Seres que, contrariando as leis da Natureza, assim criavam obstáculos ao seu progresso normal.

(c) "É a Primeira Guerra": alusão às diversas lutas para o ajustamento espiritual, cósmico e astronômico, mas relacionadas sobretudo com o mistério da evolução do homem tal como é atualmente. Os Poderes ou Essências puras que "recebem ordem de criar" envolvem um mistério, cuja explicação se encontra em outra parte, conforme já dissemos. O segredo da geração não somente é um dos mais ocultos segredos da Natureza, para cuja solução todos os embriólogos vêm debalde conjugando os seus esforços, mas também é uma função divina, que constitui um dos maiores mistérios religiosos, ou antes, dogmáticos, o da chamada "Queda" dos Anjos. Quando o mistério da alegoria for explicado, ver-se-á que Satã e o seu exército rebelde se recusaram a criar o homem físico com o único fito de se tornarem os Salvadores e Criadores diretos do Homem *divino*. O ensinamento simbólico, mais do que místico e religioso, é puramente científico, como veremos mais tarde. Porque, em vez de ser um simples instrumento cego e automático, impulsionado e dirigido pela Lei insondável, o Anjo "rebelde" reclama e exige o seu direito de julgar e de manifestar a própria vontade com independência; o seu direito de obrar com liberdade e responsabilidade, visto que tanto o Homem como o Anjo estão sujeitos à Lei Cármica.

Esclarecendo opiniões cabalísticas, diz o autor de *New Aspects of Life*, a respeito dos Anjos caídos:

"Segundo o ensinamento simbólico, o Espírito, de simples agente funcional de Deus, converte-se em um ser com vontade própria em sua ação desenvolvida e desenvolvente; e caiu ao substituir o desejo divino por essa vontade própria. Eis por que o reino dos espíritos e a ação espiritual, que promanam da volição do espírito, se acham fora do Reino das Almas e da ação Divina e em contradição com ambos." [70]

Até aqui não há o que dizer; mas que pretende o autor significar com as palavras que seguem? A saber:

"Ao ser criado, o homem era humano em sua constituição, dotado de sentimentos humanos e com esperanças e aspirações humanas. Desse estado ele caiu no de bruto e selvagem".

Tal coisa está em frontal oposição aos nossos ensinamentos orientais, à idéia cabalística (cuja compreensão esteja ao nosso alcance), e à própria *Bíblia*. E semelha a Corporalismo e Substancialismo, que dão cor à filosofia positiva; embora seja difícil penetrar exatamente o sentido do que o autor quis dizer. Contudo, uma *queda* "do natural no sobrenatural e no animal" (o sobrenatural significando aqui o estado puramente espiritual) implica o que acima sugerimos.

O *Novo Testamento* fala de uma daquelas guerras, nos seguintes termos:

"E houve guerra no Céu: Miguel e seus Anjos batalhavam contra o Dragão; e lutavam o Dragão e seus Anjos, mas não prevaleceram, e nunca mais houve lugar para eles no Céu. E foi expulso o Dragão, aquela antiga serpente que se chama Diabo e Satã, e que engana todo o mundo." [71]

---

(70) Pág. 233.
(71) *Apocalipse*, XII, 7-9.

A versão cabalista da mesma história figura no *Codex Nazaræus*, a escritura sagrada dos Nazarenos, os verdadeiros místicos cristãos de João Batista e os Iniciados de Christos. Bahak Zivo, o "Pai dos Gênios", recebe ordem para construir criaturas — ordem para "criar". Mas, como ele permanece "ignorante de Orcus", não o consegue, e solicita o auxílio de Fetahil, um espírito ainda mais puro, que também vê frustrados os seus esforços. É uma repetição do insucesso dos "Pais", os Senhores da Luz, que falharam um após outro [72].

Reproduzimos agora alguns trechos de nossa primeira obra [73]:

"Entra então na cena da criação o Espírito [74] (chamado Espírito da Terra ou Alma, Psyché, classificado como 'diabólico' por São Tiago), a parte inferior da *Anima Mundi* ou Luz Astral.' (Veja-se o final deste Sloka.) "Para os nazarenos e os gnósticos, esse Espírito era *feminino*. Assim, o Espírito da Terra, percebendo que, por causa de Fetahil [75], *o mais novo dos homens* (o último), o resplendor havia "mudado", e que em lugar de resplendor existiam "decadência e ruínas", desperta o Karabtanos [76], "que estava louco, *privado de razão e juízo*", e lhe diz: "Levanta-te e observa como o Resplendor (a Luz) do Homem *Novíssimo* (Fetahil) não vingou na sua tentativa (de criar ou produzir o homem); a diminuição deste Resplendor é visível. Levanta-te, vem com tua Mãe (o Espírito) e liberta-te dos limites que te escravizam, limites ainda mais vastos que os do mundo inteiro." Segue-se depois a união da matéria louca e cega, guiada pelas insinuações do Espírito (não o Sopro *Divino*, mas o Espírito *Astral*, que, por sua dupla essência, já se acha impregnado de matéria); e, sendo aceito o oferecimento da Mãe, o Espírito concebe as "Sete Figuras" e os Sete Astros (Planetas), que também representam os *sete pecados capitais,* produto de uma Alma Astral separada de sua origem divina (o espírito), e da *matéria*, o demônio cego da concupiscência. Vendo isto, Fetahil estende a mão para o abismo da matéria e diz: "Que exista a terra, assim como existiu a mansão dos Poderes." E, imergindo a mão no caos, ele o condensa e cria o nosso planeta.

Relata depois o *Codex* como Bahak Zivo foi separado do Espírito, e os Gênios ou Anjos, dos Rebeldes [77]. Então Mano [78] (o maior), que mora com o Supremo Ferho, chama a Kebar Zivo (conhecido também pelo nome de Nebat Iavar Bar Lufin), o Timão e a Vinha do alimento da Vida [79], sendo ele a terceira Vida, e, compadecendo-se da sorte dos insensatos Gênios rebelados, por sua desmedida ambição, diz: "Senhor dos Gênios [80] (Æones), vê o que fazem os Gênios (os Anjos Rebeldes) e o

---

(72) Veja-se o Volume III, Sloka 17.

(73) *Isis sem Véu*, I, 299-300. Compare-se também com Dunlap, *Sod: The Son of the Man*, págs. 51 e seguintes.

(74) Baseado na autoridade de Irineu, de Justino o Mártir e do próprio *Codex*, Dunlap mostra que os Nazarenos viam no "Espírito" um *Poder mau feminino,* em suas relações com a Terra.

(75) Fetahil é idêntico à coorte dos Pitris que "criaram o homem" como um "cascão" apenas. Era entre os Nazarenos o Rei da Luz e o Criador, mas aqui é o desditoso Prometeu, que não logra apoderar-se do Fogo Vivente necessário à formação da Alma Divina; pois ignora o nome secreto, o nome inefável e incomunicável dos Cabalistas.

(76) O Espírito da Matéria e Concupiscência; Kâma-Rupa menos Manas, e Mente.

(77) *Codex Nazaræus*, II, 233.

(78) Este Mano dos Nazarenos se parece de modo estranho com o Manu dos Hindus, o Homem Celeste do *Rig Veda*.

(79) "Eu sou a verdadeira *Vinha* e meu Pai é o lavrador" (*João*, XV, 1).

(80) Para os Gnósticos, Cristo, assim como Miguel (que lhe é idêntico sob certos aspectos), era o "Chefe dos Æones".

que estão maquinando [81]. Respondem eles: "Façamos surgir o mundo e chamemos os Poderes à existência. Os Gênios são os Príncipes (Princípios), os Filhos da Luz, mas tu és o Mensageiro da Vida."

E, a fim de contrabalançar a influência dos sete princípios "mal dispostos", a progênie do Espírito, Kebar Zivo (ou Cabar Zio), o poderoso Senhor do Resplendor, produz *sete outras* vidas (as virtudes cardeais), que "do alto" com sua própria luz e forma resplandecem [82], e assim restabelece o equilíbrio entre o bem e o mal, entre a luz e as trevas.

Aqui se vê uma repetição dos sistemas dualistas, primitivos e *alegóricos*, como o de Zoroastro, e se observa uma semente das religiões dualistas e dogmáticas do futuro; semente que germinou em uma árvore frondosa no Cristianismo eclesiástico. É já o esboço dos dois "Supremos" — Deus e Satã. Nas Estâncias, porém, não existe semelhante idéia.

A maioria dos cabalistas cristãos ocidentais, e principalmente Eliphas Lévi, em seu afã de conciliar as Ciências Ocultas com os dogmas da Igreja, empenharam-se ao máximo para que a "Luz Astral" não fosse considerada senão como o Pleroma dos primitivos Padres da Igreja, a morada da Legião dos Anjos Caídos, dos Arcontes e dos Poderes. Mas a Luz Astral, embora não seja mais que o aspecto inferior do Absoluto, é sempre dual. É a Anima Mundi, e não deve jamais ser encarada de outra forma, exceto para fins cabalísticos. A diferença entre sua "Luz" e seu "Fogo Vivente" deve sempre estar presente ao espírito do Vidente e ao do Psíquico. O aspecto superior dessa "Luz", sem o qual só se podem produzir criaturas de matéria, é o "Fogo Vivente", seu Sétimo Princípio. Em *Ísis sem Véu* fizemos-lhe uma descrição completa, nestes termos:

"A Luz Astral ou Anima Mundi é dual e bissexual. A parte masculina (ideal) é puramente divina e espiritual, é a Sabedoria, é o Espírito ou Purusha; ao passo que a parte feminina (o Espírito dos Nazarenos) está, em certo sentido, contaminado pela matéria, em verdade *é* matéria, e já é, portanto, o mal. Ela é o princípio vital de toda criatura vivente, e dá a alma astral, o *perispírito* fluídico, a homens, animais, pássaros do ar e tudo o que vive. Os animais trazem em si apenas o germe latente da alma imortal superior. Esta última só se desenvolve após uma série de evoluções inumeráveis; a doutrina de tais evoluções está resumida no axioma cabalístico: A pedra se torna planta; a planta se converte em animal; o animal em homem; o homem em espírito; e o espírito em um deus." [83]

Os sete princípios dos Iniciados orientais não estavam ainda explicados quando escrevemos o livro *Ísis sem Véu*, e só as três "*Faces*" da *Cabala* semi-exotérica é que foram objeto de comentário [84]. Estas informações, porém, contêm a descrição das naturezas místicas do primeiro Grupo de Dhyân Chohans no *regimen ignis*, a região e a "lei (ou governo) do fogo", Grupo que se divide em três classes, sintetizadas pela primeira, o que perfaz *quatro* ou o "Tetraktys" [85]. Estudando atentamente os comentários, ver-se-á a mes-

---
(81) *Codex Nazaræus*, I, 135.
(82) Veja-se a Cosmogonia de Ferecides.
(83) I, 301, nota.
(84) Constam, porém, do *Livro dos Números* caldeus.
(85) Veja-se o comentário à Estância VII.

ma progressão nas naturezas angélicas, a saber: descendo do estado *passivo* ao *ativo*; os últimos destes Seres achando-se tão próximos do Elemento Ahamkâra (a região ou plano em que o reconhecimento da *própria individualidade*, ou sentimento do *Eu Sou Eu*, começa a definir-se) quanto os primeiros o estão da essência não diferenciada. Este é Arûpa, incorpóreo; aquele, Rûpa, corpóreo.

No segundo volume de *Ísis sem Véu* [86], os sistemas filosóficos dos Gnósticos e dos primitivos Judeus cristãos (os Nazarenos e os Ebionitas) foram devidamente considerados. Tais sistemas continham as opiniões correntes naqueles dias — fora do círculo dos Judeus mosaicos — a respeito de Jehovah. Este era identificado por todos os Gnósticos mais como o princípio do mal do que como o do bem. Para eles, era Ilda-Baoth, o "Filho das Trevas", cuja mãe, Sofia Achamoth, era filha de Sofia, a Sabedoria Divina — o Espírito Santo Feminino dos primeiros cristãos —, Âkâsha. Sofia Achamoth personificava a Luz Astral Inferior (o Éter). A Luz Astral se encontra na mesma relação para com Âkâsha e Anima Mundi que Satã para com a Divindade. São uma e a mesma coisa *vista sob dois aspectos*, o espiritual e o psíquico — o liame superetéreo ou de conexão entre a matéria e o espírito puro — e o físico [87]. Ilda-Baoth é um nome composto de

Ilda ילד, filho, e *Baoth*, este proveniente de בתנגל, um ovo, e במזם, caos, vazio ou desolação: significa o Filho nascido no Ovo do Caos, como Brahmâ. Ilda-Baoth ou Jehovah é, pois, simplesmente um dos Elohim, os Sete Espíritos Criadores, e um dos Sephiroth inferiores. Ele produz de si mesmo com outros Deuses, "Espíritos Estelares" ou os Antepassados Lunares [88], o que é a mesma coisa [89]. Todos são os "Espíritos da Face", *à sua própria imagem*, os reflexos uns dos outros, que se tornam cada vez mais sombrios e materiais à medida que se distanciam da fonte original. Também habitam sete regiões dispostas à maneira de uma escada, cujos degraus representam a descida e a ascensão do Espírito e da matéria [90]. Entre pagãos e cristãos, entre hindus e caldeus, e tanto para os Gregos como para os católicos romanos — com ligeiras variantes na interpretação dos textos — todos eles eram os gênios dos sete planetas, assim como das sete esferas planetárias de nossa Cadeia setenária, na qual a Terra ocupa o ponto inferior. Isto relaciona os Espíritos "Estelares" e "Lunares" com os Anjos planetários

---

(86) II, 183 e segs.

(87) Sobre a diferença entre *nous*, a Sabedoria divina superior, e *psyche*, a inferior e terrestre, veja-se *São Tiago*, III, 15-17.

(88) A relação de Jehovah com a Lua, na *Cabala*, é bastante conhecida dos estudantes.

(89) Sobre os Nazarenos, veja-se *Ísis sem Véu*, II, 131-2. Os verdadeiros discípulos do verdadeiro Christos eram todos nazarenos e *cristãos*, e foram o oposto dos cristãos que vieram depois.

(90) Veja-se o diagrama da Cadeia Lunar de sete mundos, na qual, como em nossa cadeia e em toda e qualquer outra, os mundos superiores são espirituais, ao passo que o mais inferior, seja a Lua, a Terra, ou qualquer outro planeta, é obscurecido pela matéria.

superiores e com os Saptarshis (os sete Rishis das Estrelas) dos Hindus como Anjos e Mensageiros subordinados a estes Rishis, emanações, em escala decrescente, dos primeiros. Tais eram, segundo a opinião dos filósofos gnósticos, o Deus e os Arcanjos que os Cristãos adoram atualmente! Os "Anjos Caídos" e o mito da "Guerra nos Céus" são, portanto, de origem puramente pagã, e vieram da Índia, através da Pérsia e da Caldéia. O Cânon cristão apenas uma única vez os menciona, e é no *Apocalipse*, XII, conforme dissemos em páginas anteriores.

Desse modo, Satã, deixando de ser considerado como espírito supersticioso, dogmático e antifilosófico das Igrejas, passa a ser a imagem grandiosa de quem fez do homem *terrestre* um Homem *Divino*; de quem outorgou ao homem, por toda a longa duração do Mahâkalpa, a lei do Espírito de Vida, e o libertou do Pecado da Ignorância, e, portanto, da Morte.

6. As Rodas mais antigas giravam para baixo e para cima (*a*)...

Os frutos da Mãe enchiam o Todo[91]. Houve Combates renhidos entre os Criadores e os Destruidores, e Combates renhidos pelo Espaço; aparecendo e reaparecendo a Semente continuamente (*b*)[92].

(*a*) Deixemos agora as questões incidentes; apesar de interromperem o curso da narração, foram elas necessárias para a elucidação de todo o esquema. Cumpre voltarmos à Cosmogonia.

A expressão "Rodas mais antigas" refere-se aos Mundos ou Globos de nossa Cadeia, tal como eram nas Rondas precedentes. Explicada a presente Estância em seu sentido esotérico, observa-se que toda ela foi incorporada às obras cabalísticas. Vê-se ali a história da evolução dos inúmeros Globos após um Pralaya periódico, reconstituídos sob novas formas com os materiais antigos. Os Globos anteriores se desintegram, reaparecendo transformados e aperfeiçoados para uma nova fase de vida. Na *Cabala*, os mundos são comparados a centelhas que brotam sob o martelo do grande Arquiteto — a *Lei*, a Lei que rege todos os Criadores menores.

O diagrama comparativo da página 239 mostra a identidade dos sistemas cabalista e oriental. Os três superiores são os planos de consciência mais elevados; e em ambas as escolas são revelados e explicados unicamente aos Iniciados. Os planos debaixo representam os quatro inferiores, dos quais o último é o nosso, ou seja, o Universo visível.

Estes sete planos correspondem aos sete *estados* de consciência no homem. A ele cabe despertar os três estados superiores, sintonizando-os com os três planos superiores do Cosmos. Mas, antes que o possa tentar, terá que chamar os três "centros" à vida e à atividade. E quão poucos são capazes de alcançar por si mesmos uma compreensão, por superficial que seja, de

---

(91) O Cosmo inteiro. Advirta o leitor que o termo Cosmos, nas Estâncias, freqüentemente significa tão-só o nosso próprio Sistema Solar, e não o Universo Infinito.

(92) Isto é puramente astronômico.

Âtmâ Vidyâ (o Conhecimento Espiritual), isto é, aquilo que os Sufis denominam Rohanee![93]

(b) "Aparecendo e reaparecendo a Semente continuamente." Aqui "Semente" quer dizer o "Germe do Mundo", aquilo que a ciência considera como partículas materiais extremamente tênues, mas que para a física oculta são "partículas espirituais", ou seja, matéria supra-sensível em estado de diferenciação primária. Para ver e apreciar a diferença, o imenso abismo que separa a matéria terrestre dos graus mais sutis da matéria supra-sensível, todo astrônomo, físico ou químico deviam ser, pelo menos, *psicômetras*; deviam ser capazes de sentir, por si mesmos, aquela diferença, em que se obstinam em não acreditar. A Sra. Elizabeth Denton, uma das mulheres mais cultas e também mais céticas e materialistas do seu tempo, esposa do Professor Denton, o notável geólogo americano, autor de *The Soul of Things*, era, não

DIAGRAMA III

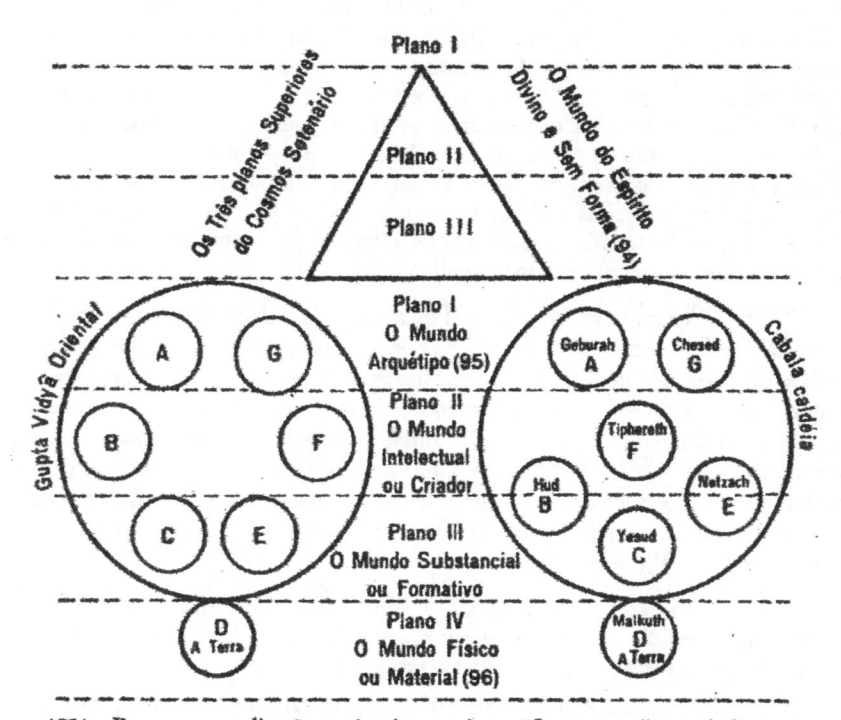

Os Três planos Superiores do Cosmos Setenário

O Mundo do Espírito Divino e Sem Forma (94)

Plano I
Plano II
Plano III

Gupta Vidyâ Oriental

A G
B F
C E
D A Terra

Plano I
O Mundo Arquétipo (95)

Plano II
O Mundo Intelectual ou Criador

Plano III
O Mundo Substancial ou Formativo

Plano IV
O Mundo Físico ou Material (96)

Cabala caldéia

Geburah A   Chesed G
Tiphereth F
Hud B   Netzach E
Yesud C
Malkuth D A Terra

(93) Para uma explicação mais clara, veja-se "Saptaparma" no Índice.
(94) O Arûpa ou "sem forma"; onde a forma cessa de existir, no plano objetivo.
(95) A palavra "Arquétipo" não deve aqui tomar-se no sentido que lhe davam os Platônicos, isto é: o Mundo tal como existia *na mente* da Divindade; mas no sentido de um Mundo feito como primeiro modelo, para ser seguido e melhorado pelos Mundos que lhe sucedessem fisicamente, embora decrescentes em pureza.
(96) Estes são os quatro planos inferiores da Consciência Cósmica; os três superiores são inacessíveis à inteligência humana em seu presente grau de desenvol-

obstante, o seu ceticismo, uma psicômetra das mais maravilhosas. Vejamos o que ela descreve em uma de suas experiências.

Haviam colocado sobre a sua fronte uma partícula de meteorito oculta dentro de um envelope. Sem saber o que este continha, disse aquela senhora:

"Quanta diferença entre o que conhecemos aqui como matéria e o que parece matéria ali! Numa, *os elementos são tão grosseiros e angulosos*, que eu me admiro de podermos suportá-la, e mais ainda de que desejemos continuar em relações com ela. Na outra, todos os elementos são de tal modo apurados e não apresentam aquelas grandes e ásperas angulosidades, características dos nossos, que eu não posso deixar de considerar os novos elementos como *os* que oferecem condições de existência real, com títulos bem superiores." 97

Em Teogonia, cada Semente é um organismo etéreo, do qual evolve mais tarde um Ser celeste, um Deus.

No "Princípio", o que na fraseologia mística se chama "Desejo Cósmico" vem a ser a Luz Absoluta. Ora, a luz que não tivesse sombra seria a luz absoluta; ou, mudando a palavra, a obscuridade absoluta, como procura demonstrar a ciência física. A "sombra" aparece sob a forma de matéria primordial ou, alegoricamente, se se preferir, sob a de Espírito do Fogo ou Calor Criador. Se a Ciência, relegando a forma poética e a alegoria, preferir ainda ver nela a "névoa de fogo", não haverá nisso o menor inconveniente. De uma maneira ou de outra, seja Fohat ou a famosa Força da ciência — força tão difícil de definir e descrever como o nosso próprio Fohat —, aquele Algo é "o que determina o movimento circular do Universo", no dizer de Platão e segundo o ensinamento oculto.

"O Sol Central faz com que Fohat aglutine a poeira primordial em forma de globos, que os impulsione a mover-se em linhas convergentes, e finalmente, que os aproxime uns dos outros, reunindo-os... Disseminados pelo Espaço, sem ordem nem sistema, os Germes do Mundo entram em freqüentes colisões antes da junção final, e depois se convertem em 'Vagabundos' [Cometas]. Então começam os combates e as lutas. Os mais antigos [corpos] atraem os mais jovens, enquanto outros os repelem. Muitos sucumbem devorados pelos companheiros mais fortes. Os que escapam vão constituir-se em Mundos." 98

Se analisarmos as linhas acima e sobre elas refletirmos com atenção, havemos de concluir que oferecem um conteúdo tão científico quanto uma exposição que fosse feita pela Ciência moderna.

Temos notícia de que em nossos dias foram escritas várias obras repletas de especulações acerca de semelhantes "lutas pela vida" no espaço

---

vimento. Os sete estados da consciência humana constituem, aliás, uma questão inteiramente à parte.
(97) *Op. cit.*, III, 346.
(98) *Livro de Dzyan.*

sideral; obras estas em língua alemã principalmente. Congratulamo-nos com o fato, pois o que vimos de expor é um ensinamento oculto que se perdeu na noite das idades arcaicas. Do assunto já nos ocupamos plenamente em *Ísis sem Véu* [99]; e a idéia de uma evolução semelhante à da teoria de Darwin, sobre a "luta pela vida" e pela supremacia, e sobre a "sobrevivência dos mais aptos", tanto entre as Legiões do Alto como entre as Legiões de baixo, transparece ao longo de todas as páginas de nossa primeira obra, escrita em 1876. Mas a idéia não é nossa, pertence à antiguidade. Os escritores purânicos entremearam com engenho as alegorias com os fatos cósmicos e os acontecimentos humanos. Um simbologista pode discernir as alusões, ainda quando não consiga penetrar-lhes o sentido. As grandes "guerras nos céus", nos *Purânas*; a dos Titãs, em Hesíodo e outros escritores clássicos; as lutas entre Osíris e Tífon, no mito egípcio; e até mesmo as que figuram nas lendas escandinavas — todas se referem a tema idêntico. Na Mitologia do Norte, outra não é a significação da batalha das Chamas, do combate dos filhos de Muspel no campo de Wigred.

Tudo isso se relaciona com o Céu e a Terra, encerrando um duplo e por vezes tríplice significado, e aplicando-se esotericamente "às coisas de cima como às de baixo". Cada alegoria diz respeito à lutas astronômicas, teogônicas e humanas, ao ajustamento dos orbes e à supremacia entre as tribos e as nações. A "luta pela vida" e a "sobrevivência dos mais aptos" reinaram como leis supremas desde o instante em que o Cosmos se manifestou à existência, e dificilmente podiam escapar à observação arguta dos sábios antigos. Daí as descrições dos combates incessantes de Indra, o Deus do Firmamento, contra os Asuras — transformados de Deuses superiores em Demônios cósmicos — e cones Vritra ou Ahi; das batalhas renhidas entre estrelas e constelações, entre luas e planetas — posteriormente encarnados como reis e mortais. Daí também a "Guerra nos Céus" de Miguel e seu Exército contra o Dragão (Júpiter e Lúcifer-Vênus), quando um terço das estrelas do Exército rebelde foi precipitado nas profundezas do Espaço, "não mais sendo encontrado o seu lugar nos Céus". Conforme há tempo escrevemos:

"Esta é a pedra angular dos ciclos secretos. Mostra que os brâmanes e os tanaim... especulam sobre a criação e o desenvolvimento do mundo tal como o faz Darwin, antecipando-se a este e à sua escola na questão da seleção natural, e na da evolução e transformação gradual das espécies." [100]

Existiram mundos antigos, que pereceram, vencidos pelos novos, etc. A afirmativa de que todos os mundos, estrelas, planetas, etc. — logo que um núcleo de substância primordial em estado laya (indiferenciado) é animado pelos princípios em liberdade de um corpo sideral que acaba de *morrer* — foram primeiramente cometas e depois sóis, esfriando a seguir e convertendo-se em mundos habitáveis, é um ensinamento tão antigo quanto os Rishis.

---
(99) Veja-se o *Índice*: "Evolução", "Darwin", "Kapila", "Batalha da Vida", etc.
(100) *Ísis sem Véu*, II, pág. 260.

Vemos, assim, que os Livros Secretos ensinam uma astronomia que a própria especulação moderna não desprezaria, se fosse capaz de compreender inteiramente aqueles ensinamentos.

Porque a astronomia arcaica e as ciências físico-matemáticas de antanho expressavam idéias idênticas às das ciências de nossos dias, e por vezes muito mais importantes. A "luta pela vida" e a "sobrevivência dos mais aptos", assim nos mundos superiores como em nosso planeta, eram princípios claramente expostos.

Mas tais ensinamentos, ainda quando não sejam de todo repudiados pela Ciência, não serão certamente aceitos em seu conjunto, pois sustentam que só há sete "Deuses" primordiais, nascidos por si mesmos e emanados de Aquele que é Uno e Triplo. Em outras palavras: significa que todos os mundos ou corpos siderais (sempre em estrita analogia) são formados uns dos outros, depois que se verificou a manifestação primordial no começo da Grande Era.

O nascimento dos corpos celestes no espaço é comparável a uma multidão de peregrinos na festa dos Fogos. Sete ascetas aparecem no limiar do templo, com sete varinhas de incenso acesas. À luz desses fachos, a primeira fila de peregrinos acende as suas varinhas de incenso. Em seguida, cada um dos ascetas começa a fazer girar o seu facho no espaço por cima da própria cabeça, e cede o fogo aos outros peregrinos. É o que também se passa com os corpos celestes. Um centro "laya" é iluminado e chamado à vida pelos fogos de outro peregrino"; depois, o novo "centro" se lança no espaço e se converte em um cometa. E só quando perde a velocidade e, portanto, sua cauda flamejante, é que o Dragão de Fogo se resolve a uma vida tranqüila e regular, como um cidadão respeitável da família sideral. Assim está escrito:

Nascido nos abismos insondáveis do Espaço, do elemento homogêneo chamado Alma do Mundo, cada núcleo de matéria cósmica, lançado subitamente à existência, inicia sua vida em circunstâncias as mais hostis. Ao longo de uma série de incontáveis idades, tem que conquistar por si mesmo um lugar no infinito. Corre em círculos, entre corpos mais densos e já fixos, movendo-se por impulsos súbitos; dirige-se para algum ponto ou centro que o atrai, procurando evitar, qual navio metido em uma estreita passagem semeada de recifes e escolhos, outros corpos que, por sua vez, o atraem e repelem. Muitos desses núcleos sucumbem, desintegrando-se no meio de outras massas mais fortes, e, se nasceram dentro de um sistema planetário, desaparecem tragados pelos ventres insaciáveis dos sóis. Os que se movem mais lentamente, seguindo numa trajetória elítica, estão condenados ao aniquilamento, mais cedo ou mais tarde. Outros, movendo-se em curvas parabólicas, escapam geralmente à destruição, graças à sua velocidade.

Alguns leitores de espírito mais crítico imaginarão talvez que este ensinamento, segundo o qual todos os corpos celestes passaram pela fase cometária, se acha em contradição com a afirmativa anterior de que a Lua é a mãe da Terra. Supõem provavelmente que só a intuição é capaz de conciliar as duas informações. Em verdade, porém, não se faz mister a intuição. Que sabe a Ciência em relação aos cometas, sua gênese, crescimento e destino final? Nada, absolutamente nada! E que há de tão impossível na idéia de que um centro "laya" (um núcleo de protoplasma cósmico, homogêneo e latente), ao ser animado ou inflamado subitamente, se projete de sua posição no espaço, para girar em torvelinho através dos abismos insondáveis, com a finalidade de robustecer o seu organismo homogêneo, mediante a acumulação e adição de elementos diferenciados? E por que um cometa semelhante não poderia desse modo vir a fixar-se, viver e converter-se em um globo habitado?

"*As mansões de Fohat são muitas*" — está escrito. "*Ele coloca seus Quatro Filhos de Fogo [eletropositivos] nos Quatro Círculos*"; tais Círculos são o equador, a eclítica e os dois paralelos de declinação, ou os trópicos, a cujos *climas* devem presidir as Quatro Entidades Místicas.

E ainda: "*Outros Sete [Filhos] são designados para presidir os sete Lokas quentes e os sete Lokas frios [os infernos dos brâmanes ortodoxos], nos dois extremos do Ovo de Matéria [nossa Terra e seus pólos].*" Os sete Lokas são também chamados "Anéis" e "Círculos". Os antigos contavam sete círculos polares, em vez de dois (como os europeus); porque o Monte Meru, que é o Pólo Norte, possuía, segundo eles, sete degraus de ouro e sete de prata, que conduziam até lá.

A estranha sentença que figura em uma das Estâncias, de que: "*Os Cantos de Fohat e de seus Filhos eram tão* RADIANTES *quanto o brilho do Sol do meio-dia e o da Lua combinados*"; e a de que os Quatro Filhos, no Quádruplo Círculo do *meio*, "VIAM *os Cantos de seu Pai e* OUVIAM *sua Radiação selênico-solar*" tem a seguinte explicação no Comentário: *a agitação das Forças Fohâticas nos dois extremos frios [Pólos Norte e Sul] da Terra, de que resulta uma radiação multicor durante a noite, encerra várias propriedades do Âkâsha [Éter], inclusive a Cor e o Som*".

"O som é a característica do Âkâsha (Éter); ele gera o Ar, cuja propriedade é o Tato, o qual (pela fricção) produz a Cor e a Luz."[101]

É possível que tudo isso seja considerado um disparate arcaico; entender-se-á melhor, porém, se o leitor tiver em mente as auroras boreal e astral, que ocorrem mesmo nos centros das forças elétricas e magnéticas terrestres. Diz-se que ambos os pólos são os depósitos, os receptáculos e os mananciais, ao mesmo tempo, da Vitalidade cósmica e terrestre (Eletricidade), cujo excesso, sem essas duas válvulas naturais de segurança, há muito que teria reduzido a Terra a inumeráveis fragmentos. Existe ainda uma teoria, que ultimamente adquiriu foros de axioma, de que os fenômenos luminosos polares são acompanhados de assobios, chiados e estalidos, ou os produzem. Consultem-se as obras do Professor Humboldt a respeito da aurora boreal, bem como sua correspondência no tocante a essa discutida questão.

---

(101) *Vishnu Purâna*, Livro I, Cap. II, págs. 34-5. O parágrafo acima não é uma transcrição textual, e sim um resumo do que ali se afirma.

7. Faze os teus cálculos, ó Lanu, se queres saber a idade exata da Pequena Roda[102]. Seu Quarto Raio "é" nossa Mãe (a)[103]. Alcança o Quarto Fruto da Quarta Senda do Conhecimento que conduz ao Nirvana, e tu compreenderás, porque verás... (b).

(a) A "Pequena Roda" é a nossa Cadeia de Globos, e o "Quarto Raio da Roda" é a nossa Terra, o quarto Globo de cadeia. É um daqueles sobre os quais o "sopro quente (positivo) do Sol" tem um efeito direto.

As sete transformações fundamentais dos Globos ou Esferas celestes, ou, mais propriamente, das partículas de matéria que os constituem, são assim descritas: 1.ª — a *homogênea*; 2.ª — a *aeriforme e radiante* (gasosa); 3.ª — a *coagulosa* (nebulosa); 4.ª — a *atômica e etérea*, começo de movimento e, portanto, de diferenciação; 5.ª — a *germinal e ígnea*, diferenciada, mas composta somente dos germes dos Elementos em seus estados primordiais (possuindo sete estados quando completamente desenvólvidos em nossa Terra); 6.ª — a *quádrupla e vaporosa* (a Terra futura); 7.ª — a *fria* e dependente do Sol para a vida e a luz.

O cálculo da idade, que a Estância concita o discípulo a fazer, é sobremodo difícil, visto que não se mencionam as cifras representativas do Grande Kalpa, e não estamos autorizados a divulgar as dos nossos pequenos Yugas, salvo em sua duração apenas aproximada. *"As Rodas mais antigas giraram durante uma Eternidade e meia"* — está escrito. Sabemos que por "Eternidade" se entende a sétima parte de 311.040.000.000.000 anos, ou seja, de uma Idade de Brahmâ. Mas, *quid inde?* Sabemos também que, se tomarmos por base as cifras anteriores, teremos inicialmente que eliminar dos 100 Anos de Brahmâ, ou 311.040.000.000.000 de anos, dois Anos tomados pelos Sandhyâs (crepúsculos), o que nos deixa 98, número que corresponde à combinação mística 14 × 7. Mas não dispomos *nós* de conhecimento algum quanto ao momento exato em que tiveram início a formação e a evolução de nossa pequena Terra. É impossível, assim, calcular a sua idade — a menos que nos seja indicada a data de seu nascimento, o que até agora os Mestres se negam a fazer. No final do volume III e IV daremos, contudo, algumas referências cronológicas.

Devemos, por outro lado, ter presente que a lei da analogia se aplica tanto aos mundos como ao homem; e que, assim como *"o Uno [a Divindade] se converte em Dois [o Deva ou Anjo], e o Dois em Três (o Homem)"*, etc., os Coágulos (o material dos Mundos) se convertem em Vagabundos (Cometas), estes em estrelas, e as estrelas (centros de vórtices) em *nosso Sol e nossos planetas,* em resumo. Tal é o ensinamento, que não se pode considerar tão anticientífico, uma vez que Descartes também pensava que "os planetas giravam em seus eixos por terem sido em outros tempos estrelas luminosas, centros de vórtices".

(b) As obras exotéricas mencionam quatro graus de Iniciação, conhecidos respectivamente pelas seguintes palavras sânscritas: Srôtâpanna, Sa-

---
(102) Cadeia.
(103) A Terra.

kridâgâmin, Anâgâmin e Arhat — denominações iguais às dos Quatro Caminhos que levam ao Nirvana, em nossa presente Quarta Ronda. O Arhat, embora possa ver o passado, o presente e o futuro, não é ainda o mais alto dos Iniciados; pois o próprio Adepto, o candidato *iniciado*, se torna um Chela (Discípulo) de um Iniciado mais elevado. Ainda tem o Arhat que conquistar três graus para chegar ao topo da escala de Iniciação. Há os que o alcançaram ainda em nossa Quinta Raça; mas as faculdades que são necessárias para estes graus mais elevados só estarão plenamente desenvolvidas, para o tipo geral de asceta, no fim desta Raça-Raiz e, principalmente, na Sexta e na Sétima. Sempre existirão, portanto, Iniciados e Profanos até o fim deste Manvantara menor, o atual Ciclo de Vida. Os Arhats da "Névoa de Fogo" — os do último degrau — acham-se apenas a um passo da Raiz Fundamental de sua Hierarquia, a mais elevada que existe na Terra e em nossa Cadeia Terrestre. Essa "Raiz Fundamental" tem um nome que não pode ser traduzido em idioma ocidental senão por meio de várias palavras reunidas: o "Banyan-Humano que vive sempre". Diz-se que este "Ser Maravilhoso" desceu de uma "elevada região" durante a primeira parte da Terceira Idade, antes da separação de sexos na Terceira Raça.

À Terceira Raça, coletivamente, se dá algumas vezes o nome de "Filhos do Ioga Passivo", significando que ela foi produzida inconscientemente pela Segunda Raça, a qual, carecendo de atividade intelectual, se supõe que vivia sempre imersa naquela espécie de contemplação abstrata e vazia inerente às condições do Ioga.

No primeiro período de existência da Terceira Raça — quando ainda em estado de pureza —, os "Filhos da Sabedoria" (que se encarnaram nessa Raça, conforme adiante veremos) criaram, pelo poder de Kriyâshkti, uma geração denominada "Filhos de Ad" ou "da Névoa", "Filhos da Vontade e da Ioga", etc. Tratava-se de uma progênie consciente, porque uma parcela da Raça já se achava animada pela centelha divina de uma inteligência espiritual e superior. Essa progênie não constituía uma Raça. O primeiro foi um Ser Maravilhoso, chamado "o Iniciador", seguindo-se um grupo de Seres semi-humanos e semidivinos. "Eleitos", na *gênese* arcaica, para tarefas especiais, diz-se que neles se encarnaram os mais elevados Dhyânis — "Munis e Rishis de Manvantaras anteriores" — *para formar o seminário de Adeptos humanos do futuro*, sobre a Terra e durante o presente Ciclo. Os "Filhos da Vontade e da Ioga", nascidos, por assim dizer, de uma forma imaculada, estavam, segundo se explica, inteiramente à parte do resto da humanidade.

O "Ser" a que acima nos referimos — e que deve permanecer inominado — é a Árvore de que se ramificaram, nas eras subseqüentes, todos os grandes Sábios e Hierofantes historicamente conhecidos: o Rishi Kapila, Hermes, Enoch, Orfeu, etc. Como homem *objetivo*, é o misterioso personagem (sempre invisível aos profanos, posto que sempre presente) de que tanto falam as lendas do Oriente, e especialmente os Ocultistas e os estudantes da Ciência Sagrada. Ele muda de forma, e, não obstante, permanece sempre o mesmo. E é ele quem possui a autoridade espiritual sobre todos os Adeptos *iniciados* do mundo inteiro. É, como já dissemos, *o* "Inominado": muito embora sejam muitas as denominações que possui, o seu nome e a sua natureza são desconhecidos. É *o* "Iniciador", e o chamam a "GRANDE VÍTIMA"; porque, sentado no Umbral da LUZ, ele a contempla do Círculo de Trevas em que se encontra e que não quer transpor; e não deixará o seu posto senão no último DIA deste Ciclo de Vida. Por que permanece o Vigilante Solitário no posto que escolheu? Por que continua sentado junto à divisa da Fonte da Sabedoria Primordial, em que não precisa dessedentar-se, visto que nada tem a aprender, que já não sabia, assim na Terra como no Céu? É porque os solitários Peregrinos, cujos pés sangram em seu regresso à Pátria, jamais estão seguros, até o derradeiro instante, de não errar o seu caminho neste deserto sem limites de ilusão e de matéria, a Vida Terrestre. É porque ele deseja mostrar, a cada um dos prisioneiros que conseguiram libertar-se dos laços da carne e da ilusão, o caminho que conduz àquela região de liberdade e de luz, da qual se exilou voluntariamente. É porque, em suma, ele se sacrificou pelo bem da humanidade, ainda que só um pequeno número de eleitos possam aproveitar-se do GRANDE SACRIFÍCIO.

Foi sob a direção imediata e silenciosa dessa MAHA-GURU que todos os outros Mestres e Instrutores menos divinos se constituíram, desde o primeiro despertar da consciência humana, nos guias da humanidade primitiva. Graças a estes "Filhos de Deus", as raças humanas receberam, em sua infância, as primeiras noções de arte, ciência e conhecimento espiritual; e foram eles que assentaram as pedras fundamentais daquelas antigas civilizações, que tanto surpreendem e confundem as modernas gerações de pesquisadores e de eruditos.

Aqueles que duvidarem desta afirmativa, que apresentem uma explicação igualmente aceitável e racional do mistério do extraordinário saber demonstrado pelos antigos, eles que, na opinião de alguns, eram os descendentes próximos de selvagens inferiores, semelhantes a animais, os "homens das cavernas" da época paleolítica. Que leiam, por exemplo, obras como as de Vitrúvio Pólio, do século de Augusto, sobre arquitetura, nas quais as regras de proporção eram *as ensinadas antigamente durante as Iniciações* — se desejam conhecer essa arte verdadeiramente divina e compreender o *profundo significado esotérico oculto em cada regra e em cada lei de proporção*. Homem algum descendente de habitante das cavernas paleolíticas teria sido capaz de desenvolver, por si só, uma ciência semelhante, mesmo no decurso de miríades sem conta de anos consagrados ao pensamento e à evolução intelectual. Foram os discípulos daqueles Rishis e Devas encarnados na Terceira Raça-Raiz que, de geração em geração, transmitiram seus conhecimentos ao Egito e à Grécia, com a sua *lei de proporção*, atualmente perdida; da mesma forma que os Iniciados da Quarta Raça, os Atlantes, os legaram aos Ciclopes, os "Filhos dos Ciclos" ou "do Infinito", cujo nome passou às gerações posteriores dos sacerdotes gnósticos.

"Graças à divina perfeição daquelas proporções arquitetônicas, puderam os antigos construir essas maravilhas dos séculos, os seus templos, pirâmides, santuários, criptas, cromlechs, cairns, altares, demonstrando que possuíam conhecimento de forças mecânicas ante as quais a arte moderna não passa de um brinquedo de crianças; e a ciência de hoje, referindo-se a essas obras, diz que parecem "o trabalho de um gigante de cem mãos"[104].

É possível que os arquitetos modernos não se tenham descuidado inteiramente das regras de que se trata; mas lhes acrescentaram em inovações empíricas o bastante para destruir aquelas proporções exatas. Foi Marco Vitrúvio Pólio quem deu à posteridade as regras de construção dos templos gregos erigidos aos deuses imortais; e os dez livros de Vitrúvio sobre arquitetura, de um autor que afinal de contas era um *Iniciado*, só podem ser estudados esotericamente. Os Círculos Druídicos, os Dolmens, os Templos da Índia, do Egito e da Grécia, as Torres e as 127 cidades da Europa em que o Instituto de França reconheceu uma "origem ciclópica", são todos obras de sacerdotes-arquitetos iniciados, descendentes daqueles que foram em outro tempo instruídos pelos "Filhos de Deus" e chamados, mui justamente, "Construtores". Eis o julgamento da posteridade sobre esses descendentes:

"Não usavam argamassa, nem cimento; nem ferro, nem aço, para cortar as pedras; e no entanto foram elas trabalhadas com tal habilidade que em muitos pontos mal se percebem as junturas — embora muitas dessas pedras, como no Peru, tenham 38 pés de comprimento, 18 de largura e 6 de espessura. Nos muros da fortaleza de Cuzco há pedras ainda maiores."[105]

E também:

"O poço de Siena, construído há 5.400 anos, quando a região estava exatamente sob o trópico (o que se não verifica hoje), o foi de tal forma que, ao meio-dia, no momento preciso do solstício, todo o disco do Sol se refletia em sua superfície; obra que a ciência conjugada de todos os astrônomos da Europa não seria hoje capaz de levar a cabo."[106]

Apesar de estes assuntos só terem sido tocados ligeiramente em *Isis sem Véu*, não será demais recordar ao leitor o que ali dissemos [107] a respeito de certa Ilha Sagrada da Ásia Central, e indicar-lhe, para outras minúcias, o capítulo sobre "Os Filhos de Deus e a Ilha Sagrada", no volume II, Estância IX. Contudo, algumas explicações, ainda que fragmentárias, ajudarão o estudante a ter, desde já, um vislumbre de percepção do mistério.

Para mostrar, com suficiente clareza, pelo menos um dos pormenores que dizem respeito aos misteriosos "Filhos de Deus", mencionaremos que era destes Brahmaputras que pretendiam descender os elevados Dvijas, os brâmanes iniciados da antigüidade; enquanto que os brâmanes modernos querem fazer crer às castas inferiores que eles saíram diretamente da boca de Brahmâ. Tal é o ensinamento esotérico; acrescentando-se ainda que, muito embora descendessem aqueles (espiritualmente, é óbvio) dos "Filhos

---

(104) Kenealy, *Books of God*, pág. 118.
(105) Acosta, VI, 14.
(106) Kenealy, *ibid*.
(107) I, 587-93.

da Vontade e da Ioga", com o tempo se dividiram em sexos opostos, como fizeram mais tarde seus próprios progenitores criados pelo poder de "Kriyâshkti"; nada obstante, os seus degenerados descendentes conservaram, até os nossos dias, o maior respeito e veneração para com a função procriadora, que ainda encaram como uma cerimônia religiosa, quando os povos mais civilizados a consideram um ato meramente animal. Comparem-se, a este respeito, as idéias e as práticas ocidentais com as Instituições de Manu no tocante às regras do Grihastha ou da vida conjugal. O verdadeiro brâmane é, portanto, "aquele cujos sete antepassados beberam o sumo da planta da Lua (Soma)"; e é um "Trisuparna", porque compreendeu o segredo dos *Vedas*.

E, até hoje, sabem os brâmanes que, estando adormecida a inteligência psíquica e física desta Raça durante os seus primórdios, e não se tendo ainda desenvolvido a sua consciência, as concepções espirituais se achavam por completo desligadas do ambiente físico; que o homem *divino* habitava em sua forma animal — apesar de humana a aparência exterior; e que, se nele existia instinto, não havia a consciência do "eu" para iluminar as trevas do Quinto Princípio latente. Quando os Senhores da Sabedoria, movidos pela lei da evolução, infundiram nele a centelha de consciência, o primeiro sentimento que se manifestou foi o de solidariedade, de unidade com os seus criadores espirituais. Assim como os primeiros sentimentos do filho se dirigem para a mãe que o amamenta, do mesmo modo as primeiras aspirações da consciência despertada no homem primitivo se voltavam para aqueles cuja substância ele sentia dentro de si mesmo, embora existissem à parte e independentes dele. Desse sentimento brotou a *Devoção*, que foi assim o primeiro e principal motor da natureza humana, o único que é natural no coração do homem, que lhe é inato e que se observa igualmente na criança e no filhote do animal. Este sentimento de aspiração instintiva e irresistível no homem primitivo foi descrito pela pena de Carlyle em traços maravilhosos, que poderíamos dizer intuitivos:

"O grande coração antigo — como parece o de uma criança em sua simplicidade, e o de um homem em sua profunda e solene gravidade! O céu está sobre ele em qualquer parte da terra aonde vá ou onde resida; e da terra faz para si mesmo um templo místico, e de todas as coisas terrenas como que um culto. Visões de gloriosas criaturas resplandecem à luz diuturna do sol; voejam ainda os anjos, levando mensagens de Deus entre os homens... A maravilha e o encantamento rodeiam o homem; ele vive em um ambiente de milagre...[108] Uma grande lei de dever, tão elevada quanto estes dois infinitos (o céu e o inferno), reduzindo e aniquilando tudo o mais — era uma realidade, e ainda o é: só o invólucro pereceu; a essência persiste através do tempo e da eternidade!"[109]

Persiste, sem dúvida, e vive com toda a sua energia e poder indestrutível no coração do Ariano asiático, oriundo diretamente da Terceira Raça, por seus primeiros Filhos "nascidos da Mente", os frutos de Kriyâshakti.

---

(108) O que era *natural* aos olhos do homem primitivo passou a ser um *milagre* para nós; e o que para ele era um milagre nunca poderia ser expresso em nossa linguagem.

(109) *Past and Present*, pág. 104 (1874).

À medida que os tempos se passaram, a casta sagrada dos Iniciados produziu, se bem que raramente e de idade em idade, aquelas criaturas perfeitas: seres à parte, interiormente; apesar de iguais, exteriormente, aos seus progenitores.

Na infância da Terceira Raça primitiva,

> Um ser de mais elevada estirpe
> Faltava. Que fosse então criado:
> Consciente do próprio pensamento,
> Inda maior pelo coração;
> Feito para reinar, soberano,
> Apto para os outros comandar.

Foi chamado à existência um veículo perfeito e adequado para a encarnação de habitantes de esferas mais elevadas, que logo passaram a morar nestas formas, nascidas da *Vontade Espiritual* e do poder natural e divino no Homem. Era um filho do espírito puro, mentalmente estreme de toda eiva de elementos terrenos. Só a sua constituição física pertencia ao tempo e à vida, pois sua inteligência provinha diretamente do alto. Era a Árvore Vivente da Sabedoria Divina, sendo, portanto, comparável à "Árvore do Mundo" das lendas nórdicas, que não podia secar e morrer antes que se travasse a última batalha da vida, embora as suas raízes fossem continuamente trituradas pelo dragão Nidhogg. Porque até o primeiro e sagrado Filho de Kriyâshakti tinha o corpo corroído pelos dentes do tempo; mas as raízes do seu interno permaneciam sempre fortes e inalteradas, pois cresciam e se estendiam para o céu, e não sobre a terra. Ele foi o Primeiro dos *Primeiros,* e a semente de todos os demais. Houve outros Filhos de Kriyâshakti, produzidos por um segundo esforço espiritual; mas o primeiro continuou sendo até hoje a Semente da Sabedoria Divina, o Uno e Supremo entre os terrestres "Filhos da Sabedoria". Nada mais podemos dizer sobre este assunto, exceto que em todas as épocas — sim, a nossa inclusive — têm existido grandes inteligências, que apreenderam com exatidão o problema.

Mas, como chegou o nosso corpo físico ao estado de perfeição em que o vemos agora? Através de milhões de anos de evolução, naturalmente; mas nunca passando pela animalidade, como ensinam os materialistas.

Pois, como disse Carlyle:

"... A essência de nosso ser, o mistério do que em nós se chama o "Eu" — oh! onde as palavras para o exprimirem? — é um sopro do Céu; o Ser supremo que se revela no homem. Este corpo, estas faculdades, esta vida que possuímos — não será tudo isto como que uma vestimenta para Aquilo que não tem nome?"

O "sopro do Céu", ou melhor, o Sopro de Vida chamado Nephesh pela *Bíblia,* está em cada animal, em cada molécula animada e em cada átomo mineral. Mas nenhum destes seres ou coisas possui, como o homem, consciência de natureza idêntica à daquele "Ser Supremo" [110], e nenhum

---

(110) Não há nação alguma no mundo em que o sentimento de devoção ou de misticismo religioso seja mais desenvolvido e mais ostensivo que no povo hindu.

possui, em sua forma, essa harmonia divina que existe no homem. Já o dizia Novalis, e, depois dele, ninguém o repetiu melhor do que Carlyle:

> "Só há um templo no Universo, e é o Corpo do Homem. Nada é mais sagrado do que esta forma... Nós tocamos o Céu quando pomos a mão sobre o corpo humano. Soará isto como uma simples figura retórica; mas não o é. Se meditarmos bem, veremos que é um fato científico; a expressão... da verdade integral das coisas. Somos o *milagre* dos milagres, o grande Mistério inescrutável..." [111]

ESTÂNCIA VII

Os Progenitores do Homem na Terra

1. Observa o começo da Vida Uniforme senciente (*a*) Primeiro, o Divino (*b*)[112], o Um que procede do Espírito-Mãe [113]; depois, o Espiritual [114] (*c*); [115] os Três provindos do Um (*d*), os Quatro do Um (*e*), e os Cinco (*f*) de que procedem os Três, os Cinco e os Sete (*g*). São os Triplos e os Quádruplos em sentido descendente; os Filhos nascidos da Mente do Primeiro Senhor [116], os Sete Radiantes [117]. São eles o mesmo que tu, eu, ele, ó Lanu! os que velam sobre ti e tua mãe, Bhûmi [118].

(*a*) A Hierarquia dos Poderes Criadores divide-se esotericamente em Sete (quatro e três) compreendidas nas Doze Grandes Ordens simbolizadas pelos doze signos do Zodíaco. Estas sete ordens da escala manifestada relacionam-se com os sete planetas. Todas se acham subdivididas em inumeráveis grupos de Seres divinos espirituais, semi-espirituais e etéreos.

No Grande Quaternário — ou "os quatro corpos e as três faculdades" (exotericamente) de Brahmâ, e o Panchâsya, os cinco Brahmâs ou os cinco Dhyâni Buddhas, no sistema budista — há uma ligeira indicação das principais dessas Hierarquias.

O grupo mais elevado compõe-se das Chamas Divinas, também mencionadas como "Leões do Fogo" e "Leões da Vida", e cujo esoterismo está configurado no signo zodiacal de Leo. É o *nucleus* do Mundo Superior Divino. São os Sopros Ígneos Sem Forma, idênticos, sob certo aspecto, à Tríade Sephirothal superior, que os cabalistas situam no "Mundo-Arquétipo".

Veja-se o que disse Max Müller em seus livros sobre essa característica nacional. Tal sentimento é uma herança direta dos homens primitivos *conscientes* da Terceira Raça.
(111) *Lectures on Heroes*.
(112) Veículo.
(113) Âtman.
(114) Âtmâ-Buddhi, Alma Espiritual. Tem relação com os princípios cósmicos.
(115) E mais.
(116) Avalokiteshvara.
(117) Construtores. Os Sete Rishis criadores, agora relacionados com a constelação da Ursa Maior.
(118) A Terra.

A mesma Hierarquia, com os mesmos números, se encontra no sistema japonês, nos "Princípios" ensinados pelas seitas xintoístas e budistas. Nesse sistema, a Antropogênese precede a Cosmogênese, pois o Divino se submerge no humano e, a meio caminho de sua descida na matéria, cria o Universo visível. Os personagens legendários, como observa reverentemente Omoie, "devem ser considerados como a encarnação estereotipada da doutrina superior (secreta) e de suas verdades sublimes". A exposição completa desse antigo sistema tomar-nos-ia demasiado espaço; diremos, contudo, algumas palavras. O que se segue é uma espécie de quadro sinóptico e bastante resumido dessa Antropocosmogênese, em que se observa com clareza até que ponto os povos mais distanciados repetem o eco do mesmo ensinamento arcaico.

Quando tudo ainda era Caos (Kon-ton), três seres espirituais surgiram na cena da futura criação: 1.°) *Ame no ani naka nushi no Kami*, "o Divino Monarca do Céu Central"; 2.°) *Taka mi onosubi no Kami*, a "Progênie Exaltada, Imperial e Divina do Céu e da Terra"; 3.°) *Kamu mi musubi no Kami*, "a Progênie dos Deuses", simplesmente.

Tais seres careciam de forma e de substância — a nossa Tríade Arûpa —, pois nem a substância celeste nem a terrestre estavam ainda diferenciadas, e "a essência das coisas não tinha sido formada".

(*b*) No *Zohar* — que, tal como agora se acha, compilado e reeditado por Moisés de León, no século XIII, com o auxílio de gnósticos cristãos da Síria e da Caldéia, e corrigido e revisto mais tarde por muitas mãos cristãs, só é um pouco menos exotérico que a própria *Bíblia* — no *Zohar*, dizíamos aquele "Divino Veículo" já não se apresenta como no *Livro dos Números* caldeu. Verdade é que Ain-Soph, o Nada Absoluto e Sem Limites, utiliza também a forma do Uno, o "Homem Celeste" manifestado (a Causa Primeira), como sua Carruagem (em hebreu Mercabah, em sânscrito Vahâna), para descer e manifestar-se no mundo dos fenômenos. Mas os cabalistas não esclarecem como pode o Absoluto servir-se do que quer que seja, nem exercer algum atributo, visto que, como Absoluto, carece inteiramente de atributos; não explicam tampouco o que realmente seja a Causa Primeira (o *Logos* de Platão), a idéia original e eterna, que se manifesta por meio de Adão Kadmon, o Segundo Logos, por assim dizer.

No *Livro dos Números* se explica que Ain (En ou Aiôr) é o único existente por si mesmo, e que o seu "Oceano", o Bythos dos gnósticos, chamado Propatôr, não é senão periódico. Este último é Brahmâ, como diferenciado de Brahman ou Parabrahman. É o Abismo, a Origem da Luz ou Propatôr, que é o Logos Não-Manifestado ou a Idéia Abstrata, e não Ain-Soph, cujo Raio se serve de Adão Kadmon ("macho e fêmea") ou o Logos Manifestado, o Universo objetivo, como de uma carruagem, para que se possa manifestar. Mas no *Zohar* lemos a seguinte incongruência: "*Senior occultatus est, et absconditus; Microposopus manifestus est, et non manifestus*" [119]. É um sofisma, pois que o Microposopus, ou Microcosmo,

---

(119) Rosenroth, *Liber Mysterii*, IV, I.

somente pode existir durante suas manifestações, sendo destruído durante os Mahâpralayas. A *Kabalah* de Rosenroth, em vez de guia, é freqüentemente origem de confusão.

A *Primeira Ordem* é a Divina. Como no sistema japonês, no egípcio e em cada uma das antigas cosmogonias, nesta Chama Divina, que é o "Um", são acesos os Três Grupos descendentes. Tendo sua essência potencial no grupo superior, eles aparecem, nesse momento, como Entidades distintas e separadas. São chamados as Virgens da Vida, a Grande Ilusão, etc., e, coletivamente, a "estrela de seis pontas". Esta última, em quase todas as religiões, é o símbolo do Logos como primeira emanação. Na India, é o signo de Vishnu, o Chakra ou Roda; e na *Cabala*, o emblema do Tetragrammaton, "O de Quatro Letras", ou, metaforicamente, "os Membros do Microposopo", que são dez e seis, respectivamente.

Os últimos cabalistas, e em especial os místicos cristãos, deturparam de maneira lamentável este magnífico símbolo. E o Microposopo — que, visto sob o ângulo filosófico, é inteiramente distinto do Logos não manifestado e eterno, "uno com o Pai" — acabou sendo, depois de séculos de sofismas e de paradoxos, considerado como uno com Jehovah, o Deus *único vivente* (!), quando Jeová, afinal de contas, não é mais que Binah, um Sephira feminino. Nunca será demais insistir neste ponto, para que o leitor o grave bem: os "Dez Membros" do "Homem Celeste" são os dez Sephiroth, mas o primeiro "Homem Celeste" é o Espírito Não Manifestado do Universo, não devendo jamais ser desvirtuado e confundido com o Microposopo, a Face ou Aspecto Menor, o protótipo do homem no plano terrestre. O Microposopo, como dissemos, é o Logos manifestado, e há muitos destes Logos. Deles nos ocuparemos mais tarde.

A estrela de seis pontas relaciona-se com as seis Forças ou Poderes da Natureza, com os seis planos, princípios, etc., etc., todos sintetizados pelo sétimo ou ponto central da Estrela.

Todos, incluindo as Hierarquias superiores e inferiores, emanam da Virgem Celeste, a Grande Mãe em todas as religiões, o Andrógino, o Sephira Adão Kadmon. Sephira é a Coroa, Kether, mas somente no princípio abstrato, como um *x* matemático, a quantidade desconhecida. No plano da Natureza diferenciada, ela é a imagem feminina de Adão Kadmon, o primeiro Andrógino. A *Cabala* ensina que o *Fiat Lux* [120] se refere à formação e à evolução dos Sephiroth, e não à luz como o oposto das trevas. Diz o Rabino Simeão:

"Oh! companheiros, companheiros! O homem, como emanação, era ao mesmo tempo homem e mulher, Adão Kadmon verdadeiramente, e este é o sentido das palavras 'Faça-se a Luz, e a Luz foi feita'. E é este o homem duplo." [121]

Em sua Unidade, a Luz Primordial é o mais elevado dos princípios, o sétimo, Daiviprakriti, a Luz do Logos Não-Manifestado. Mas, em sua

---
(120) *Gênesis*, I.
(121) *Auszüge aus dem Zohar*, págs. 13-15.

diferenciação, passa a ser *Fohat* ou os "Sete Filhos". O primeiro é simbolizado pelo ponto Central no Triângulo Duplo; o segundo, pelo Hexágono, ou os "Seis Membros" do Microposopo; e o sétimo é Malkuth, a "Esposa" dos cabalistas cristãos, ou a nossa Terra. Donde as expressões:

O primeiro depois do Um é o Fogo Divino; o segundo, o Fogo com o Éter; o terceiro é composto de Fogo, Éter e Água; o quarto, de Fogo, Éter, Água e Ar. O Um não se ocupa dos Globos habitados pelo homem, mas das Esferas internas e invisíveis. O Primogênito é a VIDA, o Coração e o Pulso do Universo; o Segundo é sua MENTE e Consciência.

Esses elementos: Fogo, Água, etc., não são os nossos elementos compostos; e aquela "Consciência" não tem nenhuma relação com a nossa. A consciência do "Um Manifestado", se não é absoluta, é ainda não condicionada. Mahar, a Mente Universal, é a primeira produção do Brahmâ Criador, como também a de Pradhâna, a Matéria não diferenciada.

(c) A *Segunda Ordem de Seres Celestes*, os do Fogo e do Éter, que correspondem ao Espírito e à Alma, ou Âtmâ-Buddhi, e cujo nome é legião, ainda carecem de forma, sendo, porém, mais distintamente "substanciais". Constituem a primeira diferenciação na Evolução secundária ou "Criação", que é uma palavra enganosa. Como o nome indica, são os protótipos dos Jivas ou Mônadas que se encarnam, sendo formados pelo Espírito Flamante da Vida. Qual a luz pura do Sol, o Raio passa através deles, que lhe proporcionam o seu veículo futuro, a Alma Divina, Buddhi. Acham-se diretamente relacionados com as Legiões do Mundo Superior de *nossso* sistema. Destas Unidades Duplas emanam as "Tríplices".

Na cosmogonia japonesa, quando no meio da massa caótica aparece um núcleo em forma de ovo, que contém o germe potencial de toda a vida, é o Triplo que se diferencia. O princípio (*Yo*) masculino etéreo sobe, e o princípio feminino (*In*), mais material e grosseiro, se precipita no universo da substância, processando-se uma separação entre o celeste e o terrestre. Deste, o feminino, a Mãe, nasce o primeiro ser objetivo e rudimentar. É etéreo, sem forma nem sexo; no entanto, é dele e da Mãe que nascem os Sete Espíritos Divinos, dos quais emanarão as sete "criações", exatamente do mesmo modo que, no *Codex Nazarœus*, é de Karabtanos e da Mãe "Spiritus" que nascem os sete espíritos "mal dispostos" (materiais). Seria por demais extenso darmos aqui os nomes japoneses; mas, devidamente traduzidos, figuram na seguinte ordem:

1.º) O "Celibatário Invisível", que é o Logos Criador do "Pai" que não cria, ou a potencialidade criadora deste último, manifestada.

2.º) O "Espírito (ou o Deus) dos Abismos sem raios (Caos)", que converte em matéria diferenciada, ou material para mundos, e também no reino mineral.

3.º) O "Espírito do Reino Vegetal", da "Vegetação Abundante".

4.º) O "Espírito da Terra" e o "Espírito das Areias"; Seres de natureza dupla, a primeira encerrando a potencialidade do elemento masculino, e a segunda a do elemento feminino. Estes dois elementos eram um, ainda inconscientes de que fossem dois.

Em tal dualidade se continham: (*a*) *Isu no gaino Kami*, o Ser masculino, obscuro e musculoso; (*b*) *Eku hai no Kami*, o Ser feminino, branco, mais fraco e delicado.

Em seguida:

5.° e 6.°) Os Espíritos andróginos ou de duplo sexo.

7.°) O Sétimo Espírito, o último emanado da Mãe, e que aparece como a primeira forma divina e humana com características definidas de varão e mulher. Foi a sétima "criação", como nos *Purânas*, em que o homem é a sétima criação de Brahmâ.

Estes *Tsanagi-Tsanami* desceram ao Universo pela Ponte Celeste, a Via Láctea; a *"Tsanagi*, avistando em baixo uma caótica massa de nuvens e de água, cravou no meio delas a sua lança coberta de pedras preciosas, e a terra seca apareceu. Então os dois se separaram para explorar *Onokoro*, o mundo-ilha novamente criado". (Omoie.)

Tais são as fábulas exotéricas japonesas, a crosta que oculta a mesma verdade contida na Doutrina Secreta.

(*d*) A *Terceira Ordem* corresponde a Âtmâ-Buddhi-Manas: Espírito, Alma e Inteligência; é chamada a "Tríade".

(*e*) A *Quarta Ordem* é formada pelas Entidades substanciais. É o grupo mais elevado entre os Rûpas (Formas Atômicas). É o viveiro das Almas humanas, conscientes e espirituais. São chamados os "Jivas imortais" e constituem, por intermédio da Ordem que lhes é inferior, o primeiro Grupo da primeira Legião Setenária — o grande mistério do Ser humano consciente e intelectual. Pois este último é o campo em que jaz oculto, *em sua privação* [122], o Germe que irá *cair na geração*. Este Germe converter-se-á na força espiritual que, na célula física, guia o desenvolvimento do embrião e é a causa da transmissão das faculdades hereditárias, e de todos os atributos inerentes ao homem. Não quer isso dizer que o Ocultismo ensine ou aceite a teoria darwinista da transmissão das faculdades adquiridas. Para os ocultistas, a evolução segue linhas inteiramente diferentes; segundo o ensinamento esotérico, o físico evoluciona gradualmente do espiritual, mental e psíquico. Esta alma interna da célula física — o "plasma espiritual" que domina o plasma germinal — é a chave que deve um dia abrir as portas daquela *terra incógnita* do biologista, até agora considerada o obscuro mistério da Embriologia.

É digno de nota que, se a química moderna rejeita, por supersticiosa, a teoria do Ocultismo, e também da Religião, relativamente aos Seres substanciais e invisíveis, chamados Anjos, Elementais, etc. (sem naturalmente se deter na filosofia dessas Entidades incorpóreas, ou sobre ela meditar), foi, não obstante, inconscientemente obrigada, pela observação e pelas descobertas que se fizeram, a reconhecer e adotar a mesma razão

---

(122) Em potência, não manifestado.

de progressão e de ordem na evolução dos átomos químicos, ensinada pelo Ocultismo quanto aos seus Dhyânis e os seus Átomos (sendo a analogia a sua lei primeira). Conforme há pouco vimos, o primeiro Grupo dos Anjos Rûpa é quaternário, adicionando-se mais um elemento a cada Ordem, em escala descendente. Analogamente, são os átomos, de acordo com a nomenclatura química, monoatômicos, diatômicos, triatômicos, tetratômicos, etc., à medida que vão descendo na escala.

Convém lembrar que o Fogo, a Água e o Ar do Ocultismo, ou os chamados "Elementos da Criação Primária", não são os elementos compostos que existem na terra, mas Elementos numênicos homogêneos: os Espíritos dos elementos terrestres. Vêm depois os Grupos ou Legiões Setenárias. Se dispostos em um diagrama, em linhas paralelas com os átomos, veremos que as naturezas destes Seres correspondem, em sua escala de progressão decrescente, e de modo matematicamente idêntico, quanto à analogia, aos elementos compostos. É claro que isto somente pode observar-se em diagramas organizados por ocultistas; porque, se a escala de Seres Angélicos fosse colocada paralelamente à dos átomos químicos da Ciência — desde o hipotético hélio ao urânio —, certamente que haveria diferenças. No Plano Astral, os últimos só encontram correspondentes nas quatro ordens inferiores; os três princípios mais elevados do átomo, ou melhor, da molécula ou elemento químico, são perceptíveis unicamente ao olho do Dangma iniciado. Mas, se a química quisesse ir pelo caminho verdadeiro, teria que corrigir seu esquema tabular, para dar-lhe consonância com o dos ocultistas — o que, sem dúvida, se recusaria a fazer. Na Filosofia Esotérica, cada partícula física depende de seu correspondente número superior, o Ser a cuja essência pertence; e, em cima como em baixo, o Espiritual evolve do Divino, o Psicomental do Espiritual — tingido em seu plano inferior pelo astral —, seguindo toda a Natureza, a animada e a inanimada (em aparência), o seu processo evolutivo em linhas paralelas, e retirando o seus atributos tanto de cima como de baixo.

O número sete, aplicado ao termo Legião Setenária, referido acima, não compreende somente Sete Entidades, mas também Sete Grupos ou Legiões, como já explicamos. O Grupo mais elevado, o dos Asuras nascidos do primeiro corpo de Brahmâ, que se converteu em "Noite", é setenário; isto é, divide-se (como o dos Pitris) em sete classes, das quais três são Arûpa (sem corpo), e quatro possuem corpo [123]. São eles mais propriamente os nossos Pitris (Antepassados) que os Pitris que projetaram o primeiro homem físico.

(*f*) A *Quinta Ordem* é sobremodo misteriosa, relacionada, que é, com o Pentágono microcósmico, a estrela de cinco pontas, que representa o homem. Na Índia e no Egito, estes Dhyânis estavam associados ao Crocodilo, e sua morada era no Capricórnio. Mas, na astrologia hindu, esses termos são transmutáveis; pois o décimo signo do Zodíaco, que é chamado Makara, pode ser traduzido livremente por "Crocodilo". A palavra chega

---

(123) Veja-se *Vishnu Purâna*, livro I.

a ser interpretada de várias maneiras em Ocultismo, como se verá mais adiante. No Egito, o defunto — que tinha por símbolo o pentagrama ou a estrela de cinco pontas (correspondentes aos membros do homem) — era apresentado emblematicamente sob a aparência de um crocodilo, em que se transformava. Sebekh, ou Sevekh (o "Sétimo"), como diz Gerald Massey, atribuindo-lhe o tipo da inteligência, é na realidade um dragão, e não um crocodilo. É o "Dragão da Sabedoria", ou Manas, a Alma Humana, a Mente, o Princípio Inteligente, o *Quinto* Princípio em nossa Filosofia Esotérica.

No *Livro dos Mortos* ou *Ritual*, o defunto "osirificado", que aparece sob o emblema de um Deus em forma de múmia com cabeça de crocodilo, assim fala:

"Eu sou o crocodilo que preside ao medo. Eu sou o Deus-Crocodilo que traz a sua Alma entre os homens. Eu sou o Deus-Crocodilo que veio para destruir."

É uma alusão à destruição da pureza espiritual e divina, quando o homem adquire o conhecimento do bem e do mal, e também aos Deuses ou Anjos "caídos" de todas as teogonias.

"Eu sou o peixe do grande Horus" (como Makara é o "Crocodilo" ou veículo de Varuna). "Eu estou submergido em Sekhem." [124]

A última frase corrobora e repete a doutrina do "Buddhismo" esotérico, com aludir diretamente ao Quinto Princípio (Manas), ou melhor, à parte mais espiritual de sua essência, que se submerge em Âtmâ-Buddhi, é por ele absorvida e com ele se identifica após a morte do homem. Pois Sekhem é a residência, ou Loka, do deus Khem (Horus-Osíris ou Pai e Filho); daí o Devachan de Âtmâ-Buddhi. No *Livro dos Mortos,* vê-se o defunto entrar em Sekhem com Horus-Thot e "sair como espírito puro". Diz o defunto:

"Eu vejo as formas de [mim mesmo com vários] homens que se transformam eternamente... Eu conheço este (capítulo). Aquele que o conhece... assume toda espécie de formas viventes." [125]

E, dirigindo-se com uma fórmula mágica ao que no esoterismo egípcio se chama "o coração ancestral", ou o princípio que reencarna, o Ego permanente, diz mais o defunto:

"Oh! coração meu, meu coração ancestral, tu que és necessário às minhas transformações... não te separes de mim ante o guardião das balanças! Tu és a minha personalidade dentro do meu peito, o divino companheiro que *vela sobre as minhas carnes* (corpos)." [126]

---

(124) Cap. LXXXVIII.
(125) Cap. LXIV, 29,30.
(126) *Ibid.,* 34-35.

É em Sekhem que está oculta a "Face Misteriosa", o homem real subjacente à falsa personalidade, o crocodilo tríplice do Egito, o símbolo da Trindade superior ou Tríade humana, Âtmâ, Buddhi e Manas.

Uma das explicações do verdadeiro significado oculto desse emblema religioso egípcio descobre-se facilmente. O crocodilo é o primeiro a esperar e receber os raios ardentes do sol da manhã, e logo passou a personificar o calor solar. O surgir do sol era como a chegada na terra e entre os homens "da alma divina que anima os Deuses". Daí aquele estranho simbolismo. A múmia tomava a cabeça de um crocodilo para mostrar que era uma Alma que chegava à terra.

Em todos os antigos papiros, é o crocodilo chamado Sebekh (Sétimo); a água simboliza também, esotericamente, o quinto princípio; e, conforme já dissemos, Gerald Massey demonstra que o crocodilo era considerado a "Sétima Alma, a Alma suprema das sete, o Vidente invisível". Mesmo exotericamente, Sekhem é a morada do Deus Khem, e Khem é Hórus que vinga a morte de seu pai Osíris, e que, portanto, castiga o homem pelos seus pecados quando ele se torna uma Alma desencarnada. Assim, o defunto "osirificado" converte-se no Deus Khem, que "ceifa o campo de *Aanroo*", isto é, que colhe a sua recompensa ou o seu castigo; pois esse campo é o sítio celeste (Devachan), onde o morto recebe o *trigo*, o alimento da justiça divina. Supõe-se que o Quinto Grupo dos Seres Celestes encerra em si os duplos atributos dos aspectos espiritual e físico do Universo, os dois pólos por assim dizer, de Mahat, a Inteligência Universal, e a natureza dual do homem, a espiritual e a física. E é por isso que o seu número Cinco, duplicado e convertido em Dez, o relaciona com Makara, o décimo signo do Zodíaco.

(g) A *Sexta* e a *Sétima Ordens* participam das qualidades inferiores do Quaternário. São Entidades conscientes e etéreas, tão invisíveis quanto o Éter; como os ramos de uma árvore, elas brotam do primeiro Grupo central dos Quatro, e por seu turno fazem brotar de si inúmeros Grupos secundários, dos quais os inferiores são os Espíritos da Natureza, ou Elementais, de espécies e variedades infinitas; desde os informes e insubstanciais — os Pensamentos ideais de seus criadores — até os atômicos, organismos invisíveis à percepção humana. Estes últimos são considerados "os espíritos dos átomos", constituindo o primeiro degrau que antecede o átomo físico (criaturas sencientes, se não inteligentes). Todos estão sujeitos ao Carma, e devem esgotá-lo em cada ciclo. Ensina a Doutrina Secreta que não existem seres privilegiados no Universo; assim em nosso sistema como nos outros, assim nos mundos externos como nos mundos internos [127] — seres privilegiados à maneira dos Anjos da religião ocidental ou dos judeus. Um Dhyân Chohan não surge ou nasce como tal, subitamente, no plano da existência, isto é, como um Anjo plenamente desenvolvido; mas

---

(127) Um Mundo considera-se "Mundo Superior" não por causa de sua localização, mas por sua essência ou qualidade. O profano, no entanto, entende esse Mundo como o "Céu", colocando-o por cima de nossas cabeças.

veio a ser o que é. A Hierarquia Celeste do Manvantara atual ver-se-á transportada, no próximo ciclo de vida, a Mundos superiores, e dará lugar a uma nova Hierarquia composta dos eleitos de nossa humanidade. A existência é um ciclo interminável no seio da Eternidade Absoluta, em que se movem inúmeros ciclos internos, finitos e condicionados. Deuses criados como tais não demonstrariam nenhum mérito pessoal em ser Deuses. Semelhante classe de Seres — perfeitos unicamente em virtude da natureza imaculada e especial que lhes fosse inerente — em face de uma humanidade que luta e sofre, e ainda das criaturas inferiores, seria o símbolo de uma injustiça eterna de caráter inteiramente satânico, um crime para todo o sempre presente. Uma anomalia e uma impossibilidade na Natureza. Portanto, devem os "Quatro" e os "Três" encarnar-se como todos os demais seres.

Por outra parte, este Sexto Grupo é quase inseparável do homem, que dele retira todos os seus princípios, exceto o mais elevado e o inferior, ou seja, o seu espírito e o seu corpo: os cinco princípios humanos do meio constituem a própria essência dos Dhyânis. Paracelso dá-lhes o nome de Flagæ; os cristãos, o de Anjos da Guarda; os ocultistas, o de Pitris (Antepassados). São os Dhyân Chohans Sêxtuplos, que possuem na composição de seus corpos os seis Elementos espirituais; são, portanto, idênticos ao homem, menos o corpo físico.

Só o Raio Divino, Âtman, provém diretamente do Uno. Perguntar-se-á: como pode ser? Como é possível conceber que estes "Deuses" sejam, ao mesmo tempo, suas próprias emanações e seus "Eus" pessoais? Será em sentido idêntico ao do mundo material, em que o filho é (de certo modo) o próprio pai, visto ser o seu sangue, o osso de seus ossos e a carne de sua carne? A isso respondem os Mestres: Em verdade, assim é. Mas só depois de penetrar no âmago do mistério do Ser é que se pode ter a perfeita compreensão desta verdade.

2. O Raio Único multiplica os Raios menores. A vida precede a Forma, e a Vida sobrevive ao último átomo [128]. Através dos Raios inumeráveis, o Raio da Vida, o Um, semelhante ao Fio que passa através de muitas contas [129].

Este Sloka exprime o conceito — puramente vedantino, conforme já explicamos alhures — de um Fio de Vida, Sûtrâtmâ, passando através de sucessivas gerações. Como explicar? Recorrendo a uma comparação, a um exemplo familiar, ainda que necessariamente imperfeito, como todas as analogias de que dispomos. Antes de fazê-lo, porém, indagaremos se há quem tenha por antinatural, ou ainda por sobrenatural, o processo de crescimento e de transformação do feto até que se torne uma criança sadia, com várias libras de peso. De que se desenvolve ela? Da segmentação de

---

(128) Da forma, o Sthûla Charira ou Corpo Externo.
(129) Pérolas, no manuscrito de 1886.

um óvulo infinitamente pequeno e de um espermatozóide! Vemos em seguida que a criança cresce até ser um homem de cinco a seis pés de altura! O mesmo se dá com a expansão atômica e física do microscopicamente pequeno em algo de grandes proporções; do invisível à vista desarmada no que é visível e objetivo. A Ciência tem resposta para tudo isso, e acreditamos que sejam suficientemente corretas as suas teorias embriológicas, biológicas e fisiológicas, tanto quanto o possa confirmar a exata observação dos fatos. Entretanto, as duas principais dificuldades da ciência embriológica, a saber: quais são as forças que atuam na formação do feto, e qual é a *causa* da "transmissão hereditária" das semelhanças física, moral ou mental, nunca foram resolvidas de maneira satisfatória; e jamais o serão até o dia em que os cientistas se dignarem de aceitar as teorias ocultas. Mas, se aquele fenômeno físico a ninguém causa espanto — embora intrigue os embriólogos —, por que haveria de considerar-se ou de parecer mais impossível o nosso desenvolvimento intelectual e interno, a evolução do Humano-Espiritual no Divino-Espiritual?

Mal avisados estariam os materialistas e os evolucionistas da escola de Darwin se aceitassem as novas teorias do Professor Weissmann, autor de *Beiträge zur Descendenzlehre,* no tocante a um dos mistérios da embriologia que acabamos de mencionar, e que ele supõe ter resolvido. Ora, quando for encontrada a solução exata, terá a Ciência entrado no verdadeiro domínio do Oculto, saindo para sempre da região do transformismo, tal como ensinado por Darwin. As duas teorias são inconciliáveis, do ponto de vista do materialismo. Considerada, porém, do ponto de vista do Ocultismo, a nova teoria soluciona todos aqueles mistérios.

Os que não estão a par das descobertas do Professor Weissmann — que já foi um dos mais entusiastas darwinistas — devem ler as suas obras. O filósofo e embriólogo alemão — passando sobre as opiniões de Hipócrates e Aristóteles, e seguindo em linha reta até os ensinamentos dos antigos arianos — mostra como uma célula infinitesimal, entre um milhão de outras, trabalha pela formação de um organismo, determinando por si só, e sem nenhum auxílio, pela segmentação e multiplicação constante, a imagem correta do futuro homem ou animal, com as suas características físicas, mentais e psíquicas. É essa célula que imprime, na fisionomia e na forma do novo indivíduo, os traços dos pais ou de algum antepassado distante; é também essa célula que transmite as idiossincrasias intelectuais e mentais dos pais, e assim sucessivamente. Semelhante plasma é a parte imortal do nosso corpo, desenvolvendo-se por um processo de assimilações sucessivas. A teoria de Darwin, que considera a célula embriológica como a essência ou o extrato de todas as demais células, foi posta de lado, por incapaz de explicar as transmissões hereditárias. Só há duas maneiras de esclarecer o mistério da hereditariedade: ou a célula germinal é dotada da faculdade de atravessar todo o ciclo de transformações que conduz à elaboração de um organismo separado, e depois à reprodução de células germinais idênticas; ou *estas células germinais não têm, de modo algum, sua gênese no corpo do indivíduo, mas procedem diretamente da célula germinal hereditária, transmitida de pai a filho através de muitas gerações.* Foi esta última hipótese a admitida por Weissmann, e em que baseou os seus trabalhos, sustentando que tal célula representa a parte imortal do homem. Até aí, muito bem: mas, uma vez aceita essa teoria — que é quase correta —, como explicarão os biologistas o primeiro aparecimento daquela célula eterna? A não ser que o "homem" cresça à semelhança do imortal "Topsy" e não tenha nascido, mas caído das nuvens, como terá surgido nele aquela célula embriológica?

Completai o Plasma Físico a que nos vimos referindo, a "Célula Germinal" do homem inclusive todas as suas potencialidades, com o "Plasma Espiritual", digamos assim, ou o fluido que contém os cinco princípios inferiores do Dhyâni de Seis Princípios, e tereis em vossas mãos o segredo, se fordes bastante espiritual para compreendê-lo.

Vejamos agora a comparação prometida.

Quando a semente do homem é lançada no terreno fértil da mulher animal, não poderá germinar se não tiver sido frutificada pelas cinco virtudes [o fluido ou emanação dos princípios] do Homem Sêxtuplo Celeste. Esta é a razão por que Microcosmo é representado como um Pentágono dentro do Hexágono em forma de estrela, o Macrocosmo [130].

As funções de Jiva sobre a terra são de caráter quíntuplo. No átomo mineral está ele relacionado com os princípios inferiores dos Espíritos da Terra [os Sêxtuplos Dhyânis]; na célula vegetal, com o segundo dos mesmos princípios, Prâna [a Vida]; no animal, com os princípios anteriores mais o terceiro e o quarto; no homem, deve o germe receber a frutificação de todos os cinco, pois sem isso ele não nascerá superior ao animal [131].

Assim, é só no homem que o Jiva está completo. Quanto ao seu sétimo princípio, não é senão um dos Raios do Sol Universal. Toda criatura racional recebe como empréstimo temporário aquilo que deve um dia retornar à sua fonte. O corpo físico, esse é formado pelas Vidas terrestres inferiores, através da evolução física, química e fisiológica. "Os Bem-aventurados nada têm a ver com as depurações da matéria" — diz a Cabala no *Livro dos Números* caldeu.

Importa isso em dizer: A Humanidade, em sua primeira forma protótipica e de sombra, é uma criação dos Elohim de Vida ou Pitris; em seu aspecto qualitativo e físico, é a progênie direta dos "Antepassados", os Dhyânis inferiores ou Espíritos da Terra; e deve sua natureza moral, psíquica e espiritual a um grupo de Seres divinos, cujo nome e características serão dados nos volumes III e IV. Os homens, coletivamente, representam o trabalho de Legiões de espíritos vários; distributivamente, são os Tabernáculos dessas legiões; em caráter ocasional e individualmente, são os veículos de alguns desses Espíritos. Em nossa Quinta Raça atual,

---
(130) Ανθρωπος, uma obra sobre Embriologia oculta, livro I.
(131) Isto é, será um idiota de nascença.

tão materializada, o Espírito terreno da Quarta Raça tem ainda uma grande influência; mas já nos aproximamos dos tempos em que o pêndulo da evolução se inclinará para cima, reconduzindo a humanidade ao nível espiritual da primitiva Terceira Raça-Raiz. Durante a sua infância, a humanidade se compunha inteiramente daquela Legião Angélica — os Espíritos que habitavam e animavam os monstruosos tabernáculos de barro da Quarta Raça, construídos e constituídos por milhões e milhões de Vidas, como também o são agora os nossos corpos. Daremos depois a explicação, ainda neste Comentário.

A ciência, percebendo vagamente a verdade, pode encontrar bactérias e outros seres microscópicos no corpo humano, não vendo neles senão visitantes acidentais e anormais, aos quais se atribuem as enfermidades. O Ocultismo, que descobre uma Vida em cada átomo ou molécula, seja no corpo humano, seja no mineral, no ar, no fogo e na água, afirma que todo o nosso corpo é composto destas Vidas, e que, comparada a elas, a mais diminuta das bactérias visíveis ao microscópio é tão grande como o elefante ao lado do menor dos infusórios.

Os "tabernáculos" aperfeiçoaram-se em contextura e em simetria da forma, crescendo e desenvolvendo-se com o Globo em que se acham; mas o progresso físico se fez a expensas do Homem Interno Espiritual e da Natureza. Os três princípios intermédios, na terra e no homem, se tornaram cada vez mais materiais com a sucessão das Raças, e a Alma retraiu-se para dar lugar à Inteligência Física; convertendo-se a essência dos Elementos nos elementos materiais e compostos que hoje conhecemos.

O Homem não é, nem poderia ser, o produto completo do "Senhor Deus"; mas *é* o filho dos Elohim, tão arbitrariamente transpostos para o número singular e o gênero masculino. Os primeiros Dhyânis, que receberam a missão de "criar" o homem à sua imagem, podiam tão somente projetar as próprias sombras a fim de que, como em um modelo delicado, sobre elas trabalhassem os Espíritos da Natureza. O homem é, sem dúvida alguma, formado fisicamente pelo barro da Terra; mas os seus criadores e construtores foram muitos. Tampouco se pode dizer que "o Senhor Deus insuflou em suas narinas o Sopro da Vida", a menos que se identifique Deus com a "Vida Una", onipresente, embora invisível; e a menos que se atribua a "Deus" a mesma operação para cada "Alma Vivente" — sendo esta a Alma *Vital* (Nephesh), e não o Espírito Divino (Ruach), que só ao homem confere o grau divino da imortalidade, não alcançável por nenhum animal, enquanto animal, neste ciclo de encarnação. A confusão do "Sopro da Vida" com o "Espírito" imortal deve-se à impropriedade das expressões usadas pelos judeus e, ainda agora, pelos nossos metafísicos ocidentais, incapazes de compreender e, conseqüentemente, de admitir mais que um homem trino e uno: Espírito, Alma e Corpo. A mesma coisa se dá com os teólogos protestantes, que, ao traduzir certo versículo do Quarto Evangelho [132], lhe desvirtuaram por completo o significado. Diz a tradu-

---

(132) *João*, III, 8.

ção errônea: "o *vento* sopra onde ele quer", em vez de "o *espírito* vai aonde ele quer", como está no original e também na tradução da Igreja grega oriental.

O erudito e filosófico autor de *New Aspect of Life* procura incutir em seus leitores que o Nepesh Chiah (Alma Vivente), segundo os hebreus,

"Proveio ou foi produzido pela infusão do Espírito ou Sopro de Vida no corpo do homem em desenvolvimento, e tomou o lugar do Espírito no Eu assim constituído; de modo que o Espírito se perdeu e desapareceu na Alma Vivente."

Entende o mesmo autor que se deve considerar o corpo humano como uma matriz, na qual e da qual a Alma — que ele parece colocar acima do Espírito — se desenvolve. Considerada *funcionalmente,* e do ponto de vista da atividade, é inegável que a Alma está situada mais alto que o Espírito, neste mundo finito e condicionado de Mâyâ. A Alma — diz ele — "é produzida em último lugar, do corpo animado do homem". O autor, simplesmente, identifica o "Espírito" (Âtmâ) com o "Sopro de Vida". Os ocultistas orientais não estarão de acordo com essa opinião, que se funda no errôneo conceito de que Prâna e Âtmâ (ou Jivâtmâ) são uma só e mesma coisa. O autor apóia o argumento mostrando que, para os antigos hebreus, gregos e mesmo latinos, Ruach, Pneuma e Spíritus significavam Vento — sendo certo que assim era para os judeus, e provável que também o fosse para os gregos e romanos, existindo uma relação suspicaz entre a palavra grega anemos (vento) e a latina animus (alma).

Tudo isso assenta numa sutileza de raciocínio; mas é difícil encontrar um campo de batalha adequado para decidir a questão, pois, segundo parece, o Dr. Pratt é um metafísico prático, uma espécie de cabalista positivista, ao passo que os metafísicos orientais, especialmente os vedantinos, são todos idealistas. Os ocultistas pertencem também à escola vedantina puramente esotérica; e, muito embora designem a Vida Una (Parabrahman) como o Grande Sopro e o Torvelinho, separam da matéria, por completo, o sétimo princípio, negando que tenha relação ou conexão com ela.

Assim, reina uma confusão quase inextricável na filosofia das relações entre o lado psíquico, espiritual e mental do homem e as suas funções físicas. Melhor compreensão não se observa na atualidade quanto à antiga psicologia ária ou à egípcia; e é impossível que sejam assimiladas sem que se aceite o setenário esotérico ou, pelo menos, a divisão quinária vedantina dos princípios humanos internos. Sem isso, nunca se poderão compreender as relações metafísicas e as puramente psíquicas — e mesmo as fisiológicas — entre os Dhyân Chohans ou Anjos, em um plano, e a humanidade, em outro. Nenhuma obra esotérica oriental (ariana) foi até agora publicada; mas possuímos os papiros egípcios, que falam claramente dos sete princípios ou das "Sete Almas do Homem". O *Livro dos Mortos* dá uma lista completa das "transformações" por que passa cada Defunto quando se vai despindo, um por um, de todos aqueles princípios (materializados, para maior clareza, em entidades ou corpos etéreos). É preciso lembrar, a quantos pretendem provar que os antigos egípcios não ensinavam a Reencarnação, que a "Alma" (o Ego ou Eu) do Defunto, segundo aquele livro, passa a viver na Eternidade; que é imortal, "coetânea da Barca Solar", ou seja, do Ciclo da Necessidade, desaparecendo com ela. Essa "Alma" *surge* do Tiaou, o *Reino da Causa da Vida*, e se une com os vivos na Terra, durante o *dia*, para regressar toda *noite* ao Tiaou. Aí estão expressas as existências periódicas do Ego [133].

A sombra, a Forma astral é aniquilada, "devorada pelo Uræus" [134]; os Manes serão aniquilados; os dois Gêmeos (o Quarto e o Quinto Princípios) serão dispersados; mas a Alma-Pássaro, "a Andorinha Divina e o Uræus de Chama" (Manas e Âtmâ-Buddhi) viverão na Eternidade, porque são os maridos de sua mãe.

Outra analogia significativa entre o esoterismo ário ou bramânico e o egípcio é que o primeiro chama "Antepassados Lunares" do homem aos Pitris, e os egípcios faziam do Deus-Lua, Tath-Esmun, o primeiro antecessor humano.

Este Deus-Lua "exprimia os Sete poderes da natureza, que lhe eram anteriores e nele estavam sintetizados como as suas sete almas, que ele, como o Oitavo, exteriorizava. (Daí a oitava esfera)... Os sete raios do Heptakis caldeu, ou Iao,... sobre as pedras gnósticas, indicam o mesmo setenário de almas... Via-se a primeira forma do místico Sete figurada no céu pelas sete grandes estrelas da Ursa Maior, a constelação consagrada pelos egípcios à Mãe do Tempo e dos sete Poderes Elementais". [135]

Como o sabe perfeitamente todo hindu, essa mesma constelação representa na Índia os Sete Rishis, sendo chamada Riksha e Chitrashikandin.

O semelhante só produz o semelhante. A Terra dá ao Homem o seu corpo; os Deuses (Dhyânis) lhe dão os seus cinco princípios internos, a sobra psíquica, da qual aqueles Deuses são, com freqüência, o princípio animador. O Espírito (Âtman) é uno e inseparável. Não está no Tiaou.

Mas, que é o Tiaou? As constantes alusões ao Tiaou no *Livro dos Mortos* encerram um mistério. Tiaou é o caminho do Sol noturno, o hemisfério inferior ou a região infernal dos egípcios, que estes situavam no *lado oculto da Lua*. No Esoterismo deles, o ser humano saía da Lua (um tríplice mistério, astronômico, fisiológico e psíquico, a um só tempo), atravessava todo o ciclo da existência, e voltava depois ao lugar de seu nascimento, para dele sair outra vez. Via-se, por isso, o Defunto chegando ao Ocidente, sendo julgado perante Osíris, ressuscitando como o Deus Hórus e descrevendo círculos em torno dos céus siderais, o que é uma assimilação alegórica a Ra, o Sol; atravessando o Nut, o Abismo Celeste, e voltando mais uma vez a Tiaou — à semelhança de Osíris, que, como Deus da vida e da reprodução, reside na Lua. Plutarco [136] apresenta os egípcios celebrando uma festa denominada "O Ingresso de Osíris na Lua".

---

(133) Cap. CXLVIII.
(134) Cap. CXLIX, 51.
(135) *The Seven Souls of Man*, pág. 2, conferência de Gerald Massey.
(136) *De Isidi et Osiride*, XLIII.

No *Ritual* [137] é prometida a vida depois da morte; e a renovação da vida é posta sob a proteção de Osíris-Lanu, porque a Lua era o símbolo da renovação da vida ou reencarnação, por causa de suas fases de crescente, minguante, desaparecimento e ressurgimento em cada mês. Está dito no *Dankmoe* [138]: "Oh! Osíris-Lunus! tu que refazes a tua primavera!" E Sabekh diz a Seti I [139]: "Tu te renovas a ti mesmo, como o Deus Lunus quando era criança." Vê-se ainda mais claramente em um papiro do Louvre [140]: "Acasalamentos e concepções abundam quando ele (Osíris-Lunus) é visto nesse dia, nos céus." Diz Osíris: "Oh! raio único e resplandecente da Lua! Eu saio das multidões (de estrelas) que giram em círculos... Abre-me o Tisou, por Osíris N. Eu sairei de dia para a tarefa que tenho de fazer entre os vivos" [141], ou seja, para dar lugar a concepções.

Osíris era "Deus manifestado na geração", pois conheciam os antigos muito mais que os modernos as verdadeiras influências ocultas do disco lunar sobre os mistérios da concepção. Nos sistemas mais antigos a Lua figura sempre com gênero masculino. O Soma dos hindus, por exemplo, é uma espécie de Don Juan sideral, um "Rei" e o pai, ainda que ilegítimo, de Buddha — a Sabedoria. Isto se refere ao Conhecimento Oculto, à sabedoria adquirida mediante um completo conhecimento dos mistérios lunares, inclusive os da geração sexual. E posteriormente, quando a Lua foi associada com as deusas femininas — Diana, Ísis, Artemisa, Juno, etc. —, esta conexão também se fundava em um conhecimento completo da fisiologia e da natureza feminina, tanto física como psíquica.

Se, nas escolas dominicais, em vez de inúteis lições da *Bíblia* se ensinasse astrologia — pelo menos a parte referente às propriedades ocultas da Lua em suas influências sobre a geração — às multidões de pobres e famintos, então não haveria muito que temer quanto ao crescimento excessivo da população, nem se precisaria recorrer à discutível literatura malthusiana. Porque é a Lua com suas conjunções que regula as concepções — todo astrólogo da Índia sabe disso. Durante as Raças anteriores, e até o começo da atual, os que se permitiam relações conjugais em certas fases lunares, que as tornavam estéreis, eram considerados feiticeiros e pecadores. Mas esses pecados da antiguidade, originados pelo abuso do conhecimento oculto, seriam ainda preferíveis aos crimes que se praticam em nossos dias, decorrentes da completa ignorância de tais influências.

Primeiro que tudo, o Sol e a Lua eram as únicas divindades visíveis e (por seus efeitos *tangíveis,* por assim dizer) psíquicas e fisiológicas — o Pai e o Filho —, ao passo que o Espaço ou o Ar em geral, ou aquela extensão dos Céus que os egípcios chamavam Nut, era o Espírito oculto ou o Sopro dos dois. O Pai e o Filho se alternavam em suas funções, e opera-

---

(137) Cap. XLI.
(138) IV, 5.
(139) *Abydos,* de Mariette, lâmina 51.
(140) P. Pierret, *Études Egyptologiques.*
(141) *Ritual,* cap. II.

vam juntos harmonicamente em suas influências sobre a natureza terrestre e a humanidade; sendo por isso considerados como *um*, embora fossem *dois* como Entidades personificadas. Ambos eram masculinos, e ambos exerciam funções distintas, mas complementares entre si, na causa geradora da humanidade.

Tudo isso eram aspectos astronômicos e cósmicos, considerados e expressos em linguagem simbólica, passando a teológicos e dogmáticos em nossas últimas raças.

Mas, por trás desse véu de símbolos cósmicos e astrológicos, estavam os mistérios ocultos da antropografia e da gênese primordial do homem. A esse respeito, nenhum conhecimento de simbologia, nem mesmo o da chave da linguagem simbólica pós-diluviana dos judeus, pode servir-nos de auxílio, salvo no tocante ao que foi exposto nas escrituras nacionais para usos exotéricos e que, apesar de velado com muita habilidade, não representa senão uma parcela mínima da história real e primitiva de cada povo, referindo-se muitas vezes, como nas escrituras dos hebreus, só à vida humana terrestre da nação, e não à sua vida divina. O elemento psíquico e espiritual pertencia aos MISTÉRIOS e à INICIAÇÃO. Havia coisas que jamais eram escritas em papiros ou pergaminhos, mas gravadas em rochas e nas criptas subterrâneas, como na Ásia Central.

Entretanto, houve um tempo em que o mundo inteiro possuía "uma só língua e um só conhecimento", e o homem sabia então mais do que hoje acerca de sua origem; sabia que o Sol e a Lua, por mais importante que fosse o papel que exerceram na constituição, crescimento e evolução do corpo humano, não foram os agentes diretos que o fizeram aparecer sobre a Terra. A verdade é que tais agentes são os Poderes vivos e inteligentes que os ocultistas chamam Dhyân Chohans.

A propósito, um ilustre admirador do Esoterismo judaico noz diz que:

"A *Kabbalah* reza expressamente que Elohim é uma 'abstração geral', o que em matemática chamamos 'um coeficiente constante' ou uma 'função geral', não particular, que entra em toda construção; ou seja, a razão geral de 1 a 31415, os números Elohísticos (e astros-Dhyânicos)."

A isso responde o ocultista oriental: Conforme; é uma abstração para os nossos sentidos físicos. Mas, para nossas percepções espirituais, e para nossa visão espiritual interna, o Elohim ou Dhyânis não são mais abstrações que a nossa alma e o nosso espírito. Rejeitar um é rejeitar o outro, pois o que constitui *em nós* a Entidade *que sobrevive* é, em parte, a emanação direta daquelas Entidades celestes, e, em parte, também *elas próprias*. Uma coisa é certa: os judeus conheciam perfeitamente a feitiçaria e diversas forças maléficas; mas, com exceção de alguns de seus grandes profetas e videntes, como Daniel e Ezequiel — pertencendo Enoch a uma raça muito anterior e não a uma nação particular, senão a todas, como um caráter genérico —, sabiam muito pouco do Ocultismo realmente divino, nem dele queriam ocupar-se; o seu caráter nacional opunha-se a tudo o que se não relacionasse diretamente com os seus interesses étnicos de tribo e individuais, do que dão testemunho seus próprios profetas e as maldições que proferiam contra as raças "que não dobravam a cerviz". Mas a *Cabala* ainda mostra claramente a relação direta que existe entre os Sephiroth, ou Elohim, e os homens.

Isto posto, quando nos for demonstrado que a identificação cabalística de Jehovah com Binah, um Sephira feminino, encerra outro significado suboculto, então, e só então, poderemos os ocultistas conferir a palma da perfeição aos cabalistas. Até lá, sustentaremos que Jehovah, no sentido abstrato de "um Deus vivo", é um número simples, uma ficção metafísica, não passando a realidade senão quando posto em seu verdadeiro lugar como emanação e como Sephira, e temos o direito de afirmar que o *Zohar*, pelo menos segundo o testemunho do próprio *Livro dos Números*, expressava em sua origem, antes que os cabalistas cristãos o desfigurassem, e expressa ainda, doutrina idêntica à nossa, a saber: que o Homem provém, não de um Homem Celeste único, mas de um Grupo Setenário de Homens Celestes ou Anjos. Igual ensinamento se encontra em *Pimandro, o Pensamento Divino*.

3. Quando o Um se converte em Dois, aparece o Triplo (*a*), e os Três [142] são Um; é o nosso Fio, ó Lanu! o Coração do Homem-Planta, chamado Saptaparma (*b*).

(*a*) "Quando o Um se converte em Dois, o Triplo aparece"; isto é, quando o Um Eterno deixa cair o seu reflexo na região da Manifestação, este reflexo, o Raio, diferencia a Água do Espaço; ou, usando as palavras do *Livro dos Mortos:* "O Caos cessa ao influxo do Raio Fulgente de Luz Primordial, que dissipa toda a escuridão com o auxílio do grande poder mágico do Verbo do Sol (Central)." O Caos torna-se andrógino; a Água é incubada pela Luz, e o Ser Trino dela exsurge como o "Primogênito". "Ra (Osíris-Ptah) cria seus próprios membros (à semelhança de Brahmâ), criando os Deuses destinados a personificar suas fases" durante o Ciclo [143]. O Ra egípcio, saindo do Abismo, é a Alma Divina Universal em seu aspecto manifestado, e o mesmo é Nârâyana, o Purusha "que está oculto no Âkâsha e presente no Éter".

Tal é a explicação metafísica, e ela se reporta ao princípio mesmo da Evolução, ou, mais propriamente, da Teogonia. O significado da Estância, considerada de outro ponto de vista, em suas relações com o mistério do homem e sua origem, é ainda mais difícil de compreender. A fim de formar um conceito claro do que significa o Um converter-se em Dois e em seguida transformar-se em Triplo, é preciso que o estudante, antes de mais nada, se inteire perfeitamente do que entendemos pelo nome de Rondas. Se ler o *Esoteric Buddhism* — que foi o primeiro ensaio de um esboço aproximado da Cosmogonia arcaica — verá que Ronda é a evolução em

---
(142) Unidos entre si.
(143) *Op. cit.*, XVII, pág. 4.

série da Natureza material nascente, nos sete Globos de nossa Cadeia [144], com seus reinos mineral, vegetal e animal (incluído o homem neste último e à sua frente), durante o período completo de um Ciclo de Vida, chamado pelos brâmanes um "Dia de Brahmâ". Corresponde, em resumo, a uma revolução da "Roda" (nossa Cadeia Planetária), a qual se compõe de sete Globos ou sete "Rodas" separadas (empregada agora a palavra em outro sentido). Quando a evolução desceu, na matéria, do Globo A ao Globo G ou Z, uma Ronda se completou. Na metade da Quarta revolução, ou seja, de nossa Ronda atual, "a evolução atingiu o ponto culminante de seu desenvolvimento físico, coroando sua obra com o homem físico perfeito, e daí em diante inicia a volta para o espírito". Não se faz mister insistir neste ponto, que já foi bem explicado no *Esoteric Buddhism*. O que não ficou suficientemente esclarecido, dando ensejo a vários mal-entendidos, foi a origem do homem; estamos agora em condições de trazer um pouco mais de luz sobre essa questão, o bastante, pelo menos, para tornar mais compreensível a Estância, pois o assunto somente terá explicação completa na ocasião própria — nos volumes III e IV.

Cada Ronda, no arco descendente, é uma repetição, de maneira mais concreta, da Ronda anterior; e cada Globo, até a nossa quarta Esfera, a Terra atual, é uma cópia mais densa e material da Esfera que a precede, em sua ordem sucessiva nos três planos superiores [145]. Passando ao arco ascendente, a evolução espiritualiza e eteriza, por assim dizer, a natureza geral das coisas, colocando-as no mesmo nível do plano em que se acha o globo gêmeo, no arco oposto; daí resultando que, ao chegar ao sétimo Globo, em qualquer das Rondas, a natureza de tudo o que evoluciona retorna à condição existente no ponto de partida, com a adição, em cada vez, de um grau novo e superior nos estados de consciência. É claro, portanto, que a chamada "origem do homem" neste Planeta, na presente Ronda ou Ciclo de Vida, deve ocupar o mesmo lugar e a mesma

---

(144) Vários críticos hostis pretenderam provar que a nossa primeira obra *Isis sem Véu*, não aludiu nem aos Sete Princípios do homem, nem à constituição setenária de nossa Cadeia. Muito embora naquele livro só pudéssemos fazer uma breve indicação da doutrina, há nele muitas passagens que se referem claramente à constituição sétupla do homem e da Cadeia. Falando sobre os Elohim (volume II, pág. 420), dissemos: "Eles permanecem sobre o sétimo céu (ou mundo espiritual), pois que, segundo os cabalistas, são os que formaram, sucessivamente, os seis mundos materiais, ou melhor, os projetos de mundos que precederam o nosso, sendo este o sétimo." O nosso Globo, no diagrama que representa a Cadeia, é naturalmente o sétimo e o inferior, não obstante ser o quarto no arco descendente da matéria, dado o caráter cíclico da evolução dos Globos. Dissemos ainda (II, 367): "Segundo as crenças egípcias, *do mesmo modo que em todas as demais crenças baseadas na filosofia*, não era o homem simplesmente... uma união de alma e corpo; era uma trindade, pois se lhe acrescentava o espírito. Ensinava mais a doutrina que o homem possuía... corpo... forma astral ou sombra... alma animal... alma superior... inteligência terrestre... (e) um sexto princípio, etc."; e o sétimo é o ESPÍRITO. Tão claramente, se acham ali mencionados esses princípios que até no *Indice* (II, 683) se lê: "Os Seis Princípios do Homem", sendo que o sétimo é, na realidade, a síntese dos seis — não propriamente um princípio, mas uma centelha do TODO ABSOLUTO.

(145) Veja-se o Diagrama III, pág. 239.

ordem — salvo quanto a certos aspectos atinentes às condições de lugar e de tempo — que na Ronda precedente. Cabe ainda explicar e lembrar que, assim como o trabalho de cada Ronda está a cargo de um Grupo diferente dos chamados Criadores ou Arquitetos, assim também sucede em relação a cada Globo, que se acha sob a vigilância e a direção de Construtores e Supervisores especiais: os diversos Dhyân Chohans.

"Criadores" não é a palavra correta, pois nenhuma religião, nem mesmo a seita dos Visishthadvaitis da Índia (que antropomorfiza o próprio Parabrahman), acredita na criação *ex-nihilo* dos judeus e cristãos, e sim na evolução de materiais preexistentes.

O Grupo da Hierarquia incumbido de "criar" os homens é, portanto, um Grupo especial; e desenvolveu o homem-tipo neste Ciclo, precisamente como o fez um Grupo ainda mais elevado e espiritual na Terceira Ronda. Mas, como aquele Grupo é o Sexto na escala descendente da espiritualidade (sendo o sétimo e último o dos Espíritos Terrestres, ou Elementais, que formam, constroem e condensam gradualmente o corpo físico do homem), não pode elaborar senão a forma etérea do homem futuro, uma cópia sutil, transparente, pouco visível, dos seres que compõem o mesmo Grupo.

À Quinta Hierarquia (os seres misteriosos que presidem à constelação do Capricórnio, Makara ou "Crocodilo", na Índia e no Egito), compete a tarefa de animar a forma animal, vazia e etérea, dela fazendo o Homem Racional. Este é um dos assuntos sobre os quais muito pouco se pode dizer ao público em geral. É realmente um mistério, mas somente para aqueles que se obstinam em rejeitar a existência de Seres Espirituais, conscientes e intelectuais no Universo, limitando a Consciência plena ao homem e assim mesmo como uma "função do cérebro" unicamente. Muitas daquelas Entidades Espirituais se encarnaram corporalmente no homem, desde que este apareceu; e, sem embargo, existem ainda, tão independentes como antes, no infinito do Espaço.

Mais claramente: uma dessas Entidades invisíveis pode estar corporalmente presente na Terra, sem contudo abandonar a sua condição e as suas funções nos planos supra-sensíveis. Se há necessidade de alguma explicação, só nos cabe pedir a atenção do leitor para casos análogos registrados no "Espiritismo", embora sejam muito raros, pelo menos no que se refere à natureza da Entidade que se encarna ou se incorpora temporariamente no médium. Porque os chamados "espíritos", que podem algumas vezes apoderar-se do corpo do médium, não são as Mônadas ou Princípios Superiores de personalidades desencarnadas. Tais "espíritos" só podem ser Elementares ou Nirmânakâyas. Da mesma forma que certas pessoas, seja em virtude de uma constituição peculiar, seja pelo poder do conhecimento místico que tenham adquirido, podem ser vistas em seu "duplo" num lugar, quando o seu corpo se acha a muitas milhas de distância, fato semelhante pode também acontecer com Seres superiores.

O homem, filosoficamente considerado, é, em sua forma exterior, simplesmente um animal, apenas um pouco mais perfeito que o seu antepassado da Terceira Raça, parecido com o pitecóide. É um Corpo vivo, não um Ser vivente, por isso que a percepção da existência, o *"Ego Sum"*, necessita da consciência de si mesmo, e um animal não pode ter senão a consciência direta ou o instinto. Sabiam-no muito bem os antigos, tanto assim que os próprios cabalistas consideravam a alma e o corpo duas vidas independentes uma da outra. Em *New Aspects of Life*, o autor [146] expõe o seguinte ensinamento cabalístico:

"Sustentam eles que, funcionalmente, o Espírito e a Matéria, quando possuíam uma opacidade e uma intensidade correlativa, tendiam a unir-se; e que os Espíritos criados, então resultantes, eram constituídos, no estado de desencarnados, por uma gama que reproduzia as diferentes opacidades e transparências do Espírito elemental ou incriado. Afirmam também que esses Espíritos, em estado de desencarnados, atraíam, apropriavam, digeriam e assimilavam o Espírito e a Matéria elementais que tinham condição conforme à deles... Que, portanto, existia uma grande diferença nas condições dos Espíritos criados, e que, na associação íntima entre o mundo do Espírito e o mundo da Matéria, os Espíritos mais densos, no estado de desencarnados, eram atraídos para a parte mais densa do mundo material, e tendiam, assim, para o centro da Terra, onde encontravam ambiente mais apropriado ao seu estado; ao passo que os Espíritos mais transparentes passavam para a aura que circunda o planeta, sendo que os mais diáfanos encontravam seu domicílio no satélite."

Refere-se isso exclusivamente aos nossos Espíritos Elementais, e nada tem a ver com as Forças Inteligentes Planetárias, Siderais, Cósmicas ou interetéricas, ou "Anjos", como as denomina a Igreja Romana. Os cabalistas judeus, e especialmente os ocultistas práticos que se dedicavam à magia cerimonial, só levaram em conta os Espíritos dos Planetas e os chamados "Elementais". Assim, o que precede abrange apenas uma parte dos ensinamentos esotéricos.

A Alma, cujo veículo corpóreo é o envoltório astral, etéreo-substancial, pode morrer, continuando o homem, não obstante, a viver sobre a terra. Quer dizer: pode a alma libertar-se do tabernáculo e abandoná-lo por diversas razões, tais como a loucura, a depravação espiritual e física, etc. A possibilidade de que a Alma (isto é, o Ego eterno, espiritual) reside nos mundos invisíveis, enquanto seu corpo continua a viver na terra, é uma doutrina eminentemente oculta, máxime nas filosofias chinesa e budista. Há muitos homens *sem alma* entre nós, sabendo-se que este fenômeno ocorre com pessoas materializadas e perversas ao último ponto, assim como entre aqueles "que se adiantaram em santidade e não mais retornam".

Por conseguinte, o que os homens viventes (Iniciados) podem fazer, com maior razão e mais facilmente o podem os Dhyânis, livres que estão do embaraço representado por um corpo físico. Esta era a crença dos pré-diluvianos, e hoje ganha rapidamente terreno também na moderna sociedade inteligente, entre os "espiritistas", sendo ainda admitida nas Igrejas Grega e Romana, quando ensinam a ubiqüidade de seus Anjos.

Os zoroastrianos consideravam os seus Amshaspends como entidades duplas (Ferouers), aplicando esta dualidade — em sua filosofia esotérica

---

(146) De Henry Pratt, M.D., M.S.T., págs. 340-351: *"Genesis of the Soul"*.

pelo menos — a todos os habitantes espirituais e invisíveis dos inumeráveis mundos objetivos do espaço. Em uma nota de Damáscio (século VI) a respeito dos oráculos caldeus, temos um amplo testemunho da universalidade desta doutrina; eis o que ele diz: "Nestes oráculos, os sete Cosmocratas do Mundo (as "Colunas do Mundo" a que também se refere São Paulo) são duplos: uma parte está à frente do governo dos Mundos superiores, espirituais e siderais; e a outra tem a missão de velar sobre os mundos materiais." Idêntica é a opinião de Jâmblico, que traça uma distinção bem nítida entre os Arcanjos e os Arcontes [147].

O que antecede naturalmente é aplicável à distinção feita entre os graus ou ordens dos Seres Espirituais, e neste sentido o interpreta e ensina a Igreja Católica Romana; pois, ao mesmo tempo em que ela considera os Arcanjos como espíritos divinos e santos, denuncia os respectivos "Duplos" como Demônios. Mas a palavra Ferouer não deve ser entendida com esse sentido: significa tão-somente o reverso ou o lado oposto de um atributo ou qualidade. Assim, quando o ocultista diz que "o Demônio é o inverso de Deus" — o mal, o reverso da medalha — não pretende significar duas realidades separadas, senão dois aspectos ou facetas da mesma Unidade. Ora, o melhor dos homens, posto ao lado de um Arcanjo (tal como o descreve a Teologia), havia de parecer um ente infernal. Donde se vê que, se existe algum motivo para depreciar um "duplo" inferior, imerso muito mais profundamente na matéria que o seu original, bem poucas razões haverá para classificá-lo como demônio — e é isto precisamente o que fazem os católicos romanos, contra toda a lógica.

Essa identidade entre o Espírito e seu "Duplo" material — no homem é o inverso — explica melhor ainda a confusão, a que já nos referimos nesta obra, quanto aos nomes e individualidades, e também quanto ao número, dos Rishis e dos Prajapatis, sobretudo os do Período da Satya Yuga e os do Período do Mahâbharata. E lança mais luz sobre o que ensina a Doutrina Secreta em relação aos Manus-Raízes e Manus-Sementes. Segundo a Doutrina, não só esses Progenitores da nossa humanidade têm o seu protótipo nas Esferas Espirituais, mas também o possui todo ser humano, sendo o protótipo deste último a essência mais elevada de seu Sétimo Princípio. Assim, de sete os Manus passam a ser quatorze, sendo o "Manu-Raiz" a Causa Primeira e o Manu-Semente o seu efeito; e, a contar do Satya Yuga (o primeiro período) até o Período Heróico, os Manus ou Rishis chegam ao número de vinte e um.

(*b*) A última frase da Sloka mostra quanto são antigas a crença e a doutrina de que o homem é sétuplo em sua constituição. O "Fio" do Ser, que anima o homem e que passa através de todas as suas personalidades ou renascimentos na Terra — alusão ao Sutrâtmâ —, o "Fio" que enlaça todos os "Espíritos", é feito da essência do Trino, do Quádruplo e do Quíntuplo, os quais contêm todos os que os precedem. Panchâshikha [148],

---

(147) *De Mysteriis*, II, 3.
(148) Panchâshikha (sânscrito): uma coleção de cinqüenta.

segundo o *Padma Purâna*[149], é um dos sete *Kumaras* que vão a Shveta--Dvipa para adorar Vishnu. Veremos mais adiante qual a conexão existente entre os castos e "celibatários" Filhos de Brahmâ, que se negam a "multiplicar", e os mortais terrestres. É evidente, porém, que o "Homem-Planta, Saptaparna", se relaciona com os Sete Princípios, e que o homem é comparado a essa planta de sete folhas, tão sagrada entre os budistas.

A alegoria egípcia do *Livro dos Mortos,* quando à "recompensa da Alma", faz lembrar também a nossa Doutrina Setenária, e a exprime em termos bastante poéticos. Concede-se ao Defunto um lote de terra no campo de Aanroo, onde os Manes, as sombras divinizadas dos mortos, colhem a messe das ações que semearam na vida: o trigo de sete côvados de altura, que cresce em um terreno dividido em sete e em quatorze partes. Esse trigo é o alimento que os fará viver e prosperar ou que os matará no Amenti, reino do qual o campo de Aanroo é só uma das regiões. Porque, como diz o hino [150], ali o Defunto ou é destruído ou se converte em Espírito puro por toda a Eternidade, como conseqüência das "sete vezes setenta e sete vidas" passadas ou por passar na Terra. A imagem do trigo, que se colhe como fruto de nossas ações, é muito sugestiva.

5. É a Raiz que jamais perece; a Chama de Três Línguas e Quatro Mechas (*a*). As Mechas são as Centelhas que partem da Chama de Três Línguas[151] projetada pelos Sete — dos quais é a Chama — Raios de Luz e Centelhas de uma Lua que se reflete nas Ondas moventes de todos os Rios da Terra (*b*)[152].

(*a*) A "Chama de Três Línguas" que jamais se extingue é a Tríade espiritual e imortal: Âtmâ-Buddhi-Manas, ou melhor, a colheita deste último, assimilada pelos dois primeiros, depois de cada vida terrestre. As "Quatro Mechas" que surgem e desaparecem são o Quaternário — os quatro princípios inferiores, inclusive o corpo.

"Eu sou a Chama de Três Mechas, e as minhas Mechas são imortais" — diz o Defunto. "Eu entro no domínio de Sekhem (o Deus cujas mãos espalham as sementes da ação produzida pela alma desencarnada) e na região das Chamas que destruíram os seus adversários (isto é, que se libertaram das Quatro Mechas geradoras do pecado)."[153]

"A Chama de Três Línguas das Quatro Mechas" corresponde às quatro Unidades e aos três Binários da Árvore Sephirothal.

(*b*) Assim como milhares de centelhas reluzentes dançam sobre as águas de um oceano por cima do qual brilha somente uma lua, do mesmo

---

(149) *Asiatic Researches,* XI, 99-100.
(150) Cap. XXXII, 9.
(151) Sua Tríade Superior.
(152) Bhumi ou Prithivi.
(153) *Livro dos Mortos,* I, 7. Compare-se também com os *Mistérios de Rostan.*

modo as nossas personalidades transitórias — invólucros irreais do imortal Ego-Mônada — rodopiam e tremeluzem nas ondas de Mâyâ. Surgem, e permanecem sobre as "Águas Correntes" da Vida durante o período de um Manvantara, à semelhança das miríades de cintilações produzidas pelos raios da lua enquanto a Rainha da Noite irradia o seu esplendor; e depois desaparecem, sobrevivendo tão-somente os "Raios" — símbolos de nossos Egos espirituais e eternos — que regressam à Fonte Materna e se tornam unos com ela, como eram dantes.

5. A Centelha pende da Chama pelo mais tênue fio de Fohat. Ela viaja através dos Sete Mundos de Mâyâ (*a*). Detém-se no Primeiro[154], e é um Metal e uma Pedra; passa ao Segundo[155], e eis uma Planta, a Planta gira através de sete mutações, e vem a ser um Animal Sagrado (*b*)[156]. Dos atributos combinados de todos esses, forma-se Manu[157], o Pensador. Quem o forma? As Sete Vidas e a Vida Una (*c*). Quem o completa? O Quíntuplo Lha. E quem aperfeiçoa o último Corpo? O Peixe, o Pecado e Soma... (*d*)[158].

(*a*) A expressão "através dos Sete Mundos de Mâyâ refere-se aos sete Globos da Cadeia Planetária e às sete Rondas, ou às quarenta e nove estações da existência ativa que se apresentam ante a "Centelha" ou Mônada, no início de cada Grande Ciclo de Vida ou Manvantara. O "Fio de Fohat" é o Fio de Vida já mencionado anteriormente.

Temos aqui o maior dos problemas filosóficos: a natureza física e substancial da Vida. Nega a ciência moderna a natureza independente da Vida; e a nega por ser incapaz de compreendê-la.

Os que acreditam na reencarnação e no Carma são os únicos que têm uma vaga percepção de que todo o segredo da vida está na série ininterrupta de suas manifestações, seja no corpo físico, seja fora dele. Porque, se:

> A vida, qual cúpula de cristais multicores,
> Tinge a resplandecente alvura da Eternidade [159],

é, contudo, em si mesma, uma partícula dessa Eternidade. E só a Vida pode compreender a Vida.

Que é aquela "Centelha" que está suspensa da "Chama"? É Jiva, a Mônada em conjunção com Manas, ou melhor, com o aroma deste último, aquilo que sobrevive de cada Personalidade quando é meritória, e que pende de Âtmâ-Buddhi, a Chama, pelo Fio da Vida. De qualquer maneira, e seja qual for o número de princípios em que se divida o homem, fácil é

---

(154) Reino.
(155) Reino.
(156) A primeira Sombra do Homem Físico.
(157) O Homem.
(158) A Lua.
(159) Shelley, *Adonais*.

demonstrar que esta doutrina era ensinada por todas as religiões antigas, desde a religião védica até a dos egípcios, desde a de Zoroastro até a dos judeus. Quanto a esta última, temos sobejas provas nas obras cabalísticas. Todo o sistema dos números cabalísticos se baseia no Setenário divino suspenso da Tríade (formando assim a Década), e nas suas permutações 7, 5, 4 e 3, que, finalmente, se fundem todas no próprio *Um*: o círculo infinito e sem limites.

Diz o *Zohar*:

"A Divindade (a presença sempre invisível) manifesta-se por intermédio dos Dez Sephiroth, que são as suas testemunhas radiantes. Do Oceano da Divindade flui uma caudal chamada Sabedoria, que verte suas águas em um lago chamado Inteligência. Deste receptáculo promanam, como sete canais, os Sete Sephiroth... Porque *dez* equivale a *sete*: a Década contém *quatro* Unidades e *três* Binários."

Os dez Sephiroth correspondem aos membros do Homem.

"Quando eu (os Elohim) formei Adão Kadmon, o Espírito do Eterno brotou de seu Corpo, qual um relâmpago, irradiando subitamente sobre as ondas *Sete* milhões de estrelas, e os meus *dez* Esplendores eram os seus Membros."

Mas nem a Cabeça nem os Ombros de Adão Kadmon podem ser vistos; e, assim, lê-se no *Siphra Dzenioutha*, o "Livro do Mistério Oculto":

"No começo do Tempo, depois que os Elohim (os "Filhos de Luz e de Vida", ou os Construtores) formaram da Essência Eterna os Céus e a Terra, construíram os Mundos de seis em seis."

O sétimo é Malkuth, que é a nossa Terra[160], em seu plano, o mais inferior de todos os planos de existência consciente. O *Livro dos Números* caldeu contém uma explicação minuciosa de tudo isso.

"A primeira tríade do Corpo de Adão Kadmon (os três planos superiores, dos sete)[161] não pode ser vista antes que a alma se encontre em presença do Ancião dos Dias."

Os Sephiroth dessa Tríade superior são: 1.º) "Kether (a Coroa), representada pela fronte do Macroposopo; 2.º) Chokmah (a Sabedoria, Princípio Masculino), representado pelo seu ombro direito; 3.º) Binah (a Inteligência, Princípio feminino), representada pelo ombro esquerdo." Vêm depois os *sete* Membros, ou Sephiroth nos planos da manifestação; sendo a totalidade destes quatro planos representada por Microposopo, a Face Menor ou Tetragrammaton, o Mistério de "quatro letras". "Os *sete* Membros manifestados e os *três* ocultos constituem o Corpo da Divindade."

---

(160) Veja-se *Mantuan Codex*.
(161) A formação da "Alma Vivente", ou Homem, expressaria a idéia com maior clareza. "Alma Vivente", na *Bíblia*, é sinônimo de Homem. Corresponde aos nossos sete "Princípios".

Assim, nossa Terra, Malkuth, é a um só tempo o *sétimo* e o *quarto* Mundo. É o sétimo quando se conta a partir do primeiro Globo de cima, e o quarto se pela ordem dos planos. Foi gerado pelo Sexto Globo (ou Sephira), chamado Yezud, "Fundação", ou, como figura no *Livro dos Números*, "por meio de Yezud, Ele (Adão Kadmon) fecunda a Heva primitiva (Eva ou a nossa Terra)". Esta é a explicação, vertida para linguagem mística, de que Malkuth (chamado a Mãe Inferior, Matrona, Rainha e o Reino da Fundação) seja representado como a esposa do Tetragrammaton ou Microposopo (o Segundo Logos), o Homem Celeste. Quando estiver livre de toda impureza, unir-se-á ao Logos Espiritual, o que se dará na Sétima Raça da Sétima Ronda, após a regeneração, no dia do "Sábado". Porque o "Sétimo Dia", repetimos, tem uma significação oculta que os nossos teólogos não suspeitam.

"Quando Matronitha, a Mãe, é separada e posta face a face com o Rei, na excelência do Sábado, todas as coisas se convertem em um corpo." [162]

Converter-se em um corpo significa que tudo é de novo reabsorvido no Elemento Uno, tornando-se Nirvânis os espíritos dos homens e voltando outra vez os elementos de todas as coisas ao que eram antes: o *Protilo* ou Substância não diferenciada. "Sábado" quer dizer Repouso ou Nirvana. Não é o *"sétimo dia"* após *seis* dias, mas um período cuja duração equivale à dos sete "dias", ou qualquer período composto de sete partes. Assim, um Pralaya tem a mesma duração de um Manvantara, ou melhor, uma Noite de Brahmâ é igual ao seu Dia. Se os cristãos querem seguir os costumes judeus, devem adotar-lhes o espírito, e não a letra morta. Deveriam trabalhar durante uma semana de sete dias, e *descansar* sete dias. Que a palavra "Sábado" tinha uma significação mística, demonstra-se no pouco apreço de Jesus por esse dia e também pelo que se lê em *Lucas* [163]. Sábado é tomado ali como a *semana inteira*. Veja-se o texto grego, em que a semana é denominada "Sábado"; literalmente: "Eu jejuo duas vezes no sábado." Paulo, que era Iniciado, o sabia perfeitamente quando falava do repouso e da felicidade eterna nos Céus como de um Sábado [164]: "E sua felicidade será eterna, pois eles serão sempre (um) com o Senhor, e gozarão de *um Sábado eterno."* [165]

A diferença entre a *Cabala* e a Vidya Esotérica arcaica — considerando-se a *Cabala* tal como se contém no *Livro dos Números* caldeu, e não como se mostra em sua cópia deturpada, a *Cabala* dos místicos cristãos — é realmente insignificante, consistindo tão só em divergências de forma e de expressão sem maior importância. Por exemplo: o Ocultismo oriental refere-se à nossa Terra como sendo o Quarto Mundo (o mais baixo de todos), acima do qual se situam os seis outros Globos, três em cada lado

---

(162) *Ha Idra Zuta Kadisha*, XXII, pág. 746.
(163) XVIII, 12.
(164) *Hebreus*, IV.
(165) Cruden, *sub voce*.

da curva. Por sua vez, o *Zohar* menciona a Terra como o inferior ou o *Sétimo*, acrescentando que dos outros seis dependem todas as coisas nela existentes (Microposopo). A "Face Menor (menor porque manifestada e finita) é formada de seis Sephiroth" — diz o mesmo livro. 'Sete Reis surgem e *morrem no Mundo três vezes destruído* (Malkuth, nossa Terra é destruída em cada uma das Rondas por que passa); e seus reinos (os dos sete Reis) serão aniquilados." [166] É uma alusão às Sete Raças, das quais *cinco* já apareceram e *duas* estão ainda por vir nesta Ronda.

As narrações alegóricas xintoístas a respeito da cosmogonia e da origem do homem, no Japão, falam dessa mesma crença.

O Capitão C. Pfoundes, que durante cerca de nove anos estudou, nos mosteiros do Japão, a religião que está no fundo de todas as diferentes seitas ali existentes, diz o seguinte:

"Esta é a idéia xintoísta da criação: Saindo do Caos (Kon-ton), a Terra (In) era o sedimento precipitado, e os Céus (Yo) as essências etéreas que se elevaram; o Homem (Jin) apareceu entre os dois. O primeiro homem foi chamado Kuni-to ko tatchino-mikoto, *dando-se-lhe ainda outros cinco nomes*; e então surgiu a raça humana, de macho e fêmea. Isanagi e Isanami procriaram Tenshoko doijin, o primeiro dos cinco Deuses da Terra."

Estes "Deuses" correspondem simplesmente às nossas Cinco Raças, sendo Isanagi e Isanami duas espécies de "Antepassados", as duas Raças anteriores que deram nascimento ao homem animal e ao homem racional.

Mostraremos nos volumes III e IV que o número sete e a doutrina da constituição setenária do homem ocupavam um lugar preeminente em todos os sistemas secretos, e desempenha um papel tão importante na Cabala ocidental quanto no Ocultismo oriental.

Eliphas Lévi diz que o número sete "é a chave da criação mosaica e dos símbolos de todas as religiões". Expõe como a Cabala segue fielmente a mesma divisão setenária do homem, pois o diagrama que apresenta em sua *Clef des Grands Mystères* [167] é setenário, conforme se pode ver à mais simples inspeção, apesar de se achar habilmente velado o pensamento exato. A mesma coisa ocorre com o diagrama "A Formação da Alma" incluído na *Kabbalah Unveiled* de Mathers [168], que o extraiu da mencionada obra de Lévi, embora seja diferente a interpretação.

Na página seguinte reproduzimos este último diagrama, com os nomes cabalísticos seguidos da respectiva denominação ocultista.

Eliphas Lévi designa por Nephesh o que nós chamamos Manas, e *vice-versa*. Nephesh é o Sopro de Vida (animal) no homem, o Sopro de Vida (*instintiva*) no animal; e Manas é a Terceira Alma — humana em seu aspecto luminoso, e animal em suas relações com Samael ou Kâma. Nephesh é, na realidade, o "Sopro de Vida" (animal) insuflado em Adão,

---

(166) *Livro dos Números*, I, VII, 3.
(167) Pág. 389.
(168) Lâmina VII, pág. 37.

o Homem de Barro; e, portanto, a Centelha Vital, o Elemento animador. Sem Manas, a "Alma Racional" ou Mente — que no quadro de Lévi é incorretamente chamada Nephesh —, Âtmâ-Buddhi permanece irracional neste plano e não pode atuar. Buddhi é o Mediador Plástico, e não Manas,

DIAGRAMA IV

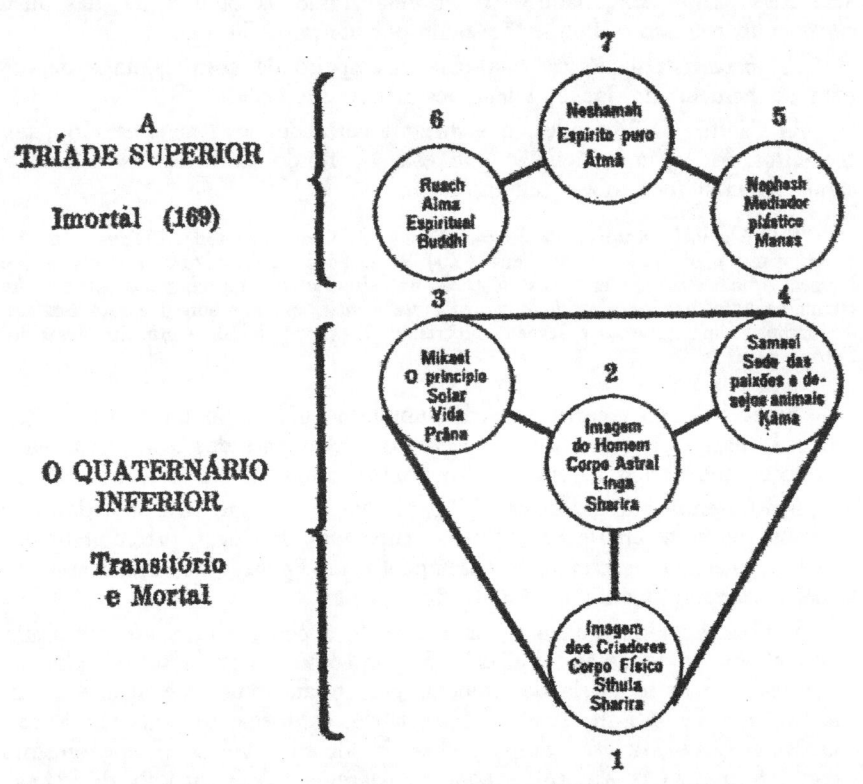

A TRÍADE SUPERIOR

Imortal (169)

- 7 — Neshamah / Espírito puro / Âtmã
- 6 — Ruach / Alma Espiritual / Buddhi
- 5 — Nephesh / Mediador plástico / Manas

O QUATERNÁRIO INFERIOR

Transitório e Mortal

- 3 — Mikael / O princípio Solar / Vida / Prâna
- 4 — Samael / Sede das paixões e desejos animais / Kâma
- 2 — Imagem do Homem / Corpo Astral / Linga Sharira
- 1 — Imagem dos Criadores / Corpo Físico / Sthula Sharira

que não passa de médium inteligente entre a Tríade Superior e o Quaternário Inferior. São muitas, porém, as curiosas e estranhas transformações que se vêem nas obras cabalísticas, prova convincente da lamentável confusão em que incide essa literatura. Nós não aceitamos tal classificação, a não ser exclusivamente para mostrar os pontos em que coincide com a nossa.

Vamos agora apresentar um quadro comparativo entre as explicações do sábio Eliphas Lévi a respeito do seu diagrama e o que ensina a Doutrina Secreta. Lévi faz também uma distinção entre a Pneumática oculta e a cabalística.

---

(169) A Tríade está separada do Quaternário Inferior, porque este último se dissocia após a morte.

— Diz Eliphas Lévi, o cabalista:

PNEUMÁTICA CABALÍSTICA

1. A Alma (ou Ego) é uma luz velada, e esta luz é tríplice.
2. Neshamah — O Espírito puro.
3. Ruach — A Alma ou Espírito.
4. Nephesh — O Mediador Plástico [171].
5. A vestimenta da Alma é o córtex (corpo) da Imagem (Alma Astral).
6. A Imagem é dupla, porque reflete o bem e o mal.

7. (A Imagem; o Corpo.)

PNEUMÁTICA OCULTA
(Segundo Eliphas Lévi)

1. Nephesh é imortal, porque renova sua vida pela destruição das formas.
   (Mas Nephesh, o "Sopro da Vida", é uma denominação errônea e uma inútil confusão para o estudante.)
2. Ruach progride pela evolução das idéias (!).
3. Neshamah é progressivo, sem esquecimento nem destruição.

— Dizem os teósofos:

PNEUMÁTICA ESOTÉRICA

1. A mesma coisa: porque é Âtmâ-Buddhi-Manas.
2. A mesma coisa [170].
3. A Alma Espiritual.
4. O Mediador entre o Espírito e o Homem: a Sede da Razão, a Mente, no homem.
5. Correto.
6. Isto é por demais apocalíptico, sem nenhuma utilidade. Porque o *astral* reflete tanto o homem bom como o mau; o homem que ou tende sempre para a Tríade Superior ou, do contrário, desaparece com o Quaternário.
7. A Imagem Terrestre.

PNEUMÁTICA OCULTA
(Segundo os ocultistas)

1. Manas é imortal, porque em cada nova encarnação acrescenta algo de si mesmo a Âtmâ-Buddhi; e deste modo, assimilando-se à Mônada, participa de sua imortalidade.
2. Buddhi se torna consciente pelo que assimila de Manas com a morte do homem, após cada encarnação nova.
3. Âtmâ nem progride, nem esquece, nem recorda. Não pertence a este plano: mas é um Raio de

---

(170) Eliphas Lévi, intencionalmente ou não, confundiu os números. Para nós, o seu número 2 é o número 1 (o Espírito); e, fazendo de Nephesh, ao mesmo tempo, o Mediador Plástico e a Vida, ele em verdade só enumera seis princípios, porque repete os dois primeiros.
(171) O Esoterismo ensina a mesma coisa. Manas, porém, não é Nephesh, nem este último é o princípio astral, e sim o Quarto Princípio e também o Segundo, Prâna; pois Nephesh é o "Sopro de Vida" no homem, assim como no animal e no inseto; da vida física e material, que em si mesma não possui nenhuma espiritualidade.

	Luz eterna que brilha através da escuridão da matéria, quando esta última se inclina para ele.
4. A Alma possui três habitações.	4. A Alma — coletivamente como Tríade Superior — *vive* em três planos, além do quarto, a esfera terrestre; e *existe* eternamente no mais elevado dos três.
5. São tais habitações: o Plano dos Mortais, o Éden Superior e o Éden Inferior.	5. São tais habitações: a Terra, para o homem físico ou Alma animal; Kâma-Loka (Hades, Limbo), para o homem desencarnado ou o seu "cascão"; o Devachan, para a Tríade Superior.
6. A Imagem (o homem) é uma esfinge que propõe o enigma do nascimento.	6. Correto.
7. A Imagem fatal (a Astral) confere a Nephesh suas aptidões; mas Ruach é capaz de substituí-la com a Imagem conquistada em consonância com as inspirações de Neshamah.	7. O Astral, por meio de Kâma (o Desejo), atrai continuamente Manas para a esfera das paixões e desejos materiais. Mas se o homem *melhor*, ou Manas, se esforça por escapar à atração fatal, e orienta suas aspirações para Âtmâ (Neshamah), então Buddhi (Ruach) vence, levando consigo Manas para o Reino do Espírito Eterno.

É evidente que o cabalista francês ou não conhecia suficientemente a verdadeira doutrina ou pretendeu modificá-la por motivos particulares e para ajustá-la a suas próprias idéias. Vejam-se, por exemplo, as afirmações que ele faz ainda sobre este assunto, adiante transcritas; ao lado, constam as observações que a nós, ocultistas, cabe formular em resposta ao falecido cabalista e seus seguidores.

1. O corpo é o molde de Nephesh; Nephesh, o molde de Ruach; Ruach, o molde das *vestes* de Neshamah.	1. O corpo segue os impulsos, bons ou maus, de Manas; Manas procura seguir a Luz de Buddhi, mas freqüentemente falha. Buddhi é o molde das "vestes" de Âtmâ, pois Âtmâ não é o corpo, nem forma, nem coisa, e Buddhi não é o seu veículo senão *em sentido figurado*.

2. A Luz (a Alma) personifica-se em se revestindo (com um corpo); e a personalidade só subsiste enquanto a veste se mantém perfeita.

3. Os Anjos aspiram a tornar-se homens; um homem perfeito, um homem-Deus, está acima de todos os Anjos.

4. Em cada 14.000 anos a Alma rejuvenesce, e repousa no sonho ditoso do esquecimento.

2. A Mônada se converte em um Ego pessoal quando se encarna; e algo desta personalidade persiste por intermédio de Manas, quando este é bastante perfeito para assimilar Buddhi.

3. Correto.

4. Durante um grande período, uma "Grande Idade" ou um Dia de Brahmâ, reinam 14 Manus; depois vem o Pralaya, quando todas as Almas (Egos) repousam no Nirvana.

Tais são as cópias desfiguradas da Doutrina Esotérica, na *Cabala*. Voltemos, porém, ao Sloka 5 da Estância VII [172].

(*b*) Há um conhecido aforismo cabalístico que diz: "A pedra se converte em planta; a planta em animal; o animal em homem; o homem em espírito; e o espírito em um deus." A "Centelha" anima sucessivamente todos os reinos, antes de penetrar e animar o homem divino; e entre este e o seu predecessor, o homem animal, existe todo um mundo de diferença. O *Gênesis* começa a sua antropologia no ponto errado — evidentemente para velar a verdade — e não conduz a parte alguma. Seus primeiros capítulos jamais visaram a representar, nem sequer como alegoria remota, a criação de *nossa* Terra. Registram um conceito metafísico de um período indefinido da eternidade, quando a lei de evolução promovia ensaios sucessivos para a formação do Universo. A idéia está claramente exposta no *Zohar*.

"Houve antigos mundos, que pereceram logo depois de virem à existência; não tinham forma, e eram chamados "Centelhas". Como as faíscas que se espalham por todos os lados, quando o ferreiro malha o ferro rubro. Aquelas Centelhas eram os mundos primordiais, que não podiam durar, porque o Sagrado Ancião (Sephira) ainda não havia assumido a sua forma (de andrógino, ou de sexos opostos) como Rei e Rainha Sephira e Kadmon); e o Mestre ainda se não havia disposto à obra." [173]

Se o *Gênesis* tivesse principiado por onde devia, sua narrativa mencionaria em primeiro lugar o Logos Celeste, o "Homem Celeste", que se desenvolve como Unidade Múltipla de Logos, Logos que aparecem em sua totalidade — como o primeiro "Andrógino" ou Adão Kadmon, o "Fiat Lux" da *Bíblia*, conforme já vimos — após o sono praláico, o sono

---
(172) Veja-se, on Vol. III, Estância X: "Os Primitivos Manus da Humanidade".
(173) *Zohar*, "Idra Suta", livro III, pág. 292, *b*.

que funde em Um todos os Números dispersos sobre o plano mayávico, à semelhança dos glóbulos de mercúrio que em um prato se confundem numa só massa. Mas semelhante transformação não se passou em nossa Terra, nem em qualquer plano material, e sim nos abismos do Espaço, onde se efetua a primeira diferenciação da eterna Raiz da Matéria.

Em nosso Globo nascente, as coisas sucederam de maneira diferente. A Mônada ou Jiva, como dissemos em *Ísis sem Véu* [174], foi precipitada inicialmente, pela Lei de Evolução, na forma mais baixa da matéria: o mineral. Encerrada na pedra (ou no que iria tornar-se mineral e pedra na Quarta Ronda), e depois de um giro sétuplo, daí a Mônada desliza para fora como um líquen, por assim dizer. E, passando através de todas as formas de matéria vegetal, e depois ao que se chama de matéria animal, alcança o ponto em que se deve converter, digamos assim, no germe do animal que se transformará em homem físico. Tudo isso, até a Terceira Raça, é sem forma, como matéria, e insensível, como consciência. Porque a Mônada ou Jiva, *per se*, não pode ser considerada sequer como Espírito: é um Raio de Luz, um Sopro do Absoluto, ou antes, algo *na condição de Absoluto*; e a Homogeneidade Absoluta, não tendo nenhuma relação com o finito, condicionado e relativo, é inconsciente em nosso plano. Assim, além do material de que necessita para sua futura forma, requer a Mônada: (*a*) um modelo espiritual ou protótipo, para dar configuração àquele material; e (*b*) uma consciência inteligente, para guiar a sua evolução e progresso; — coisas que não possui a Mônada homogênea nem a matéria viva desprovida de mente. O Adão de barro necessita que lhe seja insuflada a Alma da Vida: os dois princípios do meio, que são a vida *senciente* do animal irracional e a Alma Humana.

Quando o homem, de andrógino potencial que era, vem a separar-se em macho e fêmea, então, e só então, adquire uma Alma consciente, racional e individual (Manas), "o princípio ou inteligência dos Elohim", devendo, para isso, comer o fruto do Conhecimento, produzido pela Árvore do Bem e do Mal. Como obtém tudo isso? A Doutrina Oculta ensina que, enquanto a Mônada cumpre o seu ciclo de descida na matéria, esses mesmos Elohim ou Pitris — os Dhyân Chohans inferiores — evolucionam *pari passu* com ela, num plano mais elevado, descendo também em relação à matéria no seu próprio plano de consciência, até atingirem certo ponto, em que se encontram com a Mônada encarnante não mentalizada, imersa na matéria inferior; e, enlaçando-se as duas potencialidades, Espírito e Matéria, tal união produz aquele símbolo terrestre do "Homem Celeste" do espaço: O HOMEM PERFEITO.

Na Filosofia Sânkhya alude-se a Purusha (Espírito) como algo que só pode atuar quando apoiado sobre os ombros de Prakriti (Matéria), sendo esta última, por sua vez, inerte e insensível quando abandonada a si mesma. Na Filosofia Secreta, porém, ambos são havidos como separados por gradações. Espírito e Matéria, conquanto em sua origem sejam uma só e a mesma coisa, têm cada qual o seu processo evolutivo, uma vez que se

---

(174) II, 302.

acham no plano da diferenciação, processo que segue direções contrárias: o Espírito caindo gradualmente na matéria, e esta subindo progressivamente à sua condição original, a de Substância espiritual e pura. Os dois são inseparáveis; e, contudo, sempre separados. No plano físico, dois pólos semelhantes se repelem sem cessar, ao passo que o positivo e o negativo se atraem mutuamente; é assim que também se comportam o Espírito e a Matéria, um em relação ao outro, pois são os dois pólos da mesma Sabedoria homogênea, o Princípio-Raiz do Universo.

Portanto, ao soar a hora em que Purusha deve subir aos ombros de Prakriti para a formação do Homem Perfeito — o Homem rudimentar das duas e meia primeiras Raças, sendo tão-somente o *primeiro* que evoluciona gradualmente para o *mais perfeito dos mamíferos* —, os Antecessores Celestes (Entidades de Mundos anteriores, na Índia chamadas os Shishta) entram nesse nosso plano e encarnam no homem físico ou animal, como os Pitris o haviam feito anteriormente para a formação deste último. Assim, os dois processos que culminam nas duas "criações" — a do homem animal e a do homem divino — diferem consideravelmente. Os Pitris projetam, de seus corpos etéreos, símiles deles próprios, ainda mais etéreos e sutis — o que hoje chamaríamos "duplos" ou "formas astrais", à sua própria imagem [175]. Isso dá à Mônada sua primeira habitação, e à matéria cega um modelo sobre o qual ela pode daí em diante construir.

Mas *o Homem está ainda incompleto*. Em todas as escrituras arcaicas ficou impresso o selo desta doutrina, desde o Svâyambhuva Manu [176], de quem descenderam os sete Manus ou Prajâpatis primitivos (cada um dos quais deu nascimento a uma Raça primitiva de homens), até o *Codex Nazaræus*, no qual Karabtanos, ou Fetahil, a matéria cega e concupiscente, engendra em sua Mãe *Spiritus* sete Figuras, cada qual representando o progenitor de uma das sete Raças primitivas.

"Quem forma a Manu (o Homem), quem forma o seu corpo? A Vida e as Vidas. O Pecado [177] e a Lua." Aqui Manu representa o homem espiritual e celeste, o Ego real que não morre em nós e que é a emanação direta da "Vida Una" ou Divindade Absoluta. Quanto aos nossos corpos físicos exteriores, a habitação ou tabernáculo da Alma, a Doutrina ministra uma estranha lição; tão estranha que, ainda quando explicada por completo e compreendida de maneira cabal, só poderá ser plenamente comprovada pela Ciência exata do futuro.

Já tivemos oportunidade de dizer que para o Ocultismo não existe nada inorgânico no Cosmos. A expressão "substância inorgânica", usada pela Ciência, significa apenas que a vida latente, adormecida nas moléculas da chamada "matéria inerte", é incognoscível. TUDO É VIDA, e cada átomo,

---

(175) Leia-se em *Isis sem Véu* (vol. II, págs. 297-303) a doutrina do *Codex Nazaræus*; todos os princípios de nossos ensinamentos ali se encontram sob uma forma ou alegoria diferente.

(176) *Manu*, Livro I.

(177) A palavra "Pecado" (Sin) é bastante curiosa, mas tem uma relação particular e oculta com a Lua; sendo, aliás, o seu equivalente caldeu.

mesmo o do pó mineral, é uma VIDA, muito embora paire acima de nossa compreensão e percepção, por situar-se fora dos limites das leis conhecidas pelos que não admitem o Ocultismo. "Os próprios átomos" — diz Tyndall — "parece que possuem o desejo instintivo de viver." Donde vem, portanto, indagamos nós, essa tendência da matéria para "assumir a forma orgânica"? Porventura será explicável de outro modo que não o dos ensinamentos da Ciência Oculta?

Os mundos, para o profano, estão construídos com os Elementos conhecidos. Segundo o conceito de um Arhat, estes Elementos, coletivamente, são uma Vida Divina; distributivamente, no plano das manifestações, são as inumeráveis massas de Vidas. O Fogo somente é UM no plano da Realidade Única: no da Existência manifestada, e portanto ilusória, suas partículas são Vidas ígneas, que vivem e existem às expensas das outras Vidas que elas consomem. São, por isso, chamadas "os Devoradores"... Cada coisa visível neste Universo é constituída por VIDAS semelhantes, desde o homem primordial, divino e consciente, até os agentes inconscientes que elaboram a matéria... Da VIDA UNA, sem forma e incriada, procede o Universo de Vidas. Primeiro, manifestou-se do Abismo [Caos] o Fogo frio e luminoso [luz gasosa?], o qual formou os Coágulos no Espaço [nebulosas irredutíveis, talvez?]... Estes combateram, e um grande calor se desenvolveu nos encontros e colisões, produzindo a rotação. Surgiu então o primeiro Fogo MATERIAL manifestado, as Chamas ardentes, os Vabagundos do Céu [cometas]. O calor gera vapor úmido; este forma água sólida (?), e depois névoa seca, em seguida névoa líquida, aquosa, que apaga o luminoso resplendor dos Peregrinos [Cometas?], e forma Rodas sólidas e líquidas [Globos de MATÉRIA]. Bhûmi [a Terra] aparece com seis irmãs. Estas produzem, com seu movimento contínuo, o fogo inferior, o calor e uma névoa aquosa, que dá lugar ao Terceiro Elemento do Mundo — a ÁGUA; e do sopro de tudo nasce o AR [atmosférico]. Estes quatro são as quatro Vidas dos quatro primeiros Períodos [Rondas] do Manvantara. Os três últimos seguir-se-ão.

O Comentário alude, no início, às "inumeráveis massas de Vidas". Estaria Pasteur dando inconscientemente o primeiro passo no rumo do Ocultismo, ao declarar que, se ousasse exprimir todas as suas idéias sobre o assunto, diria que as células orgânicas são dotadas de uma força vital cuja atividade continua após cessarem de receber o fluxo de oxigênio, e que por isso não rompe suas relações com a própria vida, a qual é mantida pela influência daquele gás? "Acrescentaria eu" — continua dizendo Pasteur — "que a evolução do germe se realiza mediante fenômenos complicados, entre os quais devemos incluir a fermentação"; e a vida, segundo Claude Bernard e Pasteur, não passa de um processo de fermentação. Que existem na Natureza Seres ou Vidas que podem viver e desenvolver-se sem ar, mesmo em nosso Globo, é o que ficou demonstrado por aqueles homens de ciência. Pasteur descobriu que muitas vidas inferiores, tais como os vibriônios e certos micróbios e bactérias, podem existir sem o ar, que, pelo contrário, os extermina. Extraem o oxigênio necessário à sua multiplicação das várias substâncias que os rodeiam. Ele deu-lhes os nomes de *aeróbios*, seres que se nutrem com os tecidos de nossa matéria quando esta última deixa de fazer parte de um todo integral e vivente (correspondendo assim ao que a Ciência chamou, aliás de modo anticientífico, "matéria morta"), e *anaeróbios*. Os primeiros absorvem o oxigênio e contribuem em grande escala para a destruição da vida animal e dos tecidos vegetais, proporcionando à atmosfera materiais que entram depois na formação de outros organismos; os segundos destroem, ou melhor, aniquilam finalmente a chamada substância orgânica, sendo impossível a decomposição última sem a sua participação. Certas células-germes, como as da levedura de cerveja, se desenvolvem e se multiplicam no ar; mas, quando dele privadas, se adaptam por si mesmas à vida sem ar e se convertem em fermentos, absorvendo oxigênio das substâncias que entram em contato com elas e que são assim destruídas. As células, nas frutas, quando lhes falta o oxigênio livre, atuam como fermentos e provocam a fermentação. "Neste caso, portanto, a célula vegetal manifesta sua ação vital como um ser anaeróbio. Por que, então, deve a célula orgânica constituir uma exceção?" — pergunta o professor Bogoludof. Pasteur fez ver que, nas substâncias dos nossos tecidos e órgãos, a célula, não encontrando suficiente oxigênio, estimula a fermentação do mesmo modo que a célula da fruta; e Claude Bernard acredita que a idéia de Pasteur sobre a formação de fermentos encontrou aplicação e confirmação no aumento de uréia que se verifica no sangue durante o estrangulamento. A VIDA, por conseguinte, está em toda a parte no Universo, e — é o que ensina o Ocultismo — também existe no átomo.

"Bhûmi aparece com seis irmãs" — diz o Comentário. Reza um ensinamento védico que "há três Terras, correspondentes aos três Céus, e que nossa Terra, a quarta, é chamada Bhûmi." Esta é a explicação dada pelos nossos orientalistas ocidentais exotéricos. Mas o significado esotérico e a alusão contida nos *Vedas* se referem à nossa Cadeia Planetária: "três Terras", no arco descendente, e "três Céus", que são também três Terras ou Globos — muito mais etéreas, porém — no arco ascendente ou espiritual. Pelas três primeiras nós descemos na matéria; pelas outras três ascendemos ao Espírito; o Globo inferior, nossa Terra, constitui, por assim dizer, o ponto de inflexão, e contém *potencialmente* tanto o Espírito como a Matéria. Ocupar-nos-emos disso mais tarde.

O ensinamento geral do Comentário é que cada nova Ronda desenvolve um dos Elementos compostos, tais como são hoje conhecidos pela ciência (que rejeita a primitiva nomenclatura, preferindo subdividi-los segundo os seus componentes). Se a Natureza no plano manifestado é um "Eterno vir a ser", então aqueles Elementos têm que ser considerados do mesmo ponto de vista: devem evolver, progredir e crescer até o fim do Manvantara.

Assim, a Primeira Ronda não desenvolveu senão um Elemento, uma só natureza e uma só humanidade, naquilo que se pode chamar um aspecto da Natureza, ou o que alguns denominam, de modo algo anticientífico (embora *de facto* assim possa ser), "espaço de uma dimensão".

A Segunda Ronda manifestou e desenvolveu dois Elementos, o Fogo e a Terra; e sua humanidade (se é possível dar o nome de humanidade a seres que viviam em condições hoje ignoradas pelo homem), adaptada às circunstâncias então vigentes na Natureza, era "uma espécie de duas dimensões", para de novo empregarmos uma expressão familiar em um sentido estritamente figurado, o único de que nos podemos servir corretamente.

Os processos de desenvolvimento natural que estamos agora considerando vêm elucidar e ao mesmo tempo desacreditar a especulação habitual sobre os atributos de um espaço com *Duas, três, quatro* e até mais dimensões; mas, de passagem, vale a pena chamar a atenção para o significado real da intuição correta, embora incompleta, que tem inspirado (entre os espíritas, os teósofos e alguns eminentes homens de ciência)[178] o uso da expressão moderna "quarta dimensão do espaço". Antes de tudo, carece de maior importância o absurdo superficial de supor-se que o espaço pode ser mensurado em uma dimensão qualquer. Aquela frase familiar não pode ser mais que um modo de abreviar o aspecto mais completo da questão: a *"Quarta dimensão da matéria no Espaço"*[179]. Esta última forma, porém, ainda que ampliada, continua sendo uma expressão pouco feliz, porquanto, se é exato que o progresso da evolução pode levar-nos a conhecer novas qualidades características da matéria, aquelas com as quais já nos achamos familiarizados são, na realidade, mais numerosas que as correspondentes às três dimensões.

As qualidades, ou (o que talvez seja um termo mais apropriado), as características da matéria, devem sempre ter uma relação direta e clara com os sentidos do homem. A matéria possui extensão, cor, movimento (movimento molecular), sabor e odor, faculdades que correspondem aos sentidos existentes no homem; a próxima característica a desenvolver — e que por enquanto denominaremos "Permeabilidade" — corresponderá ao próximo sentido que o homem deve adquirir, e que chamaremos "Clarividência Normal".

Desse modo, quando alguns audazes pensadores buscavam ansiosamente uma quarta dimensão do espaço, para explicar a passagem da matéria através da matéria e a produção de nós em uma corda sem fim, o que realmente lhes escapava era uma *sexta característica* da matéria. Em verdade as três dimensões pertencem a um só dos atributos ou características da matéria, a extensão; e com razão o senso comum se insurge contra a idéia de que, seja qual seja a condição das coisas, possam existir mais do que as três dimensões de comprimento, largura e espessura. Estes termos e a própria palavra "dimensão" estão associados a um estado de pensa-

---

(178) A teoria do Prof. Zollner foi muito bem recebida por vários sábios, que são também espiritistas: os Professores Butlerof e Wagner, de São Petersburgo, por exemplo.

(179) "Dar realidade às abstrações é o erro do Realismo: o Espaço e o Tempo são, com freqüência, considerados à parte de todas as experiências concretas da mente, em vez de serem generalizações destas últimas em certos aspectos." (Bain, *Logic*, parte II, pág. 319.)

mento, a um grau de evolução, a uma qualidade característica da matéria. Enquanto existirem unidades de medida entre os recursos do Cosmos, para serem aplicadas à matéria, não será possível medi-las senão de três modos, e nada mais; assim como, desde o tempo em que surgiu pela primeira vez no entendimento humano a noção de medida, nunca foi possível aplicá-la senão apenas em três sentidos.

Estas considerações, todavia, não implicam de maneira alguma infirmar a certeza de que, no curso do tempo, à medida que se desdobrem as faculdades humanas, também se multipliquem as características da matéria. Vale ainda notar que aquele modo de expressar é muito menos correto do que o usado correntemente quando se diz que o Sol "nasce" ou "se põe".

Retornemos agora ao exame da evolução material através das Rondas.

Conforme dissemos, a matéria, na Segunda Ronda, pode ser considerada como de duas dimensões, em sentido figurado. Mas cumpre advertir uma coisa. Esta expressão livre e figurada pode considerar-se — até certo ponto, como vimos — equivalente à segunda característica da matéria, a que corresponde à segunda faculdade perceptiva ou segundo sentido do homem. Esses dois graus conexos da evolução acham-se, porém, associados aos processos em curso dentro dos limites de uma só Ronda. A sucessão dos aspectos primários da Natureza, a que está ligada a sucessão das diferentes Rondas, tem relação, repetimos, com o desenvolvimento dos Elementos (em sentido oculto): Fogo, Ar, Água, Terra. Estamos ainda na Quarta Ronda, e o nosso catálogo não vai além deste ponto. A ordem em que acabamos de nomear os Elementos é a correta do ponto de vista esotérico e nos Ensinamentos Secretos. Milton estava certo quando falou das "Potências do Fogo, do Ar, da Água e da Terra". A Terra, tal como a vemos hoje, não existia antes da Quarta Ronda, que foi o período em que surgiu a nossa Terra geológica, há centenas de milhares de anos. O Globo era, diz o Comentário, *"incandescente, frio e radiante, como os seus homens e animais etéreos, durante a Primeira Ronda"* (o que para a nossa ciência atual parece contraditório ou paradoxal); *"luminoso e mais denso e pesado na Segunda Ronda; aquoso durante a Terceira"*. Inverteu-se, deste modo, a ordem dos Elementos.

Os centros de consciência da Terceira Ronda, destinados a desenvolver-se na humanidade que hoje conhecemos, chegaram à percepção do Terceiro Elemento, a Água.

Se tivéssemos que basear as nossas conclusões nos dados e informações dos geólogos, diríamos que não existia água verdadeira, mesmo durante o período carbonífero.

Afirma-se que massas gigantescas de carbono, anteriormente difundidas na atmosfera sob a forma de ácido carbônico, foram absorvidas pelas plantas, ao mesmo tempo em que uma grande parte desse gás se misturava com a água.

Ora, se assim foi, se devemos crer que todo o ácido carbônico que serviu para formar as plantas e deu nascimento ao carbono betuminoso, à linhita, etc., e que contribuiu para a formação dos calcários, etc.; se devemos crer, dizíamos, que todo ele se encontrava em suspensão na atmosfera sob a forma gasosa, teriam então existido mares e oceanos de ácido carbônico líquido!

Mas, como poderia o período carbonífero ser precedido pelos períodos devoniano e siluriano — o dos Peixes e Moluscos —, em face daquela teoria? Ademais, a pressão barométrica devia ser, a esse tempo, várias vezes superior à pressão de nossa atmosfera atual. Como podiam suportá-la organismos tão simples como os de certos peixes e moluscos?

Existe um livro curioso de Blanchard acerca da Origem da Vida, em que ele aponta algumas estranhas contradições e confusões nas teorias de seus colegas. Recomendamos essa obra à atenção do leitor.

Os centros de consciência da Quarta Ronda acrescentaram um estado de matéria, a Terra, aos outros três elementos em sua atual transformação.

Em suma: nas Rondas precedentes, nenhum dos chamados Elementos existia tal como é hoje.

Quanto esteja ao nosso alcance, o FOGO devia ser o Âkâsha *puro*, a Primeira Matéria do "Magnum Opus" dos Criadores e Construtores, aquela Luz Astral que o paradoxal Eliphas Lévi ora chama "Corpo do Espírito Santo", ora "Baphomet", o "Bode Andrógino de Mendés"; o AR devia ser o azoto, o "Sopro dos Sustentáculos da Cúpula Celeste", na alegoria dos místicos maometanos; a ÁGUA, aquele fluido primordial que, segundo Moisés, foi necessário para formar uma "Alma Vivente".

Estariam, assim, explicadas as discrepâncias flagrantes e as asserções anticientíficas que constam do *Gênesis*. Separe-se o primeiro capítulo do segundo; leia-se o primeiro como a escritura dos eloístas, e o segundo como a dos jeovistas, estes muito posteriores àqueles. Ver-se-á, lendo nas entrelinhas, que é sempre a mesma a ordem em que apareceram as coisas criadas: Fogo (Luz), Ar, Água, Homem (ou Terra).

Porque a frase do primeiro capítulo (o eloísta): "No princípio, Deus criou o Céu e a Terra", é uma tradução errônea; não eram o céu e a terra, mas o Céu *duplex;* o Céu duplicado, o *superior* e o *inferior*, ou seja, o desdobramento da Substância Primordial, que era luminosa em sua parte superior, e obscura na parte inferior (o Universo manifestado), em seu duplo aspecto — o *invisível* (para os sentidos) e o *visível* (para nossas percepções).

"Deus separou a luz das trevas", e criou depois o firmamento (Ar). "Que haja um firmamento no meio das águas, e separe as águas das águas", isto é, "as águas que estavam sob o firmamento" (nosso Universo manifestado e visível) "das águas *sobre* o firmamento" (os planos de existência invisíveis para nós). No capítulo seguinte (o jeovista), as plantas e as ervas são criadas antes da água, da mesma forma que, no primeiro, *a luz é criada antes do sol*. "Deus fez a terra e os céus e todas as plantas do campo, *antes que elas existissem na terra*, e todas as ervas do campo, *antes que elas brotassem*, porque o Senhor Deus (Elohim) ainda não havia feito chover sobre a terra, etc." — um absurdo, a não ser que se admita a explicação esotérica. As plantas *foram* criadas antes de as haver sobre a terra, *porque então não existia a terra tal como é hoje*; e a erva do campo antes de brotar como o faz agora, na Quarta Ronda.

Analisando e explicando a natureza dos Elementos invisíveis e do "Fogo Primordial" a que nos temos referido, Eliphas Lévi dá a este último, invariavelmente, o nome de "Luz Astral"; para ele é o "Grande Agente Mágico".

Sem dúvida que assim é, mas tão-só no que concerne à Magia *Negra* e aos planos inferiores do que chamamos Éter, cujo númeno é o Âkâsha; até isso, porém, seria considerado inexato pelos ocultistas ortodoxos. A "Luz Astral" é simplesmente a antiga "Luz Sideral" de Paracelso; e dizer que "tudo o que existe dela evolveu, e que ela conserva e reproduz todas as formas", como aquele escreve, é enunciar uma verdade só no que respeita à segunda proposição. A primeira é errônea, porque, se tudo quanto existe houvesse evolvido *por intermédio* ou *através* do mencionado agente, este não seria a Luz Astral, já que a Luz Astral não é mais que o veículo de *todas* as coisas ou, quando muito, o espelho em que se reflete o *todo*. Eliphas Lévi a considera, com razão, "uma força da Natureza", por meio da qual "um homem, que a dominasse..., poderia semear a confusão no mundo e transformar a sua face", pois que é o "Grande Arcano da Magia Transcendente".

Citando as palavras do grande cabalista ocidental, nos termos em que foram traduzidas [180], conseguiremos talvez explicar melhor, com o acréscimo eventual de uma ou duas palavras a fim de fazer ressaltar a diferença entre as versões ocidentais e as orientais do mesmo assunto. Diz o autor, a propósito do Grande Agente Mágico:

"Esse fluido ambiente, que impregna todas as coisas, esse raio destacado do esplendor do Sol [Central ou Espiritual]... fixado pelo peso da atmosfera (?!) e pela força da atração central... a Luz Astral, esse éter eletromagnético, esse calórico vital e luminoso, é representada nos monumentos antigos pelo cinto de Ísis que se enrosca ao redor de dois pólos... e nas teogonias antigas pela serpente que devora a própria cauda, emblema da prudência e de Saturno [emblema do infinito, da imortalidade e de Cronos — o Tempo — e não do Deus Saturno ou do planeta]. É o dragão alado de Medéia, a serpente dupla do caduceu e o tentador do *Gênesis*; mas é também a serpente de bronze de Moisés rodeando o Tau... finalmente, é o diabo do dogmatismo exotérico, e é, em verdade, a força cega [não é cega, e Lévi bem o sabia] que as almas devem vencer a fim de se libertarem das cadeias da Terra; porque, se o não fizerem, serão absorvidas pelo mesmo poder que primeiro as produziu, e voltarão ao fogo central e eterno."

Pareceu, em certo momento, que esse grande Arqueu havia sido descoberto por e *para* um só homem — J. W. Keeley, de Filadélfia. Para outros, no entanto, *está* descoberto, embora deva permanecer quase inútil. "Até lá chegarás..."

Tudo aquilo é prático e correto, salvo um erro que já explicamos. Eliphas Lévi incorre em grave equívoco ao identificar sempre a Luz Astral

---

(180) *The Mysteries of Magic*, por A. E. Waite.

com o que nós chamamos Âkâsha. No volume IV diremos o que ela realmente é.

Mais adiante escreve Eliphas Lévi:

> "O Grande Agente Mágico é a quarta emanação do princípio de vida [nós dizemos que é a primeira no Universo interno, e a segunda no Universo externo, o nosso], de que o Sol é a terceira forma... porque o astro do dia [o Sol] não é mais que o reflexo e a sombra material do verdadeiro Sol Central que ilumina o mundo intelectual [invisível] do Espírito, sendo ele próprio um fulgor emanado do Absoluto." [181]

Tudo está certo até aqui.

Quando, porém, o mais autorizado dos cabalistas ocidentais acrescenta que a Luz Astral, entretanto, "não é o Espírito imortal, como acreditaram os Hierofantes da Índia", nós respondemos que ele calunia estes Hierofantes, que nunca disseram semelhante coisa; e são as próprias escrituras purânicas exotéricas que desmentem por completo a imputação. Nenhum hindu jamais confundiu Prakriti com o "Espiritual Imortal" — e a Luz Astral está somente um grau acima do plano inferior de Prakriti, isto é, do Cosmos material.

Prakriti foi sempre havida como Mâyâ, Ilusão, estando fadada a desaparecer com tudo o mais, inclusive os Deuses, na hora do Pralaya. E o Âkâsha, que não é, como vimos, nem mesmo o Éter, com mais forte razão não poderia ser a Luz Astral. Os que são incapazes de penetrar além da letra morta dos *Purânas* fazem, freqüentemente, confusão entre o *Âkâsha*, *Prakriti*, o Éter, e até mesmo o céu visível.

É verdade que todos quantos traduziram invariavelmente a palavra Âkâsha por "Éter" — Wilson por exemplo —, vendo que o Âkâsha era chamado "a causa material do som" (aliás, *sua única propriedade*), imaginaram, em sua ignorância, que era "material" no sentido físico. É verdade ainda que, se as qualidades características devem ser tomadas literalmente, então — uma vez que nada de material ou físico, e, portanto, de condicionado e temporal, pode ser imortal (segundo a metafísica e a filosofia) — a conseqüência seria que o Âkâsha não é nem infinito nem imortal.

Mas tudo isso está errado, visto que Pradhâna (a Matéria Primordial) e o Som (como propriedade) foram mal interpretados: a primeira palavra (Pradhâna) é certamente sinônima de Mûlaprakriti e de Âkâsha, e a segunda (Som) o é de *Verbum,* o Verbo ou Logos. Fácil é demonstrá-lo com o que se lê na seguinte passagem do *Vishnu Purâna*[182]: "Não existia nem dia nem noite, nem céu nem terra, nem trevas nem luz, nem o que quer que fosse, exceto apenas o Uno, que é inacessível à inteligência, ou seja, o que Brahman, e Pums (Espírito) e Pradhâna (Matéria Primordial).

Ora, que é Pradhâna, senão Mûlaprakriti, a Raiz de Tudo, sob outro aspecto? Porque, conquanto mais adiante ali se mencione que Pradhâna

---

(181) *Ibidem,* pág. 70.
(182) Wilson, I, 23-24.

se funde na Divindade, como todas as coisas, para ficar tão somente o Uno Absoluto, durante o Pralaya, é aquele considerado como infinito e imortal. Eis a tradução literal: "Um Espírito Brahma Prâdhânika: AQUILO era"; e o comentarista interpreta a palavra composta como um substantivo, e não como um derivado que se empregou à guisa de atributo, isto é, como "algo unido a Pradhâna".

Deve-se ainda ter presente que o sistema purânico é dualista, e não evolucionista; e que a esse respeito muita coisa mais se encontrará, do ponto de vista esotérico, no sistema Sânkhya, e mesmo no *Mânava-Dharma-Shâstra*, por muito que este último difira do primeiro.

Assim, Pradhâna, inclusive nos *Purânas*, é um aspecto de Parabrahman, não uma evolução, e deve ser idêntico à Mûlaprakriti vedantina. "Prakriti, em seu estado *primário*, é *Âkâsha*" — diz um sábio vedantino [183]. É quase a Natureza abstrata.

O Âkâsha, portanto, é Pradhâna sob outra forma; e como tal não pode ser o Éter, o agente sempre invisível, que a própria Ciência física corteja. Não é tampouco a Luz Astral. É, como já o dissemos, o *númeno* do sétuplo Prakriti diferenciado [184], a sempre imaculada "Mãe" do "Filho" que não tem pai e que se torna "Pai" no plano manifestado inferior. Pois Mahat é o primeiro produto de Pradhâna ou Âkâsha; e Mahat — a Inteligência Universal, "cuja *propriedade característica* é Buddhi" — outro não é senão o Logos, dando-se-lhe os nomes de Ishvara, Brahmâ, Bhâva, etc. [185]. Em resumo, é o "Criador" ou a Mente Divina em sua função criadora, a "Causa de todas as coisas". É o "Primogênito"; dizem os *Purânas* que "a Terra e Mahat são as fronteiras externa e interna do Universo", ou, em nossa linguagem, os pólos positivo e negativo da Natureza dual (abstrata e concreta) — e acrescentam:

"Deste modo — assim como as *sete formas* [princípios] de Prakriti foram contadas de Mahat para a Terra — assim, no período da dissolução (elemental) (pratyâhâra), aqueles sete voltam a entrar sucessivamente uns nos outros. O Ovo de Brahmâ (*Sarva — mandala*) se dissolve com suas sete zonas (*Dvipa*), sete oceanos, sete regiões, etc." [186]

---

(183) *Five Years of Theosophy*, pág. 169.
(184) Na filosofia Sânkhya, os sete Prakritis ou "produções produtivas" são: Mahat, Ahamkâra e os *cinco Tanmâtras*. Veja-se *Sânkhya Kârikâ*, III, e o respectivo comentário.
(185) Veja-se *Linga Purâna*, Seção Primeira, LXX, 12 e seguintes, e *Vâyu Purâna*, cap. IV; mas sobretudo o primeiro *Purâna*, Seção Primeira, VIII, 67-74.
(186) *Vishnu Purâna*, livro VI, cap. VI. Não há por que dizê-lo aos hindus, que sabem de cor os seus *Purânas*; mas é útil recordar aos nossos orientalistas, e aos ocidentais que consideram como autoridades as traduções de Wilson, que na tradução inglesa do *Vishnu Purâna* ele incorreu em contradições e erros crassos. Neste assunto dos sete Prakritis ou das sete zonas do Ovo de Brahmâ, por exemplo, há duas versões em completa divergência. No vol. I, pág. 40, diz-se que o Ovo é revestido exteriormente de sete invólucros. Wilson interpreta assim: "por Água, Ar, Fogo, Éter e Ahamkâra" — embora não exista a última palavra nos textos sânscritos. E no vol. V, pág. 198, do mesmo *Purâna*, se vê escrito: "Desta maneira foram as sete formas da Natureza (Prakriti), contadas de Mahat para a Terra." (?) Entre Mahat ou Mahâ-Buddhi e "Água, etc." a diferença é demasiado grande.

São estas as razões por que os Ocultistas não podem dar ao Âkâsha o nome de Luz Astral ou o de Éter. A sentença "Na casa de meu Pai há muitas moradas" pode ser comparada ao provérbio ocultista "Em casa de nossa Mãe há sete moradas" ou planos, o inferior dos quais — a Luz Astral — está acima e ao redor do nosso.

Os elementos, sejam simples ou compostos, não podem ter permanecido sempre os mesmos desde o começo da evolução de nossa Cadeia. No Universo todas as coisas progridem constantemente durante o Grande Ciclo; e nos ciclos menores passam sem cessar por fases ascendentes e descendentes. A Natureza jamais permanece estacionária durante o Manvantara; não se limita a *ser*, mas está continuamente *vindo-a-ser* [187]. A vida mineral, vegetal e animal não pára de adaptar seus organismos aos Elementos predominantes na ocasião; e por isso *aqueles* Elementos eram então apropriados para ela, como o são agora para a vida da humanidade presente.

Só no decorrer da próxima Ronda — a Quinta — é que o quinto Elemento, o Éter, o corpo grosseiro do Âkâsha (se assim podemos qualificá-lo), tornando-se uma coisa familiar da Natureza para todos os homens, como para nós é o ar atualmente, deixará de ser o "agente" hipotético de tantas coisas, como hoje é considerado. E só durante aquela Ronda serão suscetíveis de completa expansão os sentidos mais elevados, a cujo desenvolvimento e evolução o Âkâsha preside. Na Ronda atual, conforme já tivemos oportunidade de dizer, e quando chegar o momento adequado, é possível que o mundo venha a familiarizar-se com o conhecimento *parcial* da Permeabilidade, esta característica da matéria que deverá desenvolver-se ao mesmo tempo que o sexto sentido. Mas, com o Elemento seguinte a ser acrescentado aos nossos recursos durante a próxima Ronda, a Permeabilidade se tornará uma característica tão manifesta da matéria que as formas mais densas desta Ronda hão de parecer, às percepções do homem, como um simples obstáculo comparável a um nevoeiro espesso dos nossos tempos.

E agora voltemos ao Ciclo de Vida.

Sem entrar na descrição minuciosa das VIDAS Superiores, vamos concentrar a nossa atenção nos Seres terrenos e na própria Terra. Esta última, segundo os ensinamentos, foi construída para a *Primeira* Ronda pelos "Devoradores", que desintegram e diferenciam os germes de outras Vidas nos Elementos; e é de supor que o façam de modo semelhante ao dos *aeróbios*, no estado presente do mundo, quando minam e desorganizam a estrutura química de um organismo, transformando a matéria animal e dando nascimento a substâncias de constituição variável. O Ocultismo repugna, assim, a chamada Idade Azóica da ciência, mostrando que em tempo algum deixou de existir vida sobre a Terra. Onde quer que haja um átomo de matéria, uma partícula ou molécula, ainda que em estado supergasoso, aí existe vida, latente ou inconsciente que seja.

---

(187) Também assim é para o grande metafísico Hegel. Para ele a Natureza é um perpétuo *vir-a-ser*. Este é um conceito puramente esotérico. A Criação ou Origem, no sentido cristão da palavra, é absolutamente inconcebível. Como diz aquele pensador: "Deus (o Espírito Universal) *faz-se objetivo como Natureza*, para dela emergir em seguida."

Tudo o que deixa o Estado Laya entra na Vida ativa, e é atraído ao torvelinho do MOVIMENTO *[o Dissolvente Alquímico da Vida]; Espírito e Matéria são dois aspectos do* UNO, *que não é nem Espírito nem Matéria, sendo ambos a* VIDA ABSOLUTA, *latente... O Espírito é a primeira diferenciação do [e no]* ESPAÇO; *e a Matéria é a primeira diferenciação do Espírito. O que não é nem Espírito nem Matéria é* AQUILO, *a* CAUSA *sem Causa do Espírito e da Matéria, que são a Causa do Cosmos. E* AQUILO, *nós O chamamos a* VIDA UNA *ou o Sopro Intracósmico* [188].

Repetimos: *os semelhantes devem produzir os semelhantes.* A Vida Absoluta não pode produzir um átomo inorgânico, seja simples ou complexo; e ainda no estado Laya existe a vida, exatamente do mesmo modo que o homem imerso em profundo sono cataléptico continua um ser vivente, embora com todas as aparências de um cadáver.

Quando os "Devoradores" — em que os homens de ciência, se assim o preferirem, poderão ver, com alguma dose de razão, átomos da Névoa de Fogo, ao que nada objetarão os ocultistas — quando os "Devoradores", dizíamos, diferenciam os "Átomos de Fogo", por um processo especial de segmentação, estes últimos se convertem em Germes de Vida, que se aglutinam de acordo com as leis da coesão e da afinidade. Então os Germes de Vida produzem Vidas de outra espécie, que atuam na estrutura de nossos Globos.

Assim, o Globo, na Primeira Ronda, tendo sido construído pelas primitivas Vidas de Fogo (isto é, tendo sido formado como esfera), não possuía solidez nem qualidades, salvo um resplendor frio, sem forma, sem cor; e só no final da Primeira Ronda é que veio a desenvolver um Elemento, o qual, de Essência simples, e por assim dizer, inorgânica, se converteu agora, em nossa Ronda, no fogo que nós conhecemos em todo o Sistema. A Terra estava em seu primeiro Rûpa, cuja essência é o Princípio Akhâshico chamado ***, a que hoje se dá o nome de Luz Astral (erroneamente, aliás) e que Eliphas Lévi chama "Imaginação da Natureza", evitando provavelmente o verdadeiro nome.

A respeito da Luz Astral, diz o mesmo Eliphas Lévi em seu Prefácio à *Histoire de la Magie*:

"É por meio desta força que todos os centros nervosos se comunicam secretamente entre si; dela nascem a simpatia e a antipatia; dela provêm os nossos sonhos, e é ela que provoca os fenômenos da segunda vista e das visões extranaturais... A Luz Astral [operando sob o impulso de vontades poderosas]... destrói, coagula, separa, quebra e reúne todas as coisas... Deus a criou no dia em que disse: *"Fiat Lux"*... É dirigida pelos Egrégoras, isto é, os chefes das almas, que são os espíritos da energia e da ação." [189]

Eliphas Lévi devia ter acrescentado que a Luz Astral, ou Substância Primordial (se é dela realmente que se trata) corresponde ao que, sob o

---
(188) *Livro de Dzyan*, Com. III, pág. 18.
(189) Pág. 19.

nome de Luz (*Lux*), e segundo a explicação esotérica, *é o corpo daqueles mesmos Espíritos e sua própria essência*. Nossa Luz física é a manifestação em nosso plano e a radiação refletida da Luz Divina que emana do corpo coletivo daqueles que são chamados "as Luzes" e "as Chamas". Mas nenhum outro cabalista jamais demonstrou tanto engenho e eloqüência, como Eliphas Lévi, para amontoar contradição sobre contradição e acumular paradoxo sobre paradoxo, em uma mesma frase. Ele conduz o leitor através dos mais encantadores vales, para depois abandoná-lo sobre um rochedo estéril e deserto.

Diz o Comentário:

É por meio das radiações dos sete Corpos das sete Ordens de Dhyânis que nascem as sete Quantidades Distintas [Elementos], cujo movimento e união harmoniosa produzem o Universo manifestado da Matéria.

A *Segunda* Ronda traz a manifestação do segundo Elemento — o AR, que asseguraria vida contínua a quem o usasse em estado de pureza. Na Europa somente dois ocultistas o descobriram e dele fizeram, em parte, aplicação prática, embora sua composição sempre fosse conhecida entre os mais altos Iniciados orientais. O ozônio dos químicos modernos é veneno, se comparado com o verdadeiro Dissolvente Universal; e deste nunca se poderia cogitar, se não existisse na Natureza.

....*A partir da segunda Ronda, a Terra — até então um feto na matriz do Espaço — principiou sua existência real; já havia ela desenvolvido a Vida individual senciente, seu segundo Princípio. O segundo [Princípio] corresponde ao sexto; o segundo é Vida contínua; o outro, a Vida temporal.*

A *Terceira* Ronda desenvolveu o *terceiro* Elemento — a ÁGUA; e a QUARTA transformou o fluido gasoso e a forma plástica do nosso Globo na esfera material grosseira, revestida de uma crosta dura, em que hoje vivemos. "Bhûmi" havia adquirido seu *quarto* Princípio. Pode-se objetar que assim não foi observada a lei de analogia, em que tanto vimos insistindo. Puro engano. Só no fim do Manvantara, depois da Sétima Ronda, é que a Terra (ao contrário do homem) alcançará sua verdadeira e definitiva forma — o seu corpo-concha. Tinha razão Eugênio Filaletos quando afirmava aos seus leitores, "sob a sua palavra de honra", que ninguém ainda vira a "Terra", isto é, a Matéria, em sua forma essencial. O nosso Globo, até agora, se acha no estado Kâmarûpico, o do Corpo Astral de Desejos do Ahamkâra, o cego Egotismo, a produção de Mahat no plano inferior.

Não é a matéria, constituída de moléculas — e muito menos o corpo humano, *Shûla Sharira* — que é o mais grosseiro de todos os nossos "princípios"; esta qualificação corresponde, na realidade, ao Princípio *médio*, o verdadeiro centro animal, sendo o nosso corpo apenas o seu invólucro, o agente e instrumento irresponsável, por cujo intermédio se manifesta a besta que está em cada um de nós. Todo teósofo intelectual compreenderá o que queremos dizer. Assim, a idéia de que o tabernáculo humano é construído por Vidas inumeráveis, exatamente como o foi a crosta rochosa de nossa Terra, em nada repugna aos verdadeiros místicos. E a Ciência não tem como objetar ao ensinamento; porque, se o microscópio não pode jamais descobrir o último átomo vivo ou a última expressão da vida, tal circunstância não basta para refugar a doutrina.

(c) Ensina a Ciência que nos organismos do homem e do animal, tanto vivos como mortos, formigam centenas de bactérias de espécies as mais diversas; que somos ameaçados externamente cada vez que respiramos, com a invasão de micróbios, e internamente por leucomaínas, aeróbios, anaeróbios e muita coisa mais. Mas a Ciência ainda não foi ao ponto de afirmar, como o faz a Doutrina Oculta, que os nossos corpos, assim como os dos animais, as plantas e as pedras, são inteiramente formados de semelhantes seres, os quais, com exceção de suas espécies maiores, não podem ser observados pelo microscópio.

No que se refere à parte puramente animal e material do homem, a Ciência está a caminho de descobertas que irão corroborar plenamente essa teoria. A Química e a Fisiologia são os dois grandes magos do futuro, destinados a abrir os olhos da humanidade para as grandes verdades físicas. Cada dia que passa mais se demonstra a identidade entre o animal e o homem físico, entre a planta e o homem, entre o réptil e a sua furna, a rocha, e o homem.

Pois que há identidade entre os componentes físicos e químicos de todos os seres, a ciência química pode muito bem concluir que não existe diferença alguma entre a matéria de que se compõe o boi e a que forma o homem. Mas a Doutrina Oculta é muito mais explícita. Diz ela: não só a composição química é a mesma, senão que as mesmas *Vidas Invisíveis* e infinitesimais formam os átomos dos corpos da montanha e da margarida, do homem e da formiga, do elefante e da árvore que o abriga do sol.

Toda partícula, chamem-na orgânica ou inorgânica, *é uma* Vida. Todo átomo ou molécula no Universo *dá ao mesmo tempo a vida e a morte* às formas, pois constrói, mediante agregação, os universos e os efêmeros veículos destinados a acolher as almas que transmigram, assim como destrói e muda eternamente as *formas,* despedindo as almas de suas habitações provisórias. Cria e mata, gera e extermina, traz à existência e aniquila este mistério dos mistérios, que é o *corpo vivente* do homem, do animal ou da planta, em cada instante no tempo e no espaço; engendra igualmente a vida e a morte, a beleza e a fealdade, o bem e o mal, e ainda as sensações agradáveis e desagradáveis, as benéficas e as maléficas.

É aquela VIDA misteriosa, representada coletivamente por miríades incontáveis de Vidas, que segue, em seu próprio caminho, a lei do atavismo, até aqui incompreensível; que reproduz os traços de família, como também os que encontra impressos na aura dos geradores de cada ser humano futuro. Um mistério, em suma, ao qual dispensaremos maior atenção em outra parte. Podemos, por enquanto, dar um exemplo, a título de ilustração.

A ciência moderna começa a descobrir que a ptomaína, o alcalóide venenoso gerado pela matéria em decomposição e pelos cadáveres (e uma *vida* também), extraído com a ajuda do éter volátil, produz um aroma tão penetrante como o da flor de laranjeira mais louça; mas que, privado de oxigênio, esse mesmo alcalóide ora deixa evolar-se o mais agradável dos perfumes, que lembra o das flores mais delicadas, ora exala o mais repulsivo e nauseante dos odores. Suspeita-se que aquelas flores devem à ptomaína o seu agradável aroma. A essência venenosa de certos fungos é quase idêntica à peçonha da cobra da Índia, a mais mortífera das serpentes. Os sábios franceses Arnaud, Gautier e Villiers encontraram na saliva de homens vivos um alcalóide venenoso igual ao expelido pelo sapo, a salamandra, a cobra e o trigonocéfalo de Portugal. Provado está que um veneno dos mais letais, chame-se ptomaína, leucomaína ou alcalóide, é gerado pelos homens, animais e plantas vivas. Gauties também descobriu na carne fresca e nos miolos do boi um alcalóide e veneno, que ele denominou xantocreatinina, semelhante à substância extraída da saliva venenosa dos répteis. Supõe-se que os tecidos musculares —os mais ativos dos órgãos da economia animal — sejam os geradores ou fatores de venenos que têm a mesma importância que o ácido carbônico e a uréia nas funções da vida, e são os produtos finais da combustão interna. E, muito embora não esteja ainda de todo positivado que os venenos possam ser gerados pelo sistema animal dos seres vivos, sem a participação e a intervenção dos micróbios, é indubitável que o animal produz substâncias venenosas em seu estado fisiológico, isto é, durante a vida.

Tendo assim descoberto os efeitos, resta à Ciência remontar às causas *primárias*. Não poderá jamais encontrá-las sem o auxílio das ciências antigas, a alquimia, a física e a química ocultas.

Quanto a nós, sabemos que toda alteração fisiológica, além dos fenômenos patológicos ou enfermidades — (sem falar na própria vida, ou melhor, nos fenômenos objetivos da vida, provocados por certas condições e modificações nos tecidos do corpo, que permitem ou obrigam a ação vital neste último) —, sabemos que tudo isso se deve àqueles "Criadores" e "Destruidores" invisíveis, aos quais se dá o nome tão vago e genérico de micróbios. Poder-se-ia imaginar que essas Vidas Ígneas e os micróbios da ciência são a mesma coisa. Não o são. As Vidas Ígneas constituem a sétima e a mais elevada subdivisão do plano da matéria[190], e correspondem, no indivíduo, à Vida Una do Universo, ainda que unicamente nesse plano da matéria. Os micróbios da ciência estão na primeira e mais baixa subdivisão do segundo plano, o do Prâna material ou Vida. O corpo físico do homem sofre uma completa mudança de estrutura cada sete anos, e a sua destruição e conservação devem-se às funções alternadas das Vidas Ígneas, como Destruidores e Construtores. São Construtores sacrificando-se elas próprias, sob a forma de vitalidade, para conter a influência destruidora dos micróbios; e, proporcionando a estes o necessário, obrigam-nos, mediante esse freio, a construírem o corpo material e suas células. São Destruidores quando o freio desaparece, e os micróbios, carentes da energia vital para construir, são deixados em liberdade e se convertem em agentes de destruição. Assim, durante a primeira metade da vida do homem, ou seja, nos *cinco* primeiros períodos de sete anos,

---

(190) O plano da substância física.

estão as Vidas Ígneas indiretamente ocupadas na construção do corpo material do homem; a Vida percorre a curva ascendente, com a sua força utilizada para construir e fazer crescer. Passado esse período, principia a idade da retrocessão: esgotando-se a energia no trabalho das Vidas Ígneas, inicia-se a obra da destruição e da decadência.

Pode ver-se aqui uma analogia com os acontecimentos cósmicos da descida do Espírito na matéria, durante a primeira metade de um Manvantara (assim planetário como humano), e sua ascensão na segunda metade, a expensas da matéria.

Tais considerações são aplicáveis somente ao plano da matéria; mas a influência restritiva das Vidas Ígneas na ínfima subdivisão do segundo plano (os micróbios) encontra confirmação no fato, descrito na teoria de Pasteur, de que as células dos órgãos, quando lhes falta o oxigênio suficiente, se adaptam a esta situação e fabricam *fermentos,* os quais, absorvendo oxigênio das substâncias com que entram em contato, as destroem. Deste modo começa o processo de destruição pela célula que priva sua vizinha da fonte de vitalidade, quando é insuficiente a provisão; e a ruína, uma vez iniciada, segue em progressão constante.

Experimentadores como Pasteur são os melhores amigos dos Destruidores, auxiliando-os, e seriam os piores inimigos dos Construtores se estes últimos não fossem ao mesmo tempo destruidores. Seja como for, uma coisa é certa: o conhecimento das causas primárias e da essência última de cada Elemento, de suas Vidas, suas funções, propriedades e condições de alteração, constitui a base da MAGIA. Paracelso foi, durante os últimos séculos da era cristã, talvez o único ocultista da Europa que estava a par desse mistério. Se mão criminosa lhe não houvesse posto termo à vida, antes do tempo que a Natureza lhe assinara, a Magia fisiológica teria muito menos segredos para o mundo civilizado do que os tem agora.

(*d*) Mas — poder-se-á perguntar — que tem a ver a Lua com tudo isso? Que relação têm "o Peixe, o Pecado, e Soma (a Lua)", da frase apocalíptica da Estância, com os micróbios da vida? Com os micróbios, nada, exceto que estes se servem do tabernáculo de barro preparado para eles; com o Homem perfeito e divino, tudo, porque "o Peixe, o Pecado e a Lua constituem, unidos, os três símbolos do Ser imortal [191]

---

(191) Nota da tradução francesa (vol. I, 4.ª edição, 1924, pág. 258):

Um de nossos companheiros (da Seção Francesa da S. T.), no curso da revisão que se propôs fazer, juntamente com outro, na primeira edição da tradução francesa da *Doutrina Secreta,* indicou à Sra. Annie Besant uma retificação para ser levada a efeito nesta obra. A Sra. Besant, no número de outubro de 1905, págs. 167-168, da *Teosophical Review,* aprovou a retificação, manifestando-se nos seguintes termos:

"Um distinto correspondente francês me fez observar (a propósito das palavras que terminam a Estância VII, § 5.º, e do comentário de H. P. B. na página 284 da 3.ª edição de *The Secret Doctrine*) que, no tocante à trindade caldéia: Oannes, Sin e Samas — Peixe, Lua, Sol —, seria conveniente substituir a palavra *Soma* por *Samas*; e acrescentou ele: 'Isto constitui boa prova de que H. P. B. não compôs nem inventou as Estâncias de Dzyan, que, na realidade, foram por ela recebidas e interpretadas'.".

Eis tudo o que podemos dizer. A autora não tem a pretensão de saber, a respeito desses estranhos símbolos, mais do que o que se pode inferir das religiões exotéricas — ou do mistério, talvez, que existe por trás do Avatâra Matsya (Peixe) de Vishnu, do Oannes caldeu, do Homem-Peixe representado pelo signo imperecível do Zodíaco, Piscis, e que o *Antigo* e o *Novo Testamento* fazem evocar nas figuras de Josué, "Filho de Num (o Peixe)", e Jesus; do alegórico "Pecado" ou Queda do Espírito na Matéria; e da Lua, no que se relaciona com os Antepassados Lunares, os Pitris.

Por enquanto, talvez convenha lembrar ao leitor que, ao passo que os Deuses Lunares estavam associados, em todas as mitologias, e particularmente na dos gregos, com os nascimentos, por causa da influência da Lua sobre as mulheres e sobre a concepção, o liame real e oculto do nosso satélite com a fecundação é até hoje completamente ignorado pela fisiologia, que considera superstições grosseiras todas as práticas populares relacionadas com o assunto.

Porque seja inútil discutir o caso em todas as suas minúcias, só de passagem nos detemos aqui para dizer umas breves palavras sobre a simbologia lunar e mostrar que aquela superstição faz parte das mais antigas crenças, inclusive do Judaísmo, que é a base do Cristianismo. Para os israelitas, a principal função de Jehovah era a de dar filhos; e o esoterismo da *Bíblia*, interpretado cabalisticamente, demonstra, sem sombra de dúvida, que o Sanctum Sanctorum do Templo não era outra coisa senão o símbolo da matriz. Isso está hoje provado, de modo insofismável, pela leitura numérica da *Bíblia* em geral e do *Gênesis* em particular. A idéia, herdaram-na os Judeus, certamente dos Egípcios e Hindus, pois o "Sanctum Sanctorum" está simbolizado pela Câmara do Rei na Grande Pirâmide.

Para maior elucidação do assunto, e ao mesmo tempo salientar a enorme diferença no espírito da interpretação e no significado especial dos aludidos símbolos entre os antigos ocultistas orientais e os cabalistas judeus, encaminhamos o leitor à Seção que trata do "Sanctum Sanctorum" no volume IV.

O culto fálico não se desenvolveu senão após a perda das chaves que davam a real significação dos símbolos. Foi o último e o mais fatal desvio do caminho da verdade e do saber divino, para a via lateral da ficção,

---

A Sra. Besant conclui a sua comunicação com estas linhas: "Assim resumo os diversos reparos que o correspondente me dirigiu sobre este assunto. Os Gregos davam o nome de *Oannes*, o Ea-nunu dos Assírios, ao que os Egípcios chamavam *Toth*, o Deus da Sabedoria, que ensina as artes e as ciências. Ele flutua no Caos primordial, é o 'Espírito', o Terceiro Logos. *Sin* é o Deus Lunar, a Sabedoria, chamado Nannar, o resplandecente, andrógino algumas vezes, e adorado sob o nome de Istar; representa o Segundo Logos. *Samas* é o Deus Solar, Adar ou Adra, o Fogo perpétuo, inextinguível, o equivalente caldeu do Primeiro Logos. A substituição de *Soma* por *Samas* seria racional e tornaria inteligível a frase de H. P. B."

A aprovação da Sra. Besant à retificação proposta pareceu-nos útil assinalar e sobretudo inserir aqui.

alçada à categoria de dogma por obra da falsificação humana e da ambição hierárquica.

6. Desde o Primeiro Nascido[192], o Fio que une o Vigilante Silencioso à sua Sombra torna-se mais e mais forte a cada Mutação[193]. A Luz do Sol da manhã se transformou no esplendor do meio-dia...

Esta frase: "o Fio que une o Vigilante Silencioso à sua Sombra torna-se mais e mais forte a cada Mutação" é outro mistério psicológico que encontrará sua explicação nos volumes III e IV. Por ora bastará dizer que o "Vigilante" e suas "Sombras" (sendo estas tão numerosas quanto as reencarnações da Mônada) não constituem mais que *um*. O Vigilante, ou o Divino Protótipo, ocupa o degrau superior da escala; a Sombra, o inferior. Por outro lado, a Mônada de cada ser vivente — a menos que a torpeza moral deste venha a romper o laço, fazendo-o extraviar-se e perder-se na "Senda Lunar", consoante a expressão oculta — *é um Dhyân Chohan individual; distinto dos outros, e com uma espécie de individualidade espiritual que lhe é peculiar,* durante um determinado Manvantara. O seu Princípio Espiritual (Âtman) é, naturalmente, uno com o Espírito Universal Único (Paramâtman); mas o Veículo (Vâhan), que é o seu tabernáculo, Buddhi, faz parte integrante daquela Essência Dhyân-Chohânica. Nisto é que reside o mistério da *ubiqüidade*, a que já nos referimos em páginas anteriores. "Meu Pai, que está no céu, e eu somos um"[194] — diz a Escritura Sagrada dos cristãos; e aqui, pelo menos, ela é o eco fiel do ensinamento esotérico.

7. "Eis a tua Roda atual" — diz a Chama à Centelha. "Tu és eu mesma, minha imagem e minha sombra. Eu revesti-me de ti, e tu és o meu Vahân[195] até o dia 'Sê Conosco', quando voltarás a ser eu mesma, e os outros tu mesma e eu." (*a*) Então os Construtores, metidos em sua primeira Vestimenta, descem à radiante Terra, e reinam sobre os homens — que são eles mesmos... (*b*).

(*a*) O dia em que a Centelha retornará à Chama, em que se dará a fusão do Homem com o seu Dhyân Chohan, "eu mesmo e outros, tu mesmo e eu", como diz a Estância, significa que no Paranirvâna (quando o Pralaya tiver reconduzido não só os corpos materiais e psíquicos, mas também os próprios Egos espirituais, ao seu princípio original) as Humanidades passadas, presentes e até mesmo futuras, assim como todas as coisas, não formarão mais do que uma só unidade. Tudo será reabsorvido pelo Grande Sopro. Ou, em outras palavras: "Dar-se-á a fusão de tudo em Brahman", ou seja, na Unidade Divina.

---

(192) O Primeiro Homem ou o Homem Primitivo.
(193) Reencarnação.
(194) *João*, X, 30.
(195) Veículo.

Será isso o aniquilamento, como pensam alguns? Ou é *ateísmo*, conforme pretendem outros críticos — os que adoram uma divindade *pessoal* e crêem num paraíso antifilosófico? Nem uma nem outra coisa. Será mais que inútil insistir nessa questão de ver um suposto ateísmo no que é *espiritualismo* no mais alto sentido.

Supor que o Nirvana é aniquilamento, equivale a considerar também aniquilado um homem que está imerso em profundo sono, *sem sonhos, um destes sonos que não deixam a mínima impressão na memória e no cérebro físico, por se achar então o "Eu Superior" da pessoa adormecida em seu estado original de Consciência Absoluta*. Mas este exemplo corresponde apenas a um aspecto da questão — o mais material; porque *reabsorção* não é, de maneira alguma, "um sono sem sonhos", mas, antes pelo contrário, Existência *Absoluta*, uma unidade não condicionada ou um estado que a linguagem humana é de todo incapaz de descrever. Estado do qual não se pode formar um conceito aproximado ou parecido senão mediante as visões panorâmicas da Alma, através das ideações espirituais da Mônada divina.

Com a reabsorção, não se perde a Individualidade, *nem sequer a essência da Personalidade* (se alguma restar). Pois o estado paranirvânico, embora infinito do ponto de vista humano, tem um limite na Eternidade. Depois de o haver alcançado, a Mônada ressurgirá dali como um ser mais perfeito ainda, num plano muito mais elevado, para recomeçar o seu ciclo de atividade. A mente humana, em seu estado atual de desenvolvimento, pode apenas chegar a estas alturas do pensamento; não pode ir além. Vacila diante das bordas do Absoluto e da Eternidade incompreensíveis.

(*b*) Os "Vigilantes" reinam sobre os homens durante todo o período do Satya Yuga e dos Yugas menores, até o início da Terceira Raça-Raiz; e são sucedidos pelos Patriarcas, os Heróis e os Manes, como nas Dinastias egípcias enumeradas pelos sacerdotes a Sólon, até o rei Menes e os Reis humanos de outras nações. Todos foram cuidadosamente anotados.

Segundo os simbologistas, essa idade poética e mitológica não passa naturalmente de um conto de fadas.

Mas é de ver que existem, nos anais de todas as nações, crônicas e tradições que falam daquelas dinastias de Reis *Divinos*, de Deuses que reinaram entre os homens, assim como de seus sucessores, os Heróis ou Gigantes. E é difícil compreender como seria possível a todos os povos que vivem sob o sol — alguns separados por vastos Oceanos, e pertencentes a hemisférios opostos — inventar idênticos "contos de fadas", em que os acontecimentos obedecem à mesma ordem [196].

Seja como for que a Doutrina Secreta ensine a *história* — a qual, com ser esotérica e tradicional, não é menos digna de fé que a história

---

(196) Veja-se, por exemplo, a obra *Sacred Mysteries among the Mayas and the Quiches*, de Auguste Le Plongeon, em que se mostra a identidade dos ritos e crenças do Egito com os dos povos ali descritos. Os antigos alfabetos hieráticos dos maias e dos egípcios são quase iguais.

profana —, assiste-nos o direito de sustentar as nossas crenças, tanto quanto um sectário religioso tem o de sustentar as suas, e um céptico as suas opiniões.

E a Doutrina Secreta diz que os Dhyâni-Buddhas dos dois Grupos superiores — a saber, os Vigilantes e os Arquitetos — deram reis e chefes divinos às múltiplas e diferentes Raças. Os últimos destes governantes ensinaram à humanidade as artes e as ciências, e os primeiros revelaram as grandes verdades espirituais dos mundos transcendentes às Mônadas encarnadas que acabavam de deixar seus veículos nos Reinos inferiores, e haviam, assim, perdido toda lembrança de sua origem divina.

Desse modo, como diz a Estância, "descem os Vigilantes sobre a radiante Terra, e reinam sobre os homens, *que são eles mesmos*". Os Reis concluíram o seu ciclo na Terra e em outros Mundos, nas Rondas precedentes. Nos Manvantaras futuros, eles serão guindados a Sistemas superiores ao nosso Mundo planetário; e o seu lugar será ocupado pelos Eleitos de nossa humanidade, os Precursores no difícil e árduo caminho do Progresso. Os homens do nosso próprio Ciclo de Vida serão, no próximo grande Manvantara, os instrutores e guias de uma humanidade cujas Mônadas podem estar agora aprisionadas — semiconscientes — nos espécimes mais inteligentes do reino animal, enquanto os seus princípios inferiores animam, talvez, os exemplares mais elevados do reino vegetal.

Assim marcham os ciclos da evolução setenária, na Natureza Sétupla: a natureza espiritual ou divina, a psíquica ou semidivina, a intelectual, a passional, a instintiva ou "cognicional", a semicorporal e a puramente material ou física. Todas elas evolucionam e progridem ciclicamente, passando de uma para outra, em um duplo sentido, centrífugo e centrípeto, *uno* em sua essência última, e *sétuplo* em seus aspectos. Destes, o inferior é, naturalmente, o que depende dos nossos cinco sentidos, que em verdade são sete, conforme mostraremos mais adiante, baseados nos mais antigos *Upanishads*. Isso em relação às vidas individual, humana, senciente, animal e vegetal, cada uma delas o microcosmo de seu macrocosmo superior.

Dá-se o mesmo quanto ao Universo, que se manifesta periodicamente, tendo por objetivo o progresso em conjunto das Vidas inumeráveis — as expirações da Vida Una; a fim de que, através do perpétuo *Vir-a-ser*, cada um dos átomos deste mesmo Universo infinito, passando do informe e do intangível, pelas complexas naturezas do "semiterrestre", à matéria em plena geração, para depois retroceder e tornar a subir a estados ainda mais elevados e mais próximos da meta final; a fim de que — repetimos — possa cada átomo alcançar, *por meio de esforços e méritos individuais*, aquele estado em que voltará a ser o TODO UNO e Incondicionado. Mas, entre o Alfa e o Ômega, se estende o áspero "Caminho", eriçado de espinhos, que primeiro se dirige para baixo, e depois

> Sobe em espiral para o alto da colina,
> Sim, sem cessar, até alcançar o topo...

Ao iniciar a longa viagem, o Peregrino está imaculado; descendo cada vez mais na matéria pecaminosa, e associando-se a cada um dos átomos do Espaço manifestado, só depois de chegar ao fundo do vale da matéria, e de haver lutado e sofrido através de cada uma das formas do ser e da vida, pode ele identificar-se com a humanidade coletiva: percorreu então a primeira metade do seu ciclo. Essa humanidade, *ele a fez segundo a sua própria imagem*. A fim de ganhar a senda do progresso, e subir sempre, até alcançar a sua verdadeira pátria, o "Deus" tem ainda que escalar, com o sofrimento, o caminho escarpado do Gólgota da Vida. É o martírio da existência consciente de si mesma. Como Vishvakarman, tem que *sacrificar-se, ele próprio,* para redimir todas as criaturas, para ressuscitar, de entre as Vidas Múltiplas, a *Vida Una*. Então, há a sua real ascensão para os céus, onde imerge na incompreensível Existência e Bem-Aventurança Absolutas do Paranirvâna, e reina incondicionalmente; e de onde voltará a descer na próxima "Vinda", que uma parte da humanidade, atendo-se à letra morta, espera como o "Segundo Advento", e outra parte como o último "Kalki Avatar".

RESUMO

> "A História da Criação e do Mundo, desde sua origem até a época presente, compõe-se de *sete* capítulos. O capítulo *sétimo* ainda não foi escrito."
>
> T. Subba Row [1]

ESFORÇAMO-NOS por escrever o primeiro dos "sete capítulos", e agora o damos por terminado.

Falha e incompleta que seja a exposição, representa, em todo caso, uma aproximação — no sentido matemático — do que constitui a base mais antiga de todas as cosmogonias. Ousada é a tentativa de expressar em língua européia o vasto panorama da Lei, que eterna e periodicamente se manifesta; Lei impressa nas mentes plásticas das primeiras Raças dotadas de Consciência, por aqueles que a reflitam da Mente Universal. Empreendimento ousado, porque nenhuma linguagem humana, com exceção do sânscrito, que é o idioma *dos Deuses*, permite fazê-lo com a exatidão suficiente.

Que a intenção, porém, sirva de escusa para os defeitos da obra.

Como conjunto, nem o que precede nem o que deverá seguir-se podem ser encontrados em parte alguma. Estes ensinamentos não figuram em nenhuma das seis escolas filosóficas da Índia, porque em verdade, pertencem a uma sétima escola, que é a síntese das outras, a saber: a Doutrina Oculta. E não se acham escritos em nenhum velho e carunchoso papiro do Egito, nem foram gravados em ladrilho ou muro de granito da Assíria. Os Livros da Vedanta — "a última palavra do saber humano" — apresentam só o aspecto metafísico da cosmogonia do mundo; e o seu inestimável tesouro, os *Upanishads* (sendo *Upani-shad* uma palavra composta que significa o domínio da ignorância pela revelação do conhecimento *secreto* e *espiritual*), requer hoje a posse de uma chave-mestra, que permita ao estudante apreender-lhe o sentido em sua plenitude. A autora pede vênia para dar aqui a explicação que, a esse respeito, lhe foi transmitida pelo Mestre.

---

(1) *The Theosophist*, 1881.

O nome *Upanishads* é comumente traduzido como "doutrina esotérica". Esses tratados fazem parte do *Shruti* ou Conhecimento "revelado" — em uma palavra, a Revelação — e são geralmente anexados à parte bramânica dos *Vedas*, como sua terceira divisão.

"[Ora,] os Vedas possuem duas significações bem distintas: uma expressa pelo sentido literal das palavras, a outra indicada pelo metro e o *svara* (entonação), que são como que a vida dos Vedas... É claro que os sábios pandits e os filósofos negam que o *svara* tenha alguma relação com a filosofia ou as antigas doutrinas esotéricas. Mas a misteriosa conexão existente entre *svara* e *luz* é um de seus mais profundos segredos." [2]

Os orientalistas enumeram 150 *Upanishads* e consideram os mais antigos como escritos *provavelmente* uns 600 anos antes de nossa Era. Mas os textos *autênticos* não correspondem nem à quinta parte daquele número.

Os *Upanishads* são para os *Vedas* o que a *Cabala* é para a *Bíblia* dos judeus. Expõem a explicam a significação secreta e mística dos textos védicos. Tratam da origem do Universo, da natureza da Divindade, do Espírito e da Alma, e também da relação metafísica entre a Mente e a Matéria. Em resumo: CONTÊM *o princípio e o fim de todo o conhecimento humano; mas cessaram de o* REVELAR desde os tempos de Buddha. De outra forma, não poderiam os *Upanishads* ser considerados *esotéricos*, já que hoje se acham integrando os Livros Sagrados bramânicos, ao alcance de qualquer pessoa, inclusive dos *Mlechchhas* (os sem casta) e dos orientalistas europeus.

Mas há, em todos os *Upanishads*, indícios constantes e invariáveis de sua antiga origem, e que provam: (*a*) que algumas de suas partes foram escritas *antes* de o sistema de castas transformar-se na instituição tirânica que ainda perdura; (*b*) que a metade de seus textos foi eliminada, sendo que alguns foram reescritos e abreviados. "Os grandes Mestres do Conhecimento Superior e os brâmanes vão ali constantemente aos reis Kshatriyas (casta militar) para se tornarem seus discípulos. Observa com muita justeza o Professor Cowell que os *Upanishads* "respiram um espírito completamente diferente (do de outros escritos bramânicos), uma liberdade de pensamento que se não vê em nenhuma obra anterior, salvo nos próprios hinos do *Rig Veda*". O segundo fato se explica por uma tradição registrada em um dos manuscritos que se referem à vida de Buddha: a de que os *Upanishads* foram originariamente anexados aos *Brâhmanas* no início de uma reforma que conduziu ao exclusivismo do atual sistema de castas entre os brâmanes, alguns séculos após a invasão da Índia pelos "Duas vezes nascidos". Os textos estavam completos naquela época e serviram para instruir os Chelas que se preparavam para a Iniciação.

Assim foi enquanto os *Vedas* e os *Brâhmanas* permaneceram como propriedade única e exclusiva dos brâmanes do templo, enquanto ninguém mais, estranho à casta *sagrada*, tinha o direito de estudá-los ou até mesmo

---

(2) T. Subba Row, *Five Years of Theosophy*, pág. 154.

de os ler. Surgiu então Gautama, o Príncipe de Kapilavastu. *Tendo aprendido* toda a sabedoria bramânica dos *Rahasya* ou dos *Upanishads*, e vendo que os ensinamentos mui pouco ou nada diferiam dos ministrados pelos "Mestres da Vida", residentes nas montanhas nevadas dos Himalaias[3], o Discípulo dos brâmanes, não se conformando em que a Sabedoria Sagrada fosse negada a todos, com exceção destes últimos, resolveu divulgá-la, a fim de salvar o mundo inteiro. E então os brâmanes, ante a iminência de verem cair os seus Conhecimentos Sagrados e a sua Sabedoria Oculta nas mãos dos *Mlechchhas*, encurtaram e resumiram os textos dos *Upanishads*, que em sua origem continham três vezes a matéria dos *Vedas* e *Brâhmanas* reunidos; e o fizeram sem mudar uma só palavra dos textos. Destacaram simplesmente dos manuscritos as partes mais importantes, aquelas onde se achava a última palavra sobre o Mistério da Existência. A chave do código secreto dos brâmanes ficou, daí em diante, na posse exclusiva dos Iniciados; e eles puderam, assim, negar publicamente a exatidão dos ensinamentos de Buddha, invocando os *Upanishads*, em que se guardava perpétuo silêncio a respeito das questões principais. Tal é a tradição esotérica de além-Himalaia.

Sri Shankarâcharya, o maior Iniciado que viveu nos tempos históricos, escreveu muitos Bhâshyas (Comentários) acerca dos *Upanishads*. Mas os seus tratados originais, como há razões para crer, ainda não caíram nas mãos dos filisteus, pois são conservados ciosamente nos mosteiros (mathams). E existem razões ainda mais ponderosas para acreditar-se que os preciosos Bhâshys sobre a Doutrina Esotérica dos brâmanes, de autoria do maior de seus expositores, continuarão sendo, por muitos séculos, letra morta para a maior parte dos hindus, exceto para os brâmanes Smârtavas. Esta seita, fundada por Shankarâcharya, e de muita influência ainda na Índia Meridional, é atualmente a única que produz estudantes com discernimento bastante para compreender a letra morta dos Bhâshyas. Isso porque, segundo a informação que tivemos, são os únicos que contam, de quando em quando, com verdadeiros Iniciados na direção de seus "mathams", como, por exemplo, no Shringa-giri dos Ghats ocidentais de Misore. Por outro lado, não existe, nessa casta tão intransigentemente exclusivista dos brâmanes, seita mais fechada que a dos Smârtavas; e a reticência de seus membros, quanto a dizerem algo sobre os seus conhecimentos da ciência oculta e a Doutrina Secreta, somente pode ser igualada ao seu saber e à sua altivez.

Eis por que a autora da presente exposição deve esperar, desde logo, que as suas afirmativas encontrem a mais viva oposição e sejam até mesmo desmentidas. Não é que exista qualquer pretensão à infalibilidade ou à

---

(3) Também chamados "Filhos da Sabedoria" e da "Névoa de Fogo", e "Irmãos do Sol", nos Anais chineses. Consta dos manuscritos da biblioteca sagrada da província de Fo-Kien, que Si-dzang (Tibete) é a grande sede da sabedoria oculta, desde tempos imemoriais, muito anteriores a Buddha. Conta-se que o imperador Yu, o "Grande" (2 207 anos antes de nossa Era), místico piedoso e grande Adepto, adquiriu sua sabedoria dos "Grandes Mestres das Montanhas Nevadas" em Si-dzang.

exatidão absoluta em tudo o que se diz nesta obra. Mas, em razão das dificuldades inerentes aos assuntos versados e às limitações quase insuperáveis da língua inglesa, como de todos os demais idiomas europeus, para a expressão de certas idéias, é mais que provável não tenha a autora conseguido dar melhor e mais clara forma às suas explicações; sendo certo que ela fez tudo o que podia, em tão desfavoráveis circunstâncias — e mais não se pode exigir de nenhum escritor.

Recapitulemos, para mostrar quanto é difícil, senão impossível, fazer completa justiça aos temas ora interpretados, tal a sua magnitude:

1.º) A Doutrina Secreta é a Sabedoria acumulada dos séculos, e a sua cosmogonia, por si só, é o mais prodigioso e acabado dos sistemas, ainda que velado, como se encontra, no exoterismo dos *Purânas*. Mas tal é o poder misterioso do simbolismo oculto que os fatos, que ocuparam a atenção de gerações inumeráveis de videntes e profetas iniciados, para os coordenar, classificar e explicar, durante as assombrosas séries do progresso evolutivo, estão todos registrados em algumas poucas páginas de signos geométricos e de símbolos. A visão cintilante daqueles Iniciados foi até ao próprio âmago da matéria, descobriu e perscrutou a alma das coisas, ali onde um observador comum e profano, por mais arguto que fosse, não teria percebido senão a tessitura externa da forma. Mas a ciência hodierna não crê na "alma das coisas", e por isso repugnará todo o sistema da cosmogonia antiga. É inútil dizer que tal sistema não é o fruto da imaginação ou da fantasia de um ou mais indivíduos isolados; que se constitui dos anais ininterruptos de milhares de gerações de videntes, cujas experiências cuidadosas têm concorrido para verificar e comprovar as tradições, transmitidas oralmente de uma a outra raça primitiva, acerca dos ensinamentos de Seres superiores e excelsos que velaram sobre a infância da Humanidade.

Durante muitos séculos, os "Homens Sábios" da Quinta Raça, pertencentes ao grupo sobrevivente que escapou do último cataclismo e das convulsões dos continentes, passaram a vida *aprendendo*, e não *ensinando*. Como o faziam? Examinando, submetendo a provas e verificando, em cada um dos departamentos da Natureza, as tradições antigas, por meio das visões independentes dos grandes Adeptos, isto é, dos homens que desenvolveram e aperfeiçoaram, no mais alto grau possível, seus organismos físico, mental, psíquico e espiritual. O que um Adepto via só era aceito depois de confrontado e comprovado com as visões de outros Adeptos, obtidas em condições tais que lhes conferissem uma evidência independente — e por séculos de experiências.

2.º) A Lei fundamental do sistema, o ponto central de onde tudo surgiu e para onde tudo converge e gravita, e sobre o qual repousa toda a sua filosofia, é o PRINCÍPIO SUBSTANCIAL, Uno, Homogêneo, Divino: a Causa Radical Única.

> ... Alguns, cujas lâmpadas tinham mais brilho,
> Foram guiados, de uma causa a outra causa,
> Ao manancial secreto da Natureza:
> E viram que deve existir
> Um Princípio primordial...

Chama-se *"Princípio Substancial"* porque, convertendo-se em "Substância" no plano do Universo manifestado (que não passa de uma ilusão), continua a ser um "Princípio" no ESPAÇO visível e invisível, abstrato, sem começo nem fim. É a Realidade onipresente; impessoal, porque imanente em tudo e em cada uma das coisas. Sua *impessoalidade* é o conceito *fundamental* do sistema. Está latente em cada átomo do Universo; e é o próprio Universo [4].

3.°) O Universo é a manifestação periódica daquela Essência Absoluta e desconhecida. Dar o nome de "Essência" é, contudo, pecar contra o espírito mesmo da filosofia. Porque, embora seja aqui o substantivo um derivado do verbo *esse*, "ser", não pode haver identificação com nenhuma espécie de "seres" concebíveis pela inteligência humana. Define-se melhor dizendo que AQUILO não é Espírito nem Matéria, mas ambos ao mesmo tempo. Parabrahman e Mûlaprakriti são na realidade UM, se bem que apareçam como Dois no conceito Universal do Manifestado, inclusive no do Logos UNO, ou "Manifestação" primeira, em que — como explica o sábio autor das "Notas sobre o *Bhagavad Gîtâ*" — "AQUILO" surge objetivamente como Mûlaprakriti, e não como Parabrahman; como o seu Véu, e não como a Realidade Una, que está por trás e é incondicionada e absoluta.

4.°) O Universo, com tudo o que nele se contém, é chamado Mâyâ porque nele tudo é temporário, desde a vida efêmera do pirilampo até a do sol. Comparado à eterna imutabilidade do UNO e à invariabilidade daquele Princípio, o Universo, com suas formas transitórias e sempre cambiantes, certamente não parecerá, ao espírito de um filósofo, valer mais que um fogo-fátuo. Entretanto, o Universo é suficientemente real para os seres conscientes que o habitam, e que são tão ilusórios quanto ele próprio.

5.°) Tudo no Universo, em todos os seus reinos, é *consciente*, isto é, dotado de uma consciência que lhe é peculiar em seu próprio plano de percepção. Devemos capacitar-nos de que, só porque *nós, humanos*, não percebemos sinal algum de consciência na pedra, por exemplo, não é isso razão para concluirmos que nenhuma consciência *existe ali*. Não há matéria "morta" ou "cega", como não há também Lei "cega" ou "inconsciente". Na Filosofia Oculta não há lugar para conceitos que tais; ela não se preocupa jamais com as aparências exteriores; para ela têm mais realidade as essências numênicas que suas contrapartidas objetivas. Assemelha-se neste ponto aos *nominalistas* da Idade Média, para quem os universais eram as

---
(4) Veja-se o Vol. II, Parte II, Seção III, "A Substância Primordial e o Pensamento Divino".

realidades, e os particulares só existiam nominalmente e na imaginação do homem.

6.°) O Universo é elaborado e *dirigido de dentro para fora*. O que está em baixo é como o que está em cima, assim no céu como na terra; e o homem, microcosmo e cópia em miniatura do macrocosmo, é o testemunho vivo desta Lei Universal e do seu *modus-operandi*. Observamos que todo movimento *externo*, ação ou gesto, quer seja voluntário ou mecânico, mental ou orgânico, é precedido e produzido por um sentimento ou emoção *interna*, pela vontade ou volição, e pelo pensamento ou mente. Pois que nenhum movimento ou alteração exterior, quando é normal, se pode verificar no corpo externo do homem, sem que o provoque um impulso interno, comunicado por uma daquelas três funções, assim também sucede no Universo externo ou manifestado.

Todo o Cosmos é dirigido, vigiado e impulsionado por uma série quase interminável de Hierarquias de Seres sencientes, cada qual com uma missão a cumprir, e que — seja qual for o nome que lhes dermos, Dhyân-Chohans ou Anjos — são os "Mensageiros" (exclusivamente no sentido de agentes das Leis Cármica e Cósmica). Variam ao infinito os seus respectivos graus de consciência e de inteligência; e chamar Espíritos Puros a todos eles, sem qualquer toque terrestre, aquele toque "que o tempo costuma imprimir em suas presas", é simplesmente uma licença poética. Porque cada um destes Seres — ou *foi* um homem num Manvantara anterior, ou vai sê-lo no atual ou em Manvantara futuro.

Quando não são homens *incipientes*, são homens *aperfeiçoados*; e, em suas esferas superiores e menos materiais, não diferem moralmente dos seres humanos terrestres senão em que se acham livres do sentimento da personalidade e da natureza emocional *humana* — duas características puramente terrenas.

Os últimos, isto é, os "aperfeiçoados", estão para sempre libertos daquele sentimento, porquanto: (*a*) já não possuem corpos carnais, este peso que entorpece a Alma; (*b*) não encontrando obstáculos o elemento espiritual puro, ou estando mais livre, são menos influenciados por Mâyâ que o homem, a não ser que este seja um Adepto, isto é, capaz de manter completamente separadas suas duas personalidades (a espiritual e a física).

As Mônadas incipientes, por nunca terem possuído corpos humanos, não podem experimentar nenhum sentimento de personalidade ou de Ego-ismo. Sendo o que se entende por personalidade uma limitação e uma relação, ou, conforme a definiu Coleridge, "a individualidade existente por si mesma, tendo, porém, uma natureza como base", a palavra não pode obviamente aplicar-se a entidades não-humanas; mas, tal como o atestam gerações de Videntes, nenhum daqueles seres, superiores ou inferiores, possui individualidade ou personalidade como Entidade separada, no sentido em que o homem afirma: "*Eu sou eu*, e não outro."

Por outras palavras, eles não têm consciência daquele separatividade tão característica que se observa nos homens e nas coisas da terra. A

Individualidade é um traço distintivo de suas respectivas Hierarquias, e não de suas unidades; e esse traço varia somente com a categoria do plano a que pertencem as mesmas Hierarquias: quanto mais próximo da região da Homogeneidade e do Divino, tanto mais pura e menos acentuada é a Individualidade da Hierarquia. São seres finitos sob todos os aspectos, salvo no tocante aos seus princípios superiores (as Centelhas imortais, que refletem a Chama Divina Universal); individualizados e separados tão-só nas esferas da Ilusão, por uma diferenciação que é tão ilusória quanto o resto. São "Seres Viventes", porque são correntes projetadas da Vida Absoluta sobre a tela cósmica da Ilusão; Seres nos quais a vida não pode extinguir-se antes que esteja extinto o fogo da ignorância naqueles que sentem essas "Vidas". Tendo surgido a existência sob a influência vivificante do Raio incriado — reflexo do grande Sol central que cintila sobre as praias do Rio da Vida — há neles o Princípio Interno, que pertence às Águas da imortalidade, embora a sua vestimenta diferenciada seja tão perecível como o corpo do homem.

Tinha, pois, razão Young ao dizer que:

Os Anjos são homens de uma ordem superior... e nada mais.

Não são os Anjos "ministros" nem "protetores", não são tampouco "Arautos do Altíssimo", e muito menos os "Mensageiros da Ira" de Deus, criados pela imaginação do homem. Pedir a proteção deles é tão insensato quanto supor que se possa captar-lhes a simpatia mediante qualquer espécie de propiciação; pois eles, do mesmo modo que os homens, são criaturas sujeitas à imutável Lei Cármica e Cósmica. A razão é óbvia. Não possuindo nenhum elemento de personalidade em sua essência, não podem ter nenhuma das qualidades pessoais que os homens atribuem, nas religiões exotéricas, ao seu Deus antropomórfico — um Deus ciumento e exclusivista que se regozija e se enraivece, que se compraz com os sacrifícios e que é mais despótico em sua vaidade do que qualquer homem estulto e finito.

O homem, sendo um composto das essências de todas aquelas Hierarquias celestes, pode, como tal, alcançar um grau superior, em certo sentido, ao de qualquer uma das Hierarquias ou Classes ou de suas combinações respectivas. Está escrito: "O homem não pode nem propiciar nem comandar os Devas." Mas, paralisando sua personalidade inferior, e chegando assim ao pleno conhecimento da *não-separatividade* entre o seu Eu Superior e o SER Absoluto pode o homem, até mesmo durante a sua vida terrestre, tornar-se como "Um de Nós". De modo que, alimentando-se com o fruto do conhecimento que dissipa a ignorância, o homem se converte em um dos Elohim ou Dhyânis; e, uma vez no plano *destes*, o espírito de Solidariedade e de perfeita Harmonia que reina em todas as Hierarquias deve estender-se a ele e protegê-lo em todos os sentidos.

A principal dificuldade que impede aos homens de ciência crer nos espíritos divinos, assim como nos espíritos da Natureza, está no seu materialismo. E o maior obstáculo a que os espiritistas acreditem naquelas entidades, ao passo que conservam uma fé cega nos "Espíritos" dos mortos, é a ignorância geral em que se acha todo o mundo (exceto alguns ocultistas e cabalistas) quanto à verdadeira essência da Matéria. É da aceitação ou não da teoria da *Unidade de tudo na Natureza, em sua essência última*, que depende principalmente a crença ou a incredulidade da existência, ao nosso redor, e outros seres conscientes além dos espíritos dos mortos. É na exata compreensão da Evolução primitiva do Espírito-Matéria, e de sua essência real, que deve o estudante apoiar-se para a gradual elucidação da Cosmogonia Oculta, sendo esse o único índice seguro que pode guiá-lo em seus estudos ulteriores.

Em verdade, conforme vimos de mostrar, cada um dos chamados "Espíritos" é *ou um homem desencarnado ou um homem futuro*. Porque, desde o mais elevado Arcanjo (Dhyân-Chohan) até o último Construtor consciente (a classe inferior das Entidades Espirituais), todos estes *são homens* que viveram em outros Manvantaras, em evos passados, nesta ou em outras Esferas; e os Elementais inferiores, semi-inteligentes e não-inteligentes, são todos homens *futuros*.

Para o ocultista, a circunstância de um Espírito ser dotado de inteligência representa, por si só, a prova de que este Ser foi um *homem*, havendo adquirido essa inteligência e o seu conhecimento através do ciclo humano. No Universo só existe uma Oniciência e Inteligência indivisível e absoluta, que vibra em cada um dos átomos e dos pontos infinitesimais de todo o Cosmos — do Cosmos que não tem limites e ao qual se dá o nome de Espaço, considerado independentemente de todas as coisas nele contidas. Mas a primeira diferenciação do seu *reflexo* no Mundo manifestado é puramente Espiritual, e os Seres nela gerados não são providos de uma consciência que tenha qualquer relação com a consciência que nós conhecemos. Não podem possuir consciência ou inteligência humana senão adquirindo-a pessoal e individualmente. Será, talvez, um mistério; não deixa, porém, de ser um fato para a Filosofia Esotérica, e até um fato dos mais aparentes.

A ordem inteira da Natureza atesta que há uma progressiva marcha que tende para uma vida superior. Existe um plano ou desígnio na ação das forças, inclusive aquelas que parecem as mais cegas. O processo integral da evolução, com suas adaptações intermináveis, é uma prova disso. As leis imutáveis que eliminam as espécies fracas, para dar lugar às fortes, e que asseguram "a sobrevivência dos mais aptos", por cruéis que sejam em sua ação imediata, cooperam todas no sentido da grande meta final. O *fato* mesmo de que ocorrem adaptações, de que os mais aptos são os que sobrevivem na luta pela existência, demonstra que a chamada "Natureza inconsciente" é, na realidade, um complexo de forças manejadas por seres semi-inteligentes (Elementais), sob a direção de Elevados Espíritos Planetários (Dhyân-Chohans), que formam coletivamente o Verbo manifestado do Logos Não-manifestado, constituindo ao mesmo tempo a Mente do Universo e sua Lei imutável.

A Natureza, tomada em seu sentido abstrato, *não pode* ser "inconsciente", sendo, como é, a emanação da Consciência Absoluta e, portanto, um de seus aspectos no plano da manifestação. Onde está aquele que se atreve a negar ao vegetal, e mesmo ao animal, uma consciência própria? Tudo o que ele pode dizer é que essa consciência transcende os limites de sua compreensão.

Três distintas representações do Universo, em seus três aspectos distintos, são impressas em nosso pensamento pela Filosofia Esotérica: o *Preexistente*, o *Sempre Existente* (do qual promanou o primeiro) e o *Fenomenal* (o mundo da ilusão, o reflexo, a sombra do anterior). Durante esse grande mistério, esse grande drama da vida, que nós conhecemos pelo nome de Manvantara, o Cosmos real é como os objetos colocados atrás de uma tela branca, sobre a qual projetam sombras. Os personagens e os objetos verdadeiros permanecem invisíveis, enquanto os fios condutores da evolução são manejados por mãos também invisíveis. Os homens e as coisas representam apenas os traços deixados sobre o fundo branco pelo reflexo das realidades dissimuladas por trás das redes de Mahâmâyâ, a Grande Ilusão. Assim o ensinaram todas as filosofias e todas as religiões, pré-diluvianas como pós-diluvianas, na Índia e na Caldéia; assim o ensinaram os sábios da China e os da Grécia. Nos dois primeiros países aqueles três Universos eram simbolizados, nos ensinamentos exotéricos, pelas três Trindades que emanam do eterno Germe central e com ele constituem uma Unidade Suprema: a *Tríade inicial,* a *manifestada* e a *criadora*, ou os Três em Um. A última não é senão o símbolo, em sua expressão concreta, das duas primeiras, que são *ideais*. Aí está por que a Filosofia Esotérica supera a necessidade desta concepção puramente metafísica, e só ao primeiro Universo chama o Sempre Existente. Tal é a opinião de cada uma das seis grandes escolas da filosofia hindu [5] — os seis princípios daquele corpo-unidade da Sabedoria, do qual a Gnose, o Conhecimento *oculto,* é o sétimo.

A autora destas linhas espera que, por superficial que tenha sido a elaboração dos comentários das Sete Estâncias, seja o suficiente, nesta parte cosmogônica da obra, para mostrar que os ensinamentos arcaicos são, em sua própria esfera, mais *científicos* (no moderno sentido da palavra) do que outra qualquer Escritura antiga, considerada e julgada no seu aspecto exotérico.

Como, porém — e já o declaramos anteriormente —, esta obra *silencia muito mais coisas do que as que expõe*, convidamos o estudante a que utilize sua própria intuição. O nosso principal escopo é esclarecer alguns ensinamentos que já vieram à luz, por vezes mui incorretamente, a nosso pesar; suplementar com informações adicionais, se e quando possível, os conhecimentos antes sugeridos, e defender a nossa doutrina dos ataques violentos do sectarismo hodierno, e mui especialmente do Materialismo destes últimos tempos, tantas vezes rotulado erroneamente de Ciência, quando em verdade só as palavras "sábios" e "semi-sábios" deveriam ter a responsabilidade das inúmeras teorias ilógicas apresentadas ao mundo.

Em sua grande ignorância, o público, ao mesmo tempo que aceita cegamente tudo o que provém das "autoridades", e julga de seu dever

---

(5) Nyâya, Vaishishika, Sânkhya, Ioga, Mimâmsâ e Vedanta.

considerar como fato comprovado todo ditame oriundo de um homem de ciência; o público, dizíamos, habituou-se a zombar de tudo o que dimana de fontes "pagãs". Por esse motivo, e como os sábios materialistas só podem ser combatidos com suas próprias armas — as da controvérsia e da discussão —, julgamos conveniente inserir em cada volume um Apêndice [6], em que são contrastadas as respectivas opiniões para mostrar como até as grandes autoridades podem errar freqüentemente. Acreditamos que seja útil e eficaz pôr em relevo os pontos fracos de nossos adversários e demonstrar como os seus repetidos sofismas, que se pretende passar por *dicta* científico, são inexatos. Nós nos apoiamos em Hermes e na "Sabedoria" hermética, em seu caráter universal; eles se apóiam em Aristóteles, contra a intuição e a experiência dos séculos, imaginando que a verdade é propriedade exclusiva do mundo ocidental. Daí a divergência. Disse Hermes: "O conhecimento difere muito da razão, porque a razão pertence ao que está acima dela; mas o conhecimento é o termo da razão", isto é, o fim da ilusão de nosso cérebro físico e de sua inteligência; sublinhando assim fortemente o contraste entre o saber laboriosamente adquirido por meio dos sentidos e da mente (Manas) e a onisciência intuitiva da Alma Espiritual e Divina (Buddhi).

Seja qual for a sorte reservada a este trabalho em um futuro distante, esperamos haver provado os seguintes fatos pelo menos:

1.º) A Doutrina Secreta não ensina o Ateísmo, salvo no sentido expresso pela voz sânscrita Nâstika, ou repúdio dos *ídolos*, inclusive todo o qualquer Deus antropomórfico. Nesta acepção, todos os ocultistas são Nâstikas.

2.º) Ela admite um Logos, ou um "Criador" coletivo do Universo; um Demiurgo, no mesmo sentido em que se fala de um "Arquiteto" como "Criador" de um edifício, muito embora o Arquiteto nunca houvesse tocado em uma pedra sequer, mas simplesmente elaborado o plano, deixando todo o trabalho manual ao cuidado dos operários. Em nosso caso, foi o plano traçado pela Ideação do Universo, e a obra da construção entregue às Legiões de Forças e de Potestades inteligentes. Mas aquele Demiurgo não é uma Divindade *pessoal*, isto é, um *Deus extracósmico* imperfeito, e sim a coletividade dos Dhyân-Chohans e das demais Forças.

3.º) Os Dhyân-Chohans possuem um caráter dual, sendo compostos de (*a*) a *Energia bruta*, irracional, inerente à Matéria; e (*b*) a Alma Inteligente ou Consciência Cósmica, que guia e dirige aquela energia, e que é o *Pensamento Dhâyn-Chohânico, refletindo a Ideação da Mente Universal.* Daí resulta uma série perpétua de manifestações físicas e de *efeitos morais* sobre a Terra, durante os períodos manvantáricos, estando tudo subordinado ao Carma. Como tal processo nem sempre é perfeito; e como, por muitas que sejam as provas de existir uma Inteligência diretora por trás do véu, nem por isso deixa de haver defeitos e lacunas, rematando muitas vezes em insucessos evidentes; segue-se que nem a Legião coletiva (De-

---

(6) Veja-se o Vol. II, Parte III, e o Vol. IV, Parte III.

miurgo), nem qualquer das Potências que atuam, individualmente consideradas, comportam honras e cultos divinos. Todos têm, no entanto, direito à reverência e à gratidão da Humanidade; e o homem deve sempre esforçar-se por ajudar a evolução divina das *Idéias*, tornando-se, na medida de seus recursos, um *colaborador da Natureza* em sua tarefa cíclica. Só o incognoscível Karana, a Causa sem Causa de todas as causas, deve ter o seu santuário e o seu altar no recinto sagrado e inviolável do nosso coração; invisível, intangível, não mencionado, salvo pela "voz tranqüila e silenciosa" de nossa consciência espiritual. Os que o adoram devem fazê-lo na quietude e na solidão sacrossanta de suas Almas; de modo que o Espírito de cada um seja o único mediador entre eles e o Espírito Universal, não tendo por sacerdotes senão as suas boas ações, e sendo as suas tendências pecaminosas as únicas vítimas expiatórias visíveis e tangíveis, oferecidas em holocausto à *Presença*.

"E, quando orares, não sejas como os hipócritas... mas entra em tua *câmara interna e, fechando a porta, ora a teu pai* que está em segredo."[7] Nosso Pai se acha *dentro de nós* "em segredo": é o nosso Sétimo Princípio, que está na "câmara interna" da percepção de nossa Alma. O "Reino de Deus" e do Céu está *em nós* — disse Jesus — e não fora. Por que são os cristãos assim tão cegos ao significado evidente das palavras de sabedoria, que se comprazem em repetir mecanicamente?

4.°) A Matéria é Eterna. É o Upâdhi ou a Base Física, de que se serve a Mente Universal para nela construir as suas Ideações. Por isso, sustentam os esoteristas que não há matéria inorgânica ou "morta" na Natureza; que a distinção feita pela Ciência entre matéria orgânica e matéria inorgânica é tão infundada quanto arbitrária e irracional. Seja qual for o pensamento da Ciência — e a Ciência *exata* é mulher volúvel, como todos nós sabemos pela experiência —, o Ocultismo sabe e ensina coisa diferente, como sempre o fez desde tempos imemoriais — desde Manu e Hermes até Paracelso e seus sucessores.

Assim falou Hermes, o Três vezes Grande:

"Oh! filho meu! a matéria evolve; primeiramente *era*; porque a matéria é o veículo para a transformação. Vir-a-ser é o modo de atividade do Deus incriado que tudo prevê. Havendo sido dotada com o germe do que virá a ser, a matéria [objetiva] é conduzida ao nascimento, porque é modelada pela força criadora *segundo as formas ideais*. A Matéria, ainda não gerada, não tinha forma; ela evolve quando é posta em ação."[8]

A excelente tradutora e compiladora dos Fragmentos Herméticos, Dra. Anna Kingsford, consigna a explicação em uma de suas notas:

"O Dr. Ménard observa que a mesma palavra em grego significa *nascer* e *vir a ser*. A idéia é esta: o material que compõe o mundo é eterno em sua essência, mas, antes

---

(7) *Mateus*, VI, 5-6.
(8) Veja-se *Hermes Trismegisto*, trad. francesa de Louis Rénard, 1867, Livro IV, cap. VIII, pág. 250.

da criação ou do "vir a ser", se acha em uma condição passiva ou imóvel. 'Era', portanto, antes de ser posta em ação; agora 'vem a ser', evolve, ou seja, é móvel e progressiva."

E acrescenta a Dra. Anna Kingsford a seguinte doutrina — puramente vedantina — da filosofia hermética:

"A Criação é, por conseguinte, o período de atividade [Manvantara] de Deus, que, segundo o pensamento hermético [ou: de AQUELE que, segundo o vedantino], tem dois modos: Atividade ou Existência, Deus em evolução (Deus explicitus); e Passividade do Ser (Pralaya), Deus em involução (Deus implicitus). Ambos os modos são perfeitos e completos, como o são os estados de vigília e de sono, no homem. Fichte, o filósofo alemão, descrevia o Ser (Sein) como Uno, que só conhecemos por meio da existência (Dasein), como o Múltiplo. Este ponto de vista é inteiramente hermético. As "Formas Ideais"... são as idéias-arquétipos ou formativas dos neoplatônicos; os conceitos eternos e subjetivos das coisas existentes na Mente Divina antes da "criação" ou do vir a ser." [9]

Ou, como na filosofia de Paracelso:

"Todas as coisas são o produto de um esforço criador universal... Nada existe morto na Natureza Tudo é orgânico e vivo, e por isso o mundo inteiro parece ser um organismo vivente." [10]

5.º) O Universo desabrolhou do seu plano ideal, mantido através da Eternidade na Inconsciência do que os vedantinos chamam Parabrahman. Esta proposição é praticamente idêntica às conclusões da mais elevada filosofia ocidental: "As Idéias inatas, eternas e existentes por si mesmas" de Platão hoje retomadas por Von Hartmann. O "Incognoscível" de Herbert Spencer tem apenas uma débil semelhança com aquela Realidade transcendente em que acreditam os ocultistas, e que parece, muitas vezes, tão-só a personificação de "uma força oculta por trás dos fenômenos", uma Energia infinita e eterna, da qual todas as coisas procedem; ao passo que o autor da *Filosofia do Inconsciente* se aproxima muito mais (apenas sob este aspecto) da solução do grande Mistério, tanto quanto a um mortal é dado fazê-lo. Raros foram os que, na filosofia antiga como na da Idade Média, ousaram tratar desse tema ou sequer sugeri-lo. Paracelso o menciona incidentemente, e suas idéias estão admiravelmente sintetizadas pelo Dr. Franz Hartmann, M. S. T., no seu livro *Paracelsus,* que há pouco citamos.

Todos os cabalistas cristãos bem compreenderam o pensamento básico oriental. O Poder ativo, o "Movimento Perpétuo do Grande Sopro", desperta o Cosmos na aurora de cada novo Período, pondo-o em ação por meio das duas Forças contrárias, a centrípeta e a centrífuga, que são o masculino e o feminino, o positivo e o negativo, o físico e o espiritual; ambas constituindo a Força *Primordial* una, e deste modo tornando-a objetiva no plano da Ilusão. Em outras palavras, esse duplo movimento transfere o Cosmos do plano do Ideal eterno ao da manifestação finita, ou do

---

(9) *The Virgin of the World,* tradução da Dra. Anna Kingsford, págs. 134-5.
(10) *Paracelsus,* Franz Hartmann, M.D., pág. 44.

plano *Numênico* ao *Fenomenal*. Tudo o que *é, foi e será* EXISTE eternamente, inclusive as inumeráveis Formas, que são finitas e perecíveis tão-somente em seu aspecto objetivo, mas não em seu aspecto *ideal*. Eles existiram como Idéias na Eternidade, e, quando desaparecerem, subsistirão como Reflexos.

O Ocultismo ensina que nenhuma forma pode ser conferida ao que quer que seja, pela Natureza ou pelo homem, sem que já exista o seu tipo ideal no plano subjetivo. Mais ainda: que nenhuma forma ou figura pode penetrar na consciência do homem, ou desenvolver-se em sua imaginação, sem preexistir como protótipo, ao menos como aproximação. Nem a forma do homem, nem as de qualquer animal, planta ou pedra, foram jamais "criadas"; e só em nosso plano é que começaram a "vir a ser", isto é, a objetivar-se em seu presente estado material, ou a expandir-se de *dentro para fora*: desde a essência mais sublimada e supra-sensível até o seu aspecto mais denso.

Assim, as *nossas* formas humanas já existiam na Eternidade como protótipos astrais ou etéreos; e foi por estes modelos que os Seres Espirituais ou Deuses — cuja missão era trazê-los à existência objetiva e à vida terrestre — desenvolveram, de sua *própria* essência, as *formas protoplasmáticas* dos Egos futuros. Depois, quando pronto esse Upâdhi ou modelo-base humano, as Forças terrestres naturais começaram a operar sobre aqueles modelos supra-sensíveis, *que continham, além de seus elementos próprios, os de todas as formas vegetais do passado e animais do futuro neste Globo*. Portanto, o invólucro *exterior* do homem passou por cada um dos corpos vegetais e animais, antes de assumir a forma humana. Como tudo isto vai ser descrito minuciosamente nos Comentários dos volumes III e IV, não há necessidade de nos alongarmos mais sobre o assunto.

Segundo a filosofia hermética e cabalística de Paracelso, o Yliaster ou protomatéria (antecessor do Protilo recentemente introduzido na química pelo Sr. Crookes) fez brotar de si mesmo o Cosmos.

"Quando se deu a criação [evolução], o Yliaster se dividiu; ele se fundiu e se dissolveu, por assim dizer, fazendo brotar [de dentro] de si mesmo o Ideos ou Caos (Mysterium Magnum, Iliados, Limbus Major ou Matéria Primordial). Esta Essência Primordial é de natureza monística e se manifesta não só como atividade vital ou força espiritual, poder oculto, incompreensível e indescritível, mas também como a matéria vital de que se compõe a substância de todos os seres vivos. Nesse Limbus ou Ideos de matéria primordial... única matriz de todas as coisas criadas, acha-se contida a substância de todas as coisas. Descrevem-no os antigos como o Caos... de onde surgiu a existência o Macrocosmo, e depois cada ser separadamente, por divisão e evolução nos *Mysteria Specialia* [11]. Todas as coisas e todas as substâncias elementais nele estavam contidas *in-potentia*, mas não *in-actu*." [12]

---

(11) A palavra Mysterium é assim explicada pelo Dr. Hartmann, segundo os textos de Paracelso, que ele tinha diante de si: De acordo com o eminente Rosa-cruz, "Mysterium é tudo aquilo que é capaz de desenvolver algo que aí se acha apenas em estado de germe. Uma semente é o Mysterium de uma planta, o ovo é o de um pássaro, etc."

(12) *Op. cit.*, págs. 41-42.

A isso observa com razão o tradutor, Dr. Franz Hartmann, que "parece haver-se Paracelso adiantado de três séculos na descoberta da potencialidade da matéria".

Esse Magnus Limbus ou Yliaster de Paracelso é, pois, nada menos que o nosso velho amigo "pai-Mãe", *dentro*, antes de aparecer no Espaço [13]. É a Matriz Universal do Cosmos, personificada sob o duplo aspecto de Macrocosmo e Microcosmo (ou o Universo e o nosso Globo) [14] por Aditi-Prakriti, a Natureza espiritual e física. Assim é que vemos explicado em Paracelso que:

"O Magnus Limbus é o viveiro de onde saíram todas as criaturas — do mesmo modo que de uma semente minúscula se desenvolve uma árvore; com a diferença, porém, de que o grande Limbus tem sua origem na Palavra de Deus, ao passo que o Limbus menor (a semente ou o esperma terrestre) o tem na Terra. O grande Limbus é o germe de onde saíram todos os seres, e o pequeno Limbus é cada ser final que reproduz a sua forma, depois de ter sido produzido pelo grande. O pequeno possui todas as qualidades do grande, no mesmo sentido em que um filho tem um organismo semelhante ao do pai... Quando... Yliaster se dissolveu, Ares, o poder divisor, diferenciador e individualizador [Fohat, outro velho amigo]... começou a atuar. Toda a produção se realizou como conseqüência da separação. Do Ideos saíram os elementos Fogo, Água, Ar e Terra, cujo nascimento, todavia, não ocorreu de modo material ou por simples separação, mas espiritual e dinamicamente [nem mesmo por combinações complexas, como a mistura mecânica, oposta à combinação química], à semelhança do fogo que brota de uma pederneira ou da árvore que surge de uma semente, embora originariamente não houvesse fogo na pedra nem árvore na semente. 'O Espírito é vivente, e a Vida é Espírito; e a Vida e o Espírito [Prakriti-Purusha?] produzem todas as coisas, mas são, em essência, um e não dois...' Os elementos também possuem, cada qual, seu próprio Yliaster, porque toda a atividade da matéria, em cada forma, não é senão um eflúvio da mesma fonte. Mas, assim como da semente brotam as raízes com suas fibras, depois o tronco com seus ramos e suas folhas, e por fim as flores e as sementes, do mesmo modo todos os seres provieram dos Elementos e se compõem de substâncias elementares, que podem dar nascimento a outras formas, com os caracteres de seus pais [15]. Os Elementos, mães de todas as criaturas, *são de uma natureza invisível e espiritual, e possuem alma* [16] Todos eles brotam do Mysterium Magnum."

Compare-se com o *Vishnu Purâna*:

"De Pradhâna [a Substância Primordial], presidida por Kshetrajna ["o espírito encarnado"?], provém o desenvolvimento desigual (Evolução) dessas qualidades... Do grande Princípio (Mahat), a Inteligência [Universal, ou a Mente]... procede a origem dos elementos sutis e dos órgãos do sentido..." [17]

---

(13) Veja-se a Estância II, etc.
(14) Foram somente os cabalistas da Idade Média que, seguindo o exemplo dos judeus e de um ou dois neoplatônicos, aplicaram o termo *Microcosmo* ao homem. A filosofia antiga chamava à Terra o Microcosmo do Macrocosmo, e considerava o homem o produto dos dois.
(15) "Essa doutrina, exposta há trezentos anos" — observa o tradutor —, "é idêntica à que revolucionou o pensamento moderno, depois de transformada e elaborada por Darwin. É também a de Kapila, na filosofia Sânkhya."
(16) O Ocultismo oriental diz que são guiados e impulsionados por Seres Espirituais, os Operários dos mundos invisíveis, por detrás do véu da Natureza Oculta, ou Natureza *in abscondito*.
(17) Wilson, I, II (vol. I, pág. 35).

Pode-se assim demonstrar que todas as verdades fundamentais da Natureza eram universais na antiguidade, e que as idéias gerais sobre o Espírito, a Matéria e o Universo, ou sobre Deus, a Substância e o Homem, eram idênticas. Estudando as duas filosofias religiosas mais antigas do mundo, o hinduísmo e o hermetismo, facilmente se reconhece a sua identidade.

Isto se torna evidente a quem lê a última tradução dos "Fragmentos Herméticos", que anteriormente citamos e que se deve à nossa amiga cuja perda deploramos, a Dra. Anna Kingsford. Embora os textos hajam sido mutilados e deturpados em sua passagem por mãos sectárias gregas e cristãs, soube a tradutora, com muito engenho e intuição, senhorear os pontos obscuros, procurando clareá-los por meio de explicações e notas. Diz ela:

"A criação do mundo visível pelos 'deuses ativos' ou Titãs, como agentes do Deus Supremo [18], é uma idéia puramente hermética, que se depara *em todos os sistemas religiosos*, e que se harmoniza com as modernas investigações científicas (?), quando estas nos mostram o Poder Divino atuando em toda parte por meio das Forças naturais."

Citemos da mesma tradução:

"Este Ser Universal, que está em tudo e tudo contém, põe em movimento a alma e o mundo, tudo o que a Natureza encerra. Na unidade múltipla da vida universal, as inumeráveis individualidades, que se distinguem por suas variações, são, contudo, unidas de maneira tal que o conjunto é uno, e tudo procede da Unidade." [19]

Vemos ainda, em outra tradução:

"Deus não é uma Mente, mas a causa da existência da Mente; *não é um Espírito, mas a causa do Espírito; não é a Luz, mas a causa da Luz.*" [20]

Estas palavras mostram claramente que o "Divino Pimandro", apesar de alterado em algumas passagens com certos "polimentos" cristãos, foi escrito por um filósofo, ao passo que a maior parte dos "Fragmentos Herméticos" é obra de sectários pagãos que manifestavam tendência em admitir um Ser Supremo antropomórfico. Contudo, são as duas obras o eco da Filosofia Esotérica e dos *Purânas* hindus.

Comparem-se duas invocações, uma dirigida ao "Todo Supremo" hermético, e a outra ao "Todo Supremo" dos arianos posteriores. Diz um fragmento hermético citado por Suídas:

"Eu te imploro, oh Céu! obra sacrossanta do grande Deus; eu te imploro, Voz do Pai, pronunciada no princípio, quando o mundo universal foi formado; eu te imploro, pelo Verbo, Filho único do Pai, que sustenta todas as coisas; sê propício, sê propício." [21]

---

(18) É uma expressão freqüente nos "Fragmentos" e à qual nos opomos. A *Mente Universal* não é um *Ser* ou "Deus".
(19) *The Virgin of the World*, pág. 47; "Asclépios", parte primeira.
(20) *Divine Pymander*, IX, pág. 64.
(21) *The Virgin of the World*, pág. 153.

Essa invocação é precedida pelo seguinte

"Assim, a Luz Ideal existia antes da Luz Ideal, e a Inteligência luminosa da Inteligência existiu sempre, *e sua unidade não era senão o Espírito envolvendo o Universo. Fora de quem [do qual] não há Deus, nem Anjos, nem outra qualquer essência, porque Ele [Aquilo] é o Senhor de todas as coisas, e o Poder e a Luz: e tudo depende d'Ele [Aquilo], e está n'Ele [Aquilo]."*

Mas o próprio Trismegisto contradiz esse conceito, quando diz

"Falar de Deus é impossível. Pois o corpóreo não pode exprimir o incorpóreo... O que não possui corpo, nem aparência, nem forma, nem matéria, não pode ser percebido pelos sentidos. Eu compreendo, Tatios, eu compreendo que o impossível de definir, isso é Deus." [22]

A contradição entre os dois trechos é evidente, e demonstra: (*a*) que Hermes era um pseudônimo genérico, adotado por uma série de gerações de místicos de todos os matizes; e (*b*) que é preciso usar de muita ponderação e discernimento antes de aceitar um daqueles fragmentos como preceito esotérico, tão-só em razão de sua inegável antiguidade.

Compare-se agora o que ficou transcrito com uma invocação do mesmo gênero que se encontra nas Escrituras hindus — sem dúvida tão antigas, senão muito mais, do que os tais fragmentos. Parâshara, o "Hermes" ariano, instrui a Maitreya, o Asclépios hindu, e invoca a Vishnu em sua tríplice hipóstase:

"Glória a Vishnu, o imutável, o eterno, o supremo, aquele cuja natureza é universal, o todo-poderoso; a ele, que é Hiramyagarbha, Hari e Shankara [Brahma, Vishnu e Shiva], o criador, o preservador e o destruidor do mundo; a Vâsudeva, o libertador (de seus adoradores); a ele, cuja essência é ao mesmo tempo simples e múltipla, sutil e corpórea, contínua e descontínua; a Vishnu, causa da emancipação final. Glória ao supremo Vishnu, causa da criação, da existência e do fim deste mundo; *que é a raiz do mundo, e que o encerra.*" [23]

É uma invocação grandiosa, que contém um profundo sentido filosófico; mas, para as massas profanas, sugere um Ser antropomórfico, tal como a oração hermética. Devemos respeitar o sentimento que ditou a ambas; entretanto, não podemos deixar de considerá-las em completo desacordo com o seu significado oculto, e até mesmo com o expresso no referido tratado hermético, onde se diz:

"*Trismegisto*: A realidade, filho meu, não é deste mundo, nem pode sê-lo... Nada é real sobre a terra; só existem aparências... Ele [o Homem] não é real, filho meu, como homem. O real consiste unicamente no real, e permanece sendo o que é... O homem é transitório, e portanto não é real; não é mais que aparência, e aparência é a suprema ilusão.

Tatios: Então, meu Pai, não são reais os corpos celestes, pois que também variam?

---

(22) *Op. cit.*, págs. 139-140. Fragmento de "Phwsical Eclogues" e "Florilegium" de Stobaeus.

(23) *Vishnu Purâna*, I, II, Wilson, I, págs. 13-15.

Trismegisto: O que está sujeito ao nascimento e à transformação não é real... Há neles uma certa falsidade, porque são também variáveis...

Tatios: E que é, então, ó meu Pai, a Realidade Primordial?

Trismegisto: Quem [O que] é único e só, ó Tatios! Quem [O que] não é feito de matéria, nem está em corpo algum. Quem [O que] não tem cor nem forma, não muda nem é transmitido, mas que É sempre."[24]

O que está inteiramente conforme ao ensinamento vedantino. A idéia principal está oculta; e muitas são as passagens dos Fragmentos Herméticos que pertencem à Doutrina Secreta.

Esta última ensina que todo o Universo é regido por Forças e Poderes inteligentes e semi-inteligentes, como desde o início assinalamos. A Teologia cristã admite e até *impõe* semelhante crença, mas estabelece uma divisão arbitrária entre esses Poderes, chamando-os "Anjos" e "Demônios". A Ciência nega a existência de ambos, e ridiculariza a idéia. Os espiritistas crêem nos "Espíritos dos Mortos", não admitindo, além destes, nenhuma outra espécie ou classe de seres invisíveis. Os ocultistas e os cabalistas são, portanto, os únicos intérpretes racionais das antigas tradições, que agora culminaram na fé dogmática de uns e na negativa não menos dogmática de outros. Porque ambos os lados, a fé e a incredulidade, não abrangem senão um modesto ângulo dos horizontes infinitos das manifestações espirituais e físicas; e ambos têm razão, cada qual em seu restrito ponto de vista, mas deixam de tê-la quando julgam poder circunscrever o todo dentro de seus próprios e acanhados limites especiais — porque jamais o conseguirão. Sob este aspecto, a Ciência, a Teologia e até mesmo o Espiritismo não denotam mais sabedoria que o avestruz, quando esconde a cabeça na areia aos seus pés, julgando que nada mais existe além do seu próprio ponto de observação e da reduzida área ocupada por sua obtusa cabeça.

Como as únicas obras que atualmente existem sobre o assunto ora examinado, ao alcance do profano pertencente às raças "civilizadas" do Ocidente, são os livros, ou melhor, os Fragmentos Herméticos já mencionados, nós podemos, no presente caso, compará-los com os ensinamentos da Filosofia Esotérica. Citar outras obras com o mesmo objetivo seria inútil, pois que o público nada sabe acerca dos livros caldeus que, traduzidos para o árabe, se acham em mãos de alguns Iniciados sufis. Devemos recorrer, para a comparação, às "Definições de Asclépios", tais como foram recentemente compiladas e comentadas pela Dra. Anna Kingsford, M. S. T.; algumas de suas sentenças coincidem de maneira notável com a Doutrina Esotérica oriental. Apesar de não serem poucas as passagens em que se observa a impressão inconfundível de um dedo cristão posterior, as características dos Gênios e dos Deuses são ali, de um modo geral, as dos ensinamentos orientais, ainda que, no tocante a outros pontos, haja proposições que se distanciam largamente de nossas doutrinas.

Em relação aos Gênios, os filósofos herméticos chamavam Theoi (Deuses), Gênios e Daimones às entidades que nós denominamos Devas (Deu-

---

(24) *Op. cit.*, págs. 135-138.

ses), Dhyân-Chohans, Chitkala (o Kwan-Yin dos budistas), etc. Os Daimones correspondem (no sentido socrático e ainda no sentido teológico, oriental e latino) aos espíritos tutelares da raça humana, "aqueles que moram na vizinhança dos imortais, de onde velam sobre as coisas humanas", como disse Hermes. Esotericamente são chamados Chitkala, alguns dos quais são os que deram ao homem, de sua própria essência, os princípios quarto e quinto, e outros são os chamados Pitris. Explicaremos isto quando chegarmos à produção do *homem completo*. A raiz do nome é Chit, "aquilo que determina a escolha, para o uso da alma, das conseqüências das ações e das espécies de conhecimentos"; ou seja: a consciência, a voz interior do homem. Entre os Yogis, Chit é sinônimo de Mahat, a Inteligência primeira e divina; mas, na Filosofia Esotérica, Mahat é a raiz de Chit, o seu germe, e Chit [25] é uma qualidade de Manas em conjunção com Buddhi, uma qualidade que atrai a si, por afinidade espiritual, um Chitkala, quando se desenvolve suficientemente no homens. Eis por que se diz que Chit [26] é uma voz que adquire vida mística, convertendo-se em Kwan-Yin.

EXCERTOS DE UM COMENTÁRIO PRIVADO MANTIDO EM SEGREDO ATÉ AGORA [27]

XVII. *A Existência Inicial, na primeira aurora do Mahâmanvantara [após o Mahâpralaya que sucede a cada Idade de Brahmâ], é uma* QUALIDADE ESPIRITUAL CONSCIENTE. *Nos mundos manifestados [Sistemas Solares], ela é, em sua Subjetividade Objetiva, qual a nuvem de um Sopro Divino, aos olhos do vidente em êxtase. Saindo do Laya* [28], *difunde-se pelo Infinito como um fluido espiritual incolor. Está no Sétimo plano e em seu Sétimo Estado, em nosso Mundo Planetário* [29].

XVIII. *É Substância para* NOSSA *visão espiritual. Não pode ser assim chamada pelos homens em seu estado de vigília; e, por isso, em sua ignorância, a denominaram "Espírito de Deus".*

XIX. *Existe em toda a parte e forma o primeiro Upâdhi [Fundação] sobre o qual nosso Mundo [Sistema Solar] foi construído. Fora deste último, só se pode encontrar, em sua prístina pureza, entre [os Sistemas Solares ou] as Estrelas do Universo, os mundos já formados ou em via de formação; permanecendo em seu seio, entretanto, os que ainda se acham em Laya. Como sua substância difere da que se conhece na Terra, os habitantes desta última, vendo* ATRAVÉS DELA, *crêem, em sua ilusão e ignorância, que é um espaço vazio. Em todo o Ilimitado [Universo], não existe sequer a espessura de um dedo de espaço vazio...*

---

(25) Conhecer, ser sabedor ou consciente.
(26) *Chitti*: juízo, compreensão, sabedoria.
(27) Este ensinamento não se refere a Prakriti-Purusha além dos limites de nosso pequeno Universo.
(28) O estado de quietação final; a condição Nirvânica do Sétimo Princípio.
(29) Todo este ensinamento é ministrado em nosso plano de consciência.

XX. *A Matéria ou Substância é setenária em nosso mundo, como também o é além dele. Cada um de seus estados ou princípios possui, ainda, sete graus de densidade. Sûrya [o Sol], em seu reflexo visível, exibe o primeiro grau, ou o inferior dos sete estados, que é a ordem mais elevada da* PRESENÇA *Universal, o puro entre os puros, o primeiro Sopro manifestado do Sempre Não-Manifestado Sat [Asseidade]. Todos os Sóis centrais físicos ou objetivos são, em sua substância, o estado inferior do primeiro princípio do Sopro. Nenhum deles é mais que o Reflexo de seus Primários, que se acham ocultos à vista de todos, menos à dos Dhyân-Chohans, cuja substância corpórea pertence à quinta divisão do sétimo princípio da Substância-Mãe e é, portanto, quatro graus mais elevada que a substância solar refletida. Assim como existem sete Dhâtu (substâncias principais no corpo humano), do mesmo modo existem Sete Forças no Homem e na Natureza inteira.*

XXI. *A essência real do [Sol] Oculto é um núcleo da Substância--Mãe* [30]. *E o Coração é a Matriz de todas as Forças vivas e existentes em nosso Universo Solar. É o Centro de onde se disseminam, em suas jornadas cíclicas, todos os Poderes que põem em ação os Átomos, no exercício de suas funções, e o Foco no qual se reúnem de novo em sua Sétima Essência, de onze em onze anos. Se alguém te contar que viu o Sol, zomba dele* [31], *como se houvesse dito que o Sol se move realmente em seu curso diurno...*

XXIII. *É por causa da natureza setenária do Sol que os antigos a ele se referem dizendo que é arrastado por sete cavalos, como nos versos dos Vedas; ou, ainda, que, apesar de identificado com os sete Ganas [Classes de Seres], em sua revolução, é distinto destes* [32], *como em verdade o é; e também que possui sete Raios, como efetivamente possui...*

XXV. *Os Sete Seres que estão no Sol são os Sete Sagrados, nascidos por si mesmos em virtude do poder inerente à Matriz da Substância-Mãe. São eles que enviam as sete Forças principais, chamadas Raios, que no começo do Pralaya se concentrarão em sete novos Sóis para o próximo Manvantara. A energia, da qual elas surgem à existência consciente em cada Sol, é o que alguns chamam Vishnu, que é o Sopro do* ABSOLUTO.

Nós lhe chamamos a Vida Una Manifestada — também ela é um reflexo do Absoluto.

XXVII. *Nunca se deve mencionar este último em palavras ou em frases*, PARA QUE NÃO ARREBATE ALGUMAS DE NOSSAS ENERGIAS ESPIRITUAIS,

---

(30) Ou seja: o "sonho da Ciência", a verdadeira matéria primordial homogênea, que nenhum mortal pode tornar objetiva nesta Raça, nem mesmo na presente Ronda.

(31) "Vishnu, em sua forma de energia ativa, nunca se levanta nem se põe, e é ao mesmo tempo o Sol *sétuplo* e distinto dele" — diz o *Vishnu Purana*, II, XI (Wilson, II, XI, 296).

(32) "Assim como um homem, ao aproximar-se de um espelho colocado sobre um móvel, contempla nele a sua própria imagem, da mesma forma a energia (ou reflexo) de Vishnu (o Sol) nunca se encontra separada, mas permanece no Sol (como num espelho que ali estivesse colocado)." (*Ibid., loc. cit.*)

que aspiram ao SEU *estado, gravitando sempre para* ELE *espiritualmente e de modo progressivo, como gravita, cosmicamente, todo o universo físico para o seu centro manifestado.*

XXVIII. *A primeira (a Existência Inicial), que se pode denominar, durante esse estado de existência, a* VIDA UNA, *é, conforme se explicou, um véu para objetivos de criação ou formação. Ela se manifesta em sete estados, os quais, com as subdivisões setenárias, constituem os Quarenta e Nove Fogos a que se referem os livros sagrados.*

XXIX. *O primeiro é a "Mãe"* [MATÉRIA *Prima*]. *Subdividindo-se em sete estados primários, vai descendo por ciclos; quando se consolida como* MATÉRIA DENSA.[33], *gira em torno de si mesma, e anima, com a sétima emanação do último, o primeiro e inferior elemento [a serpente que morde a própria cauda]. Em uma Hierarquia, ou Ordem de Existência, a sétima emanação do seu último princípio é:*

(a) No Mineral, a Centelha que nele se acha latente, sendo chamada à sua transitória vida pelo Positivo que desperta o Negativo [e assim sucessivamente]...

(b) Na Planta, é aquela Força vital e inteligente que anima a semente e a faz desabrolhar na folha de uma erva, numa raiz ou num rebento. É o germe que se converte no Upâdhi dos sete princípios do ser em que habita, exteriorizando-os à medida que o último cresce e se desenvolve.

(c) No Animal, ela procede do mesmo modo. É o seu Princípio de Vida e a sua força vital; o seu instinto e as suas qualidades; as suas características especiais e as suas idiossincrasias.

(d) Ao Homem, ela dá tudo aquilo que concede às demais unidades manifestadas da Natureza; mas nele desenvolve, a mais, o reflexo de todos os seus "Quarenta e Nove Fogos"... Cada um de seus sete princípios é o herdeiro universal dos sete princípios da "Grande Mãe", e deles participa. O sopro de seu primeiro princípio é o seu Espírito [Âtmâ]. Seu segundo princípio é Buddhi [Alma]; nós o classificamos erroneamente como sétimo. O terceiro lhe proporciona a Matéria Cerebral, no plano físico, e a Mente, que a movimenta [que é a Alma Humana — H. P. B.] segundo suas características orgânicas.

(e) É a Força diretora dos Elementos cósmicos e terrestres. Reside no Fogo, convertido do estado latente em existência ativa; pois todas as sete subdivisões do... princípio residem no Fogo terrestre. Rodopia com a brisa, sopra com o furacão e põe em movimento o ar, elemento que também participa de um dos seus princípios. Procedendo por ciclos, regula o movimento da água, atrai e repele as ondas[34], *de acordo com leis fixas, das quais o seu sétimo princípio é a alma animadora.*

---

(33) Compare-se com a "Natureza" hermética descendo ciclicamente na matéria, ao encontrar o "Homem Celeste".

(34) Os autores das linhas acima conheciam perfeitamente a causa física das marés, das ondas, etc. O Comentário se refere ao Espírito que anima todo o corpo

(f) *Seus quatro princípios superiores contêm o Germe dos que virão a ser os Deuses Cósmicos; seus três princípios inferiores produzem as Vidas dos Elementos [Elementais].*

(g) *Em nosso Mundo Solar, a Existência Una é o Céu e a Terra, a Raiz e a Flor, a Ação e o Pensamento. Está no Sol e também no pirilampo. Nem um só átomo lhe pode escapar. É por isso que os antigos sábios a chamaram, com toda a razão, o Deus manifestado na Natureza...*

Talvez seja interessante aproveitar esta oportunidade para lembrar ao leitor o que T. Subba Row disse a respeito dessas Forças, definidas misticamente:

"Kanyâ [o sexto signo do Zodíaco, ou Virgo] significa uma virgem e representa Shakti ou Mahâmâyâ. O signo em apreço é o sexto Râshi ou divisão, e indica a existência de seis forças primordiais na Natureza [sintetizadas pela Sétima]..."

Os Shâktis se apresentam na seguinte ordem:

"1.°) *Parâshakti* — Literalmente, a grande ou suprema força. Significa e inclui os poderes da luz e do calor.

2.°) *Jnânashakti* — Literalmente, o poder da inteligência, da sabedoria ou verdadeiro conhecimento. Tem dois aspectos:

I. Eis *algumas* de suas manifestações, *quando colocado sob a influência ou o domínio de condições materiais*: (a) o poder da mente para interpretar as nossas sensações; (b) seu poder para recordar idéias passadas (memória) e dar origem a expectativas futuras; (c) o poder que resulta do que os psicólogos modernos chamam "leis de associação" e que permite à mente formar relações *persistentes* entre vários grupos de sensações e de possibilidades de sensações, gerando assim a idéia ou noção de um objeto externo; (d) o poder de relacionar nossas idéias umas com as outras por meio do laço misterioso da memória, fazendo surgir deste modo a noção do eu ou da individualidade.

II. Eis agora *algumas* de suas manifestações, *quando se liberta dos liames da matéria*:

(a) Clarividência; (b) Psicometria.

3.°) *Ichchhâshakti* — Literalmente, o *poder da vontade*. Sua manifestação mais *comum* é a geração de certas correntes nervosas, que põem em movimento os músculos necessários para executar as determinações da vontade.

4.°) *Kriyâshakti* — O misterioso poder do pensamento, que lhe permite produzir resultados externos, fenomenais, perceptíveis, graças à energia que lhe é inerente. Sustentavam os antigos que *uma idéia qualquer se manifestará exteriormente se a atenção for concentrada intensamente nela. Da mesma forma, uma volição intensa será seguida da realização do desejo.*

É por meio de Ichchhâskti e de Kriyâshakti que o Iogue geralmente consegue realizar os seus prodígios.

5.°) *Kundalini Shakti* — O poder ou a força que se move segundo uma trajetória curva ou serpentina. É o Princípio Universal de Vida que se manifesta por toda a parte na Natureza. Esta força abrange as duas grandes forças de atração e repulsão. A eletricidade e o magnetismo são apenas duas de suas manifestações. É o poder que leva a efeito aquele "acordo contínuo *das relações internas com as relações externas*",

---

solar cósmico; sempre que usadas expressões semelhantes, do ponto de vista místico, o significado é o mesmo.

que é a essência da vida, segundo Herbert Spencer, e o "acordo contínuo *das relações externas com as relações internas*", que é o fundamento da transmigração das almas, Punarjanman (Renascimento), nas doutrinas dos filósofos hindus.

O Iogue deve subjugar por completo esta força, antes de poder alcançar Moksha.

6.º) *Mantrikâshakti* — Literalmente, a força ou o poder das letras, da palavra ou da música. Todo o antigo *Mantra Shâstra* se ocupa desta força e de suas manifestações... A influência da música é uma de suas manifestações mais comuns. O poder maravilhoso do nome inefável é o coroamento deste Shakti.

Só em parte tem a Ciência moderna investigado a primeira, a segunda e a quinta das forças que acabamos de mencionar; quanto às demais, é, porém, total a sua ignorância.

As tais forças são representadas, em sua unidade, pela Luz Astral. [Daivipraktiti, a Sétima, é a Luz do Logos.]"[35]

Fizemos a transcrição acima para mostrar quais são as verdadeiras idéias hindus sobre este assunto. Tudo isso é de caráter esotérico, não correspondendo, entretanto, nem à décima parte do que *se poderia dizer*. Por exemplo, os seis nomes das seis forças nomeadas são as das seis Hierarquias de Dhyân-Chohans, sintetizadas por sua Primária, a sétima, que personifica o Quinto Princípio da Natureza Cósmica, ou a "Mãe" em seu sentido místico. Só a enumeração dos poderes do Ioga exigiria dez volumes. Cada uma das forças tem à sua frente uma *Entidade Consciente* e vivente, da qual é uma emanação.

Mas comparemos as palavras de Hermes, o Três Vezes Grande, com o Comentário já citado:

"A criação da vida pelo sol é tão contínua quanto a luz: nada a detém, nada a limita. Em torno dele, como uma legião de satélites, estão inumeráveis *coros de Gênios*. Estes habitam na vizinhança dos Imortais, e dali velam sobre as coisas humanas. Executam a vontade dos Deuses [Carma], *por meio de tempestades, raios, incêndios e terremotos*, e também de fomes e guerras, para castigo da impiedade...[36]

É o sol que conserva e alimenta todas as criaturas; e, assim como o Mundo Ideal, que rodeia o mundo sensível, povoa este último com a plenitude e a universal variedade das formas, do mesmo modo o sol, envolvendo tudo em sua luz, dá lugar ao nascimento e desenvolvimento das criaturas, em toda a parte... Sob suas ordens está o côro dos Gênios, ou antes, os coros, pois ali há muitos e diversos, e *seu número corresponde ao das estrelas. Cada estrela tem na água Gênios, bons e maus por natureza, ou melhor, por sua ação, visto que a ação é a essência dos Gênios*... Todos estes Gênios *presidem aos negócios do mundo*[37]; eles abalam e derrubam a constituição dos estados e dos indivíduos; *imprimem a sua marca* em nossas almas, estão presentes em nossos nervos, em nossa medula, em nossas veias, em nossas artérias e *em nossa própria substância cerebral*... No momento em que um de nós recebe a vida e o ser, fica aos cuidados dos Gênios [Elementais] que presidem aos nascimentos[38], e que se

---

(35) *Five Years of Theosophy*, págs. 110-111, artigo "Os Doze Signos do Zodíaco".

(36) Vejam-se as Estâncias III e IV e os Comentários respectivos, especialmente os referentes às Estância IV, quanto aos Lipika e aos quatro Mahârâjas, os agentes do Carma.

(37) E os "Deuses" ou Dhyânis também, e não somente os Gênios ou "Forças dirigidas".

(38) Isto significa que, sendo o homem composto de todos os Grandes Elementos (Fogo, Ar, Água, Terra e Éter), os Elementais que pertencem a cada um desses Elementos se sentem atraído para o homem, em razão de sua coessência. O Elemento

acham classificados abaixo dos poderes astrais [Espíritos astrais sobre-humanos]. Eles mudam perpetuamente, nem sempre de maneira idêntica, mas girando em círculos [39]. Insinuam-se através do corpo em duas partes da Alma, a fim de que esta possa receber de cada um deles o cunho da energia que lhe é própria. Mas a parte racional da Alma não está sujeita aos Gênios; é destinada a receber [o] Deus [40], que a ilumina como um raio de sol. Poucos são os iluminados, e os Gênios se afastam deles, porque nem os Gênios nem os Deuses dispõem de poder em presença de um só raio de Deus [41]. Mas todos os outros homens, corpo e alma, são dirigidos por Gênios, aos quais aderem, e que lhes influenciam as ações... Os Gênios têm, pois, domínio sobre as coisas mundanas, e os nossos corpos são os seus intrumentos." [42]

O que acabamos de transcrever, salvo em alguns pontos de caráter sectário, representa a crença universal, comum a todos os povos, até cerca de um século atrás. Crença que ainda é igualmente ortodoxa, em suas linhas e traços gerais, tanto entre os pagãos como entre os cristãos, à exceção de uns poucos materialistas e homens de ciência.

Sim, porque, sejam os Gênios de Hermes e os seus "Deuses" chamados "Poderes das Trevas" e "Anjos", como nas Igrejas latina e grega; ou "Espíritos dos Mortos", como no Espiritismo; ou Bhûts, Devas, Shaitan e Djin, como na Índia e nos países muçulmanos — *todos eles são uma e a mesma coisa*: ILUSÃO. Que não haja, porém, nenhum mal-entendido a este respeito, como ultimamente tem acontecido por parte de escolas ocidentais em relação à grande doutrina filosófica dos vedantinos.

Tudo o que é, emana do ABSOLUTO, que, por força mesmo deste qualificativo, é a única Realidade; e assim tudo aquilo que é estranho ao Absoluto, a esse Elemento causativo e gerador, *deve* ser uma ilusão, sem nenhuma sombra de dúvida. Isto, porém, do ponto de vista exclusivamente metafísico. Um homem que se tenha em conta de mentalmente são, e que seja também assim considerado pelos outros, classificará igualmente como ilusão e desvarios as visões de um irmão *louco* (alucinações que podem fazer a vítima *muito feliz* ou *sumamente infeliz*, conforme o caso). Mas onde está o louco para quem as horríveis sombras de sua mente transtornada, suas *ilusões*, não sejam para ele tão efetivas e reais quanto as coisas vistas por seu médico ou seu enfermeiro?

---

que predominar na constituição de um ser regulará o comportamento que ele há de ter na vida. Por exemplo, se no indivíduo tem preponderância o Elemento terreno (o gnômico), os Gnomos farão com que ele seja dado à acumulação de metais, moedas, riquezas, etc. "O homem animal é filho dos elementos animais de que proveio a sua Alma (Vida), e os animais são o espelho do homem" — dizia Paracelso. (*De Fundamento Sapientiae*). Paracelso era cauteloso, e tinha necessidade de que a *Bíblia coincidisse* inteiramente com as suas palavras; e por isso não dizia tudo.

(39) Progressos cíclicos em desenvolvimento.

(40) O Deus no homem, e com freqüência a encarnação de um Deus, um Dhyân-Chohan altamente espiritual, além da presença de seu próprio Sétimo Princípio.

(41) Mas qual é o "Deus" de que se cogita aqui? Não será o Deus-"Pai" da ficção antropomórfica, porquanto esse Deus é a coletividade dos Elohim, não tendo existência fora da Legião. Demais, um Deus tal é finito e imperfeito. É aos altos Iniciados e Adeptos que se faz referência com aqueles "homens pouco numerosos". E são precisamente estes os que acreditam em "Deuses" e que não conhecem outro Deus senão uma Divindade Universal *não* relacionada nem condicionada.

(42) *The Virgin of the World*, págs. 104-5, "As Definições de Asclépios".

Tudo é relativo neste Universo; tudo é ilusão. Mas a impressão experimentada em qualquer dos planos é uma realidade para o ser que a percebe e cuja consciência pertença ao mesmo plano; muito embora essa impressão, encarada de um ponto de vista puramente metafísico, possa não apresentar nenhuma realidade objetiva.

Não é, porém, contra os metafísicos, senão contra os físicos e os materialistas, que o ensinamento Esotérico tem de combater; e para estes a Luz, a Força Vital, o Som, a Eletricidade e até mesmo a força tão objetivamente atuante do Magnetismo não possuem nenhuma existência objetiva, não passando simplesmente de "modos de movimento", "sensações e afecções da matéria".

Nem os ocultistas em geral, nem os teósofos, rejeitam, como alguns erroneamente supõem, as idéias e as teorias dos sábios modernos, só porque suas opiniões estejam em conflito com a Teosofia. A primeira regra de nossa Sociedade é dar a César o que é de César. Os teósofos, portanto, são os primeiros a reconhecer o valor intrínseco da Ciência. Mas, quando os seus sumos-sacerdotes querem resolver a consciência em uma secreção da matéria cinzenta do cérebro, e todas as coisas da Natureza em um modo de movimento, nós protestamos contra semelhante doutrina, por antifilosófica, contraditória em si mesma e simplesmente absurda, vista pelo ângulo *científico*, tanto e até mais que sob o aspecto oculto do conhecimento esotérico.

Pois a verdade é que a Luz Astral dos cabalistas tão ridicularizados encerra estranhos e misteriosos segredos para aqueles que nela podem ver; e os mistérios ocultos sob as suas ondas em constante movimento *ali permanecem*, não importa o que diga toda a coorte de materialistas e motejadores.

A Luz Astral dos cabalistas tem sido incorretamente equiparada ao "Éter", confundindo-se este último com o Éter hipotético da Ciência; e alguns teósofos se referem aos dois como sendo sinônimos de Âkâsha. É um grande erro.

O autor de *A Rational Refutation* escreve o seguinte, confirmando assim, inconscientemente, o Ocultismo:

"As propriedades características do Âkâsha evidenciam como é incorreto representá-lo pelo "éter". Em dimensão é ele... infinito; não é constituído de partes; e a cor, o sabor, o odor e a tangibilidade não lhe pertencem. Até esse ponto corresponde exatamente ao tempo, ao espaço, a Ishvara [o "Senhor", ou antes, a potência criadora e a alma — Anima mundi,] à alma. Sua especialidade, que o distingue dos anteriores, consiste em ser a *causa material do som*. A não ser por isto, poderia ser considerado como o vácuo." [43]

O *vácuo*, não haja dúvida, principalmente para os racionalistas. Em todo caso, certo é que o Âkâsha produz o vácuo no cérebro de um materialista. Não obstante, se bem que o Âkâsha não seja o Éter da Ciência

---

(43) Pág. 120.

(nem sequer o Éter do ocultista, que o define como apenas um dos princípios do Âkâsha), é seguramente, junto com o seu primário, a causa do som: a causa psíquica e espiritual, mas de modo algum a causa material. A relação entre o Éter e o Âkâsha pode ser definida aplicando-se a ambos, Âkâsha e Éter, as palavras com que os *Vedas* se referem a Deus: "Assim, ele mesmo era, em verdade, (seu próprio) filho", um sendo o produto do outro e, não obstante, ele mesmo. Pode ser um enigma difícil para o profano, mas facílimo de entender por um hindu, ainda que não seja místico.

Os segredos da Luz Astral, juntamente com muitos outros mistérios, permanecerão ignorados pelos materialistas de nossos tempos, do mesmo modo que a América não passava de um mito para os europeus durante os primeiros tempos da Idade Média, apesar de haverem escandinavos e noruegueses alcançado aquele antiquíssimo "Novo Mundo" muitos séculos antes, ali se estabelecendo. Mas, assim como nasceu um Colombo para descobri-lo novamente e para obrigar o Velho Mundo a crer nos antípodas, igualmente nascerão sábios que hão de descobrir as maravilhas que os ocultistas vêm afirmando existirem nas regiões do Éter, com seus vários e multiformes habitantes e Entidades conscientes. Então, *nolens volens*, a Ciência terá que aceitar a antiga "superstição", como já o fez com outras muitas. E, uma vez que se veja forçada a admiti-la, é bem provável que os seus sábios professores — a julgar pela experiência do passado, como no caso do Mesmerismo ou Magnetismo, hoje rebatizado com o nome de Hipnotismo — perfilhem o fato e rejeitem a denominação. A escolha do novo nome dependerá, por sua vez, dos "modos de movimento" — a nova definição dos antiquíssimos "processos físicos automáticos entre as fibrilas nervosas do cérebro" (científico) de Moleschott —; e é também mui provável que venha a depender da última refeição tomada por quem lhe der o nome, já que, segundo o fundador do novo Esquema Hilo-Idealista, "cerebração é genericamente o mesmo que quilificação"[44]. Desse modo, se houvéssemos de crer nesta última e disparatada proposição, o novo nome da verdade arcaica dependeria da inspiração gástrica do padrinho, e só então é que verdades semelhantes lograriam a possibilidade de se tornarem científicas!

Mas, por desagradável que seja às maiorias, geralmente cegas, a VERDADE tem sempre encontrado os seus campeões, dispostos a morrer por ela, e não estará entre os ocultistas quem há de protestar contra a sua adoção pela Ciência, sob qualquer nome que seja. Entretanto, até o momento em que ela venha impor-se ao conhecimento e à aprovação dos homens de ciência, muitas coisas ocultas serão relegadas, como o têm sido os fenômenos espíritas e outras manifestações psíquicas, para finalmente serem apropriadas por seus ex-detratores sem o menor reconhecimento ou gratidão. Grande foi a importância do Nitrogênio no progresso da ciência química; mas Paracelso, que o descobriu, é ainda hoje classificado como "charlatão". Quão profundamente verdadeiras são as palavras de H. T. Buckle, em sua *History of Civilization*, quando diz:

---

(44) *National Reformer*, 9 de janeiro de 1887; artigo "PhrenoKosmo-Biology" pelo Dr. Lewins.

"Em virtude de circunstâncias ainda desconhecidas [a provisão cármica], de onde em onde aparecem grandes pensadores que, consagrando suas vidas a um objetivo único, são capazes de acelerar o progresso da humanidade, fundando uma religião ou filosofia, graças à qual efeitos importantes podem manifestar-se. Mas, se perquirirmos a história, veremos claramente que, embora a gênese de uma nova opinião possa ser assim atribuída a um só homem, o resultado por ela produzido depende do caráter do povo em que tenha sido divulgada. Se uma religião ou filosofia é por demais avançada em relação ao povo, não poderá ter nenhuma repercussão no momento, devendo esperar [45] que os espíritos estejam suficientemente amadurecidos para recebê-la... Toda ciência e toda fé têm os seus mártires. *Segundo o curso ordinário das coisas, passam algumas gerações, e vem depois outro período em que estas mesmas verdades são havidas como fatos normais; e, um pouco mais tarde, surge mais outro período durante o qual são proclamadas necessárias, e até as inteligências mais obtusas se admiram de que algum dia houvesse sido possível negá-las.*" [46]

Pode ser que as mentes das gerações contemporâneas não estejam de todo maduras para receber as verdades ocultas. É bem provável que esta seja a conclusão dos pensadores avançados da futura Sexta Raça-Raiz, quando lançarem um olhar retrospectivo sobre a história da aceitação plena e incondicional da Filosofia Esotérica. Até lá, as gerações de nossa Quinta Raça continuarão a extraviar-se pelos desvãos dos preconceitos e das prevenções. Em toda a parte as ciências ocultas se verão apontadas pelo dedo do desprezo, e todos procurarão ridicularizá-las e amesquinhá-las, em nome e para maior glória do Materialismo e de sua pretendida Ciência.

Estes volumes, entretanto, respondem por antecipação a várias das futuras objeções científicas, indicando as verdadeiras posições recíprocas da acusação e da defesa. Os teósofos e os ocultistas são levados ao banco dos réus pela opinião pública que sói desfraldar a bandeira das ciências indutivas. Estas últimas devem, pois, ser examinadas, cumprindo fixar até que ponto os seus feitos e as suas descobertas no domínio da lei natural entram em conflito, não tanto com o que pretendemos, mas com os fatos da Natureza. Soou a hora de ver se os muros da moderna Jericó são assim tão inexpugnáveis que nenhum som da trombeta ocultista possa fazê-los desmoronar.

Deve ser cuidadosamente examinado tudo o que se refere às chamadas "Forças", notadamente a Luz e a Eletricidade, e à constituição do globo solar; assim como as teorias relativas à gravitação e às nebulosas. Impende analisar a natureza do Éter e de outros elementos, confrontando-se os ensinamentos científicos com os ocultistas, e revelando-se ao mesmo tempo alguns princípios, até agora secretos, do ocultismo.

Faz uns quinze anos, foi a autora a primeira a repetir, com os cabalistas, os sábios Preceitos do Catecismo Esotérico:

"Cerra os teus lábios, para que não fales sobre *isto* [o mistério], e o teu coração, para que não penses em voz alta; e, se o teu coração não te obedecer, trata de reconduzi-lo ao seu lugar, porque tal é o objetivo de nossa aliança." [47]

---

(45) É a lei cíclica; mas esta lei é freqüentemente transgredida pela obstinação humana.
(46) Vol. I, pág. 256.
(47) *Sepher Yetzireh*.

E também das *Regras da Iniciação*:

Este é um segredo que dá a morte; cala a tua boca, para que o não reveles ao vulgo; comprime o teu cérebro, para que alguma coisa não possa escapar e cair em mãos profanas.

Poucos anos depois, uma ponta do Véu de Ísis pôde ser levantada; e agora chegou a vez de um puxão ainda maior.

Mas os antigos erros consagrados pelo tempo — inclusive aqueles que se mostram cada dia mais claros e evidentes — permanecem dispostos em ordem de batalha, hoje como ontem. Guiados por um cego instinto de conservação, pela vaidade e pelos preconceitos, estão constantemente alerta, prontos para sufocar toda verdade que, despertando de seu profundo sono secular, reclame a admissão. Assim tem sido sempre, desde que o homem se animalizou.

Se o trazer à luz algumas destas antigas verdades, e verdades bem antigas, pode ocasionar a *morte moral* de quem as revele, também é certo que pode dar a *Vida* e a *Regeneração* a todo aquele que esteja apto a tirar proveito do pouco que lhe é revelado.

NOTAS ADICIONAIS

Introdução, pág. 84, nota.

Há dois Kali-Yugas distintos. 1.°) O Kali Yuga astronômico, que começou no ano 3102 a.C., época mui provavelmente fixada em 499 A.D., sob Âryabhata I. Trata-se de um início *irreal* do Kali Yuga (17-18 de fevereiro de 3102 a.C.), resultante, sem dúvida, de cálculo retroativo, segundo as conclusões de Bentley, Burgens, etc.; e eu adoto plenamente este ponto de vista. Diz Burgens: "Não sei como se possa pôr em dúvida que a época tenha sido encontrada por meio de *cálculo astronômico retroativo*". De acordo com essa estimativa do Kali Yuga, 5.000 anos transcorreram em 1899-1900 A.D. ou 1921 do ano Shâka. Não encontrei nenhuma indicação epigráfica, ou de outra espécie, quanto ao cálculo sobre este Kali Yuga, anteriormente à época de Âryabhata I, isto é, antes de 499 A.D. 2.°) O outro Kali Yuga, a que se referem o *Mahâbharata* e os *Purânas*, principiou em 7 de janeiro do ano 2454 a.C., dia do solstício de inverno, e da lua cheia perto da estrela Regulus. Seguiu-se depois um período de *sandhi* (intervalo) de 100 anos, durante o qual se deu a batalha de Bhârata, em 2449 a.C., e a morte de Shri Krishna, em 2413 a.C. 5.000 anos deste Kali Yuga terão decorrido daqui a 609 anos, ou seja, em 2547 A.D. Foi este o Kali Yuga real que pessoalmente aceitei em todas as minhas investigações.

(Nota escrita por Probodh Chandra Sen Gupta, a pedido do Sr. Hirendranath Datta.)

Referência a Ísis sem Véu, pág. 83.

Veja-se a segunda nota ao pá da página. O nome é usado no sentido da palavra grega ᾶυθρωποζ (anthropos). O Mestre K. H. escreveu, acerca de *Ísis sem Véu* em geral, e daquela passagem em particular: "Graças à ajuda dos revisores, poucos enganos reais escaparam, como o da página 1, capítulo I, volume I, em que se mencionou a Divina Essência como emanando de Adão, quando é o inverso." Consulte-se *The Mahâtmâ Letters*, pág. 45, 2.ª edição, 1930.

Ancient Fragments, de Cory, pág. 184.

Na edição nova e ampliada de E. Richmond Hodges, de 1876, é diferente a paginação; contém ela 203 páginas, ao passo que a primitiva edição se compunha de mais de 300. O editor de 1876 diz no Prefácio, pág. XII, que omitiu: (*a*) o Prefácio de Cory, e (*b*) as especulações Neoplatônicas do final do livro.

A Santa Assembléia Menor, pág. 195.

A Santa Assembléia Menor é a parte III, fólios 287 a 296-b do *Zohar*; veja-se *Kabbala Denudata*, de Rosenroth, Formus Secundus, Parte II, págs. 347-598 — diz A. E. Waite em *The Secret Doctrine in Israel*, cap. 3, pág. 45.

Jod, Vau e duas vezes Hé, pág. 209, nota 72.

Tem-se objetado que Jod (+ 10), Vau (= 6) e *duas vezes* Hé (cada Hé = 5) perfazem 26, e não 21. Possivelmente o valor de um Hé foi omitido para os objetivos numéricos que a Sra. Blavatsky tinha em mente.

Mônadas aprisionadas, pág. 184, tomo 2.

No último período do primeiro parágrafo constam as palavras: "... cujas Mônadas podem estar agora aprisionadas — semiconscientes — nos espécimes mais inteligentes do reino animal, enquanto os seus princípios inferiores animam, talvez, os exemplares mais elevados do reino vegetal." Tem-se observado e insistido que as últimas palavras estariam melhor assim: "... enquanto os seus *espécimes* inferiores animam, talvez, as mais altas *espécies* do mundo vegetal."

NOTA: Kali Yuga deveria ser, em todos os casos, ortografado com um *a* breve. *Kali* quer dizer contenda, luta; *kâlâ, kâlî*, negro, escuro.

BIBLIOGRAFIA

Foram verificadas as citações dos seguintes livros:

Ain-i-Akbari, tradução de H. Blochmann, M. A. Calcutá, Baptist Union Press, 1872.
Anugitâ, trad. de K. T. Telang. Da série *Sacred Books of the East,* editor Max Müller, Oxford, Clarendon Press, 1908.
Buddhism, Chinese, Rev. J. Edkins. Londres, Kegan Paul, Trench, Trübner and Co., Pop. Ed.
Buddhism Esoteric, A. P. Sinnett. Londres, Chapman and Hall, Ltd., 5.ª edição, 1885.
Consciousness, A Study in, Annie Besant. Londres, The Theosophical Publishing Society, 1904.
Cory's Ancient Fragments. Edição nova e ampliada. Londres, Reeves and Turner, 1876.
De Rerum Naturæ, Lucrécio. Leipzig, A. B. G. Teubner, 1909.
Egypt's Place in History, C. C. J. Bunsen, tradução de C. H. Cottrell. Londres, Longmans, Green and Longmans, 1848.
Five Years of Theosophy, Londres, Reeves and Turner, 1885.
God, The Book of, ☉ Londres, Reeves and Turner.
Heroes and Hero Worship, e *Past and Present,* Thomas Carlyle. Londres, Chapman and Hall, 1874.
Isis Unveiled, A Master Key to the Mysteries of Ancient and Modern Science, H. P. Blavatsky, Nova Iorque, J. W. Bouton, 1893.
Josephus; Against Apion. Obras completas de Flávio Josefo; trad. de Wm. Whiston, M. A., Londres, T. Nelson and Sons, 1854.
Kabalah Unveiled, The, S. L. Macgregor Mathers. Londres, George Redway, 1887.
Kaushitaki Brâhmana, Das, Ed. B. Lindner, Ph. D. Jena, Hermann Costenoble, 1887.
Legends and Theories of the Buddhists, Spence Hardy. Londres, Williams and Norgate, 1866.
Life and Religion, New Aspects of, Henry Pratt, M. D. Lond. e Edin., Williams and Norgate, 1886.
Livre des Morts, Le, Paul Pierret. Paris, Ernest Leroux, 1882.
Logic, Alexander Bain, LL. D. Londres, Longmans, Green, Reade & Dyer, 1873.
Magic, The Mysteries of, A. E. Waite. Londres, Kegan Paul, Trench, Trübner and Co., ed. 1897.
Mahâtmâ Letters to A. P. Sinnett, The, Londres, Rider and Co., 1930.
Man, Fragments of Forgotten History, por Dois Chelas. Londres, Reeves and Turner, 1885.
Mystères de l'Horoscope, Les, Ely Star, Paris, Durville, 1887.
Mythology, Dowson's Dictionary of Hindu, Londres, Trübner and Co., 1879.
Natural Genesis, The, Gerald Massey, 2 vols., Londres, Williams and Norgate, 1883.

Occult World, The, A. P. Sinnett. Londres, Trübner and Co., 1884, 4.ª edição.
Paracelsus, Franz Hartmann, M. D., Londres, *George Redway*, 1887.
Pymander, The Divine, trad. do Dr. Everard E. Hargrave Jennings. Londres, George Redway, 1884.
Quadrature of the Circle, The, John A. Parker. Nova Iorque, John Wiley and Son.
Religion and Science, History of the Conflict between, J. W. Draper. Londres, Kegan Paul Trench, Trübner and Co., Ltd., 1890.
Rig Veda Brâhmanas, trad. de A. Berriedale Keith, D. C. L., D. Litt. Harvard University Press, Cambridge, Mass., 1920.
Sacred Books of the East, Max Müller. Oxford, Clarendon Press, 1908.
Sod, The Son of the Man, S. F. Dunlap. Londres, Williams and Norgate, 1861.
Source of Measures, The, J. Ralston Skinner (MS.).
Spirit History of Man, Vestiges of the, S. F. Dunlap. Nova Iorque, D. Appleton and Co., 1858.
Virgin of the World, The, trad. da Dra. Anna Kingsford. Londres, George Redway, 1885.
Vishnu Purâna, trad. de H. H. Wilson, M. A., F. R. S., Londres, Trübner & Co., 1864.
Visishtadvaita Philosophy, A Catechism of the, N. Bhashyâchârya, F. T. S. Madras, Sociedade Teosófica, 1890.
World-Life, or Comparative Geology, Alexander Winchell, LL. D. Chicago. S. C. Griggs & Co., 1883.

REFERÊNCIAS CIENTÍFICAS MODERNAS

Sobre teorias científicas modernas, relacionadas com os assuntos tratados neste volume, podem ser consultadas as seguintes obras:

The March of Science. Primeira Revista Qüinqüenal, 1931-1935, por vários autores, publicada sob a autoridade do Conselho da Associação Britânica para o Progresso da Ciência.
Seção I. "Física Cósmica". Sir James Jeans, D. SC., Sc. D., LL. D., F. R. S. Londres. Sir Isaac Pitman & Sons Ltd., 1937.
The Earth and Its Rhythms, Prof. Charles Schurchert e Clara M. Le Vene. Nova Iorque, D. Appleton & Co., 1931.
The Universe Around Us. Sir James Jeans, D. Sc., Sc. D., LL. D., F. R. S. Cambridge University Press, 1933.
Evolution in the Light of Modern Knowledge, J. H. Jeans, H. Jeffreys, G. Elliot Smith, etc. Edimburgo, Blackie & Sons.
Kosmos, Willem de Sitter, Diretor da Universidade de Leyden. Oxford, Clarendon Press.
The Web of the Universe, E. L. Gardner. Londres, The Theosophical Publishing House, 1936.
The Solar System and Its Origin, H. N. Russell. Londres, Macmillan, 1937.
The Theosophist, junho de 1938. "The Expanding Universe", W. I. Pugh. Adyar, Madras, The Theosophical Publishing House.
Artigos em *Nature*, 1936-1938. Londres, Macmillan & Co.

LIVROS ADICIONAIS PARA REFERÊNCIA

The Theosophical Glossary, H. P. Blavatsky. Londres, The Theosophical Publishing Society, 1892.

Indian Philosophy, S. Radhakrishnan. Londres, George Allen and Unwn Ltd., 2 vols. I Vol. publicado em 1923. Edição revista, 1929. II Vol. publicado em 1927. Edição revista, 1931.

The Six Systems of Indian Philosophy, Rt. Hon. Prof. Max Müller. Londres, Longmans, Green & Co., 1928. Primeira edição em 1899.

The Philosophy of the Upanishads, Sir S. Radhakrishnan. Londres, George Allen and Unwin Ltd. Primeira edição, 1924. Segunda edição revista, 1935.

The Twelve Principal Upanishads, notas dos Comentários de Shankarâchârya, explicações de Anandagiri. Edição de Tookaram Tatya, F. T. S., 1891. Reedição de The Theosophical Publishing House, Adyar, 3 volumes, 1931.

The Wisdom of the Upanishads, Annie Besant. Adyar. The Theosophical Publishing House, 1925.

The Thirty Minor Upanishads, tradução inglesa. K. Narayanaswamy Aiyar. Adyar. The Theosophical Publishing House, 1914.

Para outras traduções e livros a respeito dos Upanishads, consulte-se o Catálogo da Biblioteca de Adyar.

Hymns of the Rig Veda (2 vols.); *Hymns from the Sama Veda; Hymns from the White Atharva Veda, Hymns from the White Yajur Veda* — todos traduzidos do sânscrito por R. T. H. Griffith, M. A., C. I. E. Benares. E. J. Lazarus Co., 1917-1927.

Vedanta Doctrine of Sri Sankarâchârya. Texto e tradução de A. Mahâdeva Sâstri, B. A., compreendendo: (*a*) *Dakshinamurti Stotra* de Sankara; (*b*) *Pranavavartika* de Suresvarâchârya; e (*c*) *Dakshinamurti Upanishad*. Madras, V. Ramaswamy Sastrulu and Sons, 1920.

The Vedânta according to Shankara and Râmânuja, de Sir S. Radhakrishnan. Londres, George Allen and Unwin Ltd., 1928.

Sanâtana Dharma (Hinduísmo). Compêndio de Religião e Ética Hindu. Benares, The Board of Trustees, Central Hindu College, 1904.

The Orion, ou Pesquisas sobre a Antiguidade dos Vedas; Bâl Gangâdhar Tilak, B. A., LL. B. Bombaim, 1893.

A Study of the Bhâgavad Purâna, Purnendu Narayan Sinha, M. A., B. L. Benares, 1901. Reimpressão de The Theosophical Publishing House, Adyar, 1938.

The Sânkhya Kârika de Isvara Krishna. Traduzido do sânscrito por Henry Thomas Colebrooke. Bombaim, Rajaram Tookaram, 1924.

Viveka-Chûdâmani, ou A Sublime Jóia da Sabedoria. Texto em Devanâgiri e tradução de Mohini M. Chatterji. Adyar, The Theosophical Publishing House. Reimpressão, 1932.

Sri Bhâshyam, tradução inglesa por Diwan Bahadur V. K. Ramanujâchari. Publicado pelo autor em Kumbakonam. "É o Comentário de Sri Râmânuja sobre os *Brahma-Sutras* de Badarâyana, alis Vyâsa. Estes Sûtras representam um Comentário das últimas partes dos Vedas, conhecidas por *Upanishads*." 3 vols., 1930.

The Bhagavad Gîtâ, com o texto sânscrito, tradução livre para o inglês, tradução palavra por palavra, e uma Introdução à Gramática Sânscrita. Annie Besant & Bhagâvad Dâs. Londres & Benares, The Theosophical Publishing Society, 1905; reimpressão, 1926.

The Philosophy of the Bhagavad Gîtâ, T. Subba Row. Adyar, The Theosophical Publishing House. Reimpressão, 1931.

Esoteric Christianity, Annie Besant. Londres, The Theosophical Publishing Society, 1898; reimpressão, 1914.

Fragments of a Faith Forgotten, G. R. S. Mead. Londres, John M. Watkins.

Hymns of Hermes, G. R. S. Mead. Londres, The Theosophical Publishing House, 1907.

The Building of the Kosmos, Annie Besant. Adyar, The Theosophical Publishing House, 1894.

The Evolution of Life and Form, Annie Besant, The Theosophical Publishing House. Benares & Londres, 1905.

The Great Plan, Annie Besant. Adyar, The Theosophical Publishing House, 1921.

Esoteric Writings, T. Subba Row. Adyar, The Theosophical Publishing House, 1931.

Paradoxes of Highest Sciences, Eliphas Lévi. Adyar, The Theosophical Publishing House, 1922.

First Principes of Theosophy, C. Jinarâjadâsa, M. A. (Cantab). Adyar, The Theosophical Publishing House. Primeira edição, 1938.

Tibetan Yoga and Secret Doctrine, W. Y. Evans-Wentz, M. A., D. Litt., D. Sc., Londres, Oxford University Press, 1935.

The Tibetan Book of the Dead, W. Y. Evans-Wantz, M. A., D. Litt., D. Sc. Londres, Oxford University Press, 1927.

Com relação às Escrituras hindus, confucionistas, zoroastristas, budistas, islamistas, jainistas, etc., veja-se:

The Sacred Books of the East — Série, edição de Max Müller, nos anos de 1906 e seguintes. Oxford, Clarendon Press.

GLOSSÁRIO

DE TERMOS EMPREGADOS NAS SETE PRIMEIRAS ESTÂNCIAS DO LIVRO DE DZYAN

ESTÂNCIA I

AH-HI — Hierarquia de seres espirituais. Em sua totalidade são as Forças ou Potestades inteligentes que presidem às chamadas "leis da Natureza".

GRANDES CAUSAS DA DESGRAÇA — Os doze *nidânas* ou causas da existência, segundo a filosofia budista.

SETE SENHORES SUBLIMES — Os sete Logos planetários. As divindades que presidem às cadeias planetárias. Os Arcanjos Criadores dos cristãos. Os Ameshaspends dos zoroastrianos.

PARANISHPANNA — A Perfeição Absoluta ou Paranirvâna. O estado que se alcança no fim de um grande período de atividade ou Mahâmanvantara.

OLHO ABERTO DE DANGMA — Chamado na Índia o "Olho de Shiva". Significa a intensa visão espiritual do Adepto ou Jîvanmùkta. Não é a clarividência ordinária, mas a faculdade de intuição espiritual, por cujo intermédio se obtém direto e seguro conhecimento.

ALAYA — A Alma do Universo, a Super-Alma, segundo Emerson.

PARAMARTHA — Consciência e Existência Absolutas, o mesmo que Inconsciência e Não-Ser Absolutos.

ANUPÂDAKA — Sem pais, nascido sem progenitores. É o nome que na terminologia teosófica se dá ao segundo plano cósmico, onde a Mônada humana tem a sua verdadeira morada. Empregado na Estância para designar o Universo em sua eterna condição *arúpica*, antes de ser modelado pelos Construtores.

ESTÂNCIA II

CONSTRUTORES — Os arquitetos de nossos sistemas planetários. Hierarquias de Inteligências espirituais relacionadas com a formação da matéria dos diferentes planos e a elaboração das formas (veja-se *Genealogia do Homem*, de Annie Besant).

DEVAMÂTRI — A "Mãe dos Deuses". Aditi ou o espaço cósmico.

SVABHÂVAT — A essência plástica que enche o Universo. Sinônimo de Mûlaprakriti, ou seja, a Raiz da Matéria, não sendo, porém, matéria. Na Estância, Devamâtri e Svabhâvat são descritas como se ainda não estivessem animadas pelo poder vibratório dos Construtores.

MATRIPADMA — Literalmente, Mãe-Lótus. O lótus é um antigo símbolo oriental do Cosmos, que se tornou popular porque a semente do lótus contém a miniatura perfeita da futura planta; indica, portanto, que os protótipos espirituais de todas as coisas já existem no mundo invisível antes de se materializarem na terra.

REGAÇO DE MÂYÂ — A grande ilusão. A manifestação ou aparência, por trás da qual está a única Realidade.
OS SETE — Veja-se: "Sete Senhores Sublimes", na Estância I.

ESTÂNCIA III

SÉTIMA ETERNIDADE — O mesmo que evo ou grande período. Manvantara.
OVO VIRGEM — Ovo eterno, do mundo ou do universo. Antigo símbolo típico da origem do universo procedente da matéria não diferenciada do espaço. Tal como no germe fecundado do ovo, com o despertar da energia cósmica criadora têm início a ação e a reação, surgindo do "vazio arúpico" as formas do Cosmos. O processo que se observa no desenvolvimento da célula germinal é o que dá melhor idéia da obra dos construtores invisíveis que atuam nos raios do Ovo do Mundo.
OEAOHOO — Nome místico de sete vogais que significa o Uno, o Pai-Mãe dos Deuses, o "Seis em Um", ou a Raiz Setenária, da qual tudo procede. Em outra acepção, é o nome da Vida Única manifestada, da eterna Unidade vivente.
LANU — Estudante ou discípulo.
OEAOHOO, O MAIS JOVEM — Parece referir-se ao Ishvara de nosso universo, o Logos do sistema solar.
O PAI-MÃE URDE UMA TELA — Em relação ao sloka 10.°, recomendamos ao leitor que observe o processo microscópico da célula e do tecido formado entre os dois corpos polares (negativo e positivo) de uma célula viva.
OS FILHOS — As Potestades, Inteligências ou Deuses dos elementos.
FOHAT — A *Doutrina Secreta* o define dizendo que é a força inteligente que enlaça o Espírito com a Matéria. É a *ponte* através da qual passam as idéias da Mente a imprimir-se na substância cósmica como leis da Natureza. Fohat é a energia dinâmica da "ideação cósmica". Em outros ensinamentos, Fohat é a "eletricidade cósmica", e neste sentido convém lembrar a relação que existe entre a eletricidade e a atividade cerebral. (Veja-se o sloka 2.° da Estância V.)

Nota: Diz-se que o sloka 7.° desta Estância alude ao desenvolvimento das forças criadoras de acordo com a lei primária dos números; ao ressurgir das legiões de entidades cuja consciência fora absorvida na do Logos solar durante a noite do Pralaya ou período de não-manifestação.

ESTÂNCIA IV

FILHOS DO FOGO — Em outras escrituras são chamados As Chamas, Filhos da Mente, Pitris Agnishvatta, etc. São os que modelam a mente do homem; os Dispensadores do Fogo Divino. Em todas as religiões e mitologias, o Fogo simboliza a Divindade. (Vejam-se as Estâncias IV e VII do terceiro volume, e consulte-se a *Genealogia do Homem*, de Annie Besant.)
OI-HA-HOU — Segundo a definição da *Doutrina Secreta*, é "a permutação de Oeaohoo, e entre os ocultistas da Índia setentrional significa literalmente um torvelinho ou ciclone; mas na Estância indica o eterno e incessante movimento... É o eterno Kârana, a causa sempre ativa".
ADI-SANAT — Literalmente, ancião primevo. O termo corresponde ao cabalístico "Ancião dos Dias".
OS FILHOS, OS SETE COMBATENTES, O UM, O OITAVO EXCLUÍDO — Refere-se o sloka à formação do sistema solar, não segundo a hipótese de Laplace, mas pela condensação da matéria cometária, de cuja massa giratória se desprendeu em primeiro lugar o nosso sol.
OS LIPIKA — Literalmente, escribas ou registradores do Carma; os ajustadores ou "assessores" do destino que cada homem constrói para si mesmo.

Nota: Os slokas 3.º e 4.º desta Estância enumeram a ordem em que surgem os diversos graus e hierarquias das Potestades espirituais. Esferas, Triângulos, Cubos, Linhas e Modeladores referem-se às ordens da matéria elemental, isto é, os tattvas da filosofia hindu. (Veja-se: *Evolução da Vida e da Forma*, de Annie Besant, e *As Forças Sutis da Natureza*, de Rama Prasad.)

ESTÂNCIA V

O TORVELINHO DE FOGO — Fohat ou Mensageiro dos Deuses.

DZYU CONVERTE-SE EM FOHAT — O verdadeiro conhecimento ou sabedoria oculta se converte em Fohat, ou energia criadora ativa do pensamento.

TRÊS, CINCO E SETE PASSOS ATRAVÉS DAS SETE REGIÕES SUPERIORES E DAS SETE INFERIORES — Trata-se dos planos e subplanos do cosmos solar.

CENTELHAS — Átomos.

RODAS — Centros de força, em redor dos quais se forma a matéria cósmica que, passando por sucessivos estados de consolidação, vem finalmente a constituir os globos.

DIVINO ARÜPA — O Universo de Pensamento sem forma.

CHÂYÂ LOKA — O mundo nebuloso de forma primária.

OS QUATRO SANTOS — Os quatro Mahârâjas, Devas, Anjos ou Regentes, que superintendem e governam as forças cósmicas dos quatro pontos cardeais. A cristandade romana mantém esta crença em conformidade com o ocultismo oriental. Os governantes dos quatro pontos cardeais são, de acordo com a tradição cristã:

        Norte: Arcanjo Gabriel
        Este: Arcanjo Miguel
        Sul: Arcanjo Rafael
        Oeste: Arcanjo Uriel

O ANEL "NÃO PASSARÁS" — Tem vários significados ocultos. Na Estância, a interpretação exata corresponde a limite de consciência de todas as entidades que pertencem ao nosso sistema. Se considerarmos a vasta área do sistema solar coextensiva com a aura do Logos solar, a superfície desta grande esfera será o Anel "Não Passarás", ou o extremo limite da consciência de todas as entidades em evolução no sistema, porque nessa aura "vivemos, nos movemos e temos o nosso ser".

KALPA — Período de manifestação.

O GRANDE DIA "SÊ CONOSCO" — O descanso de Pralaya, ou Paranirvâna, que corresponde ao Dia do Juízo dos cristãos.

ESTÂNCIA VI

KWAN-YIN, KWAN-SHAI-YIN, KWAN-YIN-TIEN — H. P. Blavatsky diz que esta Estância foi traduzida de um texto chinês, e que os nomes citados não têm equivalentes nos idiomas europeus; não sendo permitido tornar pública a verdadeira nomenclatura esotérica.

SIEN TCHAN — O nosso Universo.

O VELOZ E RADIANTE UM — Fohat.

CENTROS DE LAYA — Pontos ou núcleos em que tem início a diferenciação.

GERMES ELEMENTAIS — Os átomos da ciência.

DOS SETE — Os "Elementos" necessários para completar os sentidos.

TSAN — Fração.

NA QUARTA — A Quarta Raça ou Raça Atlante. (Veja-Se *A Doutrina Secreta*, volume III, para maiores informações.)

AS RODAS MAIS ANTIGAS — Os Mundos ou Globos desta Cadeia Planetária, em seus primeiros períodos de manifestação.

COMBATES RENHIDOS — As antigas cosmogonias e mitologias nos falam da "Guerra no Céu". Eis o que diz o Comentário ocultista: "Disseminados pelo Espaço, sem ordem nem sistema, os Germes do Mundo entram em freqüentes colisões antes da junção final, e depois se convertem em vagabundos (cometas). Então começam os combates e as lutas. Os mais antigos (corpos) atraem os mais jovens, enquanto outros os repelem. Muitos sucumbem devorados pelos companheiros mais fortes. Os que escapam vão constituir-se em Mundos." Tudo isso, bem considerado, deve ter relação com certos problemas astronômicos ainda não resolvidos.

PEQUENA RODA — É a nossa Cadeia de Globos.

Nota: A fraseologia do 4.° sloka desta Estância deve ser cuidadosamente examinada à luz dos modernos conceitos astronômicos, que estão invalidando a hipótese de Laplace sobre a formação do sistema solar. Difere, neste ponto, o argumento das Estâncias. Os versículos restantes, transcritos no volume I de *A Doutrina Secreta*, dizem respeito tão somente à evolução de nossa terra e aos seus habitantes.

ESTÂNCIA VII

QUARTO RAIO — Nossa Terra; o quarto Globo da Cadeia.

ESPÍRITO-MÃE — Atman.

ESPIRITUAL — Atma-Buddhi.

PRIMEIRO SENHOR — Ishvara ou Logos Solar.

SETE RADIANTES — Os Sete Logos Planetários ou Logos criadores.

BHÛMI — A Terra.

SAPTAPARNA — Planta sagrada de sete folhas, que simboliza o homem como ser constituído de sete princípios.

CHAMA DE TRÊS LÍNGUAS — A imortal Tríade Espiritual: Atma-Buddhi-Manas.

MECHAS E CENTELHAS — As Mônadas humanas.

SETE MUNDOS DE MAYA — Os sete Globos da Cadeia Planetária, e também as sete Rondas.

O QUÍNTUPLO LHA — Os Filhos da Mente ou Pitris Agnishvâtta.

PEIXE, PECADO E SOMA — Três ocultos "símbolos do Ser imortal", sobre os quais não dá o Comentário maiores explicações.

PRIMEIRO NASCIDO — O Homem primitivo. Pode também significar a Primeira Raça.

VIGILANTE SILENCIOSO — A Mônada. O Deus interno do homem.

SOMBRA — Os veículos transitórios da Mônada.

MUTAÇÃO — Reencarnação ou renascimento.

VAHAN — Veículo.

CONSTRUTORES — Nesta passagem, são os Seres Celestiais que se encarnaram entre as primeiras raças humanas, para governá-las e instruí-las, na qualidade de Reis Divinos, Sacerdotes ou Chefes.

Nota: O 1.° sloka da Estância se refere às Hierarquias de Potestades criadoras. (Para o estudo desta Estância será conveniente consultar a obra *Genealogia do Homem*, de Annie Besant.)

Impresso por :

gráfica e editora
Tel.:11 2769-9056